Sammlung Metzler
Band 345

Peter Prechtl (Hrsg.)

Grundbegriffe
der analytischen Philosophie

Mit einer Einleitung von Ansgar Beckermann

Verlag J.B. Metzler Stuttgart · Weimar

Der Herausgeber:

Peter Prechtl, Studium der Philosophie, Politischen Wissenschaften, Pädagogik und Germanistik in München; 1989 Habilitation in Philosophie; Lehrstuhlvertretungen in Düsseldorf und Würzburg, 1994-96 und 2000/1 Gastprofessur an der Humboldt-Universität zu Berlin; lehrt Philosophie in Würzburg; lebt als freier Publizist in München.
Veröffentlichungen zu Husserl, Descartes und Saussure, zur Erkenntnistheorie, Sprachphilosophie, philosophischen Anthropologie, Ethik und Politischen Philosophie. Bei J.B. Metzler ist erschienen: »Metzler Philosophie Lexikon« (Mitherausgeber) 2. Aufl. 1999; »Sprachphilosophie« 1999.

Bibliografische Information Der Deutschen Bibliothek
Die Deutsche Bibliothek verzeichnet diese Publikation in der Deutschen Nationalbibliografie; detaillierte bibliografische Daten sind im Internet über <http://dnb.ddb.de> abrufbar.

ISBN 978-3-476-10345-1
ISBN 978-3-476-05070-0 (eBook)
DOI 10.1007/978-3-476-05070-0

© 2004 Springer-Verlag GmbH Deutschland
Ursprünglich erschienen bei J. B. Metzlersche Verlagsbuchhandlung
und Carl Ernst Poeschel Verlag GmbH in Stuttgart 2004
www.metzlerverlag.de
info@metzlerverlag.de

Vorwort

Die *Grundbegriffe der analytischen Philosophie* sollen den Studierenden und den philosophisch Interessierten ein handliches Arbeitsmittel bieten, um den Zugang zu jener als ›analytisch‹ bezeichneten Form des Philosophierens zu finden. Wenn von »Grundbegriffen« die Rede ist, dann sollte daraus nicht mißverständlich geschlossen werden, es handle sich dabei um jenen Korpus von Begriffen, aus dem ein System der Philosophie ableitbar wäre. Eine derartige Systemkonzeption ist nicht in Einklang zu bringen mit dem eigentlichen Ansinnen der analytischen Philosophie. Von Grundbegriffen ist in unterschiedlicher Bedeutung die Rede. Das Lexikon umfaßt die Begriffe, die eine zentrale Rolle spielen für die Problemstellungen und Problemlösungen, wie sie spezifisch für die analytische Philosophie sind. Nicht selten werfen derartige Begriffe im Verlauf der Entwicklung ihrerseits wieder einen Komplex von Fragen auf, deren Antworten zu Veränderungen der ursprünglichen Positionen führen. Und nicht zuletzt zählen zu den Grundbegriffen jene Ausdrücke und Versatzstücke der formalen Logik, die gleichsam als Handwerkszeug des analytisch Philosophierenden zu verstehen sind.

Ansgar Beckermann danke ich, daß er im Rahmen einer Einleitung eine engagierte Stellungnahme dafür liefert, was man sich unter der analytischen Philosophie vorzustellen habe, und die Argumente dafür anführt, die für die analytische Art des Philosophierens sprechen. Den Leser/innen wird darin ein kenntnisreicher Überblick über den Entwicklungsverlauf der analytischen Philosophie und den darin verwobenen Problemen und Problemverschiebungen geboten.

Wer erstmals den Zugang zu diesem Philosophieren sucht, sieht sich mit der Schwierigkeit konfrontiert, gleichsam in einen bereits über Jahre hinweg geführten Diskussionsprozeß hineingeworfen zu werden. Er erfährt darin Antworten, für die er sich erst das nötige Problemverständnis erwerben muß. Die *Grundbegriffe der analytischen Philosophie* sollen ihm die dazu erforderlichen Hilfestellungen bieten.

Die Artikel geben die Werke der für den erklärten Begriff repräsentativen Autoren an und bieten, soweit es angebracht erscheint, einführende oder weiterführende Literatur neueren Datums, die den Zugang in die dem Begriff zugehörige Thematik ermöglichen soll. Die einzelnen Begriffserläuterungen sollen jeweils für sich verständlich sein,

ohne daß die Leser/innen durch zahlreiche Querverweise zu ständigem
Weiterblättern genötigt wären. Daraus resultierende Redundanzen
sind bewußt in Kauf genommen: Einzelne Begriffe kommen in verschiedenen Kontexten und Zusammenhängen wiederholt zur Sprache.
Die vorhandenen Verweise (↗) sind ein Angebot an die Leser/innen,
dem thematischen Bezug innerhalb des Lexikons nachzugehen. Wo
es aus Gründen der Verständlichkeit geboten war, wurde mitunter
der Erläuterung eines Begriffs mehr Platz eingeräumt, als es dessen
systematischer Stellenwert hätte erwarten lassen.

Die Begriffserläuterungen werden ergänzt durch Kurzbiographien
jener Autoren, die für die Entwicklung der analytischen Philosophie
entscheidende Akzente gesetzt haben. In der gebotenen Kürze werden darin die markanten Aussagen und Theoreme dargestellt, die
Grundlegungsfunktion für das analytische Philosophieren haben
oder die weiterführende Diskussion in eine bestimmte Richtung
gelenkt haben, ebenso werden die Bezüge zu anderen Autoren oder
auch Kontroversen zumindest angedeutet. Den Leser/innen soll auf
diese Weise zumindest ein rudimentärer Überblick über die entscheidenden Etappen der analytischen Philosophie, über die Diskussion
der Probleme und ihrer Lösungsstrategien geboten werden. Für eine
umfangreichere Information zu den entsprechenden Autoren sei auf
das *Metzler Philosophen Lexikon* (²2003) verwiesen. Weitere Begriffe
aus angrenzenden Bereichen und Disziplinen können im *Metzler
Philosophie Lexikon* (²1999) nachgeschlagen werden, aus dem der
vorliegende Band hervorgegangen ist.

Peter Prechtl

Inhalt

Einleitung

Gut 100 Jahre ist die Analytische Philosophie jetzt alt, und alles in allem kann man ihre bisherige Geschichte durchaus als Erfolgsgeschichte bezeichnen. Allerdings hört man jetzt immer häufiger die Rede von einer post-analytischen Philosophie, und es mehren sich Stimmen, die von einem Ende des analytischen Philosophierens reden. An einem so unverdächtigen Ort wie dem »The Philosophical Gourmet Report 2000-2001« findet sich etwa die folgende Bemerkung:

The conventional demarcation of ›analytic‹ versus ›Continental‹ philosophy is less and less meaningful. With the demise of analytic philosophy as a substantive research program since the 1960s […], ›analytic‹ simply demarcates a style of scholarship, writing and thinking: clarity, precision and argumentative rigor are paramount. Thus, ›analytic‹ philosophy is now largely coextensional with good philosophy and scholarship, regardless of topic or figure. It is no surprise, then, that the best work on so-called ›Continental‹ figures is done largely by philosophers with so-called ›analytic‹ training. (Zu finden unter der URL: http://www.blackwellpublishers. co.uk/gourmet/rankings.htm#US)

Um zu verstehen, wie es zu dieser Einschätzung kommen konnte, sollte man zunächst einen Blick zurück werfen. In ihrem Manifest die *Wissenschaftliche Weltauffassung – der Wiener Kreis* von 1929 betonen Carnap, Hahn und Neurath zwei Punkte ganz besonders.

Wir haben die *wissenschaftliche Weltauffassung* im wesentlichen durch *zwei Bestimmungen* charakterisiert. *Erstens* ist sie *empiristisch und positivistisch*: es gibt nur Erfahrungserkenntnis, die auf dem unmittelbar Gegebenen beruht. Hiermit ist die Grenze für den Inhalt legitimer Wissenschaft gezogen. *Zweitens* ist die wissenschaftliche Weltauffassung gekennzeichnet durch die Anwendung einer bestimmten Methode, nämlich der *logischen Analyse*. Das Bestreben der wissenschaftlichen Arbeit geht dahin, das Ziel, die Einheitswissenschaft, durch Anwendung dieser logischen Analyse auf das empirische Material zu erreichen. (R. Carnap/H. Hahn/O. Neurath: *Wissenschaftliche Weltauffassung – der Wiener Kreis.* Wien: Veröffentlichungen des Vereins Ernst Mach 1929, 19)

Die beiden Hauptstichworte waren also: *Ablehnung der Metaphysik* bzw. *Philosophie* und *Methode der logischen Analyse der Sprache*. Erwähnt wird auch noch das Ziel der Einheitswissenschaft, das bis heute die Analytische Philosophie in Form einer naturalistischen Grundstimmung geprägt hat. Bleiben wir aber zunächst bei den ersten beiden Punkten.
Diese hängen enger zusammen, als aus dem Zitat hervorgeht. Die logische Analyse der Sprache sollte nämlich nicht nur der Beförderung der Einheitswissenschaft dienen, sondern gerade auch der Kritik traditioneller

philosophischer Theorien. Ganz klar wird das im Titel von Carnaps berühmten Aufsatz »Überwindung der Metaphysik durch logische Analyse der Sprache«. Wie Carnap selbst schreibt, geht es in diesem Aufsatz darum, »auf die Frage nach der Gültigkeit und Berechtigung der Metaphysik eine neue und schärfere Antwort zu geben [...] Auf dem Gebiet der *Metaphysik* [...] führt die logische Analyse zu dem negativen Ergebnis, daß *die vorgeblichen Sätze dieses Gebiets gänzlich sinnlos sind*« (R. Carnap: »Überwindung der Metaphysik durch logische Analyse der Sprache«, in: *Erkenntnis* 2 (1931), 219f.).

»Sinnlos« kann ein Satz aus zwei Gründen sein. »[E]ntweder kommt ein Wort vor, von dem man irrtümlich annimmt, daß es eine Bedeutung habe, oder die vorkommenden Wörter haben zwar Bedeutungen, sind aber in syntaxwidriger Weise zusammengestellt, so daß sie keinen Sinn ergeben« (ebd., 220). Ein Beispiel für einen sinnlosen philosophischen Terminus ist für Carnap das Wort ›Prinzip‹. Dieses Wort hätte einen Sinn, wenn klar wäre, unter welchen Bedingungen Sätze der Form »x ist das Prinzip von y« wahr sind. Aber auf die Frage nach solchen Wahrheitsbedingungen erhält man in der Regel nur Antworten wie: »x ist das Prinzip von y« bedeute in etwa dasselbe sei wie »y geht aus x hervor« oder »das Sein von y beruht auf dem Sein von x« oder »y besteht durch x«. Doch diese Antworten helfen nicht wirklich weiter, da sie selbst entweder mehrdeutig oder nicht wörtlich gemeint sind. Es gibt z.B. einen klaren Sinn von ›hervorgehen‹, in dem etwa ein Schmetterling aus einer Raupe hervorgeht. Aber dies, so werden wir belehrt, sei nicht der gemeinte Sinn.

Das Wort »hervorgehen« solle hier nicht die Bedeutung eines Zeitfolge- und Bedingungsverhältnisses haben, die das Wort gewöhnlich hat. Es wird aber für keine andere Bedeutung ein Kriterium angegeben. Folglich existiert die angeblich ›metaphysische‹ Bedeutung, die das Wort im Unterschied zu jener empirischen Bedeutung hier haben soll, überhaupt nicht. (ebd., 225)

Sätze wie »Das Nichts nichtet« sind nach Carnap im zweiten Sinne sinnlos. Wenn man auf die Frage »Was ist draußen?« die Antwort erhält »Draußen ist ein Mann«, dann kann man sinnvoll weiter fragen »Was ist mit diesem Mann?«. Wer aber auf die Antwort »Draußen ist nichts« weiter fragt »Was ist mit diesem Nichts?«, der hat einfach nicht begriffen, daß die beiden Sätze »Draußen ist ein Mann« und »Draußen ist nichts« sich in ihrer logischen Struktur grundsätzlich unterscheiden. Der erste Satz hat die logische Form »$\exists x\,(x$ ist draußen und x ist ein Mann)«; der zweite dagegen die logische Form »$\neg\exists x\,(x$ ist draußen)«. Und wenn man auf die Frage »Was ist draußen?« eine Antwort dieser Form bekommt, dann gibt es schlicht kein x, bzgl. dessen man fragen könnte »Was ist mit diesem x?«. Mit Hilfe dieser beiden Argumentationsfiguren meint Carnap, die Sinnlosigkeit aller Metaphysik nachweisen zu können. Der Streit um den Unterschied zwischen Realismus und Idealismus, um die Realität der Außenwelt und um die Realität des Fremdpsychischen – in Carnaps Augen alles Probleme, die mit Hilfe logischer Analyse als Scheinprobleme entlarvt werden können (R. Carnap: *Scheinprobleme in der Philosophie. Nachwort von Günther Patzig*. Frankfurt a.M.: Suhrkamp 1966 [1. Aufl., Berlin 1928]).

Bis jetzt habe ich nur Carnap als Vertreter des sogenannten formalsprachlichen Zweigs der Analytischen Philosophie zu Wort kommen lassen. Aber
seine metaphysikkritische Grundeinstellung findet sich ebenso gut auch
bei Vertretern der Philosophie der normalen Sprache. Wie für Carnap,
Hahn und Neurath ist auch für Wittgenstein ›Metaphysik‹ ein Name für
die illegitime traditionelle Philosophie. Legitime Philosophie ist für ihn
Kritik der Sprache. Schon im *Tractatus* schreibt er: »Die meisten Sätze und
Fragen, die über philosophische Dinge geschrieben worden sind, sind nicht
falsch, sondern unsinnig« (4.003). Philosophie besteht in dem Versuch,
Scheinprobleme zu lösen, die sich aus einem mangelnden Verständnis der
Logik der Sprache ergeben.

The only legitimate task of philosophy is analytic and elucidatory. It neither aims
at the discovery of new truths, nor shares the piecemeal methods of the sciences.
For there are no ›philosophical propositions‹. Philosophy, unlike science, is not
a body of doctrine, but an activity of clarifying non-philosophical propositions
through logical analysis […]. (H.J. Glock: *A Wittgenstein Dictionary*. Oxford:
Blackwell 1996, 294)

Diese Auffassung hat Wittgenstein in seinen späteren Schriften zwar weiter
entwickelt; aber die Grundlinie blieb dieselbe – die Ablehnung der Idee,
es könne so etwas wie eine substantielle Philosophie geben. Und diese
Idee findet sich in unterschiedlicher Form auch bei anderen Vertretern der
Philosophie der normalen Sprache wie Austin und Ryle.
Es war also eine weithin geteilte Auffassung, daß nur die Wissenschaften Auskunft über die Realität geben können. Philosophie selbst könne
neben den Wissenschaften bestenfalls als Wissenschaftstheorie und/oder
Sprachanalyse überleben. Ihre Aufgabe sei es, die Wissenschaften besser zu
verstehen und uns vor Fehlern zu bewahren, die sich aus einem falschen
Verständnis der Sprache ergeben.
Wenn man diese metaphysik- und philosophiekritische Einstellung, die
alle Vertreter der aufstrebenden Analytischen Philosophie einte, mit dem
vergleicht, was heute unter dem Namen ›Analytische Philosophie‹ betrieben
wird, kommt man nicht umhin zuzugeben, daß sich vieles grundlegend verändert hat. Und dies ist umso verblüffender, als es, oberflächlich gesehen, gar
keinen erkennbaren Bruch in der Entwicklung der Analytischen Philosophie
gegeben zu haben scheint. Mehr oder weniger unmerklich kehrten die traditionellen Themen der Philosophie zurück, bis, so muß man es wohl sagen,
die überkommene Philosophie eine vollständige Wiederauferstehung feiern
konnte. Wie war das möglich? Wie konnte es zu solch einem grundstürzenden
Umschwung *innerhalb* der Analytischen Philosophie kommen?
In der Regel werden hier zwei Namen und zwei Werke angeführt,
die den Umschwung vielleicht nicht wirklich einleiteten, aber doch ein
deutliches Zeichen dafür waren, daß hier etwas in Gang gekommen war
– Quines »Two Dogmas of Empiricism« von 1951 (wieder abgedruckt in:
W.V.O. Quine: *From a logical point of view*. 2nd edition. New York 1961)
und Peter F. Strawsons *Individuals* (London: Methuen 1959). Dies ist sicher
in vielerlei Hinsicht zutreffend.

Quines Kritik richtete sich gegen die Unterscheidung zwischen analytischen und synthetischen Sätzen und damit – so wurde es jedenfalls vielfach verstanden – gegen die Möglichkeit von Philosophie überhaupt. Wenn sich nämlich die Bedeutung eines Satzes nicht klar von seinem empirischen Gehalt trennen lässt, ist logische Analyse offenbar unmöglich. Also gibt es keine klare Grenze zwischen Philosophie und Wissenschaft. Und dies scheint tatsächlich Quines Position gewesen zu sein: Eigentlich gibt es gar keine Philosophie, sondern nur Wissenschaft. Jedenfalls hat er diese Position für die Erkenntnistheorie explizit vertreten. Erkenntnistheorie hat in seinen Augen nur Sinn, wenn sie – mit den Mitteln der Wissenschaft – der Frage nachgeht, auf welche Weise in unserem kognitiven System der »magere« sensorische Input in umfassende Theorien über die Welt verwandelt wird (»Epistemology Naturalized«, in: W.V.O. Quine: *Ontological Relativity and Other Essays*, New York: Columbia University Press 1969, 83).

Die Rolle, die Strawsons Buch *Individuals* gespielt hat, war eine völlig andere. Ganz im Gegensatz zur Position Quines erschien dieses Buch vielen als der Versuch, die traditionelle Philosophie zu rehabilitieren. Auf jeden Fall führte es zu einer Entdämonisierung des Wortes ›Metaphysik‹. Denn Strawsons Ziel war ausdrücklich eine ›deskriptive Metaphysik‹, d.h., die Rekonstruktion der impliziten Ontologie, die in den begrifflichen Grundkategorien unserer Sprache enthalten ist. Sicher kann man diesen Versuch noch ganz im Sinne des Programms der Sprachanalyse verstehen – also so, daß es Strawson nicht darum ging, eine (philosophische) Theorie der Grundstrukturen der Welt zu liefern, sondern nur darum aufzuzeigen, welche Weltsicht in unserer Sprache verborgen ist. Trotzdem: Die Parallelen zu Aristoteles und Kant sind allzu deutlich; und deshalb kann man *Individuals* eben auch als den Versuch verstehen, an bestimmte Konzeptionen traditioneller Philosophie neu anzuknüpfen.

Trotzdem wäre es verkehrt, das Ende der traditionellen Analytischen Philosophie nur auf das Erscheinen zweier Werke zurückzuführen. Mindestens ebenso wichtig waren einige längerfristige Entwicklungen, zu denen unter anderem die Debatte um die Haltbarkeit des empiristischen Sinnkriteriums gehörte. Schon Popper hatte sich geweigert, von einem ›Sinnkriterium‹ zu sprechen, und vorgeschlagen, statt dessen den Ausdruck ›Abgrenzungskriterium‹ zu verwenden. Sätze, die sich empirisch falsifizieren lassen, sind wissenschaftliche Sätze; Sätze, bei denen das nicht der Fall ist, gehören nach Popper zwar nicht in den Bereich der Wissenschaften, sind deshalb aber noch lange nicht sinnlos. Doch weniger Poppers Vorschlag zur Güte als vielmehr die Erkenntnis, daß auch zentrale wissenschaftliche Ausdrücke wie ›Elektron‹ oder sogar ›Masse‹ den strengen Anforderungen des empiristischen Sinnkriteriums nicht genügen, führte dazu, daß dieses Kriterium im Lauf der 1940er und 1950er Jahre Schritt für Schritt aufgegeben wurde. Damit war der Analytischen Philosophie allerdings ein zentrales Werkzeug zur Destruktion der traditionellen Philosophie abhanden gekommen. Wenn Termini wie ›Elektron‹ und ›Masse‹ keinen klaren empirischen Gehalt haben, warum sollte man das von Ausdrücken wie ›Prinzip‹ oder ›Gott‹ erwarten? Wenn Sätze wie »Elektronen haben eine Ruhemasse von $9{,}109 \cdot 10^{-28}$ Gramm«

einen Sinn haben, warum sollten dann Sätze wie »Gott ist der Schöpfer der Welt« sinnlos sein? Der Fall des empiristischen Sinnkriteriums war, wenn man mir dieses Bild verzeiht, die Einbruchstelle, durch die zunächst die traditionelle philosophische Terminologie in die Analytische Philosophie zurückkehren konnte. Und in deren Gefolge kamen auch die Probleme der traditionellen Philosophie zurück, und zwar in rasantem Tempo und – ohne daß dies großes Aufsehen hervorrief.

Der Grund für diese besondere Art von Renaissance lag zu einem großen Teil sicher darin, daß viele frühere Versuche, philosophische Probleme als Scheinprobleme zu entlarven, im Lauf der Zeit ihre Überzeugungskraft verloren. Nehmen wir Carnaps Unterscheidung zwischen internen und externen Problemen. Carnap war der Auffassung, daß ontologische Fragen wie »Gibt es Zahlen?« oder »Gibt es materielle Gegenstände?« wörtlich genommen sinnlos sind. Denn tatsächlich geht es in seinen Augen bei diesen Fragen allein darum, ob wir bei der Beschreibung und Erklärung der Welt eine Sprache wählen sollen, die Zahlausdrücke oder Ausdrücke für materielle Gegenstände enthält. *Wenn* wir uns für eine solche Sprache entschieden haben, können wir Fragen stellen wie »Ist 8 durch 3 teilbar?« oder »Gibt es unendliche viele Primzahlen?«. Und diese *internen* Fragen erlauben klare Ja-Nein-Antworten. Die Sätze »8 ist durch 3 teilbar« oder »Es gibt unendliche viele Primzahlen« sind also innerhalb der entsprechenden Sprachen wahr oder falsch. Die Frage, welche Sprache wir bei der Beschreibung und Erklärung der Welt wählen sollen, ist als *externe* Frage dagegen keine Frage von Wahrheit oder Falschheit, sondern eine Frage der Nützlichkeit und damit letztlich eine Frage der pragmatischen Entscheidung.

In dem schon erwähnten Aufsatz »Two Dogmas of Empiricism« hat Quine allerdings argumentiert, daß auch interne Fragen oft nur pragmatisch beantwortet werden können. Denn wenn wir unsere Theorien an der Erfahrung überprüfen, sind selbst widerspenstige Erfahrungen immer nur mit einer *Menge* von Sätzen und niemals nur mit einem *einzelnen* Satz unvereinbar. Auch widerspenstige Erfahrungen lassen damit die Frage offen, welcher dieser Sätze falsch ist. Also müssen wir diese Frage aufgrund pragmatischer Überlegungen selbst entscheiden. Wenn das so ist, gibt es aber, so Quine, keinen grundsätzlichen Unterschied zwischen externen und internen Fragen. D.h., auch die Frage, welches Sprachsystem wir wählen sollen, ist in Quines Augen eine wissenschaftliche Frage, die mit den normalen wissenschaftlichen Methoden beantwortet werden kann. Wenn sich herausstellt, daß die *erklärungskräftigste* Theorie in einer Sprache formuliert ist, die Zahlausdrücke enthält, ist dies somit ein gutes Argument für die Annahme, daß es Zahlen wirklich gibt. Quine plädiert hier also eindeutig für die Position, daß auch ontologische Fragen – wie die Frage, ob es Zahlen gibt – wissenschaftlich beantwortet werden müssen. Doch dies war für die Entwicklung der Analytischen Philosophie weit weniger entscheidend als die Tatsache, daß damit ontologische Fragen *als solche* rehabilitiert waren.

Ein zweites Beispiel: Wittgenstein und Ryle hatten vehement für die These gestritten, das traditionelle Leib-Seele-Problem beruhe schlicht auf einem Mißverständnis der Art und Weise, wie wir in der normalen Sprache über mentale Phänomene reden. Eine genaue Analyse zeige hier, daß mentale Ausdrücke keine mysteriösen inneren Episoden bezeichnen, zu denen nur die jeweilige Person selbst einen epistemischen Zugang habe; vielmehr bezeichnen diese Ausdrücke ganz ›normale‹, auch anderen Personen zugängliche Phänomene wie etwa die elektrische Ladung oder den Magnetismus bestimmter Körper. Obwohl diese Position im Grundsatz von den allermeisten akzeptiert wurde, zeigte sich bald, daß damit das traditionelle Leib-Seele-Problem keineswegs gelöst war. Denn auch wenn es sich bei mentalen Eigenschaften um ganz ›normale‹ Eigenschaften handelt, bleibt die Frage, wer der Träger dieser Eigenschaften ist; und erst recht bleibt die Frage, wie sich die mentalen Eigenschaften einer Person zu ihren physischen Eigenschaften verhalten.

In ähnlicher Weise büßten auch viele andere Versuche, traditionelle philosophische Probleme als Scheinprobleme zu entlarven, ihre Überzeugungskraft ein. Und so ist es kein Wunder, daß in der Erkenntnistheorie die traditionelle Skepsis eine bemerkenswerte Renaissance erlebte, so daß wir heute wieder ganz selbstverständlich über die Frage diskutieren, ob wir nicht Gehirne im Tank sein könnten. Selbst die Frage nach der Möglichkeit von synthetischen Aussagen *a priori* steht wieder auf der Tagesordnung. In der Philosophie des Geistes begann der Umschwung, wie schon angedeutet, mit der Identitätstheorie, in deren Gefolge zunächst der Eigenschaftsdualismus und dann sogar der Substanzdualismus wieder hoffähig wurden. In der Sprachphilosophie werden realistische und intentionalistische Semantiken diskutiert; die Wittgensteinsche Gebrauchstheorie der Sprache ist keineswegs mehr die einzige Alternative. Am verblüffendsten ist aber sicher die Wiederkehr der normativen Ethik. Nach vielen Jahren, in denen sich ethische Überlegungen allein auf metaethische Fragen beschränkt hatten, ist es – hauptsächlich wohl aufgrund John Rawls epochemachendem Werk *A Theory of Justice* (Cambridge MA: Harvard University Press 1971) – wieder möglich, über Freiheit und Gerechtigkeit zu reden, über den Status ungeborenen Lebens und über den Umgang mit Sterbenden. Alles in allem bleibt somit nur die Feststellung: Das Projekt der *Abschaffung* der Metaphysik durch logische Analyse der Sprache ist grandios gescheitert.

Rückblickend kann man also sagen, daß die Analytische Philosophie *ursprünglich* durch zumindest eine der folgenden drei Thesen gekennzeichnet war:

1. *Ziel* der Philosophie ist die Überwindung der Philosophie durch Sprachanalyse.
2. Die einzige (legitime) *Aufgabe* der Philosophie ist die Analyse der (Alltags- oder Wissenschafts-)Sprache.
3. Die einzige *Methode*, die der Philosophie zur Verfügung steht, ist die Methode der Sprachanalyse.

Aber spätesten seit 1975 gab es kaum noch jemanden, der auch nur eine dieser Thesen unterschrieben hätte. Mit anderen Worten: Die Analytische Philosophie in dem Sinne, in dem dieser Ausdruck in der ersten Hälfte des 20. Jahrhunderts verstanden wurde, ist passé. Die *traditionelle* Analytische Philosophie ist – lautlos – untergegangen.

Erstaunlicherweise änderte das aber nichts daran, daß die meisten Beteiligten sich weiterhin als Vertreter oder Vertreterinnen der Analytischen Philosophie fühlten. Die Streben nach Abschaffung der traditionellen Philosophie oder auch nur die Auffassung, alle Philosophie beruhe auf (logischer) Analyse der Sprache, waren offenbar nicht das, was den Kern des Selbstverständnisses der Analytischen Philosophie ausmachte. Aber was war es dann?

An dieser Stelle wird häufig ein bestimmter *Stil* des Philosophierens angeführt, den ja auch der Autor des zu Beginn zitierten »The Philosophical Gourmet Report 2000-2001« hervorhebt – ein Stil, der durch begriffliche Klarheit, Genauigkeit und argumentative Strenge ausgezeichnet ist. Daran ist sicher viel Wahres. Trotzdem ist meiner Meinung nach noch mehr im Spiel. In meinen Augen ist die heutige Analytische Philosophie auch gekennzeichnet durch eine bestimmte Auffassung davon, was Philosophie ist und wie man mit philosophischen Problemen umzugehen hat – wobei ich gleich zugebe, daß diese Auffassung keineswegs neu ist, sondern stark an philosophische Traditionen anknüpft, die weit über 2000 Jahre alt sind. Doch bleiben wir zunächst bei dem für die Analytische Philosophie charakteristischen Stil des Philosophierens.

Ernest LePore hat einmal im Gespräch berichtet, Quine sei der Auffassung gewesen, der Beginn der Analytischen Philosophie in den USA sei genau zu datieren. 1935 begleiteten Quine, Goodman und einige andere Kollegen Rudolf Carnap zu einem Vortrag vor der *Philosophical Association* in Baltimore. Nach dem Vortrag mußte sich Carnap mit einem Einwand Arthur Lovejoys auseinandersetzen, und das tat er in der für ihn und für die Analytische Philosophie charakteristischen Weise: »Wenn Arthur Lovejoy *A* meint, dann *p*, wenn er dagegen *B* meint, dann *q*.« Diese schöne Geschichte ist sehr bezeichnend. Denn an ihr wird *ein* Merkmal Analytischen Philosophierens schlagartig deutlich: Der Versuch, den *Inhalt* einer These so präzise wie irgend möglich herauszuarbeiten, und sei es um den Preis der Penetranz oder gar der Langeweile. Nur wenn klar ist, was mit einer bestimmten Annahme gemeint ist bzw. welche verschiedenen Lesarten sie zuläßt, kann man sagen, welche Argumente für oder gegen sie sprechen. *Begriffliche Implikationen* und *argumentative Zusammenhänge* so klar wie möglich herauszuarbeiten, ist also ein wesentliches Merkmal des Analytischen Philosophierens.

Auch dieses Merkmal ist sicher nicht neu, man findet es schon bei Platon und Aristoteles. Trotzdem kann man, wie mir scheint, ohne jede Übertreibung sagen, daß die Analytische Philosophie dem Versuch, begriffliche Implikationen und argumentative Zusammenhänge herauszuarbeiten, einen so zentralen Stellenwert eingeräumt hat wie keine andere Form des Philosophierens zuvor. Dabei war die Entwicklung der modernen Logik ohne Zweifel außerordentlich hilfreich. Sicher, nicht jeder Versuch einer Formalisierung hilft wirklich dem Verständnis; und manche formalen Überlegungen gleichen eher Spielereien. Aber, um nur einige Beispiele zu nennen: Ohne Freges ›Entdeckung‹ der Quantoren und der mehrstelligen Prädikate und ohne Freges Idee, daß es sich bei Quantoren um Ausdrücke für

Begriffe zweiter Stufe handelt, sowie die sich aus dieser Idee ergebende neue Formelsprache wären uns viele logischen Zusammenhänge bei weitem nicht so klar, wie sie es heute sind. Man denke nur an Probleme wie die Stellung und den Bereich von Quantoren oder die Stellung von Negationszeichen und Modaloperatoren wie »notwendig« und »möglich«. Ohne die moderne Formelsprache der Logik wären diese Zusammenhänge nur sehr schwer zu überblicken. Auch über die Logik möglicher Welten mag man denken, wie man will; daß uns die damit verbundenen neuen Ausdrucksweisen bei vielen Problemen eine klarere Formulierung ermöglichen, läßt sich in meinen Augen kaum bestreiten.

Was den Versuch rigoroser Begriffsanalyse betrifft, kann man heute auch schon manchmal eher skeptische Töne hören. Die Diskussion um den Begriff des Wissens etwa sehen viele inzwischen durchaus kritisch; sie wird als unfruchtbar erlebt, als ein mehr oder weniger nutzloses Austauschen von Beispielen und Gegenbeispielen. Das ist sicher nicht ganz falsch. Trotzdem, Gettiers Entdeckung von Fällen, in denen wir nicht von Wissen sprechen würden, obwohl die drei Bedingungen des traditionellen Wissensbegriffs – Wissen = gerechtfertigte, wahre Überzeugung – alle erfüllt sind, war ein überaus wichtiges Ergebnis. Und die an diese Entdeckung anschließende Diskussion hat die Erkenntnistheorie ein erhebliches Stück weiter gebracht. Unter anderem dadurch, daß nun plötzlich die Bedeutung verläßlicher Mechanismen der Überzeugungsgewinnung zum ersten Mal richtig gewürdigt wurde. Ganz ohne Zweifel hat hier etwas, was ich einmal ›theoretische Begriffsanalyse‹ nennen möchte, alte Zusammenhänge verdeutlicht und neue Zusammenhänge sichtbar gemacht, so daß wir das gesamte Feld heute sehr viel besser verstehen als früher.

Dies ist ganz generell ein nicht zu unterschätzender Fortschritt, den die Philosophie durch die Anwendung analytischer Methoden in den letzten hundert Jahren gemacht hat. Ob wir in der Religionsphilosophie die so genannten Gottesbeweise oder die Struktur des Problems des Übels nehmen, ob wir in der Erkenntnistheorie das Problem des Skeptizismus oder den Begriff der Rechtfertigung nehmen, ob wir in der Sprachphilosophie die Frage nehmen, wie sprachliche Ausdrücke zu ihren Bedeutungen kommen, oder schließlich in der Philosophie des Geistes die Frage nach der Naturalisierbarkeit des Mentalen, ganz generell gilt, daß wir diese Probleme heute sehr viel besser verstehen als vor 100 Jahren. Es kann z.B. gar kein Zweifel daran bestehen, daß die Sprachphilosophie ohne die Beiträge von Frege, Wittgenstein, Austin, Quine, Kripke, Davidson und Kaplan heute sehr viel ärmer wäre. Und von wie vielen Beiträgen außerhalb der Analytischen Philosophie im 20. Jahrhundert kann man wohl Ähnliches behaupten?

Aber verlassen wir den durch die Stichwörter ›begriffliche Klarheit‹, ›Genauigkeit‹ und ›argumentative Strenge‹ charakterisierten Stil analytischen Philosophierens; es gibt noch andere Punkte, die in meinen Augen für das Philosophieverständnis der gegenwärtigen Analytischen Philosophie entscheidend sind. Der wichtigste dieser Punkte ist vielleicht, daß in den Augen Analytischer Philosophen die Philosophie ein ganz normales Fach im Kanon aller anderen universitären Fächer darstellt. Das soll nicht heißen,

daß ihrer Meinung nach Philosophie nicht ihre eigenen Probleme und
Methoden hätte. Vielmehr gilt genau umgekehrt: Philosophie ist ein ganz
normales Fach, weil sie – wie alle anderen Fächer auch – ihre spezifischen
Probleme und Methoden besitzt. Genauer gesagt: In den Augen der meisten
Analytischen Philosophen gibt es eine Reihe von philosophischen Sachfragen,
die seit dem Beginn der Philosophie immer wieder gestellt wurden und die
noch heute für die Philosophie kennzeichnend sind – Sachfragen, auf die die
Philosophie mit den ihr zur Verfügung stehenden Mitteln eine Antwort zu
finden versuchen muß. Zu diesen Sachfragen gehören ›große‹ Fragen wie:

- Gibt es einen Gott?
- Können wir die Existenz der Außenwelt zweifelsfrei beweisen?
- Worin besteht die Bedeutung sprachlicher Ausdrücke?
- In welchem Verhältnis stehen Körper und Geist zueinander?
- Ist Freiheit mit Determiniertheit vereinbar?
- Lassen sich moralische Normen rational begründen?
- Was ist eine gerechte Gesellschaft?
- Was macht eine Sache schön?

Aber auch ›kleinere‹ Fragen wie:

- Wie unterscheiden sich indexikalische von anderen sprachlichen Aus-
  drücken?
- Sind Eigennamen starre Bezeichner?
- Haben Emotionen eine kognitive Komponente?
- Können Empfindungen als repräsentationale Zustände aufgefaßt werden?
- Welche Rolle spielen Sinnesdaten bei der Wahrnehmung?
- Sind Farben real?
- Was spricht für den Externalismus in der Erkenntnistheorie?
- Genießen Embryonen von Anfang an den vollen Schutz der Menschen-
  rechte?

Entscheidend ist, daß Analytische Philosophen diese Fragen als *zeitunabhän-
gige Sachfragen* auffassen, deren Beantwortung man *systematisch* in Angriff
nehmen kann. Philosophie *ist* in ihren Augen nichts anderes als der Versuch,
eben dies zu tun – der Versuch, in systematischer Weise rationale Antworten
auf die Sachfragen zu finden, die das Themenspektrum der Philosophie
ausmachen. Die Methode des Philosophen ist dabei einfach die Methode des
rationalen Argumentierens. Und auch Argumente werden von Analytischen
Philosophen als etwas aufgefaßt, was *nicht* relativ ist zu einer bestimmten
Zeit, einer bestimmten Kultur oder einem philosophischen System.

Die Analytische Philosophie hält in der Tat Rationalität und Vernunft
nicht für historisch kontingent. Es scheint ihr unvernünftig anzunehmen,
daß Descartes' Gottesbeweise zu seiner Zeit ganz in Ordnung waren, für
uns heute aber ihre Gültigkeit verloren haben. Es kann in ihren Augen nicht
sein, daß Platon zu seiner Zeit mit seiner Ideenlehre Recht hatte, während
diese Position schon für Kant nicht mehr gültig war. Das heißt natürlich
nicht, daß sich die Evidenzlage nicht ändern kann. Erst *nachdem* Russell die
Paradoxien der Fregeschen Arithmetik entdeckt hatte, mußte jeder – auch

Frege – akzeptieren, daß mit dieser Theorie etwas nicht Ordnung war. *Vorher* war Frege durchaus berechtigt, sie für wahr zu halten. Unmöglich ist aber, daß es bei *gleicher* Evidenzlage für eine Person rational sein kann, eine Theorie für wahr zu halten, für eine andere dagegen nicht. Ein zwingendes Argument ist für alle gleich zwingend – nicht nur für die Menschen einer bestimmten Zeit oder eines bestimmten Kulturkreises. Und ein Widerspruch ist ein Widerspruch – nicht nur ein Widerspruch für die Anhänger der Transzendentalphilosophie oder der Phänomenologie.

Aus diesen Auffassungen ergibt sich ein weiteres Merkmal der Analytischen Auffassung von Philosophie – die Überzeugung, daß es so etwas wie philosophische *Schulen* eigentlich nicht geben kann. Möglich sind nur unterschiedliche Auffassungen und Positionen; aber diese sind gegeneinander nicht in dem Sinne ›abgeschottet‹, daß ein Austausch von Argumenten unmöglich wäre. Ganz im Gegenteil: Es gibt nur einen großen philosophischen Diskurs, in dem jeder argumentativ zu den Auffassungen der jeweils anderen Stellung nehmen kann. Dies ist auch der Grund dafür, daß Philosophie *arbeitsteilig* betrieben werden kann. Wenn die Aufgabe von Philosophinnen und Philosophen nicht ist, große Systeme zu entwerfen, sondern an der Klärung zeitübergreifender philosophischer Fragen mitzuwirken, dann können auch kleine Beiträge einen Fortschritt bedeuten. Sie müssen nur auf eine gemeinsame Frage bezogen sein und helfen, der Antwort auf diese Frage näher zu kommen. Allerdings ist die Hoffnung, daß es möglich sei, philosophische Probleme ein für alle Mal zu lösen, heute bei weitem nicht mehr so ausgeprägt, wie sie es vielleicht einmal war. Fortschritt ist dennoch möglich. Denn auch wenn es gelingt zu klären, was eine bestimmte Position genau impliziert, welche Argumente für diese Position relevant und welche Argumente definitiv zum Scheitern verurteilt sind, z.B. weil sie nicht zeigen, was sie zeigen sollen, kann dies durchaus einen wesentlichen Fortschritt darstellen. Fortschritt in der Philosophie bedeutet im allgemeinen nicht die Lösung, sondern die Klärung von Problemen.

Es kann nicht ausbleiben, daß bei dem Versuch, philosophische Probleme arbeitsteilig anzugehen, manche Beiträge eher belanglos, andere vielleicht sogar durchaus langweilig sind. Dies scheint mir sogar ein eindeutiges Anzeichen dafür zu sein, daß Analytische Philosophen ihr Fach tatsächlich als ein ganz ›normales‹ Fach begreifen. Denn in anderen Fächern sehen die Dinge nicht anders aus. Wenn man arbeitsteilig an der Beantwortung bestimmter Fragen arbeitet, kann man einfach nicht erwarten, daß jeder Beitrag einen neuen, wirklich interessanten Aspekt zu Tage fördert. Vielmehr muß es in diesem Fall auch viel Leerlauf und Wiederholung geben. Und natürlich gibt es in der Philosophie – wie in den anderen Fächern – spannendere und weniger spannende Fragen. Nicht alles kann gleich interessant und gleich wichtig sein.

Trotzdem läßt sich natürlich nicht leugnen, daß gerade dann, wenn man Philosophie als ein normales Fach im Kanon der universitären Fächer begreift, Erwartungen, die häufig an die Philosophie gerichtet werden, mit großer Wahrscheinlichkeit enttäuscht werden. Aufsätze im *Journal of Philosophy* haben in der Tat nur sehr wenig mit den Werken Senecas,

Montaignes, Nietzsches, Cesare Paveses und Fernando Pessoas zu tun. Aber das gilt natürlich auch für die Werke von Aristoteles und Kant. Meiner Meinung nach gehören geistreiche Essays, die zwar anregend und vielleicht sogar erbaulich sind, die aber doch nicht versuchen, ein sachliches Problem von allen Seiten zu beleuchten und so einer Lösung näher zu bringen, in der Tat nicht zum Kern der Philosophie. Philosophie, so sagen jedenfalls Analytische Philosophen, ist der *systematische* Versuch, rationale Antworten auf philosophische Sachfragen zu erarbeiten. Dies geht auf die Dauer nur in systematischen Abhandlungen; und die – das zeigt sich auch in anderen Wissenschaften – sind in der Regel eine eher trockene Kost. Außerdem: Keineswegs alle Sachfragen, mit denen es die Philosophie zu tun, sind für die Leser von existentiellem Interesse.

Bedeutet dies, daß es vielleicht doch einen substantiellen Unterschied zwischen Analytischer und Kontinentaler Philosophie gibt? Mir scheint ja. Aber das hängt natürlich auch davon ab, was man unter Kontinentaler Philosophie versteht; und da gehen die Meinungen weit auseinander. Für manche unterscheidet sich die Kontinentale von der Analytischen Philosophie im wesentlichen dadurch, daß Kontinentale Philosophen der Geschichte der Philosophie einen größeren Stellenwert einräumen. Das scheint mir allerdings nur sehr bedingt zuzutreffen, da auch unter Analytischen Philosophen die Geschichte der Philosophie heute sicher nicht mehr gering geschätzt wird. Andere charakterisieren den Unterschied zwischen Analytischer und Kontinentaler Philosophie so: Analytische Philosophen versuchen, »abstrakte Begriffe zu definieren und zu analysieren und verschiedene mögliche Interpretationen der Fragen zu untersuchen, die diese Begriffe enthalten«; Vertreter der Kontinentalen Philosophie dagegen versuchen, »sehr allgemeine und möglichst vollständige selbst-konsistente Theorien zu konstruieren, die auf irgendeine Weise die abstrakten Ideen (wie die Idee der Existenz oder des Wissens) erklären, um die es in der Philosophie in erster Linie geht« (Teichmann, J./Evans, K.C.: *Philosophy. A Beginner's Guide*. Oxford: Blackwell 1991, 6). Auch das trifft in meinen Augen nicht den Kern der Sache.

Mir scheint, daß man den Unterschied zwischen Analytischer und Kontinentaler Philosophie ganz anders fassen sollte, auch wenn dadurch den impliziten geographischen Bezügen sicher nicht mehr angemessen Rechnung getragen wird. Der Gegensatz zur Analytischen Philosophieauffassung scheint mir in einer Position zu bestehen, die leugnet, daß es in der Philosophie um Sachfragen geht. Dieser Position zufolge besteht die Aufgabe der Philosophie vielmehr in der Deutung, dem Vergleich und der Analyse von Weltbildern, bei denen man überhaupt nicht nach Wahrheit oder Falschheit, sondern nur nach Entstehungsbedingungen und nach Auswirkungen fragen kann. Natürlich deuten Menschen die Welt und ihren Platz in der Welt auf ganz unterschiedliche Weise, natürlich sind zu verschiedenen Zeiten und in verschiedenen Kulturen ganz unterschiedliche Weltdeutungen aufgrund sehr unterschiedlicher Motive und Beweggründe akzeptiert worden, und natürlich kann man fragen, welche historischen und sozialen Bedingungen hier im Spiel waren. Doch das ist für einen Analytischen Philosophen Geistesgeschichte oder historisch gewendete Wissenssoziologie, nicht Philosophie.

Philosophie ist für Analytische Philosophen geradezu charakterisiert durch die Frage nach der Wahrheit. Kontinentale Philosophen – in diesem Sinne – dagegen bestreiten, daß diese Frage auch nur einen Sinn hat. Denn in ihren Augen gibt es keinen Standpunkt außerhalb von Weltbildern, von dem aus sich Weltbilder beurteilen ließen. (Allerdings: Wenn das so ist, dann gibt es wohl auch keinen Standpunkt, von dem aus sich Weltbilder deuten, vergleichen und analysieren ließen.)

Diese Art, die Dinge zu sehen, mag manchem zumindest merkwürdig erscheinen; denn so verstanden wird die Philosophenwelt ganz anders sortiert, als man erwarten würde. Aristoteles, Descartes, Hume und Kant werden unvermittelt zu Analytischen Philosophen, und dasselbe gilt auch für Jürgen Habermas und Karl Otto Apel, um nur zwei Namen aus der deutschen Gegenwartsphilosophie zu nennen. Wen findet man auf der Seite der Kontinentalen Philosophie? Sicher Nietzsche, sicher einen Großteil der zeitgenössischen französischen Philosophen und wahrscheinlich wohl auch Richard Rorty, vielleicht manche Vertreter der Hermeneutik. Wie es mit Heidegger steht, kann ich selbst nicht beurteilen.

Wenn dies das Ergebnis der von mir getroffenen Unterscheidung zwischen Analytischer und Kontinentaler Philosophie ist, muß man dann nicht sagen, daß es sich hier nur um einen Taschenspielertrick handelt? Mir scheint, daß das nicht so ist. Was die Analytische Philosophie heute – nach dem Scheitern des Versuchs der Überwindung der Philosophie durch logische Analyse der Sprache – kennzeichnet, sind in meinen Augen tatsächlich zwei Dinge:

1. Die Auffassung, daß es in der Philosophie darum geht, in systematischer Weise rationale Antworten auf die Sachfragen zu finden, die das Themenspektrum der Philosophie ausmachen; daß es dabei Standards der Rationalität gibt, die für alle in gleicher Weise gelten; und daß es deshalb letzten Endes nur einen großen philosophischen Diskurs geben kann.

2. Die Auffassung, daß die Arbeit der Philosophie nur dann erfolgversprechend geleistet werden kann, wenn man versucht, die verwendeten Begriffe in all ihren möglichen Lesarten so klar und argumentative Zusammenhänge so transparent wie möglich zu machen, wobei Ergebnisse der modernen Logik überall da zu berücksichtigen sind, wo es der Sache dient.

Und dies sind in meinen Augen in der Tat auch die Kennzeichen guter Philosophie.

Ansgar Beckermann

Logische und mathematische Symbole

A, B, C	Zeichen für Mengen oder für Aussagenkonstante
a, b, c	Zeichen für Elemente oder für Individuenkonstante
F, G, H	Zeichen für Prädikate
X, Y, Z	Zeichen für Individuenvariable
gdw.	Genau dann, wenn

p   wird zur Kennzeichnung einer propositionalen Aussage verwendet, z.B., »ich behaupte, daß die Straße naß ist« – »ich behaupte, daß p« oder »es ist wahr, daß p«

p und q   in der Aussagenlogik Zeichen für Teilsätze, die durch die Junktoren verknüpft werden.

ε	es ist / es hat	affirmative Kopula
ε'	es ist nicht / hat nicht	negative Kopula

Junktoren (Aussagenlogik)

¬	nicht (Negation)	Negator
∧	und (Konjunktion)	Konjunktor
∨	oder (nicht ausschließendes »oder«) (Adjunktion oder Disjunktion)	Adjunktor oder Disjunktor
⊃, →	wenn – dann (Implikation oder Subjunktion)	Implikator/Subjunktor
≡, ↔	genau dann, wenn (Äquivalenz oder Bisubjunktion)	(Äquivalentor/Bisubjunktor/ Biimplikator)

Weitere logische Konstante

⟩—⟨, ↮	entweder – oder, i.S.v. ausschließendes »oder« (Kontravalenz)	Kontravalentor

Quantoren (Quantoren- oder Prädikatenlogik)

∧, ∀	Alle – z.B. $\forall_x$ – zu lesen als: für alle x gilt	Allquantor
∨, ∃	es gibt mindestens/einige – z.B. $\exists_x$ – zu lesen als: es gibt mindestens ein x, für das gilt …	Existenzquantor

Folgerungssymbole

→	folglich (bei einem gültigen Schluß)
⊢	herleitbar/ableitbar/beweisbar (syntaktischer Folgerungsbegriff – bspw. der Satz »A« ist ableitbar aus einer Menge M von Sätzen)
⊩	folgt/impliziert logisch (semantischer Folgerungsbegriff – bspw. ein Satz »A« folgt logisch aus einer Menge von Sätzen)

Regel- und Kalkülsymbole

$\Rightarrow$	es ist erlaubt, von ... überzugehen zu ...
$\Leftrightarrow$	es ist erlaubt, von ... überzugehen zu ... und umgekehrt
$= df \leftrightharpoons, :=$	nach Definition gleich

Relationssymbole

$=$	gleich
$\neq$	nicht gleich
$\equiv$	identisch
$\sim$	äquivalent
$<$	kleiner
$\leq$	kleiner oder gleich
$>$	größer
$\geq$	größer oder gleich

Syllogistik

S	Subjekt
P	Prädikat
a	universell bejahend (affirmo universaliter)
e	universell verneinend (nego universaliter)
i	partiell bejahend (affirmo partialiter)
o	partiell verneinend (nego partialiter)

Mengenlehre

$<x, y>$	geordnetes Paar
$\{x, y\}$	Paarmenge mit Elementen x, y
λ	die Klasse der / Inbegriff der – z.B. »λ x (x ε Ph)« zu lesen als: »die Klasse der Philosophierenden«
ι	derjenige, diejenige, dasjenige; es gibt einen und nur einen Gegenstand, der die Eigenschaft F hat, dann wird er durch den Ausdruck ι x (x ε F) gekennzeichnet – zu lesen als: »dasjenige Ding, das F ist«.
$\in$	Element von
$\notin$	nicht Element von
$\subset$	echte Menge von – z.B. »M $\subset$ N« – zu lesen als: »M ist echte Menge von N«
$\subseteq$	Teilmenge von / eingeschlossen in / enthalten in – z.B. »F $\subseteq$ G« – zu lesen als »die Klasse/Menge F ist Teilklasse/Teilmenge von G«
$\emptyset, \{\ \}$	leere Menge
$\cup$	Vereinigung von ... und ...
$\cap$	Durchschnitt von ... und ...
M \ N	Differenzmenge / -klasse
f: M $\rightarrow$ N	f ist eine Abbildung von M in N
ω	kleinste unendliche Zahl
$\mathbb{N}$	Menge der Natürlichen Zahlen
$\pounds$	formale Sprache erster Stufe

A

Ab-esse-ad-posse-Prinzip, Bezeichnung für ein in der Modellogik gültiges Prinzip. Es besagt: was wirklich ist, das ist erst recht möglich, oder: »wenn p wahr ist, dann ist p möglich«.   PP

Abbildung, (1) bildliche oder sprachliche Darstellung eines Gegenstandes oder Sachverhalts. (2) Als erkenntnistheoretische Annahme bedeutet A., daß die Wirklichkeit in Sprache und Denken, d.h. durch Empfindungen, Wahrnehmungen, Vorstellungen oder Begriffe, Urteile, Theorien, abgebildet wird. (3) In der analytischen Sprachphilosophie versteht man unter A., daß die Sätze die Form der Welt darstellen. Ausgehend von der ontologischen Vorstellung, daß sich die Welt in komplexe und einfache Tatsachen gliedert, soll durch den Aufbau einer idealen Sprache sichergestellt werden, daß der Aufbau der Sprache den Aufbau der abgebildeten Tatsachen wiedergibt. Die Tatsachen, die sich aus einfachen Dingen, d.h. Objekten und Attributen, zusammensetzen, und der objektive Zusammenhang der Sachverhalte sollen durch einfache Terme für einfache Dinge und durch den logisch-formalen Satzbau abgebildet werden. Der logische Satz widerspiegelt die logische Form der Wirklichkeit insofern, als alle möglichen Verbindungen seiner Einzelzeichen mögliche Komplexe der entsprechenden Entitäten der Wirklichkeit vertreten. Jeder möglichen Konfiguration dieser Entitäten muß eine mögliche, richtig gebildete Verbindung von Symbolen entsprechen. Nach diesem Verständnis stellen Sätze isomorphe A.en möglicher Sachverhalte dar. (4) In der Mathematik und Logik ist A. gleichbedeutend der ↗ Funktion, d.i. eine Beziehung zwischen veränderlichen Größen, die derart in einem bestimmten Abhängigkeitsverhältnis stehen, daß jedem Wert der einen Größe ein Wert der anderen eindeutig entspricht.   PP

Abgrenzungskriterium, von Popper eingefordertes Kriterium zur Kennzeichnung des empirisch-wissenschaftlichen Charakters von Theorien und Satzsystemen. Es dient einerseits dazu, wissenschaftliche, diskutable Theorien von pseudo-wissenschaftlichen abzugrenzen und andererseits von Aussagen der reinen Mathematik, der Logik, der Metaphysik und der Erkenntnistheorie zu unterscheiden. Aus seiner Kritik an der Brauchbarkeit des empiristischen ↗ Sinnkriteriums des ↗ Logischen Empirismus heraus schlägt Popper als Kriterium die empirische Widerlegbarkeit (↗ Falsifizierbarkeit) einer Theorie vor. Diese ist gegeben, wenn einer Theorie auf der Grundlage von Beobachtungssätzen (Basissätzen, Prüfsätzen), deren Wahrheit die Theorien widerlegen, die Falschheit nachgewiesen werden kann. Statt der Existenz solcher Beobachtungssätze kann auch die Existenz möglicher beobachtbarer Vorgänge gefordert werden, deren Auftreten von der betreffenden Theorie ausgeschlossen ist. Durch beide Forderungen wäre die Falsifikationsmöglichkeit gewährleistet und in der Folge davon der wissenschaftliche Charakter empirischer Aussagesysteme sichergestellt. Das A. ist eine These der Meta-Wissenschaft und als solche kein

empirischer Satz, der seinerseits empirisch widerlegbar oder falsifizierbar
wäre.

Lit.: K. Popper: Logik der Forschung. Tübingen [7]1982. PP

Abkürzungsdefinition, auch stipulative oder festsetzende Definition, dient
dem praktischen Interesse, einen komplexen Ausdruck durch einen kürzeren
zu ersetzen. Dabei wird im Vorschlag festgelegt, in welchem Kontext K für
welche Sprache S ein längerer Ausdruck durch ein kürzeren zu ersetzen ist.
Die Ersetzung steht unter dem Vorbehalt der Adäquatheitsforderung, daß
der Wahrheitswert der Sätze, in denen der zu ersetzende und der ersetzende
Ausdruck vorkommen, sich nicht verändern darf, und daß durch den ersetzenden Ausdruck keine neue Information eingeführt werden darf (Postulat
der Nichtkreativität). PP

Ableitbarkeit. Im aussagenlogischen (oder junktorenlogischen) Kalkül des
natürlichen Schließens ist aus einer Menge M von Urteilen eine Aussage
B genau dann ableitbar, wenn es eine nichtleere und endliche Folge von
Sätzen gibt, so daß: (1) jeder Satz dieser Folge durch Annahmeeinführung
oder aber aus vorangehenden Sätzen durch eine der Regeln des aussagenlogischen Kalküls des natürlichen Schließens gewonnen worden ist, (2) das
letzte Glied dieser Folge von Sätzen die Aussage B ist, und (3) B nur von
solchen Annahmen abhängt, die Urteile aus M sind.

Lit.: W.K. Essler/R.F.M. Cruzado: Grundzüge der Logik I. Das logische Schließen.
Frankfurt a.M. 1991, S. 98f. PP

Ableitung, stellt eine Folgerung einer Aussage mittels logischer Schlußregeln
aus anderen vorgegebenen Aussagen dar, wobei über den Wahrheitsgehalt
der vorgegebenen Aussagen weder positiv noch negativ entschieden ist.
Die A. besteht aus einer nicht-leeren Menge von Sätzen, dabei stellt die
Annahme das Anfangsglied, der abgeleitete Satz das Endglied (Postulat der
Nicht-Unendlichkeit) einer A. dar. ↗ Ableitbarkeit. PP

Abschwächung, auch hypothetische A. oder das Gesetz des verum ex
quodlibet sequitur. In der formalen Logik wird folgende Ableitung als A.
bezeichnet: Aus dem Satz A ist ableitbar die Aussage »wenn B, dann A«
– dabei wird der in der Prämisse gegebene Satz A in der abgeleiteten Aussage
unter die Bedingung von B gestellt. PP

Abschwächungsregel. In der klassischen Syllogistik wird durch die A.
festgelegt, daß man von einem allgemein bejahenden Urteil übergehen
darf zu einem partikular bejahenden (von SaP zu SiP), ebenso von einem
allgemein verneinenden zu einem partikular verneinenden (von SeP zu SoP).
D.h. die A. erlaubt den Übergang zu einer schwächeren Aussage, d.h. von
einer allgemeinen zu einer partikularen Aussage. PP

Abtrennungsregel, oder Regel des ↗ Modus ponens besagt: Wenn eine Aussagenverknüpfung »wenn A, dann B« (↗ Implikation) gegeben ist und zugleich die Aussage A (Vordersatz) positiv behauptet wird, dann kann auch auf die Aussage B (Nachsatz) als positive Behauptung geschlossen werden. Bsp.: Wenn es schneit, ist der Flüela-Paß für Autos gesperrt; es schneit (bzw. hat geschneit); also ist der Paß gesperrt.   PP

Adäquatheitsbedingung, Kriterium der inhaltlichen Angemessenheit formaler Darstellungen bezüglich intendierter Bereiche in der Logik. Die A. unterteilt sich in die Bedingung der Korrektheit und die Bedingung der Vollständigkeit. Sie wird v.a. mit formalen Theorien verbunden. So sollen etwa logische Kalküle korrekt und vollständig bezüglich einer jeweiligen Semantik sein und Axiomensysteme bezüglich bestimmter, intendierter Modelle. Die A. ist nicht trivial wie etwa das Beispiel der Peano-Arithmetik zeigt, die von Gödel als unvollständig hinsichtlich der (im Standardmodell) wahren Aussagen der Zahlentheorie aufgezeigt wurde. In einem weiteren Sinn findet die A. auch Anwendung auf Definitionen sowie Mengen logischer Konstanten bezüglich der Charakterisierung aller, in einem formalen System definierbaren logischen Konstanten.   UM

Adäquationstheorie. Die Frage, ob unsere Vorstellung von und unsere Aussagen über die Wirklichkeit auch mit der Wirklichkeit übereinstimmen, zieht sich durch die Geschichte der Philosophie seit Aristoteles. Die Aristotelische Ausführung dazu: »die Sache erscheine gleichsam als der Grund dafür, daß die Aussage wahr ist. Denn sofern die Sache ist oder nicht ist, wird die Aussage wahr oder falsch genannt« (Kategorien 14 b) erfährt im Mittelalter eine Umformulierung in »veritas est adaequatio rei et intellectus«, die zu der unpräzisen Formulierung führt: Ein Satz ist wahr, wenn er mit der Wirklichkeit übereinstimmt. Die Feststellbarkeit der Entsprechung bleibt dabei ebenso ein Problem, wie die Bestimmung des Begriffs der Wirklichkeit. Mit Leibniz setzt eine veränderte Richtung der Überlegung bezüglich der Übereinstimmung ein: Die Wahrheit besteht darin, daß die Worte derart in Sätzen verbunden sind, daß sie die Übereinstimmung oder Nichtübereinstimmung genau so ausdrücken, wie sie wirklich ist. Diese Aussage wirkt fort bis zu ↗ Wittgensteins Feststellung, daß eine wahre Aussage einen bestehenden Sachverhalt (d.i. eine Tatsache) repräsentiert. Der Logiker Tarski versucht eine semantische Klärung (↗ Adäquatheitsbedingung) des Wahrheitsbegriffs mit rein formalsprachlichen Mitteln zu leisten. ↗ Wahrheit

Lit.: Aristoteles: Kategorien. Darmstadt ²1986. – G.W. Leibniz: Neue Abhandlungen über den menschlichen Verstand. IV. Buch, Von der Erkenntnis. Hg. W. v. Engelhardt/H.H. Holz. Darmstadt 1985, S. 329ff. – A. Tarski: Die semantische Konzeption der Wahrheit und die Grundlagen der Semantik. In: G. Skirbekk (Hg.): Wahrheitstheorien. Frankfurt a.M. 1980, S. 140ff. – L. Wittgenstein: Tractatus logico-philosophicus. In: Ders.: Werke. Bd. 1. Frankfurt a.M. 1984.   PP

Affirmation, affirmativ, bejahende Aussage, (a) indem einem Subjekt ein Prädikat zugesprochen wird (Mont Blanc ist der höchste Berg Europas), oder (b) indem eine komplexe Aussage universal (alle S sind P) oder partiell (einige S sind P) bejaht wird.   PP

Algorithmus, ein generelles, schrittweise vorgehendes Rechenverfahren, das nach schematischen Regeln vollzogen wird. Die das Rechenverfahren leitende Anweisung muß in allen Einzelheiten genau und von endlicher Länge sein. Sie muß so abgefaßt sein, daß jedes Mitglied der Sprachgemeinschaft, in deren Sprache die Anweisung formuliert ist, nach ihr handeln kann. Gefordert ist, daß die Folge der Schritte eindeutig erfolgen kann. Der ↗ Kalkül stellt eine Modifikation des A. dar, der statt der eindeutigen Festlegung der Schrittabfolge endlich viele Wahlmöglichkeiten bei jedem Schritt bietet. A.en kommen in Verfahren der Berechenbarkeit, Entscheidbarkeit, Aufzählbarkeit zur Anwendung. Dabei soll nach endlich vielen Schritten das Verfahren abbrechen und zu einem gültigen Ergebnis bzw. einer korrekten Antwort führen. Statt des Abbruchs ist auch die unbegrenzte Fortsetzbarkeit i.S. einer approximativen Berechnung möglich. Die Übertragbarkeit des A. auf Rechenautomaten hat zu einer Algorithmentheorie geführt.

Lit.: H. Hermes: Aufzählbarkeit, Berechenbarkeit, Entscheidbarkeit. New York/ Heidelberg/Berlin ²1971.   PP

Allaussage, Allsatz, auch Generalisation, eine Aussage, in der mit den Wörtern »alle«, »sämtliche«, »jeder«, »jegliche« eine Generalisierung des ausgesagten Sachverhalts zum Ausdruck gebracht wird. Die A. entspricht dem universell bejahenden Urteil. In der ↗ Prädikatenlogik wird der Allquantor vorangestellt, um zu kennzeichnen, daß ein bestimmtes Prädikat (der Aussage) für den genannten Individuenbereich universal gilt.   PP

Allgemeinbegriff, (1) ein Begriff, unter den mehrere Einzeldinge fallen (z.B. der Begriff »Mensch«, der jedem einzelnen Individuum zugesprochen werden kann; der Begriff »Tier«, unter den verschiedene Arten fallen); (2) als logischer A. (Prädikabilien) wird er hinsichtlich seiner Aussageweise unterschieden nach: (a) Gattung (genus, z.B. Lebewesen), (b) Art (species, z.B. Mensch, Tier), (c) artbildender Unterschied (differentia specifica, z.B. Vernunftbegabung, Sprachvermögen), (d) Eigentümlichkeit (proprium, z.B. Fähigkeit zur Kommunikation), (e) zufällige Eigenschaft (accidens).   PP

Allgemeingültig. In der formalen Logik ist ein logischer Ausdruck a., wenn bei jeder beliebigen Einsetzung für seine aussagenlogischen Variablen, bei jeder beliebigen Interpretation seiner Prädikate und für beliebige Gegenstandsbereiche der Ausdruck eine wahre Aussage ergibt.   PP

Allmenge, drückt zwei Arten von Allheit oder Allgemeinheit aus: (1) »Alle« kann eine bestimmte endliche Menge in ihrer Gesamtheit bedeuten, d.h. eine bestimmte Anzahl, deren Elemente einzeln aufgezählt werden können (z.B. alle Bewohner Berlins). (2) »Alle« kann eine Klasse bedeuten, die nur durch bestimmte Merkmale (Eigenschaften oder Beziehungen) definiert wird und deshalb eine unbestimmte, nicht abgeschlossene, sondern offene Menge darstellt, deren Elemente darum nicht vollständig aufzählbar sind. Es handelt sich um eine unbeschränkte Allgemeinheit, wie sie in den Naturgesetzen zur Geltung kommt. – ↗ Wittgenstein, Schlick und Ramsey haben nur Allaussagen der ersten Form als echte Sätze der Erkenntnis gelten lassen, weil sie annahmen, daß sich diese endgültig verifizieren lassen. Naturgesetze wären dann als molekulare Sätze zu verstehen. Das hätte zur Folge, daß solche Gesetze nur bekannte Festsetzungen enthalten, aber keine Voraussagen für neue Fälle zuließen.   PP

Alphabet, eine bestimmte Menge an konventionell festgelegten Zeichen, die insofern das Inventar an Grundzeichen darstellt, als mit ihrer Hilfe alle elementaren menschlichen Gedanken ausdrückbar sind. Alle komplexeren Zeichen müssen sich durch Kombination dieser Grundzeichen ergeben.
                                                                                 PP

Analyse, ein methodisches Verfahren, in dem ein Ganzes in seine Teilinhalte zergliedert bzw. ein Gegebenes auf seine Bestandteile zurückgeführt wird. In der Philosophie hat sie sich zu verschiedenen A.-Formen entwickelt: (1) Als beweisendes Analysieren (Aristoteles) gilt sie in mehrfacher Form: (a) indem die verschiedenen logischen Schlüsse auf die sie begründende logische Schlußform zurückgeführt und dadurch ihre Gültigkeit ausgewiesen wird; (b) indem ein noch wissenschaftlich zu beurteilender Satz auf die ihn begründenden oder beweisenden Prämissen zurückgeführt wird. Ein begründungsbedürftiger Satz, dessen Wahrheit (und Beweisbarkeit) zunächst nur angenommen wird, wird durch Angabe der wahren und notwendigen Prämissen, aus denen er sich logisch folgern läßt, ausgewiesen. Die grundlegenden Prämissen können Wissenschaftsprinzipien oder Axiome darstellen; (c) bei einer Begriffsanalyse wird aus verschiedenen Artbegriffen ein allgemeinerer Gattungsbegriff erschlossen (z.B. Tier, Mensch: das Lebewesen). – (2) Die logische A., wie sie u.a. von ↗ Wittgenstein und ↗ Carnap geprägt wurde, zielt darauf ab, die in der Grammatik der Alltagssprache zugrundeliegenden logischen Formen sprachlicher Ausdrücke und Sätze herauszustellen und auf der Grundlage dieser logischen Formen den Aufbau einer exakten Wissenschaftssprache zu leisten. In den *Philosophischen Untersuchungen* praktiziert Wittgenstein eine andere Form der A.: Die Bedeutung eines sprachlichen Ausdrucks wird als Funktion des Gebrauchs bestimmt.

Lit.: A.J. Ayer: Sprache, Wahrheit und Logik. Stuttgart 1978. – R. Carnap: Überwindung der Metaphysik durch logische Analyse der Sprache. In: Logischer Empirismus. Der Wiener Kreis. Hg. H. Schleichert. München 1975, S. 149-171. – F. Waismann: Was ist logische Analyse. Hg. G.H. Reitzig. Frankfurt a.M. 1973, S. 42-66.   PP

Analytisch. Mit diesem Ausdruck werden in vielfacher Weise entweder ein Satz oder ein Urteil oder eine Aussage qualifiziert: (1) Ein Satz heißt a. genau dann, wenn sich seine Wahrheit allein aus den semantischen Regeln der Sprache ergibt, so daß jeder der die Sprache versteht, diesen Satz als wahr ansehen muß (↗ Philosophie der normalen Sprache). (2) A.e Sätze werden als Bedeutungswahrheiten (im Ggs. zu Tatsachenwahrheiten) bezeichnet, d.h. sie sind aufgrund definitorischer und logischer Vereinbarungen wahr. Als formales Kriterium gilt, daß ein Urteil dann a. wahr ist, wenn es ausschließlich mit Hilfe der Gesetze der Logik und den Definitionen der Sprache bewiesen oder widerlegt werden kann (↗ Frege). (3) Ein Urteil ist a. dann, wenn das Urteilsprädikat im Urteilssubjekt bereits enthalten ist und durch Zergliederung des Subjektsbegriffs sich das Prädikat als Teilbegriff ergibt (Kant – Bsp.: alle Körper haben eine räumliche Ausdehnung; Erläuterungsurteil) – dies kann nur für Urteile in der Subjekt-Prädikat-Form gelten. Das Kriterium für a. ist, daß dem Subjektbegriff nicht widerspruchsfrei der Prädikatsbegriff abgesprochen werden kann (Bsp.: alle Junggesellen sind unverheiratet). (4) A. dient auch zur Bezeichnung der Berechtigung von Urteilen: die a.e Wahrheit ergibt sich durch Bezug auf Wahrheiten allgemein logischer Natur. (5) Eine Aussage wird als a. bezeichnet, wenn sie in allen ↗ möglichen Welten wahr ist, bzw. wenn sie für jede Zustandsbeschreibung wahr ist. (6) A. ist ein Synonym für »logisch wahr« und gilt auch für Aussagen, die durch Einsetzen von Synonymen in logisch wahre Sätze umgewandelt werden. – Von ↗ Quine wird die Unterscheidung in a.e und synthetische Urteile in Frage gestellt, indem er zunächst davon ausgeht, daß ein a.er Satz entweder logisch wahr ist oder durch Ersetzung mittels synonymer Ausdrücke zu einem a. wahren Satz wird. In seiner Kritik verweist er darauf, daß zur Definition zweier Ausdrücke aber bereits auf ein Verständnis von a. wahren Sätzen zurückgegriffen werden muß. D.h. daß Synonymität und »analytisch wahr« nicht zirkelfrei bestimmt werden können. Als Antwort auf diese Kritik schlägt ↗ Carnap vor, daß man durch Bedeutungspostulate (↗ Analytizitätspostulat) die Beziehungen der Bedeutungen festlegt (z.B. die Unverträglichkeit der Prädikate »Junggeselle« und »verheiratet«). Nach einer bestimmten Anzahl von Postulaten kann man definieren: A. sind diejenigen Sätze, die aus der Gesamtheit der Bedeutungspostulate folgen. Damit wird die Definition von a. auf ausdrücklich getroffene sprachliche Regulationen bezogen.

Lit.: R. Carnap: Bedeutungspostulate. In: Ders.: Bedeutung und Notwendigkeit. Wien/New York 1972, S. 278ff. – H. Delius: analytisch/synthetisch. In: Hist. Wörterbuch der Philosophie. Hg. von J. Ritter und K. Gründer. Basel 1971ff. – G. Frege: Die Grundlagen der Arithmetik. Darmstadt 1961. – I. Kant: Prolegomena. § 2a. – Ders.: Kritik der reinen Vernunft. B 10f. – W.V.O. Quine: Zwei Dogmen des Empirismus. In: Ders.: Von einem logischen Standpunkt. Frankfurt a.M./Berlin/Wien 1979, S. 27ff.   PP

Analytisch determiniert. Als a. d. werden Aussagen bezeichnet, deren Wahrheitsbegriff aufgrund einer bloßen Bedeutungsanalyse ermittelt wer-

den kann: (a) die formal-logischen Wahrheiten und Falschheiten, d.h. die
Wahrheit oder Falschheit ist durch die Bedeutung der logischen Zeichen
(Junktoren, Quantoren) festgelegt; (b) die analytischen Wahrheiten und
Falschheiten, d.i. die logischen Folgerungen solcher Aussagen, in denen
die Bedeutungsrelationen deskriptiver Ausdrücke festgehalten werden (sog.
Bedeutungs- oder ↗ Analytizitätspostulate) sowie deren Negationen. Zu
den nicht a. d.en Aussagen zählen diejenigen Sätze, deren Wahrheitswert
nur durch Bezug auf Erfahrung (d.i. empirische Wahrheit oder Falschheit)
ermittelt werden kann.

Lit.: W. Stegmüller: Theorie und Erfahrung. Probleme und Resultate der Wissenschaftstheorie und Analytischen Philosophie. Bd II. Berlin/Heidelberg/New York
1970, S. 181.   PP

Analytizitätspostulat. Die Regeln, welche Bedeutungszusammenhänge
zwischen deskriptiven Zeichen in einem Sprachsystem S festlegen, nennt
↗ Carnap Bedeutungspostulate oder A.e. Mit Hilfe solcher Postulate will er
dem Umstand Rechnung tragen, daß neben jenen analytischen Sätzen, die
allein aufgrund der logischen Verbindungszeichen als logisch wahr gelten,
noch analytische Sätze auffindbar sind, die nicht aufgrund der logischen
Verknüpfungszeichen, sondern aufgrund der Bedeutungszusammenhänge
logisch notwendig sind. Z.B. ist der Satz »Karl Friesen war ein Eishockey-
Torwart oder er war kein Eishockey-Torwart« analytisch, da wir seine logische
Wahrheit ohne Bezug auf außersprachliche Fakten verstehen. Der Satz »Karl
Friesen war ein Eishockey-Torwart« dagegen ist nicht analytisch, da er etwas
über die Wirklichkeit aussagt und erst aufgrund einer empirischen Über-
prüfung als wahr ausgewiesen werden kann. Andererseits ist der Satz »Wenn
Karl Friesen ein Junggeselle ist, dann ist er unverheiratet« wahr, ohne auf
einem empirischen Faktum zu beruhen und nicht aufgrund der logischen
Verbindungszeichen. Die Wahrheit basiert auf der Bedeutungsbeziehung, die
zwischen den beiden Begriffen »Junggeselle« und »unverheiratet« besteht und
ohne Kenntnis außersprachlicher Fakten, allein durch die Intension beider
Begriffe feststeht. Eingedenk des Einwands von ↗ Quine, daß zwischen analytischen und synthetischen Sätzen keine scharfe Grenzlinie gezogen werden
kann, schlägt Carnap vor, unter die semantischen Regeln eines Sprachsystems
Bestimmungen aufzunehmen, die die Bedeutungszusammenhänge zwischen
den deskriptiven Zeichen des Sprachsystems festlegen, so z.B. die Äquivalenz
der Begriffe »Junggeselle« und »unverheirateter Mann«. Die Analytizität
aufgrund von Bedeutungszusammenhängen bezeichnet er als A-Wahrheit
eines Satzes. Infolge dieser Festlegung dürfen in logisch analytischen Sätzen
auch nur analytisch-wahre Sätze Eingang finden.

Lit.: R. Carnap: Bedeutungspostulate. In: Ders.: Bedeutung und Notwendigkeit.
Wien/New York 1972, S. 278ff. – A. Beckermann: Analytische Einführung in die
Philosophie des Geistes. Berlin/New York 1999, S. 195-197.   PP

Anfangsbedingung, auch Ausgangsbedingung. (1) In der wissenschaftlichen Erklärung bilden die logischen Prämissen (eine allgemeine Aussage und eine Aussage über die spezifischen Umstände) die A.en, aus denen dann der Schluß gezogen wird. (2) In einer Kausalanalyse entsprechen bei einer adäquaten Erklärung die A.en den Ursachen des Dinges.   PP

Annahme, eine Aussage über einen Sachverhalt, die nicht gleichzeitig dessen Wahrheit oder Falschheit behauptet; d.h. ein nicht-behaupteter Aussagesatz mit wahrheits-indifferentem Aussageinhalt. In wissenschaftlichen Theorien werden solche A.n als Hypothesen bezeichnet. Bei einer kontrafaktischen oder tatsachenwidrigen A. wird davon ausgegangen, daß sie bekanntermaßen falsch ist. In indirekten Beweisen (reductio ad absurdum) wird von solchen kontrafaktischen A.n her argumentiert.   PP

Anomaler Monismus ↗ Monismus, anomaler

Anomalität des Mentalen. ↗ Davidsons These der A. d. M. stellt eine Antwort auf die Probleme dar, die der semantischen ↗ Physikalismus und die ↗ Identitätstheorie bei der Erklärung des Leib-Seele-Problems mit sich führen. Die A. d. M. begründet Davidson mit der These, daß es kein striktes deterministisches Gesetz gibt, unter das sowohl mentale wie physikalische Ereignisse fallen. Denn es gibt keine Gesetze, auf deren Grundlage man mentale Ereignisse voraussagen und erklären könnte. Eine Kausalrelation kann nicht in bezug auf Ereignistypen, sondern nur in bezug auf die Identität mentaler und physischer Einzelereignisse behauptet werden. Diese können aber deshalb nicht als strikte Gesetze gelten, da sie sich nicht in einer geschlossenen Theorie formulieren lassen. Für eine geschlossene Theorie ist ein einheitliches Vokabular die Voraussetzung. Die Ausdrücke des mentalen Vokabulars passen aber nach Davidson nicht zu denen der physikalischen Sprache. Dies zeigt sich im unterschiedlichen Umgang mit Naturgesetzen und den Prinzipien der Rationalität bei Überzeugungen. Wir können einer Person Überzeugungen zuschreiben, die aufgrund späterer Anhaltspunkte revidiert werden können. Eine derartige Revision wäre nicht möglich, wenn es neuronale Bedingungen gäbe, deren Vorliegen hinreichend dafür wäre, daß eine Person bestimmte Überzeugungen hat. Ein derartiges neuronales Gesetz hätte zur Folge, daß wir die Prinzipien der Rationalität außer Kraft setzen, wonach wir einer Person nicht Überzeugungen zuschreiben können, die im Hinblick auf ihre anderen Überzeugungen und Handlungen irrational sind. Die Umstände, die uns dazu veranlassen, einen neuronalen Kausalzusammenhang für falsch zu halten, sind von anderer Art als jene, die uns dazu führen, Überzeugungszuschreibungen zu revidieren.

Lit.: D. Davidson: Handeln. In: Ders.: Handlung und Ereignis. Frankfurt a.M. 1985, S. 73-98. – Ders.: Der materielle Geist. In: Ebd., S. 343-362. – Ders.: Psychologie als Philosophie. In: Ebd., S. 321-239. – A. Beckermann: Analytische Einführung in die Philosophie des Geistes. Berlin/New York 1999, S. 181-201. – G. Brüntrup: Mentale Verursachung. Stuttgart/Berlin/Köln 1994.   PP

Antecedens, Antecedentien, bezeichnet in einem hypothetischen Urteil die Annahme(n), d.i. den Ausgangspunkt: wenn A, dann B. In der deduktiv-nomologischen Erklärung werden als Antecedensbedingungen eine allgemeine Gesetzesaussage und mindestens ein singulärer Satz, der die begleitenden Umstände der zu erklärenden Tatsache angibt, gefordert. ↗ Erklärung   PP

Äquipollent, Äquipollenz (Gleichmächtigkeit). (1) In der traditionellen Begriffslogik heißen Begriffe ä., wenn sie umfangsgleich sind. Urteile werden als ä. bezeichnet, wenn Gleichheit des Wahrheitswerts vorliegt. Das sog. ↗ Leibnizsche Gesetz der Identität verallgemeinernd, versteht Leibniz unter Ä. die wechselseitige Ersetzbarkeit von Begriffen und Urteilen unbeschadet des Wahrheitswerts. (2) In der Mengentheorie werden gelegentlich Mengen M, N als ä. bezeichnet, wenn es eine eineindeutige Abbildung von M nach N gibt. Da Ä. in diesem Sinn eine Äquivalenzrelation ist, ist neben dem Ausdruck »Gleichmächtigkeit« die Bezeichnung ↗ »Äquivalenz« gebräuchlicher.   UM

Äquivalenz (Gleichwertigkeit). In der Logik unterscheidet man insbesondere (1) *deduktive* oder *logische* Ä., die die wechselseitige Ableitbarkeit von Aussagen bedeutet, (2) *materiale* Ä., die bei Gleichheit des Wahrheitswertes vorliegt und (3) *strikte* Ä., die in der notwendigen Gleichheit des Wahrheitswertes besteht. Häufig wird die materiale Ä. mit der als Bikonditional bezeichneten Wahrheitsfunktion bzw. mit dem aussagenlogischen Junktor, der diese Wahrheitsfunktion bezeichnet, gleichgesetzt. Genaugenommen ist die materiale Ä. jedoch eine Relation zwischen Aussagen und kann somit als die metasprachliche Entsprechung des Bikonditionals verstanden werden. Die von C.I. Lewis eingeführte strikte Ä. war intendiert als die objektsprachliche Umsetzung der deduktiven Ä., die, wie Lewis erkannte, durch die materiale Ä. nicht angemessen wiedergegeben werden kann. Jede der genannten Ä.en läßt sich verstehen als eine entsprechende wechselseitige ↗ Implikation. – In der Modelltheorie werden Modelle oder Strukturen als *elementar äquivalent* bezeichnet, wenn sie die gleiche Menge von Aussagen erfüllen, also nicht anhand der in ihnen wahren oder falschen Aussagen unterscheidbar sind. In der Mengentheorie werden Mengen als äquivalent bezeichnet, wenn sie sich eineindeutig aufeinander abbilden lassen. Von Bedeutung sind ferner *Äquivalenzrelationen*, die definiert werden als reflexive, symmetrische und transitive Relationen. Die Menge der zu einem x in Äquivalenzrelation stehenden y wird als die *Äquivalenzklasse* von x bezeichnet. Jede Äquivalenzrelation auf einer Menge M bestimmt eindeutig eine Zerlegung dieser Menge in paarweise disjunkte Teilmengen von M.

Lit.: I. Copi: Introduction to Logic. New York ⁶1982.   UM

Äquivalenzformel, auch Äquivalenzschema. Die philosophischen Wahrheitstheorien gehen von folgender Ä. aus: »Es ist wahr, daß p, genau dann, wenn p«. D.h. wenn man von einer beliebigen Aussage behauptet, sie sei wahr, dann ist die auf diese Weise gebildete Aussage unter denselben Umständen wahr oder falsch wie die Ausgangsaussage selbst. Diese Äquivalenz wird in der Aristotelischen Wahrheitsdefinition ausgedrückt: »Denn zu behaupten, das Seiende sei nicht oder das Nichtseiende sei, ist falsch. Aber zu behaupten, daß das Seiende sei und das Nichtseiende nicht sei, ist wahr« (Met. 1011 b 26ff.). ⌐ Wahrheit PP

Arbeitsteilung, Prinzip der sprachlichen. In der sprachanalytischen Diskussion über die Theorie der ⌐ Referenz bzw. Theorie der ⌐ Kennzeichnung hat ⌐ Putnam neben Prinzipien des Vertrauensvorschusses und der vernünftigen Unwissenheit ein Prinzip der A. formuliert, das besagt, daß die Referenz eines Ausdrucks nicht allein durch das Wissen eines einzelnen Sprechers bestimmt wird. Man gesteht bestimmten »Experten« aus der Sprachgemeinschaft eine Autorität zu und läßt sie entscheiden, was etwa als Elektron oder als Gold zählen soll. Der »Experte«, dessen Gebrauch bestimmt, worauf viele andere Personen referieren, wenn sie einen Terminus verwenden, könnte (aber müßte nicht) die Person sein, die den Terminus ursprünglich eingeführt hat. Z.B. muß ich kein Botaniker sein, um mit dem Wort »Ulme« auf den entsprechenden Baum referieren zu können. Vielmehr geschieht mein Bezugnehmen ohne genaue Kenntnis der Kriterien: Worauf ich mit dem Wort »Ulme« referiere, ist das, worauf diejenigen Personen referieren, die Ulmen von anderen Bäumen unterscheiden können. ⌐ Vertrauensvorschuß, Prinzip des, ⌐ Unwissenheit, Prinzip der vernünftigen, ⌐ Referenz

Lit.: H. Putnam: Die Bedeutung von »Bedeutung«. Frankfurt a.M. 1979, S. 38ff. – Ders.: Sprache und Wirklichkeit. In: Ders.: Von einem realistischen Standpunkt. Reinbek 1993, S. 55. PP

Argument, (1) Bezeichnung für eine Aussage, die im Hinblick auf eine Behauptung begründende Funktion beansprucht, bzw. deren Begründungswert hinsichtlich der Behauptung anerkannt wird. Die Argumente besitzen eine allgemeine Struktur: Ein Argument setzt sich zusammen aus der problematischen Äußerung, für die ein bestimmter Geltungsanspruch erhoben wird, und aus dem grundlegenden Prinzip oder Regel, mit der dieser Anspruch etabliert werden soll. In einer Argumentation stellt ein A. oder eine Reihe von A.en Schritte zur Begründung einer Aussage dar. Von einer Argumentationskette wird gesprochen, wenn jedem A. ein anderes vorausgeht und jedes A. vom Ergebnis des vorhergehenden Gebrauch macht. Eine schlüssige Argumentation, in der in einer Reihe von Argumentschritten jedem einzelnen zugestimmt wurde, gilt als Begründung bzw. als Beweis einer Aussage. Das Kriterium der Schlüssigkeit besteht darin, daß niemand, der den Ausgangssätzen einer Argumentation zugestimmt hat, einem A. widersprechen kann, ohne nicht einem von ihm bereits akzeptierten früheren A. zu widersprechen. – (2) In der formalen Logik ist das A. eine Bezeichnung für den Bestandteil eines Ausdrucks, der näher bestimmt werden soll durch einen anderen Ausdruck. Z.B. stellt in dem komplexen Ausdruck »der reaktionsschnelle Eishockey-keeper« der Eishockey-keeper das Argument dar, das durch das Prädikat näher bestimmt wird. Der bestimmende Ausdruck wird als Funktor bezeichnet. Die Argumente können zu verschiedenen Bedeutungskategorien gehören: zu Aussagen, Individuen, d.i. Einzelgegenständen, zu Klassen (Mengen oder Universalien), zu Klassen von Paaren usw. – (3) In der formalen Logik werden diejenigen Objekte, deren Namen in die Leerstellen eines die Funktion darstellenden Terms eingesetzt werden können, als A.e einer Funktion bezeichnet (↗ Frege).

Lit.: G. Frege: Begriffsschrift. Hg. I. Angelelli. Darmstadt 1964. – P. Lorenzen/O. Schwemmer: Konstruktive Logik, Ethik und Wissenschaftstheorie. Mannheim u.a. 1975. PP

Assertorisch, dient der näheren Charakterisierung von Formen des Urteils: Jede a.e Aussage drückt aus, daß etwas wirklich (aber nicht notwendig) der Fall ist: Es ist wirklich wahr (oder falsch), daß p. Die Charakterisierung geschieht in bezug auf den Begriff der Wahrheit, deshalb wird a. neben »apodiktisch« (es ist notwendig wahr, daß p) und »problematisch« (es ist möglicherweise wahr, daß p) als alethische Modalität bezeichnet. PP

Atomarer Satz ↗ Atomsatz, ↗ Elementarsatz

Atomismus, logischer. Als l. A. hat ↗ Russell seine Art philosophischer Analyse bezeichnet. Dabei geht er von der Überzeugung aus, daß es viele einzelne Dinge gibt und daß die augenscheinliche Mannigfaltigkeit in der Welt nicht nur aus scheinbaren Bestandteilen einer einzigen unteilbaren Realität besteht. Diese Überzeugung bezeichnet er als atomistische Logik und die zugehörige Theorie l.n A., weil die Atome, zu denen er als den letzten unzerlegbaren Bestandteilen bei der Analyse kommt, nicht physikalische, sondern logische Atome sind. Diese Atome oder letzten Elemente sind zum einen die Dinge, die er Individuen nennt, und zum anderen die Prädikate und Relationen (verschiedener Ordnung). Als letzte Elemente, aus denen die Welt besteht, behauptet Russell noch eine andere Art von Objekten, die uns in der Welt begegnen, nämlich die Tatsachen. Die Tatsachen sind die Dinge, die mit Hilfe von Aussagen behauptet oder verneint werden. Die Außenwelt, nach deren Erkenntnis wir streben, kann also nicht durch die Aufzählung von Individuen vollständig beschrieben werden, vielmehr müssen auch die Tatsachen in Betracht gezogen werden. Wenn wir von einem bestimmten Ding sagen, daß es eine bestimmte Eigenschaft hat oder in einer bestimmten Relation zu einem anderen steht, drücken wir eine Tatsache aus. Unter einer Tatsache versteht Russell diejenigen Dinge, die eine Aussage entweder wahr oder falsch machen. Z.B. ist die Aussage »es regnet« bei einem bestimmten Zustand des Wetters wahr und bei einem anderen Zustand falsch. Der Zustand des Wetters, der die Aussage wahr oder falsch macht, ist das, was er als Tatsache bezeichnet. Er unterscheidet folgende Arten von Tatsachen: (a) singuläre (z.B. »dies ist weiß«) von generellen (z.B. »alle Menschen sind sterblich«), (b) positive (»Sokrates lebte«) von negativen (»S. lebte nicht«), (c) Tatsachen, die einzelne Dinge oder Qualitäten betreffen, von vollkommen generellen, wie sie uns in der Logik begegnen, (d) Tatsachen über Eigenschaften von Einzeldingen und solche von Relationen zwischen zwei oder mehreren Dingen. Die singuläre Aussage »dies ist weiß« stellt die einfachste Art einer Tatsache dar, die Relation zwischen zwei Individuen die nächsteinfache. Aufgrund dieser Einfachheit bezeichnet sie Russell als atomare Tatsachen. Jede Tatsache wird durch einen Satz bzw. eine Aussage ausgedrückt. Den atomaren Tatsachen entspricht die atomare Aussage. Diese enthält die Eigennamen, die für Individuen stehen, und ein Prädikat, wenn eine einstellige Relation oder Qualität bezeichnet wird, oder ein Verb, wenn eine Relation höherer Ordnung bezeichnet wird. Ein Eigenname im logischen Sinn, dessen Bedeutung ein Individuum ist, kann nur auf ein Individuum angewendet werden, mit dem der Sprecher bekannt ist. Die molekularen Aussagen, die Russell noch anführt, stellen Verknüpfungen von atomaren Aussagen dar, die mit Hilfe der Satzoperatoren »und«, »oder«, »wenn« vollzogen werden. Jeder sinnvolle Satz läßt sich mittels vollständiger logischer Analyse in eine Wahrheitsfunktion von nicht weiter analysierbaren Elementarsätzen umwandeln. In der weiteren Analyse verweist Russell noch auf die notwendige Differenzierung zwischen einer Aussage und Aussagefunktion und die Differenzierung zwischen Individuen und Klassen. Eine Aussage kann entweder wahr oder falsch sein, dagegen können die Modalitäten »notwendig«, »möglich« und »unmöglich« nicht auf Aussagen, sondern nur auf Aussagefunktionen angewendet werden. Eine Aussagefunktion ist ein Ausdruck, der einen oder mehrere indeterminierte Bestandteile enthält (z.B. »wenn x ein Mensch ist, ist x sterblich«) und zu einer Aussage wird, sobald diese indeterminierten Bestandteile determiniert sind. Die Differenzierung zwischen Individuen und Klassen ist notwendig, um logische Antinomien zu vermeiden. Eine Klasse kann nicht denselben Status wie ein Ding haben, vielmehr sind Klassen logische Fiktionen, die hierarchisch anzuordnen sind, beginnend mit den Klassen (des ersten Typs), deren Elemente Individuen sind, dann den Klassen (zweiten Typs), deren Elemente die Klassen ersten Typs sind usw. Es ist unmöglich, daß eine Klasse eines Typs mit einer Klasse eines anderen Typs identisch sein kann. ↗ Typentheorie

Lit.: B. Russell: Die Philosophie des Logischen Atomismus. München 1976, S. 178ff.   PP

Atomsatz, atomarer Satz, auch Elementarsatz, Bezeichnung für (a) eine einfache Aussage, die nicht selbst einen Satz als Bestandteil enthält und wieder aus anderen Aussagen zusammengesetzt ist, und nicht die Begriffe »einige« oder »alle« (d.i. Quantoren) enthält; (b) eine Aussage, in der wie in jedem singulären Urteil nur Individuen als Argumente auftreten, z.B. »dieser Tisch ist rund«, »dieser Mann ist ein Lehrer«.   PP

Attribut, (a) Bezeichnung für eine wesentliche Eigenschaft, die einem Gegenstand mit Notwendigkeit zukommt und ohne die er nicht denkbar wäre (im Unterschied zur Akzidenz); (b) in der formalen Logik Bezeichnung für Eigenschaften (einstellige Prädikatoren) und Relationen (mehrstellige Prädikatoren).   PP

Ausdruck. In der formalen Logik wird eine endliche Folge von Grundzeichen einer Sprache als A. bezeichnet. Dabei sind Regeln anzugeben, die festlegen, welche A.e als Sätze dieser Sprache gelten sollen. Die einfachsten Sätze werden als Satzkonstanten bezeichnet.   PP

Ausdruck, unvollständiger. Wenn in Aussagesätzen auf einen Sprecher, auf bestimmte Orts- und Zeitumstände Bezug genommen wird (bspw. »ich habe auf dem Berggipfel gefroren«), kann ohne Kenntnisse des Sprechers (d.i. desjenigen, der die Äußerung gemacht hat) und der Umstände der Äußerung nicht über den Wahrheitsgehalt entschieden werden. In einem solchen Fall finden okkasionelle Elemente Einzug in den Ausdruck des Gedankens. Aus diesem Grund bezeichnet ↗ Frege solche Sätze als unvollständige Ausdrücke eines Gedankens.   PP

Ausgeschlossenes Drittes, Satz vom a.n D.n, auch tertium non datur, zählt neben dem Satz von der Identität, dem Satz vom ausgeschlossenen Widerspruch und dem Satz der Kontravalenz zu den elementaren Gesetzen der Logik. Er besagt, daß wenigstens einer von zwei gegensätzlichen Sachverhalten besteht – in der logischen Symbolsprache: A v ¬A. Der Wahrheitswerttabelle entsprechend ergibt sich für A v ¬A, daß dieser Satz immer wahr ist, unabhängig davon, welchen Wahrheitswert A hat, d.h. »A v ¬A" ist aussagenlogisch wahr.   PP

Aussage, (a) ein sprachliches Gebilde, das einen bestimmten Sachverhalt intendiert und dadurch den Charakter erhält, wahr oder falsch zu sein. Bei A.n über empirische Sachverhalte sollen Orts- und Zeitangaben enthalten sein. Empirische A.n können verifiziert bzw. falsifiziert werden. Dagegen gilt die Wahrheit oder Falschheit einer formallogischen A. als zeitlos, d.h. unabhängig davon, ob ihre Richtigkeit empirisch festgestellt ist oder festgestellt werden kann. (b) ein sinnvoller Satz einer Sprache über einen Sachverhalt, d.h. es wird von einem Gegenstand behauptet, er sei genau in der Weise beschaffen, wie es durch den ausgedrückten Sinn der A. beschrieben wird.   PP

Aussageform. Wenn eine Aussage eine Variable enthält (z.B. x ist ein Mensch), wird sie nicht mehr als Satz (i.S. der logischen Semantik), sondern als A. bezeichnet. Dieser kann kein bestimmter Wahrheitswert zugesprochen werden, solange die Variable x nicht durch einen Eigennamen ersetzt wird.   PP

Aussagefunktion, Ausdruck, der eine oder mehrere indeterminierte Bestandteile enthält (z.B. »wenn x ein Mensch ist, ist x sterblich«) und zu einer Aussage wird, sobald diese indeterminierten Bestandteile determiniert sind, d.h. durch Konstanten ersetzt werden.   PP

Aussagenlogik, Teil der formalen Logik, die sich mit Aussagen und Satzkonstruktionen befaßt. Dabei ist unter einer Aussage ein Satz zu verstehen, von dem man sinnvoll sagen kann, er sei entweder wahr oder falsch, und unter einer Satzkonstruktion die logische Folgerung zwischen Aussagen im Hinblick auf ihre Zusammensetzung. Es werden diejenigen sprachlichen Ausdrücke untersucht, mit denen sich aus gegebenen Sätzen neue komplexere Sätze erzeugen lassen. Grundlegend für die A. ist das Postulat der Wahrheitsdefinitheit, wonach jeder Aussagesatz, der keine Indikatoren (ich, du, jetzt, heute, hier usw.) enthält, entweder wahr oder falsch ist. Die zur Verknüpfung verwendeten sprachlichen Ausdrücke (Satzoperatoren) sind: Negation, Konjunktion (»und«), Adjunktion bzw. nicht-ausschließende Disjunktion (nicht-ausschließendes »oder«), Implikation (»wenn, so«), Äquivalenz (»genau dann, wenn«). Die Beurteilung der Wahrheitswertverteilung der komplexen Aussageschemata, die durch die Verknüpfung von Teilaussagen mittels Satzoperatoren entstanden sind, geschieht mit Hilfe der Wahrheitswerttafel: Der Wahrheitswert »wahr« ist bei der Konjunktion nur gegeben, wenn beide Teilsätze wahr sind (sonst immer »falsch«), bei der Adjunktion erhält der komplexe Satz nur dann den Wahrheitswert »falsch«, wenn beide Teilsätze falsch sind (sonst immer »wahr«), bei der Implikation nur dann den Wahrheitswert »falsch«, wenn der Vordersatz wahr und der Hintersatz falsch ist (sonst immer »wahr«), bei der Äquivalenz den Wahrheitswert »wahr«, wenn beide Teilsätze denselben Wahrheitswert haben (sonst immer »falsch«). – Ein Satz heißt aussagenlogisch »wahr«, wenn er immer wahr ist, unabhängig davon, welche Wahrheitswerte seine einfachen Teilsätze haben. ↗ Bewertung, ↗ Belegung

Lit.: Th. Bucher: Einführung in die angewandte Logik. Berlin/New York 1987. – F. v. Kutschera/A. Breitkopf: Einführung in die moderne Logik. Freiburg/München 1974. – A. Menne: Einführung in die formale Logik. Darmstadt ²1991.   PP

Aussagenvariable, in der formalen Logik Bezeichnung für ein formales Symbol, mit dessen Hilfe die logische Einfachheit einer Aussage gekennzeichnet wird. So läßt sich z.B. die Aussage »Der Hahn kräht am frühen Morgen« durch einen einzigen Buchstaben »H« kennzeichnen.   PP

Aussageschema, in der formalen Logik die Bezeichnung für die Weise der logischen Zusammensetzung einer komplexen Aussage aus einfachen Teilaussagen.   PP

Austin, John Langshaw (1911-1960). Die Entwicklung der ↗ Sprechakttheorie, als deren Wegbereiter A. gilt, ist eingebettet in eine Reihe von kritischen Auseinandersetzungen mit den Annahmen des ↗ Logischen Empirismus. In Anlehnung an ↗ Wittgensteins Ausführungen in den *Philosophischen Untersuchungen* kommt er zu einer der ↗ Philosophie der idealen Sprache entgegengesetzten Auffassung davon, auf welche Weise die Sprachanalyse einen Beitrag zur Lösung philosophischer Probleme leisten kann (*Philosophical Papers,* 1961). Wie bei Wittgenstein spielt auch bei A. die Erörterung des Sprachgebrauchs eine wesentliche Rolle – allerdings mit dem merklichen Unterschied im Vorgehen und in den Motiven. A. untersucht, in welchen Zusammenhängen die einzelnen Ausdrücke richtig (oder falsch) gebraucht werden, um in einem zweiten Schritt die Ergebnisse dieser Analyse auf Sachgebiete der Philosophie zu übertragen. So leistet die Analyse der Ausdrücke der Entschuldigung einen Beitrag zur Klärung der philosophischen Begriffe der Handlung und der Freiheit, der Begriff der Verantwortlichkeit der für die in der praktischen Philosophie relevanten Ausdrücke »absichtlich«, »wissentlich«, »freiwillig«. Nach A.s Auffassung hat die Vielfalt wichtiger Unterscheidungen in der Alltagssprache ihren Grund in den praktischen Zusammenhängen des Menschen. Er teilte nicht die Meinung, daß die vielen Sprechweisen rein zufällig und überflüssigerweise vorhanden sind. Für A. sind diese wesentlich besser und instruktiver als irgendein künstlich angefertigtes technisches Vokabular. Über die Beschreibung der Sprache läßt sich etwas über die Tatsachen und unseren Umgang mit der Welt, die unsere Sprachweise geformt haben, herausfinden. Der Rekurs auf soziale Interaktionen im Zusammenhang der Sprachanalyse führt ihn schließlich zu seiner Kritik an der Beschränkung auf konstative Aussagen. Er verweist darauf, daß selbst indikative Sätze keineswegs ausschließlich deskriptive Funktion haben. Seine Methode, die er selbst als »linguistische Phänomenologie« bezeichnet, stellt er Wittgensteins Auffassung entgegen, die Aufgabe der Sprachanalyse (auf dem Weg der Unterscheidung zwischen Oberflächengrammatik und Tiefengrammatik) darauf einzuschränken, zur Auflösung falscher Problemstellungen der Philosophie beizutragen.

A.s unter dem Titel *Sense and Sensibilia* (1962) veröffentlichten Vorlesungen bieten eine detaillierte Kritik an jener empiristischen Auffassung, wonach die Wahrnehmung von Sinnesdaten die Grundlage für die Auffassung von Wirklichkeit sei ($\nearrow$ Ayer). Er kritisiert daran, daß eine derartige Philosophie einen Gegensatz konstruiere, der den Phänomenen nicht gerecht wird. Ebenso hält er die cartesisch inspirierte Suche nach Gewißheit auf dem Weg über Aussagen über Sinnesdaten, die einen Bestand an unkorrigierbaren Aussagen bieten sollen, für verfehlt. Zum einen ist ein solcher Bereich der Gewißheit ein unerreichbares Ideal, zum anderen bestimmt nicht die Art der Aussage, ob sie unkorrigierbar ist. A. vertritt demgegenüber die These, daß nicht eine bestimmte Aussagenklasse prädestiniert sei, vielmehr grundsätzlich jede Art von Aussagen zur Begründung herangezogen werden könne. Es hängt von den Umständen des Sprechers ab, ob er seinen Anspruch ausweisen kann.

Die unter dem Titel *How to do Things with Words* (1962) veröffentlichten *William James Lectures* stellen die Gründungsschrift für die von A. entwickelte Theorie der Sprechakte dar. Ausgangspunkt seiner Überlegungen ist die Feststellung, daß es neben den deskriptiven Aussagen, die nur $\nearrow$ konstativen Charakter haben, auch Äußerungen gibt, mit denen wir eine bestimmte Art von Sprachhandlungen vollziehen. Wenn ich bspw. ein Versprechen (jemanden zu besuchen oder zu informieren) zum Ausdruck bringe, bekunde ich dem Angesprochenen gegenüber eine Absicht. Den Handlungscharakter, der mit dieser Versprechensäußerung vollzogen wird, analysiert A. nach den Gesichtspunkten des lokutionären, des illokutionären und des perlokutionären Aktes. Als Vollzug des *lokutionären* Aktes bezeichnet er die Äußerung, mit der eine Handlung ausgeführt wird. Mit einem solchen Äußerungsakt geht immer auch ein *illokutionärer* Akt einher. Dieser drückt die spezifische Rolle aus, die mit der Äußerung verbunden wird, je nachdem ob man bspw. eine Warnung, eine Frage oder ein Versprechen zum Ausdruck bringt. A. ergänzt diese Akte durch einen dritten, den *perlokutionären*, durch den die bestimmte Wirkungsabsicht einer Äußerung charakterisiert wird. Grundlegend ist die Einsicht von A., daß ein bestimmter propositionaler Gehalt (bspw. »..., daß der Hund bissig ist«) unter verschiedenen illokutionären Rollen (bspw. einer Warnung, einer Drohung, einer Feststellung) stehen kann. D.h. mit gleichbleibendem propositionalen Gehalt können unterschiedliche Handlungen vollzogen werden.

Während die rein konstativen Akte, d.h. die behauptenden Aussagen, als wahr oder falsch beurteilt werden können, werden die Sprechakte danach beurteilt, ob sie gelingen oder mißlingen. Über die Analyse des falschen Gebrauchs von Sprechakten gewinnt A. die für deren Gelingen unabdingbaren Regeln, die in der von ↗ Searle systematisierten Form zur Grundlage der ↗ Sprechakttheorie geworden sind. Die anfangs eingeführte Trennung zwischen konstativen und performativen Äußerungen hebt A. wieder auf, nachdem er zu der Einsicht gelangt war, daß auch behauptende Aussagen Sprechaktcharakter haben. Denn auch mit einer Behauptung geht ein Sprecher einen Geltungsanspruch ein, den er gegenüber einer anderen Person einzulösen hat. Nur die Art der Einlösung unterscheidet sich grundlegend bspw. von der eines Versprechens.

Auf der Grundlage der Sprechakttheorie formuliert A. seine Kritik gegen jene Erklärungsversuche, in denen von einer performativen Äußerung (wie bspw. eines Versprechens) auf den inneren Zustand des Sprechers geschlossen wird. A. weist solchen Erklärungen einen ›deskriptiven Fehlschluß‹ nach, da darin die performativen Äußerungen so analysiert werden wie deskriptive Aussagen. Der Fehlschluß besteht darin, daß der Vollzug einer Handlung, d.h. eines Sprechaktes, analog der Beschreibung eines Sachverhalts erklärt wird: »Ich verspreche dir, morgen zu kommen« wird auf diesem Wege aufgefaßt als Beschreibung des inneren Zustands des Versprechenden. In A.s Augen ist ein Großteil der traditionellen Semantik von einem derartigen deskriptiven Vorurteil geprägt. – Ihre Fortsetzung finden A.s Gedanken bei ↗ Searle und ↗ Strawson. ↗ Fehlschluß deskriptiver.

Lit.: J. L. Austin: Gesammelte Aufsätze. Hg. J. Schulte. Stuttgart 1979. – Ders.: Sinn und Sinneserfahrung. Hg. G.J. Warnock. Stuttgart 1975. – Ders.: Zur Theorie der Sprechakte. Hg. E.v. Savigny. Stuttgart 1972. – Th. Blume/Ch. Demmerling: Grundprobleme der analytischen Sprachphilosophie. Paderborn u.a. 1998. – E. v. Savigny: Philosophie der normalen Sprache. Frankfurt a.M. 1974. – H.M. Wörner: Performatives und sprachliches Handeln. Ein Beitrag zu J.L. Austins Theorie der Sprechakte. Hamburg 1978.   PP

Autonym, dient in Logik und Semiotik zur Charakterisierung der Verwendung eines Zeichens: Wenn ein Zeichen oder Symbol so verwendet wird, daß es einen Eigennamen von sich selbst darstellt – z.B.: die a.e Verwendung von »p« und »q« in dem Satz: »p und q bezeichnen Aussagenvariablen«.   PP

Axiom, Axiomensystem. Für Aristoteles sind A.e allgemeine Sätze, die aus
sich selbst einsichtig sind, d.h. eines Beweises weder bedürftig noch fähig
sind. In einer wissenschaftlichen Theorie stellen die A.e die methodisch
ersten Sätze dar, die innerhalb dieser Wissenschaft nicht bewiesen werden
können, aus denen sich aber in einer deduktiv aufgebauten Wissenschaft
weitere Sätze ableiten lassen. In der modernen formalen Logik gelten die
nicht abgeleiteten Sätze als Grund-Sätze oder A.e, bei der Auswahl der
Grund-Zeichen und Grund-Sätze des Systems herrscht eine gewisse Freiheit. Für die Auswahl gilt der pragmatische Gesichtspunkt der relativ guten
Arbeitsmöglichkeit, die ein Axiomensystem für bestimmte Vorhaben bietet.
Die Wahlfreiheit wird durch vier Forderungen begrenzt, wobei die ersten
drei Forderungen strikt erfüllt sein müssen, die vierte je nach dem verfolg-
ten Zweck in bestimmter Richtung möglichst weit erfüllt sein soll: (1) Die
einzelnen A.e eines Systems müssen voneinander unabhängig sein, d.h. kein
A. darf sich mittels einer Ableitungsregel des Systems aus den anderen A.en
herleiten lassen. (2) Das Axiomensystem muß widerspruchsfrei sein, d.h. es
darf aus den A.en des Systems mittels der Ableitungsregel des Systems nicht
gleichzeitig eine Aussage und deren Negation herleitbar sein, und es darf
nicht jede beliebige Aussage herleitbar sein. (3) Es muß vollständig sein,
d.h. vollständig im weiteren Sinn ist es, wenn sich alle wahren Aussagen des
betreffenden Bereichs darin herleiten lassen, vollständig im strengen Sinn
ist es, wenn jede Aussage, die kein Gesetz ist, zusammen mit den Axiomen
einen Widerspruch herzuleiten gestattet (Ein Gesetz des Systems ist gegeben,
wenn sich eine Aussage mittels der Ableitungsregel des Systems aus den
Axiomen herleiten läßt). (4) Das Axiomensystem soll möglichst einfach
sein, d.h. es soll möglichst wenige Grundzeichen und A.e (und möglichst
kurze) enthalten, und die A.e sollen charakteristische Eigenschaften der
darin jeweils auftretenden Funktoren angeben, so daß durch Weglassung
bestimmter A.e sich bestimmte Teilsysteme bilden lassen.

   Der ursprünglich mit dem Grundlegungscharakter verbundene Anspruch der unmittelbaren Evidenz wurde seit dem axiomatischen System
des Mathematikers D. Hilbert (1899) durch die Forderung der Konsistenz
und Widerspruchsfreiheit des Axiomensystems ersetzt.

Lit.: A. Menne: Einführung in die formale Logik. Darmstadt ²1991, S. 50ff.
                                                                           PP

Ayer, Alfred Jules (1936-1989). Durch die Veröffentlichung von *Language,
Truth and Logic* (1936) trug A. zur Verbreitung der im Wiener Kreis, einem
Diskussionszirkel um ↗ Carnap, Schlick, Waismann, Frank, Reichenbach,
Kraft, ↗ Neurath, Gödel, Feigl und zeitweise auch ↗ Wittgenstein, erör-
terten philosophischen und wissenschaftstheoretischen Probleme im engli-
schen Sprachraum entscheidend bei. In dem kurz darauf folgenden Buch
The Foundation of Empirical Knowledge (1940) führte er die wesentlichen
Gedanken des Logischen Empirismus aus. Darin vertritt A. die These, daß
wir niemals direkt materielle Gegenstände, sondern immer nur Sinnesdaten
wahrnehmen. Die Begründung für diese Annahme sucht A. in der Möglich-

keit von Sinnestäuschungen. Wie ist es zu erklären, daß materielle Dinge verschiedenen Beobachtern oder demselben Beobachter unter verschiedenen Bedingungen verschieden erscheinen? Für A. kann man nicht davon ausgehen, daß Wahrnehmungen, die materielle Dinge wiedergeben, verschieden sein können von jenen, die täuschen. Vielmehr ist die Wahrnehmung des Stabes, der im Wasser als gekrümmt erscheint, qualitativ dieselbe wie die des tatsächlich gekrümmten Stabes. Würden wir nämlich tatsächlich materielle Gegenstände wahrnehmen, dann müßte man die Annahme vertreten, daß ihre Wahrnehmung sich qualitativ von den täuschenden Wahrnehmungen unterscheidet. Das ist aber nicht der Fall. Aus diesem Grund spricht vieles für die Annahme, daß wir nur Sinnesdaten wahrnehmen. Auf der Grundlage der Sinnesdatentheorie führt A. die Unterscheidung zwischen zwei Klassen von Aussagen ein: (1) die Aussagen über materielle Dinge – sie bedürfen der Verifikation (mit der Einschränkung allerdings, daß sie nie vollständig verifiziert werden können), (2) die Aussagen über Sinnesdaten – diese sind unkorrigierbar und bilden insofern das Fundament der Gewißheit.

Im Hinblick auf die empiristische Basis der Sprache erläutert A. das empiristische ↗ Sinnkriterium: Wenn man bestimmte Sätze aufstellt, hat man Bedingungen zu beachten, unter denen ein Satz überhaupt von Bedeutung sein kann. Eine solche Bedingungen ist die Möglichkeit der Verifikation: »Wir sagen, daß ein Satz für jemanden tatsächlich von Bedeutung ist, wenn – und nur wenn – er weiß, wie die Proposition, die der Satz ausdrücken will, verifizierbar ist, das heißt, wenn er weiß, welche Beobachtungen ihn unter bestimmten Bedingungen veranlassen würden, die Proposition als wahr anzuerkennen oder als falsch zu verwerfen« (*Sprache, Wahrheit und Logik*, S. 44). A. ergänzt diese Festlegung mit der Bemerkung, daß die Aussage auch dann als sinnvoll anzusehen ist, wenn die empirische Verifikation (noch nicht) durchführbar ist, aber logisch denkbar wäre.

Die Theorie der Verifikation wurde von ↗ Carnap weiterentwickelt. Er setzte an die Stelle des Begriffs der Verifikation den schwächeren Begriff der Bestätigungsfähigkeit und der Prüfbarkeit von Aussagen. Die Theorie der Sinnesdaten wurde von ↗ Austin in *Sense and Sensibilia* (1962) einer eingehenden Kritik unterzogen. Für ihn stellt diese eine Form der Philosophie dar, die einen Gegensatz konstruiert, der den Phänomenen nicht gerecht wird.

Lit.: A.J. Ayer: Sprache, Wahrheit und Logik. Stuttgart 1970. – P. Prechtl: Sprachphilosophie. Stuttgart/Weimar 1999, S. 132ff.   PP

B

Basis-Satz. Diejenigen Aussagen, in denen beobachtbare Vorgänge und die Ergebnisse von Experimenten festgehalten werden, bezeichnet man als B.e. Sie stellen keine Aussagen über tatsächlich Erlebtes und auch keine bereits anerkannten Sätze dar, sondern denkbare Tatsachenfeststellungen, die aus Hypothesen folgen. Die denkbaren, logisch möglichen B.e geben das Material zur Prüfung einer Hypothese. Wenn entschieden ist, ob ihnen

Tatsachen entsprechen (oder nicht), geben sie die Grundlage für die Bestätigung oder Widerlegung der Hypothesen ab. Die Gesamtheit der Aussagen,
welche für eine derartige Überprüfung benützt werden, können als die Basis
der wissenschaftlichen Erkenntnis bezeichnet werden. Die Diskussion über
das Basisproblem hat sich auf zwei Punkte konzentriert: (1) Gibt es absolut
sichere, also unbezweifelbare B.e? (2) Handelt es sich bei den B.en um objektive Behauptungen oder um Festsetzungen? (↗ Protokollsatz). B.e sind
nicht als absolut sichere oder unkorrigierbare Sätze anzusehen. Sie werden
nur deshalb als gesichert eingestuft, weil über ihre Anerkennung am leichtesten eine intersubjektive Einigung erzielt werden kann, d.h. weil sie am
leichtesten nachprüfbar sind, da sie sich auf intersubjektiv Beobachtbares
beziehen. Singuläre Existenzbehauptungen, die über beobachtbare und damit
nachprüfbare Eigenschaften und Vorgänge sprechen, stellen die Basis für
die Beurteilung allgemeiner Hypothesen dar. ↗ Neurath

Lit.: K. Popper: Logik der Forschung. Tübingen [7]1982, S. 3ff., S. 60ff.   PP

Basistheorem, stellt neben dem ↗ Sinntheorem eine grundlegende Annahme des ↗ Logischen Empirismus dar und besagt, daß die Basis eines wissenschaftlichen Systems so gewählt werden muß, daß sich die undefinierten
Grundbegriffe auf unmittelbar Aufweisbares, d.h. auf erlebnismäßig Gegebenes beziehen. ↗ Carnaps Werk *Der logische Aufbau der Welt* (1928) stellt
einen Realisierungsversuch dieses B.s dar: Die Festlegung der Basis umfaßt
die Wahl der Grundelemente und der Grundrelationen; als Grundelemente werden Elementarerlebnisse, d.h. eine unzerteilte Gesamtheit des im
Augenblick Erlebten, gewählt, als Grundrelation des Systems die Relation
der Ähnlichkeitserinnerung, d.h. die Ähnlichkeitsbeziehung zwischen einem
Elementarerlebnis und einem anderen (einer bestimmten Stelle im Erleb-
nisstrom). Als Grundbegriff wird nur diese Grundrelation eingeführt und
die Klasse der Elementarerlebnisse als der Bereich dieser Relation definiert.
Carnap nennt sein System ein Konstitutionssystem der empirischen Begriffe, insofern alle Realbegriffe aus den Grundbegriffen konstituiert werden.

Lit.: R. Carnap: Der logische Aufbau der Welt. Frankfurt a.M./Berlin/Wien 1979.   PP

Bedeuten, natürliches/nicht-natürliches. Grundlegend für den Versuch
einer handlungstheoretischen Semantik ist die von Grice eingeführte Unterscheidung zwischen natürlichem und nicht-natürlichem B. Die Aussage
über einen Sachverhalt »das dreimalige Klingeln bedeutet: ›der Bus ist voll‹«
bringt zum Ausdruck, daß ein Signal in dem Sinne eine Bedeutung hat,
als es eine Anzeige-Funktion hat. Diese Anzeige-Funktion gilt unabhängig
davon, ob – im obigen Beispiel – der Bus tatsächlich voll ist. In diesem Fall
spricht Grice von einem natürlichen B. (gekennzeichnet durch »bedeuten«).
Die Bezeichnung »nicht-natürliche Bedeutung« (oder »Sprecher-Bedeutung«) wendet er auf den Fall an, daß jemand mit einer Äußerung oder
einer Bemerkung etwas meint: »die Bemerkung des Arztes bedeutete eine

eindringliche Warnung vor weiteren gesundheitlichen Schäden«, d.h. der
Arzt wollte mit seiner Bemerkung eine eindringliche Warnung zum Ausdruck bringen. Das letzte Beispiel läßt sich allgemein so formulieren: Ein
Sprecher (d.i. der Arzt) beabsichtigte, daß die Bemerkung (die Äußerung)
bei dem Adressaten eine Wirkung hervorruft, aufgrund der Erkenntnis des
Adressaten, daß der Sprecher damit eine Warnung zum Ausdruck bringen
wollte. Die Frage nach der Bedeutung der Äußerung ist demnach gleichzusetzen mit der Frage nach der intendierten Wirkung. Das Erkennen der
Intention ist für den Adressaten ein Grund für ein (anderes) Handeln oder
eine (neue) Überzeugung. Diese Unterscheidung bildet die Ausgangsbasis
für die Grundidee einer handlungstheoretischen Semantik: Ein Sprecher
meint mit einer (bestimmten) Äußerung nur dann etwas, wenn er mit
Hilfe dieser Äußerung bei einem bestimmten Adressaten eine (bestimmte)
komplexe Wirkung hervorzubringen beabsichtigt.

Lit.: H.P. Grice: Intendieren, Meinen, Bedeuten. In: G. Meggle (Hg.): Handlung,
Kommunikation, Bedeutung. Frankfurt a.M. 1979, S. 2ff. – Ders.: Sprecher-
Bedeutung und Intentionen. In: ebd., S. 16ff. – Ders.: Sprecher-Bedeutung,
Satz-Bedeutung, Wort-Bedeutung. In: ebd., S. 85. PP

Bedeutung. Man muß zwischen natürlicher und nicht-natürlicher B.
unterscheiden. Ein Fall von natürlicher B. liegt vor, wenn sich ein Zeichen
allein aufgrund einer kausalen Korrelation auf einen Gegenstand bezieht
(Bsp. »Rauch bedeutet Feuer«). Bei nicht-natürlicher B. dagegen wird der
Bezug zu einem Gegenstand mittels Konventionen oder Sprecherintentionen
(Bsp. »Es brennt« bedeutet, daß es brennt) hergestellt. Letztere Art der Verbindung zu analysieren ist zentrales Anliegen der Bedeutungstheorie. Wenn
im folgenden von »B.« ohne Zusatz die Rede ist, soll immer nicht-natürliche
B. gemeint sein. – »B.« ist ein Grundbegriff der ↗ Semantik, da man unter
»B.« zumeist die B. sprachlicher Zeichen versteht. Zu berücksichtigen ist,
daß zum einen in den verschiedenen Wissenschaften unterschiedliche,
wenn auch miteinander zusammenhängende Phänomene durch den Bedeutungsbegriff erfaßt werden, zum anderen konkurrierende Semantiktheorien
unterschiedliche Grundlagen anderer Wissenschaften als Ausgangspunkte
benutzen. Es gibt eine Familie nur teilweise synonymer Begriffe – content,
meaning, reference, sense (engl.), signification, désignation (frz.) –, die in
der Geschichte der Sprachphilosophie und Semantik wechselseitig Einfluß
aufeinander genommen haben. So findet sich z.B. in der Sprachphilosophie
↗ Freges die Unterscheidung von »Sinn« und »B.«, wobei letztere den Gegenstand eines sprachlichen Zeichens (Wortes, Satzes) meint. Der Fregesche
Terminus »B.« entspricht also heute dem Begriff der ↗ »Referenz«, bzw. des
Referenzgegenstandes. Im Gegensatz dazu wird der Fregesche Terminus
»Sinn« mit »B.« übersetzt.

Fragt man nach dem Wesen der B., so ist es sinnvoll, die Frage nicht auf
die B. sprachlicher Zeichen zu beschränken, sondern das Phänomen B. umfassend zu untersuchen. Ziel einer Bedeutungstheorie muß es sein, diejenigen
grundlegenden Entitäten zu untersuchen, die dann als ein Anwendungsfall

auch die B. sprachlicher Zeichen konstituieren. Während die Semantik die Art der Zuordnung dieser grundlegenden Entitäten zu sprachlichen Zeichen zu klären versucht, muß eine allgemeine Theorie der B. darüber hinaus klären, welche Art von Entitäten z.B. einem sprachlichen Zeichen zugeordnet werden. Außerdem hat eine Bedeutungstheorie die Aufgabe, die Verstehensleistungen eines Sprechers zu explizieren (↗ Dummett).

Es werden im folgenden vier grundlegende Ansätze vorgestellt, das Wesen von B. generell zu bestimmen. Die B. der Zeichen einer natürlichen oder künstlichen Sprache gilt allgemein als der wichtigste spezielle Bedeutungsbegriff, der in der Semantik untersucht wird. Es lassen sich vier Hauptarten von Theorien unterscheiden, die das Wesen von B. klären wollen. Es handelt sich dabei um Idealtypen, so daß einzelne Theorien durchaus Elemente daraus kombinieren können. Die nun folgende Klassifikation ist daher – mit Ausnahme der vierten Variante – nicht exklusiv.

(1) B.en als besondere Gegenstände: Ausgehend von der klassischen Auffassung des Funktionierens von Eigennamen gibt es Versuche, die B. als eine besondere Art von Gegenstand zu interpretieren, vermittels dessen ein Zeichen auf ein Referenzobjekt bezogen wird (einige Vertreter der kausalistischen ↗ Namentheorie, z.B. ↗ Kripke oder ↗ Putnam, identifizieren dabei sogar die B. eines Namens mit seinem Referenzobjekt). – Der klassischen Vorstellung Lockes zufolge ist die B. eines Zeichens die Vorstellung (idea), die ein Sprecher mit der Äußerung des Zeichens assoziiert. Da Vorstellungen als psychische Zustände aber nicht intersubjektiv allgemein sein können, hat diese Theorie den Mangel, intersubjektive Invarianz nicht erklären zu können. Genau solch eine Invarianz gegenüber Zeitpunkten und Sprechern scheint aber bei Kommunikation vorzuliegen. Frege identifiziert in seiner Theorie die B. eines sprachlichen Zeichens (Freges »Sinn«) mit einem abstrakten Gegenstand (↗ Universalien). Dabei entspricht einem ganzen Satz ein Gedanke (Sachverhalt, ↗ Proposition). Sprachliche Äußerungen beziehen sich also auf Objekte mittels besonderer Entitäten, nämlich B.en. Eine natürliche Sprache ist dann ein System konventioneller Zuordnungen von Zeichenfolgen zu solchen B.en.

(2) B.en als besondere Intentionen: Der auf ↗ Grice zurückgehende und von Bennett ausgearbeitete Theorie, B.en mit einer bestimmten Sorte von Intentionen zu identifizieren, zufolge sind B.en Intentionen innerhalb konkreter Kommunikationsversuche. Eine kommunikative Handlung ist dabei definiert als der Versuch eines Sprechers, durch sein Sprecherverhalten bei einem Hörer eine bestimmte Überzeugung hervorzurufen, wobei eine notwendige Bedingung für den Erfolg in den Augen des Sprechers ist, daß der Hörer genau diese Absicht auch erkennt. Die kommunikative Absicht des Sprechers (S) gegenüber dem Hörer (H) hat dabei folgende Form: S will, daß H glaubt, daß p der Fall ist, dadurch daß H erkennt, daß S genau dies mit seinem Kommunikationsverhalten erreichen will. – Dieses Vorgehen kann als Bedeutungsnominalismus bezeichnet werden, weil B.en mit Intentionen bei konkretem Verhalten identifiziert werden (das Problem der Invarianz stellt sich also auch hier, da es sich um jeweils konkrete Intentionen eines Sprechers zu einem bestimmten Zeitpunkt handelt).

Bennett versucht daher zu zeigen, daß man von solchen temporären, nicht konventionell festgelegten Intentionen als B.en ausgehend konventionelle, in einer Sprechergemeinschaft festgelegte B.en herleiten kann. Für diesen Übergang nutzt er den Konventionsbegriff von Lewis aus, der auf spieltheoretischer Grundlage durch die Unterscheidung von impliziten und expliziten Konventionen einen solchen Übergang von nicht-konventionellen zu konventionellen B.en ermöglicht. Die in einer Sprechergemeinschaft feststellbaren Verwendungen können dabei auch von Sprecher zu Sprecher variieren. Um diesem Phänomen gerecht zu werden, führt ↗ Putnam in die Bedeutungstheorie das Prinzip der sprachlichen ↗ Arbeitsteilung ein, wonach je nach Kenntnisstand des einzelnen Sprechers reichhaltigere oder ärmere Verwendungen vorliegen können. So verwendet z.B. ein Elektriker das Wort »Elektromagnet« auf andere Weise als ein Laie, da dem Fachmann eine Reihe von Informationen bekannt sind, von denen der Laie nichts weiß. Dennoch benutzen beide das gleiche Wort. Die von allen Sprechern geteilte, einfachste B. ist dabei das Stereotyp. Diese B. muß jeder kompetente Sprecher kennen, während die Abweichung durch unterschiedlichen Kenntnisstand bezüglich der Gegenstände erklärt werden kann. Gelingende Kommunikation setzt diesem Ansatz zufolge keine vollständige Gleichheit der B. voraus. – Trotz der damit erreichten Verallgemeinerung von B.en auf eine Sprachpraxis und eine Sprechergemeinschaft sind B.en nach diesem Ansatz keine abstrakten Gegenstände, so daß es dieser Bedeutungstheorie zufolge keine Invarianz, d.h. keine strikte Identität der Überzeugungen zwischen Sprecher und Hörer gibt.

(3) B.en als Sonderfall von Information: Nicht-natürliche, auf Konventionen beruhende B. ist nach diesen Theorien als Sonderfall der natürlichen B. zu analysieren. Die Welt ist aufgrund ihrer kausalen Ordnung mit Information beladen. Diese besteht darin, daß auf Situationen einer bestimmten Art nicht alle beliebigen, sondern nur Situationen bestimmter anderer Arten folgen können. Da Lebewesen in ihrer jeweiligen Umwelt überleben wollen, ist es für sie wichtig, vorliegende Informationen aus aktuellen Situationen zu entnehmen, um daraus Erwartungen für die Zukunft abzuleiten (z.B. das Verhalten der Beute bzw. des Angreifers). Dafür ist es notwendig, daß solche Organismen die in der Welt enthaltene Information intern repräsentieren, d.h. Überzeugungen bezüglich der Welt haben. In einem weiteren Schritt entwickeln sich evolutionär innerhalb dieser Organismen interne Repräsentationssysteme, die dazu dienen, die Informationen herauszufiltern, die für den Organismus besondere Relevanz haben. Ein solches internes Repräsentationssystem kodiert also die Fülle der erhältlichen Informationen nach einem vorgegeben Muster. Sprache (als System von Begriffen verstanden) läßt sich nun als solch ein internes Ordnungssystem verstehen, das dazu dient, aus der Fülle der in der Welt enthaltenen Informationen die für das jeweilige Lebewesen relevante zu repräsentieren (Dretske). Während die in einer Situation enthaltenen Informationen alle gleichberechtigt sind, da sie alle in die kausale Ordnung der Welt eingehen, wird bei der internen Repräsentation durch Begriffe eine Auswahl getroffen, um die für den jeweiligen Organismus relevante Information herauszufiltern.

Tauschen nun solche Organismen (im Regelfall Menschen) diese intern
repräsentierten Informationen aus, so ist der Schritt zur nicht-natürlichen
B. gemacht: Bei solchen Kommunikationsversuchen kommen, aufbauend
auf evolutionstheoretisch erklärbare Ähnlichkeiten zwischen Individuen
einer biologischen Spezies, letztlich konventionell geregelte Repräsentationssysteme ins Spiel – natürliche Sprachen mit intersubjektiv festgelegten
B.en (Barwise/Perry).

(4) Die skeptische Haltung: Während die drei bisherigen Ansätze zur
Erklärung von Sprachverhalten B.en, wenn auch in unterschiedlicher Form,
als eigenständige Elemente eingeführt haben, verzichtet der Bedeutungs-
skeptiker gänzlich auf diesen Bestandteil. »Meaning, or use, yes, meanings,
no« – so lautet der Slogan ↗ Quines, des prominentesten Vertreters dieser
Haltung. Ausgehend von einer behavioristischen Theorie läßt sich Sprachverhalten Quine zufolge als wechselseitige Beeinflussung verstehen, ohne
daß B.en bei der Erklärung des Vorgangs der Kommunikation und Infor-
mationsweitergabe angeführt werden müssen. Kommunizierende Wesen
stimmen diesem Ansatz zufolge letztlich durch wechselseitige Beeinflussung
ihr Verhalten aufeinander ab. Der Versuch, Sprachverhalten ohne B.en zu
analysieren, ist bei Quine durch Annahmen motiviert, die nicht aus der
Bedeutungstheorie stammen, sondern einer behavioristischen Auffassung
des Mentalen und einem wissenschaftstheoretischen Naturalismus entspringen. Während die skeptische Haltung bei Quine zu einer Elimination der
Bedeutungstheorie führt, entwickelt ↗ Davidson eine solche, wobei er die
skeptische Ausgangsposition Quines weitgehend teilt. Davidson entwickelt
eine Theorie der B. als eine Interpretationstheorie, bei der der Interpret das
Sprachverhalten eines Sprechers zu verstehen versucht, indem er es auf seine
eigenen Überzeugungen bezieht. Vorausgesetzt ist dabei, daß Sprachverhalten
und Umwelt in einer Relation zueinander stehen, die eine sinnvolle Interpretation ermöglicht. Die erreichbare Interpretation ist aber immer relativ
zu den Vorgaben des Interpreten und setzt auch voraus, daß der Interpret
selbst bereits ein kompetenter Sprachverwender ist.

Insgesamt schließen sich diese vier Strategien nicht gegenseitig aus. So
läßt sich die zweite Position sowohl mit dem skeptischen Ansatz wie mit
einer realistischen Bedeutungstheorie verbinden, da man sich hinsichtlich
des ontologischen Status von Intentionen noch zwischen einer realistischen
und einer reduktionistischen Auffassung entscheiden kann. Und auch den
dritten Weg in der Bedeutungstheorie kann man noch unter der Fragestellung
behandeln, welcher Art denn die in der Welt auffindbaren Regelmäßigkeiten
sind und wie sie mit dem internen Repräsentationssystem zusammenhängen.
Unserer alltäglichen Auffassung nach setzt gelingende Kommunikation
nämlich die strikte Identität des Verstandenen voraus. Wir gehen davon
aus, daß ein Sprecher und ein Hörer identische B.en verstehen, wenn sie
miteinander kommunizieren. Neben dieser intersubjektiven Invarianz gehen
wir auch davon aus, daß ein Sprecher zu zwei verschiedenen Zeitpunkten
eine identische B. denken oder kommunizieren kann (intertemporale
Invarianz). Und schließlich sind wir auch davon überzeugt, daß es normalerweise möglich ist, Sätze einer natürlichen Sprache in die einer anderen

natürlichen Sprache zu übersetzen (interlinguale Invarianz). All dies setzt aber voraus, daß B.en letztlich abstrakte Gegenstände sind. Theorien der B., die demgegenüber einem Nominalismus verpflichtet sind, werden zum einen diese alltägliche Auffassung bestreiten müssen. Zum anderen aber müssen sie auch Erklärungen dafür liefern, wie Kommunikation zustande kommt. Sie werden erklären müssen, wie es partiell identische B.en zwischen Sprecher und Hörer geben kann. Die Konventionstheorie (↗ Konvention) von Lewis und die Theorie der sprachlichen ↗ Arbeitsteilung von Putnam sind Versuche, hier Erklärungen zu liefern. Umgekehrt haben Bedeutungstheorien, die eine Art platonischer Universalien annehmen, zu erklären, wie biologische Entitäten als Sprecher solche B.en erfassen und kommunizieren können. Außerdem müssen diese Theorien erklären, weshalb Sprecher und Hörer mit Worten nicht immer vollständig identische B.en verknüpfen. Platonische Bedeutungstheoretiker müssen erklären, auf welche Weise die Unbestimmtheiten, Vagheiten und Unschärfen in die B.en einer natürlichen Sprache gelangen, die jeder Sprecher, der mit anderen kommuniziert, aus eigener Erfahrung kennt.

Lit.: Allgemein: W.P. Alston: Philosophy of Language. Englewood Cliffs 1964. – C.K. Ogden: Die Bedeutung der Bedeutung. Frankfurt a.M. 1974. – H. Putnam: The meaning of »Meaning«. In: Ders.: Mind, Language and Reality. Philosophical Papers. Bd. 2. Cambridge 1975, S. 215-271. – Zu den vier Theorietypen: (1) G. Frege: Funktion, Begriff, Bedeutung. Fünf logische Studien. Hg. v. G. Patzig. Göttingen 1962. – G. Frege: Logische Untersuchungen. Hg. v. G. Patzig. Göttingen 1966. – J. Locke: An Essay concerning Human Understanding. Hg. von P.H. Nidditch. Oxford 1975. Book III (dt. Versuch über den menschlichen Verstand. 2 Bde. Hamburg 1981/1988). – (2) J. Bennett: Linguistic Behaviour. Cambridge 1976. – H.P. Grice: Studies in the Way of Words. Cambridge 1989. – D. Lewis: Konventionen. Eine sprachphilosophische Abhandlung. Berlin/New York 1975. – G. Meggle (Hg.): Handlung – Kommunikation – Bedeutung. Frankfurt a.M. 1979. – G. Meggle: Grundbegriffe der Kommunikation. Berlin 1981. – (3) J. Barwise/J. Perry: Situations and Attitudes. Bradford 1983. – F.I. Dretske: Knowledge and the Flow of Information. Cambridge 1981. – (4) D. Davidson: Truth & Interpretation. Oxford 1984. – W.V.O. Quine: Word and Object. Cambridge 1960. – allgem: Ch. Demmerling: Sinn, Bedeutung und Verstehen. Paderborn 2002. – A. Newen: Kontext, Referenz und Bedeutung. Paderborn u.a. 1996. – P. Prechtl: Sprachphilosophie. Stuttgart/Weimar 1999. – P. Stekeler-Weithofer: Sinnkriterien. Paderborn u.a. 1995.   MQ

Bedeutungspostulat ↗ Analytizitätspostulat

Bedeutungsregel. Innerhalb der sprachanalytischen Philosophie wird geltend gemacht, daß eine beschreibende Sprache im Gegensatz zu einer bloß formalen Sprache nicht zureichend durch Bildungs- und Umbildungsregeln gekennzeichnet ist. Die Bildungsregeln schreiben nämlich nur vor, welche Zeichenverbindungen richtige Sätze der Sprache konstituieren sollen, und die Umbildungs- oder Übersetzungsregeln geben nur an, welche Sätze auseinander ableitbar sind. Um eine Sprache in ihrer Beschreibungsfunktion gebrauchen zu können, werden nach Ansicht von ↗ Ayer Regeln benötigt, die gewisse Zeichen der Sprache mit realen Situationen verbinden. Diese Regeln bezeichnet Ayer als B.n. Bspw. ist eine Bildungsregel der deutschen Sprache, daß jemand, der etwas Grünes betrachtet, dies dann richtig beschreibt, wenn er sagt: »dies ist grün«. Die Bedeutungen, die durch Zeigen erlernt werden, sind konstitutiv für den richtigen Gebrauch der Sprache. Den Gebrauch eines Wortes zu verstehen, heißt zu wissen, in welchen Situationen es anzuwenden ist.

Lit.: A.J. Ayer: Basissätze. In: R. Bubner (Hg.): Sprache und Analysis. Göttingen 1968, S. 182ff.   PP

Begriff. (1) In erkenntnistheoretischer Hinsicht werden B.e als Allgemeinvorstellungen, unter die konkrete Anschauungen oder Einzelvorstellungen subsumiert sind, verstanden. In Abgrenzung zur konkreten Anschauung werden sie als Abstrakta aufgefaßt, deren Status im Universalienstreit umstritten war: Ihr Allgemeinheitscharakter macht sie zu Universalien, die man entweder als reale Gegenstände (i.S. allgemeiner Wesenheiten) verstanden hat oder nur als mentale (oder psychische) Gegenstände oder nur als eine besondere Sorte von Zeichen. Während Platon diese noch als reale Wesenheiten begreift, gelten die B.e für Descartes wie für Locke als mentale Operationen, die aus der Mannigfaltigkeit des anschaulich Gegebenen abstraktiv einen allgemeinen B. (i.S. eines mentalen Gegenstandes) gewinnen. Bei Kant (*Kritik der reinen Vernunft*) gelten B.e als allgemeine Vorstellungen (im Gegensatz zu den singulären Anschauungen), wobei er zwischen empirischen B.en und reinen Verstandesbegriffen unterscheidet: Die Erfahrungsbegriffe entspringen der sinnlichen Anschauung bzw. sind Resultat eines kontinuierlichen Zusammenfügens (Synthesis) von Wahrnehmungen und Wahrnehmungsurteilen, die Verstandesbegriffe dagegen stellen B.e dar, die nicht aus der Erfahrung gewonnen sind, sondern diese erst ermöglichen sollen. Durch B.e wird ein rezeptiv gewonnenes Anschauungsmaterial zu einer Einheit und d.h. zu einem Objekt geformt. Diese Formung geschieht nach Regeln der Synthesis, die nicht ihrerseits aus dem Empfindungs- und Sinneseindrücken stammen. Die Verstandesbegriffe, d.i. die Kategorien, entspringen rein aus dem Verstand und ermöglichen es, die in der Anschauung gegebene Mannigfaltigkeit von Sinneseindrücken in eine objektive, allgemeine und notwendige Einheit zu bringen.

(2) Im logischen Sinne werden als B. diejenigen Ausdrücke bezeichnet, die anders als die ↗ Eigennamen sich nicht auf einen eindeutig bestimmten Gegenstand beziehen, sondern sich in der Weise auf mehrere Gegenstände beziehen, daß sie Eigenschaften benennen, die solchen Gegenständen zugeschrieben werden. Diese in der modernen formalen Logik übliche Auffassung nimmt Bezug auf die elementare Aussage, in der ein Nominator einen Gegenstand und der Prädikator eine Eigenschaft vertritt. Alles, was von dem durch den Nominator vertretenen Gegenstand ausgesagt wird, ist sein B., z.B. sagt die Aussage »n P« aus, daß dem Gegenstand n die

Eigenschaft P zukommt bzw. daß n unter den Begriff P fällt. Enthält der Begriff mehrere Eigenschaften, spricht man davon, daß die Merkmale des Begriffes P als dessen Teilbegriff seinen Inhalt ausmachen.

Lit.: G. Frege: Funktion, Begriff, Bedeutung. Göttingen [6]1986. – S.J. Schmidt: Bedeutung und Begriff. Braunschweig 1969. – Ch. Thiel: Begriff. In: Handlexikon zur Wissenschaftstheorie. Hg. H. Seiffert/G. Radnitzky. München 1989, S. 9ff.

PP

Begriffserläuterung, dient der Unterscheidung der verschiedenen Bedeutungen eines Begriffs. Sie wird am einfachsten durch die Angabe von Beispielen der Verwendungsweisen dieses Begriffs gegeben. Z.B. kann das Prädikat »wahr« durch die Wendungen »wahrer Freund«, »wahre Liebe«, »wahres Glück«, »wahrer Gewinner«, »wahre Aussage«, »wahre Behauptung«, »wahrer Bericht«, »wahres Versprechen« u.a.m. erläutert werden. Die B. geht jeder ↗ Explikation eines Begriffs voraus, da dadurch die Verwendungsweisen des Begriffs herausgestellt werden, deren Explikation geleistet werden soll. Z.B. wird ein Logiker oder Erkenntnistheoretiker auf die Wendungen »wahre Aussage«, »wahre Behauptung« abzielen und diese Verwendungsweisen von »wahr« von den anderen vor Beginn der Explikation abgrenzen. In der ↗ Philosophie der normalen Sprache wird die B. durch Bezug auf die Verwendungsweisen der Alltags- oder Umgangssprache vorgenommen, um so die philosophischen Begriffe auf ihren rechtmäßigen Gebrauch hin und die daraus resultierenden Fragestellungen auf ihre Sinnhaftigkeit hin abzuklären.

PP

Begriffsformen. Begriffe können in drei Formen auftreten: als klassifikatorische, als komparative und als quantitative oder metrische Begriffe. Die *klassifikatorischen* Begriffe dienen zur Einteilung von Dingen in zwei oder mehr Klassen, die *komparativen* (auch Ordnungsbegriffe oder topologische Begriffe) formulieren Vergleichsfeststellungen (häufig in Komparativform: härter als, größer als), die *quantiativen* oder *metrischen* Begriffe charakterisieren Eigenschaften oder Beziehungen mit Hilfe von Zahlenwerten (in der Naturwissenschaft bspw. Länge, Temperatur, in den Sozialwissenschaften bspw. als Arbeitslosenstatistik, Preisindex, Geburten- und Sterberaten). Diese B. spielen vor allem in ↗ Carnaps Theorie der Induktion eine bedeutsame Rolle.

Lit.: R. Carnap/W. Stegmüller: Induktive Logik und Wahrscheinlichkeit. Wien 1959.

PP

Begriffsinhalt. Seit der Logik von Port-Royal werden ausdrücklich der Inhalt und der Umfang des Begriffes unterschieden. Nach einem traditionellen Verständnis wird die B. durch alle einem (konkret vorliegenden) Begriff übergeordneten Begriffe bestimmt, der ↗ Begriffsumfang durch alle einem vorliegenden Begriff untergeordneten Begriffe. Die Über- und Unterordnung bemißt sich an der aristotelischen Unterscheidung von genus (Gattungsbegriff; übergeordneter oder allgemeiner Begriff), species (Artbegriff, untergeordneter oder spezieller Begriff), proprium (Eigentümlichkeit einer Sache), differentia (Unterschied), accidens (zufällige Beschaffenheit). Auf der Grundlage dieses Verständnisses wurde das Reziprozitätsgesetz formuliert: Vermehrung des Inhalts eines Begriffs bewirkt Verminderung des Umfangs und umgekehrt. Dieses Gesetz gilt nicht, wenn man unter dem B. die Gesamtheit der Bestandteile, aus denen der Begriff besteht, versteht. – In Anlehnung an die moderne Mengenlehre versteht man heute unter dem Inhalt des Begriffes das Prädikat, das in der Aussageform enthalten ist, mit deren Hilfe die dem Begriff entsprechende Menge definiert wird: Die Menge M wird definiert als der Bereich aller derjenigen x, für die gilt, daß das Prädikat f auf x zutrifft. Bspw. die Menge aller roten Gegenstände wird durch das Prädikat »rot« bestimmt. PP

Begriffsrelativismus. ↗ Strawson interpretiert den B. derart, daß es möglich wäre, sich Arten von Welten vorzustellen, die von der Welt, wie wir sie kennen, ganz verschieden sind. Die Vorstellung solcher möglicher nicht-wirklicher Welten beinhaltet, daß diese sich durch den Gebrauch unserer jetzigen Sprache beschreiben ließen, indem man die Wahrheitswerte in verschiedenen systematischen Weisen anders auf die Sätze verteilt, als in unserer Welt. In einer radikaleren Form vertreten Whorf (im Anschluß an Sapir), ↗ Quine, Kuhn und Feyerabend einen B.: Nach Whorfs Verständnis klassifiziert und gliedert Sprache den Strom von Sinneserfahrungen, woraus eine gewisse Weltordnung resultiert. Daraus ergibt sich ein Relativitätsprinzip, das besagt, daß nicht alle Beobachter durch dieselben physikalischen Belege zum selben Weltbild geführt werden. Quine behauptet die wechselseitige Unübersetzbarkeit der Begriffsschemata: Die Ausdrucksmittel einer anderen Sprechweise sind von den unseren radikal verschieden, was bedeutet, daß die Übersetzung der Begriffschemata nicht reibungslos gelingen kann. Feyerabend und Kuhn vertreten für die Wissenschaftssprachen die These der ↗ Inkommensurabilität: Beim Übergang von einer Theorie zu einer nächsten ändern Wörter ihre Bedeutung oder Anwendungsbedingungen.

Lit.: D. Davidson: Was ist eigentlich ein Begriffsschema. In: Ders.: Wahrheit und Interpretation. Frankfurt a.M. 1986, S. 261ff. – P.K. Feyerabend: Erklärung, Reduktion und Empirismus. In: Ders.: Probleme des Empirismus. Braunschweig 1981, S. 73ff. – Th. S. Kuhn: Die Struktur wissenschaftlicher Revolutionen. Frankfurt a.M. 1973. – W.v.O. Quine: Zwei Dogmen des Empirismus. In: Ders.: Von einem logischen Standpunkt. Frankfurt a.M./Berlin/Wien 1979, S. 27ff. – B.L. Whorf: Sprache, Denken, Wirklichkeit. Reinbek 1963, S. 46ff., S. 102ff. – I. Werlen: Sprachliche Relativität. Tübingen 2002. PP

Begriffsschema. In der sprachanalytischen Philosophie wird das B. zum einen dadurch bestimmt, daß es ein Mittel zur Gliederung der Erfahrung ist (sprachliche Beschreibungsmittel wie bspw. Kategoriensysteme, die den Daten der Empfindung Gestalt verleihen), und andererseits als Standpunkte, die für Individuen, Kulturen oder Zeitalter einen spezifischen Zusammenhang bilden, indem sie die einzelnen Erfahrungen einordnen. Mit dem zweiten

Aspekt wird die These des Begriffsrelativismus und der Unübersetzbarkeit verschiedener B.ta verbunden. Mit jedem B., das gleichzusetzen ist mit der Sprache einer Sprachgemeinschaft, ist ein Ordnungsschema verbunden, das die Vorstellung von Realität – relativ zur jeweiligen Sprachgemeinschaft – prägt. Eine vollständige Unübersetzbarkeit läge vor, wenn sich kein nennenswerter Bereich von Sätzen der einen Sprache in die der anderen übersetzen ließe; eine teilweise Unübersetzbarkeit bestünde dann, wenn ein Bereich übersetzt werden könnte, ein anderer dagegen nicht. ↗ Davidson

Lit.: D. Davidson: Was ist eigentlich ein Begriffsschema. In: Ders.: Wahrheit und Interpretation. Frankfurt a.M. 1986, S. 261ff.   PP

Begriffsumfang. Seit der Logik von Port-Royal werden ausdrücklich der Inhalt und der Umfang des Begriffes unterschieden. Nach einem traditionellen Verständnis wird der B. durch alle einem konkret vorliegenden Begriff untergeordneten Begriffe (nach der aristotelischen Unterscheidung von Gattungs- und Artbegriff) bestimmt (↗ Begriffsinhalt). – In Anlehnung an die moderne Mengenlehre versteht man heute unter dem B. die Menge der unter ihn fallenden Gegenstände, d.h. jedes Element, das zu der entsprechenden Menge gehört (d.i. das Designat des Begriffs). Für die moderne Logik seit ↗ Frege gilt die Klasse oder Menge als B. d.h. die ↗ Extension eines monadischen Prädikators. Ein Begriff ist für Frege eine Funktion, die bei ihrer Sättigung einen Wahrheitswert ergibt.   PP

Belegung. In der Aussagenlogik wird eine Vorschrift, die jedem Satz einer Sprache A genau einen Wahrheitswert zuordnet, als B. der Sätze von A bezeichnet. In symbolischer Schreibweise: V (A) = w, d.h. die Belegung V ordnet dem Satz A den Wert »wahr« (oder »falsch«) zu.   PP

Beobachtungssprache, Bezeichnung für eine empiristische Sprache, in der die undefinierten Grundprädikate sich ausschließlich auf Beobachtbares beziehen. Alle übrigen Prädikate müssen auf diese Grundprädikate zurückgeführt werden. Eine solche Sprache kann beliebig komplexe Aussagen enthalten, d.i. Aussagen, die mittels logischer Zeichen verknüpft sind und Aussagen mit generellen Existenz- und Allbehauptungen. ↗ Carnap hat diese Bezeichnung in der wissenschaftstheoretischen Diskussion in Verbindung mit dem empiristischen ↗ Sinnkriterium eingebracht, mit dessen Hilfe sinnlose von sinnvollen Begriffen und Sätzen unterschieden werden sollen. Dabei hat er offen gelassen, ob als Grundlage der Beobachtung eine physikalistische oder phänomenalistische Basis (oder eine Kombination aus beiden) zu wählen sei. Schlick bezeichnet eine Aussage, die einen sinnlich wahrnehmbaren Sachverhalt (mit Hilfe von Indikatoren wie »jetzt« und »hier«) darstellt, als Beobachtungssatz. Für ↗ Neurath stellten die ↗ Protokollsätze die für jede empirische Wissenschaft grundlegende Form der B. dar. – Entsprechend Carnaps ↗ Zweistufentheorie der Sprache läßt sich die B. mit Hilfe von ↗ Korrespondenz- oder ↗ Zuordnungsregeln mit einer Theoriesprache verbinden.

Lit.: R. Carnap: Beobachtungssprache und theoretische Sprache. In: Dialectica 12 (1958), S. 236-248. – Ders.: Einführung in die Philosophie der Naturwissenschaften. Frankfurt a.m./Berlin 1986, S. 223ff. – O. Neurath: Protokollsätze. In: Erkenntnis 3 (1932/33), S. 204-214. – M. Schlick: Über das Fundament der Erkenntnis. In: Ders.: Gesammelte Aufsätze. Hildesheim 1969, S. 290-310.   PP

Beschreibung, definite. ⌐ Russell geht von der Behauptung aus, daß unsere Kenntnis physikalischer Objekte und von Personen gleichermaßen eine Kenntnis aufgrund von d. B. sei. Seine Theorie der B. soll zeigen, daß eine Aussage auch ohne die Annahme ad-hoc postulierter Gegenstände für die in einer Aussage verwendeten scheinbaren Gegenstandsbezeichnungen verstanden werden kann. Mit Hilfe der Unterscheidung zwischen ⌐ Eigennamen und d. B. versucht er das zu begründen: Als d. B. können Ausdrükke verstanden werden wie »der So-und-So«, z.b. »die letzte Person, die den Raum verlassen hat«, »der Dichter der Ilias«. Im Gegensatz zu den Eigennamen, die sich durch einen eindeutigen Gegenstandsbezug auszeichnen, treffen die d.n B.en entweder auf kein Individuum zu oder auf mehr als nur ein Individuum. Eine d. B. hat außerhalb des Aussagesatzes keine Bedeutung, andererseits verstehen wir die Bedeutung von Aussagesätzen, ohne ihren Gegenstandsbezug zu kennen, wie z.b. in »der gegenwärtige König von Frankreich ist kahlköpfig« – eine Aussage, für die gegenwärtig kein Gegenstandsbezug behauptet werden kann. Die wichtige These seiner Theorie der d.n B. ist, daß Aussagen über Gegenstände, die d. B.en enthalten, nicht als Aussagen über Gegenstände, sondern als Aussagen über ⌐ Aussagefunktionen zu analysieren sind (Aussagefunktion ist ein Ausdruck, der einen oder mehrere indeterminierte Bestandteile enthält). Als Beispiel einer solchen Analyse: Die Aussagefunktion »x ist ein männliches Wesen, x ist der gegenwärtige König von Frankreich und x ist kahlköpfig« ist für einen und nur einen Wert wahr. Wenn ein solcher König gegenwärtig nicht existiert, zeigt die Analyse, daß die Aussage falsch, wenn auch nicht sinnlos ist.

Lit.: B. Russell: Human Knowledge. London 1948. – Ders.: On Denoting. In: Mind 14 (1905), S. 479-493.   PP

Beschreibungsdualismus, Bezeichnung für die Auffassung, daß bestimmte physische Ereignisse auch eine irreduzibel mentalistische Beschreibung zulassen (⌐ Davidson, Dennett). ⌐ Leib-Seele-Problem.   PP

Bewährung. In bezug auf eine Aussage über einen empirischen Sachverhalt stellt die B. das Ergebnis einer Überprüfung auf der Grundlage von Beobachtungen dar. Popper hat in bezug auf die Überprüfung wissenschaftlicher Theorie vorgeschlagen, die positive B. einer empirischen Theorie darin zu sehen, daß diese alle bisherigen Falsifikationsversuche überstanden hat. B. i.S. »empirisch gut bestätigt« besagt dann, daß alle bisherigen Versuche, die Theorie zum Scheitern zu bringen, nicht von Erfolg waren. Die B. schließt ein, daß ein Satz nur in bezug auf ein bestimmtes, bis zu einem bestimmten

Zeitpunkt anerkanntes System von Basissätzen als bewährt gelten kann. Über den Grad der Bewährung entscheidet nicht so sehr die Anzahl der bewährenden Fälle, als vielmehr die Strenge der Prüfung, der der betreffende Satz unterworfen ist. Diese hängt u.a. auch von der Einfachheit des Satzes ab: Der einfachere Satz ist der in höherem Grad falsifizierbare.

Lit.: K. Popper: Logik der Forschung. Tübingen [7]1982, S. 198ff.   PP

Beweis, allgemein ein Verfahren, die Wahrheit eines Satzes, einer Hypothese oder einer Theorie sicherzustellen, meist durch Rückführung des zu Beweisenden auf bereits als wahr Anerkanntes. – *Strenger* oder *progressiver B.* (aus den Gründen auf die Folgen): Die Behauptung wird aus als wahr anerkannten Sätzen (Beweisgründe, Argumente, Prämissen) korrekt erschlossen. Sonderform des strengen B.es ist der *indirekte B.* (durch Widerlegung des Gegenteils), auch reductio ad absurdum (lat.: Zurückführung auf den Widersinn): Aus dem kontradiktorischen Gegenteil nicht-A des zu beweisenden Satzes A wird in korrekter Weise ein als falsch anerkannter Satz gefolgert, daher kann nicht-A nicht wahr sein, also muß A gelten (tertium non datur). – In der mathematischen Logik wird als (deduktiver) B. oft eine Ableitung aus rein logischen Prämissen bezeichnet (im Gegensatz zu Ableitungen auch aus nicht-logischen Prämissen). – Zu den weniger strengen Beweisverfahren gehören vor allem der *B. durch Analogie* und der *regressive B.* (aus den Folgen auf den Grund): Aus dem zu beweisenden Satz A werden möglichst viele als wahr anerkannte Sätze gefolgert, so daß man guten Grund hat, auch A als wahr anzunehmen. Sonderform davon ist der *induktive B.*, der aus einem bereits bekannten Teil einer Grundgesamtheit auf die Beschaffenheit aller Elemente dieser Grundgesamtheit schließt (nach dem Muster: die bisher beobachteten Raben sind schwarz, also sind alle Raben schwarz).   VP

Beweisfehler, Verstoß gegen die Beweisregeln, der den Beweis (wenn auch nicht immer das zu Beweisende) ungültig macht. Dazu gehören: *Circulus vitiosus* (lat. fehlerhafter Zirkel): Beim Beweis der Argumente wird bereits implizit die Wahrheit des zu Beweisenden benutzt. – *Error fundamentalis* (lat. Fehler der Grundlage): Der Beweis geht von falschen Argumenten aus. – *Ignoratio elenchi* (lat. Unkenntnis des Beweises (zweier Behauptungen)): Statt des zu Beweisenden wird etwas anderes bewiesen. – *Hysteron-proteron* (griech. das Spätere (wird) das Frühere): Verkehrung der korrekten Beweisordnung, Scheinbeweis von A mit Hilfe von B, obwohl B mit Hilfe von A bewiesen werden müßte. – *Petitio principii* (lat. Forderung des Beweisgrundes): Voraussetzung eines noch unbewiesenen Satzes als Argument im Beweis. – *Proton pseudos* (griech. erste Lüge): grundlegender Irrtum zu Anfang des Beweises. – *Quaternio terminorum* (lat. Vierheit von Termini): Begriffsverwirrung, die darauf beruht, daß ein Wort in zwei Bedeutungen verwendet wird (in einem korrekten Schluß der traditionellen Syllogistik treten drei Termini auf, der Mittelterm kommt in den Prämissen zweimal vor; wird er dabei in zwei Bedeutungen verwendet, so gibt es vier statt drei Begriffe, und der Schluß wird ungültig).   VP

Bewertung. In der Aussagenlogik heißt eine ↗ Belegung V (d.i. Wahr-
heitswertzuordnung) der Sätze der Sprache A eine B., wenn gilt: (1) V (¬A)
= w genau dann, wenn V (A) = f (lies: die Belegung »verneinte Aussage
(A) ist wahr« gilt genau dann, wenn die Belegung »(bejahte) Aussage (A)
ist falsch«); (2) V (A ⊃ B) = w genau dann, wenn V (A) = f oder V (B) =
w (lies: die Belegung »A impliziert B ist wahr« gilt genau dann, wenn die
bejahte Aussage (A) falsch ist oder die bejahte Aussage (B) wahr ist). Die
beiden Bedingungen treffen für die Wahrheitswerte der Sätze »¬A« und »A
⊃ B« dieselben Festlegungen wie die Wahrheitswerttabellen für Negation
und Implikation. D.h. eine B. ordnet dem komplexen Satz einer Sprache
denselben Wahrheitswert zu, wie er diesem nach der Wahrheitswerttabelle
für diese Verteilung zuzuordnen wäre. Die Bewertungsregeln entsprechen
den syntaktischen Bildungsregeln für komplexe Sätze. Deshalb ist eine B.
für alle Sätze einer Sprache A definiert, wenn sie für ihre einfachen Sätze
definiert ist. – Mit Hilfe des Begriffs der B. werden die Begriffe der aussagenlogischen Wahrheit und der aussagenlogischen Gültigkeit präzisiert: Eine
B. V erfüllt einen Satz A, wenn gilt V (A) = w. Ein Satz ist aussagenlogisch
wahr genau dann, wenn alle B.en einen Satz A erfüllen.

Lit.: F. v. Kutschera/A. Breitkopf: Einführung in die moderne Logik. Freiburg/
München 1971, S. 52f.   PP

Bewußtsein. Die Termini »bewußt« und »B.« decken im alltäglichen
Sprachgebrauch eine Vielzahl von Phänomenen ab, die alle zum Bereich des
Mentalen gehören. Sie erschöpfen diesen aber nicht vollständig, da es auch
unbewußte mentale ↗ Zustände bzw. Vorgänge gibt. Gegen Descartes' und
Lockes Identifizierung des Bereichs bewußter Zustände mit dem Bereich
des Mentalen spricht, daß sie die Existenz unbewußter mentaler Zustände
schon aus begrifflichen Gründen ausschließt. – Neben der Psychologie, den
Kognitionswissenschaften, der Neurophysiologie und der Biologie (Verhal-
tensforschung) beschäftigt sich die Philosophie des Geistes (↗ Philosophy
of Mind) mit einer Analyse des B.s. Drei Ausgangspunkte einer solchen
philosophischen Analyse lassen sich unterscheiden. (1) In der substantivi-
schen Redeweise mit bestimmtem Artikel wird »das B.« gedeutet als eine
Substanz (Ich, Seele), die Träger oder Subjekt bestimmter Eigenschaften und
Zustände ist. Diese vor allem auf Descartes zurückgehende Konzeption einer
res cogitans analysiert das Phänomen B. in engem Zusammenhang mit dem
Phänomen Selbstbewußtsein und konzentriert sich auf die epistemischen
Besonderheiten der Relation zwischen einem Subjekt und seinen bewußten
Zuständen. (2) In einer vermögenspsychologischen Konzeption heißt, B. zu
haben, über gewisse kognitive Fähigkeiten zu verfügen (Außenweltwissen,
reflexives Wissen von sich selbst). (3) Eine dritte Zugangsweise befaßt sich
mit den besonderen Eigenschaften und Merkmalen bewußter Zustände und
Erlebnisse (subjektiver Charakter, Unmittelbarkeit, privilegierter Zugang).
    Zwischen diesen drei Ansatzpunkten können Zusammenhänge gesehen
werden. So schließt Descartes von den besonderen Eigenschaften bewußter
Zustände (3) auf die Existenz einer besonderen Substanz (res cogitans) (1),

die wesentlich dadurch definiert ist, daß sie das Subjekt solcher bewußten Zustände ist. Auch in der vermögenspsychologischen Analyse des B.s (2) spielen die spezifischen Merkmale bewußter Zustände (3) eine entscheidende Rolle, da über sie das B. als Vermögen bestimmt wird. Nicht nur die Klasse aller mentalen Zustände, sondern auch die Klasse bewußter Zustände bildet noch ein umfangreiches und inhomogenes Feld. Angesichts der unterschiedlichen Merkmale, die zur Analyse bewußter Zustände angeführt werden, ist die Redeweise von dem B. jedenfalls zu vage. Im Rahmen unseres alltäglichen mentalen Idioms (↗ Folk psychology) sprechen wir davon, daß ein Lebewesen, auch ein Tier, B. hat, wenn es wach ist, aufmerksam seine Umwelt wahrnimmt und angemessen (koordiniert und kohärent) auf sie reagiert. Von bewußten Zuständen sprechen wir bei einem breiten Spektrum mentaler Zustände, vom Hunger oder Schmerz, den ein Tier verspürt, bis zu intellektuell gesteuerten Vorgängen des Nachdenkens und der methodischen Problemlösung bei Menschen. Die Alltagssprache greift damit zur Bestimmung von B. ein allgemeines Merkmal heraus.

Im Rahmen einer philosophischen Klassifikation jedoch ist es sinnvoll, drei Bereiche bewußter Zustände zu unterscheiden. (a) Intentionale Zustände, wie glauben oder fürchten, daß dieses oder jenes geschehen wird, werden durch die Angabe eines propositionalen Gehalts in sprachlich strukturierter Form (»daß p«) wiedergegeben. (b) Für Erlebnisse ist charakteristisch, daß in ihnen eine Person ihre eigenen psychischen und/oder leiblichen Zustände (Schmerzempfinden) oder aber äußere, raumzeitliche Gegenstände (den Gelb-Eindruck bei einer Farbwahrnehmung) phänomenal erlebt. Der Erlebnischarakter, der auch für Gefühle (Angst) und Stimmungen (Traurigkeit) wesentlich ist, hat keinen sprachlich strukturierten repräsentationalen Gehalt und ist daher kein intentionaler Zustand. (c) Wahrnehmungen (von Farben, Tönen, Gestalten, Bewegungen etc.) sind ein dritter Bereich bewußter Zustände. Sie weisen neben einem phänomenalen Aspekt auch das Merkmal der ↗ Intentionalität auf; sie haben einen repräsentationalen Gehalt. Identifiziert man den Gehalt von Wahrnehmungen mit intentionalen Einstellungen, so sind Wahrnehmungen auf (a) und/oder (b) reduzierbar. Andernfalls bilden sie einen eigenständigen Bereich. Unabhängig davon, ob man Wahrnehmungen als einen eigenständigen Bereich ansieht, werden in der gegenwärtigen Philosophie des Geistes zwei Aspekte von B. unterschieden: das phänomenale B. und das Access-B. Das phänomenale B. bezeichnet die Besonderheit von Wahrnehmungs- und Erlebniszuständen, den intrinsisch subjektiven Charakter, eine Erlebnisqualität zu haben (↗ Qualia). Es ist für das Subjekt irgendwie, in diesem Zustand zu sein (Th. Nagel). Dies ist vor allem ein Merkmal von Erlebniszuständen, bildet aber auch einen Aspekt von Wahrnehmungen. Unter Access-B. hingegen versteht man die Besonderheit intentionaler Zustände, daß ein Subjekt einen Zugang zu dem repräsentationalen Gehalt dieser Zustände hat. An das Access-B. werden in der Philosophie des Geistes unterschiedlich starke Forderungen hinsichtlich der Beschaffenheit dieses Zugangs gestellt. (a) Die strikte Variante macht es zur Bedingung für das Vorliegen von B., daß das Subjekt einen sprachlichen Bericht über den repräsentationalen Gehalt und

darüber, daß es in dem-und-dem intentionalen Zustand ist, geben kann.
(b) Mittlere Positionen fordern lediglich, daß der repräsentationale Gehalt
dem Subjekt im Denken zugänglich sein muß. (c) Schwache Positionen
beschränken sich auf die Forderung, daß der repräsentationale ↗ Gehalt eines
Zustands in einem informationsverarbeitenden System in rational erfaßbaren
Zusammenhängen steht und z.b. Handlungsabläufe koordinieren hilft oder
andere Zustände hervorruft, deren repräsentationaler Gehalt ihrerseits mit
dem ursprünglichen Zustand in einem sinnvollen Zusammenhang steht.
Akzeptiert man die schwache Position (c), so gelten auch solche Zustände
als Fälle von Access-B., die zwar das Verhalten eines intelligenten Systems
steuern, deren repräsentationaler Gehalt aber dem System nicht in Form
eines intentionalen Zustands gegeben ist. Gerade für den Bereich von
Wahrnehmungen, die das Verhalten steuern, gewinnt diese Analyse an
Plausibilität, z.B. wenn ein Subjekt einem Hindernis ausweicht, dessen Her-
annahen es wahrnimmt. Die in der Wahrnehmung enthaltene Information
(der repräsentationale Gehalt) steuert das Verhalten, ohne daß das Subjekt
sich diese Information in einem intentionalen Zustand verdeutlicht haben
müßte. Im Rahmen von (c) ist auch ein Begriff von repräsentationalem
Gehalt konsistent, der sich nicht als Gehalt eines sprachlich strukturierten
intentionalen Zustands wiedergeben läßt (subdoxastische Zustände). Unter
dieser Voraussetzung kann die These vertreten werden, daß eine Teilmenge
von Wahrnehmungen als subdoxastische Zustände aufzufassen sind und als
solche eine echte Unterklasse bewußter Zustände und nicht etwa nur einen
Sonderfall intentionaler Zustände bilden.

Unterscheidung und Zuordnung von B. und Selbstbewußtsein (als
diejenigen Zustände, bei denen ein Subjekt sich seiner selbst bewußt ist)
sind aus drei Gründen schwierig: (1) In beiden Bereichen müssen jeweils
interne Unterscheidungen getroffen werden; weder die bewußten noch die
selbstbewußten Zustände bilden einen homogenen Bereich. (2) Je nach
Klassifikationskriterium und Definition gelten Teile des B.s per se als Selbstbewußtsein. So werden gelegentlich Erlebnisse der jeweils eigenen bewußten
Zustände als nichtpropositionales Selbstbewußtsein gedeutet. Außerdem
wird häufig angenommen, dafür, daß sich ein Subjekt im intentionalen
Zustand, zu glauben, daß p, befindet, sei es eine notwendige Bedingung,
daß das Subjekt berichten kann, daß es in diesem Zustand ist. Trifft diese
Annahme zu, so setzen intentionale bewußte Zustände generell intentionale
selbstbewußte Zustände voraus. (3) Einigen Theorien zufolge ist B. nicht
ohne Selbstbewußtsein möglich, anderen Ansätzen zufolge dagegen läßt sich
Selbstbewußtsein als Sonderfall intentionaler Zustände deuten.

Angesichts dieser Vielfalt begrifflicher Unterscheidungen und theoretischer
Alternativen ist es nicht weiter verwunderlich, daß in der Philosophie des
Geistes keine Einigkeit über das Wesen des B.s, das Verhältnis von B. zu
Selbstbewußtsein, die epistemische oder ontologische Besonderheit von B.
oder Selbstbewußtsein zu erzielen ist und daß dementsprechend auch die
Chancen einer Naturalisierung dieser Phänomene sowie der Entwicklung
bewußter Maschinen (↗ Künstliche Intelligenz) sehr unterschiedlich einge-
schätzt werden. Für die These, daß B. durch ein physikalistisches Weltbild

nicht erfaßbar sei, wird vor allem auf den phänomenalen Charakter von Erlebnissen verwiesen (Th. Nagel, C. McGinn). Gegen Versuche der Identifikation intentionaler mit physikalischen Zuständen wird eingewandt, daß die Rationalität propositionaler Gehalte einen normativen Aspekt impliziere (D. Dennett). Die Eigenschaft der Rationalität des Gehalts von intentionalen Zuständen ist Thema der Diskussion über das ↗ Leib-Seele-Problem und das Problem der mentalen ↗ Verursachung. Auch die Besonderheit des unmittelbaren introspektiven Zugangs, über den ein Subjekt bezüglich seiner eigenen Erlebnisse und intentionalen Zustände verfügt, dient seit Descartes immer wieder als Argument für die prinzipielle Andersartigkeit bewußter (und selbstbewußter) Zustände gegenüber physischen Zuständen und Ereignissen. Im Rahmen der Entwicklung von Systemen künstlicher Intelligenz geht der Streit darum, ob das Access-B. vom phänomenalen B. abhängig ist oder nicht.

Lit.: P. Bieri (Hg.): Analytische Philosophie des Geistes. Frankfurt a.M. 1981. – C. Blakemore/S. Greenfield (Hg.): Mindwaves. Oxford 1987. – C. Blakemore/S. Greenfield (Hg.): Mindwaves. Oxford 1987. – M. Davies/G.W. Humphreys (Hg.): Consciousness. Oxford 1993. – D. Dennett: Consciousness Explained. Boston 1991. – R. Descartes: Meditationes de prima philosophia [1641]. – J. Locke: Essay Concerning Human Understanding [1690]. – C. MacDonald/G. MacDonald (Hg.): Philosophy of Psychology. Oxford 1995. – A.J. Marcel/E. Bisiach (Hg.): Consciousness in Contemporary Science. Oxford 1988. – C. McGinn: The Problem of Consciousness. Oxford 1991. – Th. Nagel: Mortal Questions. Cambridge 1979. – Ders. (Hg.): Experimental and Theoretical Studies of Consciousness, 1993. – allgem.: U. Meixner/A. Newen (Hg.): Seele, Denken, Bewußtsein. Zur Geschichte der Philosophie des Geistes. Berlin 2002. – M. Pauen: Das Rätsel des Bewußtseins: Eine Erklärungsstrategie. Paderborn 1999.　　　　GMO/MQ

Bezeichnung. Die sprachphilosophische Verwendung des Terminus ist nicht einheitlich. Teilweise wird B. gleichbedeutend mit Benennung verwendet. Zu unterscheiden ist die Benennung (↗ Eigenname, ↗ Kennzeichnung) von der B. dadurch, daß durch den Eigennamen ein Bezug auf einen Gegenstand ausgedrückt wird, während durch die B. eine terminologische Einteilung mit Hilfe von Prädikatoren vorgenommen wird.　　　　PP

Bikonditional, in der formalen Logik Bezeichnung für die Verbindung zweier Aussagen mit dem Operator »dann und nur dann, wenn«. ↗ Äquivalenz
　　　　PP

Bildungsregel. In der formalen Logik zeigt die B. eines Systems S an, wie aus einem atomaren Zeichen ein aus atomaren Zeichen zusammengesetztes molekulares Zeichen gebildet werden kann. Die Definitionsregeln stellen z.B. solche B.n dar.　　　　PP

Bivalenz, Bivalenzprinzip, für die klassische Logik grundlegendes Prinzip, wonach für jede Aussage gilt, daß sie entweder wahr oder falsch ist, aber nicht beides. Das schon bei Aristoteles diskutierte B.prinzip wird in der Aussagenlogik formal umgesetzt durch sogenannte Bewertungen, die Abbildungen der Aussagenvariablen in die zweielementige Boolesche Algebra 2 sind. Es wird für nicht-klassische Logiken, wie etwa mehrwertige und partielle Logiken, ausdrücklich zurückgewiesen oder zumindest modifiziert. Auch die intuitionistische Logik, deren Kritik sich v.a. gegen die uneingeschränkte Gültigkeit des tertium non datur A∨¬A richtet, verzichtet auf das Bivalenzprinzip.   UM

Bündeltheorie. Im Zusammenhang der Diskussion innerhalb der analytischen Sprachphilosophie über Namen und ↗ Kennzeichnungen wird von ↗ Wittgenstein und ↗ Searle vorgeschlagen, die Bedeutung eines Eigennamens bestehe nicht in einer einzigen Kennzeichnung, sondern in einem Bündel von Kennzeichnungen. Damit der Name eine Anwendung hat, müssen zwar nicht alle, aber hinreichend viele Beschreibungen aus diesem Bündel auf genau einen Gegenstand zutreffen. ↗ Namentheorie, ↗ Referenz

Lit.: J. Searle: Sprechakte. Frankfurt a.M. 1971. Teil I, 4 u. Teil II, 7. – L. Wittgenstein: Philosophische Untersuchungen. § 79. In: Ders.: Schriften 1. Frankfurt a.M. 1960. – U. Wolf (Hg.): Eigennamen. Dokumentation einer Kontroverse. Frankfurt a.M. 1985.   PP

C

Carnap, Rudolf (1891-1970). Auf der Grundlage von ↗ Freges und ↗ Russells Philosophien entwickelt sich C. zu einem der Wegbereiter für die analytische Philosophie mit der Zielvorstellung, eine rationale Philosophie auf dem Wege der Sprachanalyse zu begründen (↗ Ideale Sprache, ↗ Philosophie der idealen Sprache). Angeregt zu diesem programmatischen Ansatz in der Philosophie wurde C. durch die Auseinandersetzungen in dem als *Wiener Kreis* bekannt gewordenen Diskussionszirkel, der sich aus namhaften Wissenschaftlern und Philosophen jener Zeit wie Schlick, Mach, Kraft, Neurath, Hahn, Gödel, Feigl und Waismann zusammensetzte. Aus ↗ Wittgensteins *Tractatus Logico-philosophicus* übernimmt C. die Einsicht, daß sich die Wahrheit logischer Sätze nur auf ihre logische Struktur und die Bedeutung der Ausdrücke gründet. Durch Wittgenstein sieht er sich auch in der Auffassung bestärkt, daß viele philosophische Sätze, besonders die der traditionellen Metaphysik, Scheinsätze ohne kognitiven Gehalt sind. In dieser Zeit entstehen die gegen die traditionelle Philosophie gerichteten Schriften *Scheinprobleme in der Philosophie. Das Fremdpsychische und der Realismusstreit* (1928) und »Überwindung der Metaphysik durch die logische Analyse der Sprache« (in: Erkenntnis 2 (1931), S. 219-241).

    Den Beginn der philosophischen Entwicklung C.s stellt sein Versuch dar, in Anlehnung an Russell die gesamte Erfahrungswelt mit Hilfe der Relationenlogik aus Elementarerlebnissen zu konstruieren (*Der logische Aufbau der Welt*, 1928). Die grundlegende Intention dabei ist, an die Stelle von Entitäten logische Konstruktionen einzusetzen. Durch den Aufbau eines ↗ Konstitutionssystems sollen die Grundelemente für die unterschiedlichen Wirklichkeitsbereiche festgelegt und das Prinzip, wonach aus den Grundelementen Gegenstände höherer Ordnung aufgebaut werden können, angegeben werden. Einen weiteren Schritt vollzieht C. in seinen Auseinandersetzungen mit ↗ Neurath und Schlick um die Frage, worin die Erfahrungsgrundlage der Wissenschaft zu sehen sei. Die mit Neurath geteilte Zielvorstellung einer ↗ Einheitswissenschaft führt zu den Versuchen, die Bedingungen für eine einheitliche Sprache aufzustellen, in der alle Wissenschaften formulierbar sind. D.h. alle wissenschaftlichen Erkenntnisse sollten als Aussagen über beobachtbare raum-zeitliche Vorgänge formuliert werden. Der Begriff der ↗ Protokollsätze hat hier seinen Ursprung. Zudem werden die den ↗ Logischen Positivismus begründenden Theoreme entwickelt: Für jede Erkenntnis sollten das empiristische ↗ Basistheorem und das ↗ Sinntheorem als grundlegend gelten. Diese Kriterien legen eindeutig den Bereich dessen fest, was sich sinnvoll, da empirisch überprüfbar, aussagen läßt (↗ Beobachtungssprache, ↗ Signifikanz).

Anders als Neurath favorisiert C. die physikalische Sprache als Universalsprache der Wissenschaft. D.h. jede Sprache eines Gebietes der Wissenschaft soll in die physikalische Sprache übersetzt werden. Das Vokabular einer derartigen künstlichen Sprache bezeichnet ausschließlich Raum-Zeit-Punkte und physikalische Zustandsgrößen. Dazu werden die erforderlichen Umformungs- und Ableitungsregeln für diese Sprache festgelegt. Gleichzeitig formuliert C. in *Logische Syntax der Sprache* (1934) das sog. ↗ Toleranzprinzip, das auch anderen Sprachformen Raum läßt, solange sie nur hinreichend deutlich explizitert werden. In diesem Werk unternimmt er den Versuch, die logische Syntax einer Sprache als die formale Theorie dieser Sprache anzugeben. Die Theorie einer Sprache ist nach C. dann formal, wenn in ihr nicht auf die Bedeutung, sondern nur auf die Art und Reihenfolge der Zeichen Bezug genommen wird. Gleichzeitig trägt er darin dem Problem Rechnung, wie die Metasprache (oder Syntaxsprache) zu einem differenzierten Mittel der philosophischen Analyse entwickelt werden kann. Jene Fragen, die ursprünglich die Domäne der Ontologie darstellten, werden als syntaktische Fragen (als sog. quasi-syntaktische Sätze) behandelt.

Introduction to Semantics (1942) und *Meaning and Necessity. A Study in Semantics and Modal Logic* (1947) sind als eine Reaktion C.s auf Tarskis logisch semantische Analysen zum Begriff der Wahrheit zu verstehen. Sie verändern seine Ansicht in bezug auf die Aufgabe der Philosophie: Wissenschaftslogik kann nicht mehr in Gestalt der Syntax der Wissenschaftssprache betrieben werden, vielmehr hat die Philosophie mit der semantischen Analyse zu beginnen. C. führt dazu die Begriffe ↗ intensional und ↗ extensional an (↗ Designieren). Die Analyse ist danach zu unterscheiden, ob sie in logisch semantischer Absicht nach der Bedeutung (d.i. Intension) fragt oder in extensionaler Hinsicht überprüft, ob und auf welche außersprachlichen Gegebenheiten ein Ausdruck zutrifft. Als solche Entitäten, auf die sich Ausdrücke beziehen können, führt C. Eigenschaften, Propositionen einerseits, Klassen, Individuen andererseits an. Jeder Ausdruck, der eine Bedeutung besitzt, muß sich auf eine Entität beziehen. An diesem Punkt setzt ↗ Ryles Polemik gegen das ↗ ›Fido‹-fido-Prinzip ein, das Ausdrücke, die keine Namen sind, zu Ausdrücken für abstrakte Entitäten werden läßt. Für C. ist die Annahme von abstrakten Entitäten nur eine Frage, ob in dem von uns gewählten sprachlichen Rahmen derartige Entitäten vorgesehen sind. Nach C. läßt sich nicht sinnvoll über die Welt bzw. die Dinge außer uns streiten. Der einzig sinnvolle Begriff von Wirklichkeit besagt, daß etwas Element eines Systems (d.i. einer Sprache) ist. Durch die Unterscheidung ↗ intern/extern begründet er, weshalb Aussagen über das System nur in bezug auf die Zweckmäßigkeit des Sprachsystems diskutierbar sind. Auch wenn keine Sprache ohne ontologische Implikationen auskommt, sind ontologische Feststellungen als Pseudo-Probleme zu behandeln. Seine semantischen Analysen führen C. auch zu Regeln, die Bedeutungszusammenhänge zwischen deskriptiven Zeichen in einem Sprachsystem festlegen, sog. ↗ Analytizitätspostulate. Gegen die darin angesprochene ↗ analytische Bedeutung nimmt ↗ Quine kritisch Stellung. C.s Bemühungen um eine rationale Rekonstruktion einer Wissenschaftssprache auf der Grundlage der logischen Semantik führen zur Einführung der Begriffe ↗ L-Semantik und L-Ausdruck. Dadurch will er die präzise Bestimmung »aufgrund der semantischen Regeln allein« kennzeichnen.

C.s Bedeutung für die Entwicklung der ↗ intensionalen Semantik gründet einerseits in der semantische Methode der Intension und Extension, die ↗ Freges Unterscheidung zwischen Sinn und Bedeutung entspricht, und andererseits in dem Vorschlag, die Bedeutung eines Satzes (d.i. die ↗ Proposition) mit den Bedingungen seines Wahrseins gleichzusetzen. Die Bedeutung eines Satzes zu kennen, heißt zu wissen, unter welchen möglichen Umständen er wahr ist. Dies führte zu der derzeit vorherrschenden Mögliche-Welten-Semantik: Die Festlegung des Wahrheitswertes eines Satzes (d.i. seine Extension) erfolgt dabei ebenso wie die Bestimmung der Extension sprachlicher Ausdrücke jeweils relativ zu einer möglichen Welt. – Nicht zuletzt durch seine Überlegungen zu einer Theorie des induktiven Schließen und der Wahrscheinlichkeit hat C. auch innerhalb der Wissenschaftstheorie bedeutende Beiträge geleistet.

Lit.: R. Carnap: Der logische Aufbau der Welt. Hamburg ³1973. – Ders.: Die logische Syntax der Sprache. Wien/New York ²1968. – Ders.: Bedeutung und Notwendigkeit. Wien/New York 1972. – Ders.: Einführung in die symbolische Logik. Wien/New York ³1973. – Ders.: Induktive Logik und Wahrscheinlichkeit. Bearb. v. W. Stegmüller. Wien 1959. – Ders.: Einführung in die Philosophie der Naturwissenschaften. Frankfurt a.M./Berlin 1986. – Ders.: Mein Weg in die Philosophie. Stuttgart 1993. – Th. Blume/Ch. Demmerling: Grundprobleme der analytischen Sprachphilosophie. Paderborn u.a. 1998. – P. Prechtl: Sprachphilosophie. Stuttgart/Weimar 1999, S. 123-145. – E. Runggaldier/Ch. Kanzian: Grundprobleme der analytischen Ontologie. Paderborn u.a. 1998. – W. Stegmüller: Hauptströmungen der Gegenwartsphilosophie. Bd. 1. Stuttgart ⁶1976, Kap 9.

PP

Charity, Principle of ↗ Nachsichtigkeitsprinzip

Chinese-room-Argument. ↗ Searle argumentiert gegen die repräsentationale Theorie des Geistes, wie Fodor sie vorgebracht hat. Er kritisiert in *Minds, Brains, and Programs* (1984), daß die in dieser Theorie angenommenen syntaktischen Repräsentationen, die allein aufgrund von formalen Regeln verarbeitet werden, nicht ausreichen, um Intentionalität hervorzubringen. Sein Argument ist, daß ein Mensch, der wie eine beliebige Maschine formale Zeichen aufgrund formaler Regeln verarbeitet, dadurch noch nicht in der Lage ist, irgendeine Sprache zu verstehen. Er veranschaulicht dies am Gedankenexperiment des Chinesischen Zimmers: Angenommen ich wäre in einem Zimmer eingesperrt, in dem mehrere Körbe mit chinesischen Symbolen stehen. Ich verstünde zudem kein Chinesisch, hätte aber ein auf Deutsch verfaßtes Regelwerk für die Handhabung der chinesischen Symbole. Die Regeln geben rein formal an, was mit den Symbolen gemacht werden soll. Wenn mir nun irgendwelche Symbole hereingereicht werden und mir zusätzlich Regeln dafür gegeben werden, welche der chinesischen Zeichen daraufhin aus dem Zimmer hinauszureichen sind, dann wäre ich imstande, formal korrekt zu verfahren. Außerhalb des Zimmers könnte man meine Zeichen als korrekte Antworten auf die hereingereichten Fragen deuten, die sich nicht von den Antworten eines muttersprachlichen Chinesen unterscheiden würden. Meine regelkonformen Reaktionen könnten trotz allem nicht als Antworten aufgrund eines sprachlichen Verständnisses gedeutet werden. Für Searle resultiert daraus die Feststellungen, daß die Syntax für das semantische Verständnis nicht ausreicht und daß intentionale Zustände (wie das Antworten) einen semantischen Inhalt voraussetzen (bzw. haben). Daraus folgt, daß kein System allein deshalb intentionale Zustände hat, weil es formale Symbole aufgrund eines formalen Programms verarbeitet. Searle hat bei seiner Argumentation allerdings übersehen, daß bei Fodor intentionale Zustände dadurch realisiert werden, daß ein Organismus in einer computationalen Relation zu einer mentalen Repräsentation steht, die einen bestimmten semantischen Inhalt haben. Searle ändert seine Kritik in *The Rediscovery of the Mind* (1992), in dem er die Existenz phänomenalen Bewußtseins als grundlegende Voraussetzung für intentionale Zustände einfordert.

Lit.: J.R. Searle: Geist, Hirn und Wissenschaft. Frankfurt a.M. 1986. – Ders.: Die Wiederentdeckung des Geistes. Frankfurt a.M. 1996. – A. Beckermann: Analytische Einführung in die Philosophie des Geistes. Berlin/New York 1999, S. 277ff.
                                                                                             PP

Clusterbegriff, Bezeichnung für einen Begriff, für dessen Zutreffen mehrere Kriterien relevant sind. Ein solcher Begriff trifft dann zu, wenn hinreichend viele Kriterien erfüllt sind. Wobei keines dieser Kriterien notwendig ist. Es ist dabei nicht hinreichend bestimmt, welche Kriterien erfüllt sein müssen. Aus diesem Grund ist es prinzipiell unmöglich, C.e durch Angabe von notwendigen und hinreichenden Bedingungen explizit zu definieren.   PP

Computationalismusthese. Die repräsentationale Theorie des Geistes von Fodor stellt den Versuch dar, in Anlehnung an die Grundoperationen des Computers zu beschreiben, wie mentale Zustände physisch realisiert werden können. Seine Darstellung des ↗ Repräsentationalismus zielt auf die Frage ab, wie intentionale Zustände und die zwischen ihnen bestehenden Kausalbeziehungen durch Symbolverarbeitungsprozesse realisiert werden können. Die Grundthese ist dabei, daß es für jedes Wesen und jede Art intentionaler Zustände eine funktionale, d.h. eine computationale Relation gibt. Diese wird durch die C. ergänzt, die sich aus der These einer Sprache des Geistes und der These vom computationalen Charakter mentaler Prozesse zusammensetzt. Letztere legt fest, daß die Kausalbeziehungen zwischen intentionalen Zuständen auf struktursensitiven Symbolverarbeitungsprozessen beruhen. Die in der C. enthaltene These einer Sprache des Geistes bestimmt, daß (1) mentale Prozesse strukturiert sind, (2) die Teile dieser Strukturen transportierbar sind, d.h. typenidentische Teile in verschiedenen Repräsentationen auftreten können, (3) mentale Repräsentationen eine kompositionale Semantik haben, d.h. die Bedeutung komplexer Repräsentationen sich in regelhafter Weise aus der Bedeutung ihrer Teile ergeben. Diesem Computermodell des Geistes zufolge kann ein Wesen nur dann über Wünsche, Überzeugungen und andere intentionale Zustände verfügen, wenn es die Struktur eines symbolverarbeitenden Systems besitzt. D.h. die Repräsentationen werden nach formalen Regeln erzeugt und umgeformt.

Lit.: J.A. Fodor: Psychosemantic. Cambridge MA 1987, S. 135-137. – J.A. Fodor/E. Lepore: The Compositionality Papers. Oxford Univ. Press 2002. – A. Beckermann: Analytische Einführung in die Philosophie des Geistes. Berlin/New York 1999, S. 269-272, S. 290-292.   PP

Conclusio (lat. Schlußfolgerung, Schluß), Grundbegriff der Logik. Als C. wird diejenige Aussage eines Schlusses bezeichnet, die man aus einer oder mehreren Aussagen, nämlich den Prämissen oder Voraussetzungen, gewonnen hat. Zwischen den Prämissen und der C. besteht ein bestimmter Zusammenhang, d.h. die C. muß aus den Prämissen nach festgelegten Regeln, den Schlußregeln, abgeleitet werden.

Lit.: G. Patzig: Die aristotelische Syllogistik. Göttingen 1969. – W. Segeth: Elementare Logik. Berlin 1973. – A. Tarski: Über den Begriff der logischen Folgerung. Paris 1936.   RS

D

Davidson, Donald (1917-2003). Als Schüler von ↗ Quine greift er dessen These von der ↗ Übersetzungsunbestimmtheit auf und bietet dazu einen eigenen Ansatz sprachlichen Verstehens. Dadurch trägt er entscheidend zu einigen Akzentverschiebungen in der analytischen Philosophie bei. Er vertritt dabei die Auffassung, daß wir sprachliches Verhalten interpretieren, wenn wir zu verstehen versuchen, was die Worte des Sprechers in der spezifischen Äußerungssituation bedeuten. D. faßt die sprachliche Äußerung als Handlung auf, die wir wie ein Ereignis in einer bestimmten Weise interpretieren. Eine Handlung zu verstehen, setzt voraus, daß wir die Gründe kennen, die diese Handlung herbeigeführt haben. Analog dazu bietet D. eine Erläuterung des Sprachverstehens. Dazu geht er von dem Gedankenexperiment einer radikalen Interpretation aus. Deren Ausgangspunkt besteht in der fiktiven Situation, daß ein Sprachforscher einer ihm unbekannten Person begegnet, deren Sprache er nicht kennt. Dem Forscher wird es allein aufgrund des beobachtbaren Verhaltens des Fremden gelingen, diesen zunehmend mehr zu verstehen. Der Forscher muß dabei die Sätze, zu denen der fremde Sprecher Stellung nimmt, in ihrem Bedingungskontext sehen, unter dem der Sprecher zur Stellungnahme veranlaßt wird. Er setzt die Sätze dadurch mit der Welt in Verbindung, daß er die Sätze wahr machenden Bedingungen erkennt. Verstehen der Sprache heißt, die Wahrheitsbedingungen und die intentionalen Einstellungen bzw. Überzeugungen des Sprechers unterscheiden zu können.

In der Konsequenz dieser Konzeption von Sprechverstehen und Verhaltenserklärung liegt, daß D. der Annahme prinzipiell unzugänglicher Sprachen und inkommensurabler Begriffssysteme eine deutliche Absage erteilt. Die Konsequenz für die ontologische Frage ist, daß neben den materiellen Gegenständen auch Ereignisse als existent anzunehmen sind. Von daher können die Begriffe der Bedeutung und der Referenz nicht mehr den prominenten Stellenwert einnehmen, wie es in früheren Diskussionen der analytischen Philosophie der Fall war. Für die Zuschreibung von intentionalen Zuständen macht D. als Rationalitätsvoraussetzung das ↗ Nachsichtigkeitsprinzip (*principle of charity*), nämlich die Unterstellung einer subjektiven Überzeugung von Wahrheit und der Konsistenz der Überzeugungen seitens des Sprechers, geltend. In bezug auf seine Stellungnahme zum ↗ Leib-Seele-Problem formuliert D. die These von der ↗ Anomalität des Mentalen bzw. vom anomalen ↗ Monismus.

In bezug auf die Theorie der ↗ Wahrheit vertritt D. eine wahrheitskonditionale Bedeutungstheorie (*Truth and Meaning*, 1967). Sie besagt, daß man die Bedeutung einer Aussage dann kennt, wenn man weiß, unter welchen Bedingungen der Satz wahr ist und was die einzelnen Bestandteile des Satzes dazu beitragen, diese Wahrheitsbedingungen festzulegen. D. verwendet dabei »Wahrheit« als unanalysierten Grundbegriff, der nicht auf die Begriffe »Verifikation« oder »Rechtfertigung« zurückgeführt werden kann. Aufgrund dieser ↗ epistemischen Festlegung von Wahrheit kann ein Satz über Wahrheitsbedingungen verfügen, deren Erfülltsein wir prinzipiell nicht feststellen können.

Lit.: D. Davidson: Wahrheit und Bedeutung. Frankfurt a.M. 1986. – Ders.: Handlung und Ereignis. Frankfurt a.M. 1990. – K. Glüer: Donald Davidson zur Einführung. Hamburg 1993. – Th. Blume/Ch. Demmerling: Grundprobleme der analytischen Sprachphilosophie. Paderborn u.a. 1998. – G. Brüntrup: Mentale Verursachung. Stuttgart/Berlin/Köln 1994. – A. Eichinger: Donald Davidsons

Theorie des sprachlichen Verstehens. Bern 2002. – W.R Köhler (Hg.): Davidsons
Philosophie des Mentalen. Paderborn 1997. – E. Picardi/J. Schulte (Hg.): Die
Wahrheit der Interpretation. Frankfurt a.M. 1990. – S. Reimer: Von Wahrheit zur
Bedeutung. Paderborn 2002. – C. Wright: Wahrheit und Objektivität. Frankfurt
a.M. 2001. PP

De re/de dicto/de se. (1) De re und de dicto ist ein Begriffspaar, mit
dem man seit der Scholastik zwei Arten von Modalaussagen unterscheidet.
Inhaltlich findet sich die Unterscheidung bereits bei Aristoteles (*Erste Analytik*
I, 9). In einer de-dicto-Konstruktion wird eine modale Eigenschaft, wie z.B.
eine der sog. alethischen Modalitäten Möglichkeit und Notwendigkeit, von
einem vollständigen Diktum ausgesagt; in einer de-re-Konstruktion bezieht
sich die Modalität dagegen auf einen Gegenstand. Eine klassische Anwendung der Unterscheidung ist z.B. Thomas von Aquins Versuch, menschliche
Freiheit mit göttlicher Allwissenheit zu versöhnen: Wenn Gott weiß, daß
Sokrates sitzt, ist es dann nicht notwendig, daß dieser sitzt, womit er nicht
frei wäre, (zu jenem Zeitpunkt) nicht zu sitzen? Wahr, so die Antwort, ist
dieser Notwendigkeitssatz nur de dicto interpretiert, d.h. verstanden im
Sinne von »Notwendigerweise gilt: Wenn Gott weiß, daß Sokrates sitzt,
sitzt Sokrates«. Falsch jedoch wäre es nach Thomas, Sokrates (z.B. aufgrund
göttlicher Allwissenheit) de re die Eigenschaft zuzuschreiben, zu jenem Zeitpunkt notwendigerweise zu sitzen; die Behauptung der de-re-Notwendigkeit
in bezug auf Sokrates »Wenn Gott weiß, daß Sokrates sitzt, sitzt Sokrates
notwendigerweise«, wäre falsch (vgl. *Summa contra gentiles* I, 67; *S.th.* I, qu.
14, art. 13). Ob es de-re-Modalitäten überhaupt gibt, ist kontrovers. (2)
Die de-re/de-dicto-Unterscheidung betrifft nicht nur Sätze mit alethischen
Modalitäten, sondern auch strukturell ähnliche Konstruktionen wie z.B.
Zuschreibungen ↗ propositionaler Einstellungen. De dicto verstanden,
besagt ein Satz der Form »*a* glaubt, daß *b* die Eigenschaft *F* hat«, daß *a* etwas
glaubt, was durch das gesamte, dem Glaubensoperator folgende Diktum
»*b* hat die Eigenschaft *F*« spezifiziert wird. Der Glaubensoperator fungiert
dann als Satzoperator. De re verstanden besagt der Satz hingegen nur, daß
a von dem Gegenstand *b* glaubt, dieser habe die Eigenschaft *F*. Wie *a* sich
dabei auf *b* bezieht, bleibt dann offen: Der Glaubensoperator fungiert in
diesem Fall logisch als Prädikatenoperator, der *b* die komplexe Eigenschaft
zuschreibt, von *a* für etwas gehalten zu werden, das die Eigenschaft *F* hat.
In diesem Sinne deuten wir etwa den Satz »Kolumbus glaubte, daß Castros Insel China sei« de re, denn Kuba konnte Kolumbus noch nicht als
Castros Insel geläufig sein. Oft geht nur aus dem Redehintergrund hervor,
ob die Zuschreibung einer propositionalen Einstellung de re oder de dicto
zu deuten ist. Eine übliche Charakterisierung lautet, daß eine Glaubens-
zuschreibung der Form »*a* glaubt, daß *p*« de dicto zu deuten ist, wenn *a*
einer Äußerung von *p* bzw. der Äußerung einer Übersetzung von *p* in *a*'s
Sprache zustimmen würde; andernfalls ist die Konstruktion de re zu deuten.
(3) Umstritten ist die Frage, wann eine propositionale Einstellung selbst als
de re oder de dicto zu klassifizieren ist. Generell wird für eine de-re-Einstel-
lung ein engerer »epistemischer Kontakt« zu dem betreffenden Gegenstand

gefordert. Paradigmatische de-re-Einstellungen sind Überzeugungen über einen Gegenstand, die auf dessen gegenwärtiger Wahrnehmung basieren. Paradigmatische de-dicto-Einstellungen sind solche, bei denen das Subjekt nicht einen bestimmten, ihm bekannten Gegenstand im Sinn hat, sondern unter einer Beschreibung (wie etwa »der älteste Mensch der Erde«) – was auch immer diese erfüllen möge – an etwas denkt. (4) Im Anschluß insbes. an Überlegungen H.-N. Castañedas wird vielfach vertreten, daß Einstellungen eines Subjekts zu sich selbst, die es in der Ersten Person Singular formulieren würde, weder als de-re- noch als de-dicto-Einstellungen zu analysieren sind, sondern daß es sich um eine dritte Art von Beziehung, um sog. Einstellungen de se handelt. Lewis (1979) und, unabhängig von ihm, Chisholm (1981) haben vorgeschlagen, diese nicht als ↗ propositionale Einstellungen, sondern als Selbstzuschreibungen von ↗ Eigenschaften zu modellieren. Für eine de-re-Analyse auch in diesem Fall plädieren dagegen Boër u. Lycan (1980) u. (1986).

Lit.: St. Boër/W. Lycan: Who, Me? In: Phil. Rev. 89 (1980), S. 427–466. – Ders.: Knowing Who Cambr., Mass. 1986. – R. Chisholm: The First Person. Minneapolis 1981. – D. Kaplan: Quantifying. In: Synthese 19 (1969), S. 178–214. – W. Kneale: Modality De Dicto and De re. In: E. Nagel u.a. (Hg.): Logic, Methodology, and Philosophy of Science. Stanford 1962. S. 622–633. – D. Lewis: Attitudes De Dicto and De Se. In: Phil. Rev. 88 (1979), S. 513–543. – A Plantinga: The Nature of Necessity. Kap. I–III. Oxford 1974. – W.V.O. Quine: Quantifiers and Propositional Attitudes. In: Ders.: The Ways of Paradox and other Essays. Cambr./Mass. 1976. S. 185–202.   CJ

Deduktion. Bei einer D. wird nach Regeln des logischen Schließens eine ↗ Aussage (die Konklusion) aus anderen Aussagen (Prämissen) abgeleitet. Für die wissenschaftliche Erklärung spielt das deduktiv-nomologische Schema eine bedeutsame Rolle: Darin wird das zu Erklärende logisch notwendig deduziert aus den Antecedensbedingungen (↗ Antecedens), d.h. der allgemeinen Gesetzesaussage und mindestens einem singulären Satz, der die begleitenden Umstände des zu erklärenden Ereignisses darstellt. Als einfaches Beispiel: allgemeine Aussage: »wenn es regnet, ist die Straße naß«, singuläre Aussage: »es regnet«, zu erklärendes Ereignis und Konklusion: »die Straße ist naß«. Die Gültigkeit einer D. beruht auf der logischen Beziehung zwischen Prämissen und Konklusion. Als Prüfungskriterium für ihre Gültigkeit gilt, daß nicht ohne Selbstwiderspruch die Prämissen behauptet und die Konklusion verneint werden können, die tatsächliche Wahrheit der Prämissen und der Konklusion spielt dabei keine Rolle. D.h. (a) wenn die Prämissen wahr sind, dann ist die Konklusion wahr, (b) wenn die Konklusion falsch ist, dann ist mindestens eine Prämisse falsch. Mit Hilfe der D. kann man die Wahrheit der Prämissen (von denen wir bei Tatsachenerklärungen ausgehen) auf die Konklusion überführen. Ebensogut dient die D. als Methode der Falsifikation, da aus der Falschheit der Konklusion auf die Falschheit mindestens einer Prämisse zu schließen ist.

Lit.: G. Andersson: Deduktion. In: Handlexikon zur Wissenschaftstheorie. Hg.
H. Seiffert/G. Radnitzky. München 1989, S. 24f. – W. Stegmüller: Probleme
und Resultate der Wissenschaftstheorie und Analytischen Philosophie. Bd. 1.
Berlin/Heidelberg/New York ND 1974, S. 86ff.   PP

Deduktiv-nomologisch ↗ Hempel-Oppenheim-Modell

Deduktivismus. Aufbauend auf der logischen Deduktion formuliert Popper
als Kennzeichen einer wissenschaftlichen Methodologie des D., daß sie (a)
aus allgemeinen Hypothesen (den Prämissen) ein zu erklärendes Ereignis
(Konklusion) logisch deduziert, (b) entsprechend aus allgemeinen Hypothesen
Prognosen (d.i. Aussagen über zu erwartende Ereignisse auf der Grundlage der
Hypothesen) logisch deduziert. Durch die Ableitung der Prognosen eröffnet
sich die Möglichkeit, (a) diese Prognosen dem Bewährungsverfahren der
Falsifikationsversuche zu unterziehen, (b) aus der Bewährung der Prognosen
auf die Haltbarkeit der Hypothesen rückzuschließen.

Lit.: K. Popper: Logik der Forschung. Tübingen ^{7}1982, S. 5-8.   PP

Definit. Der Terminus geht auf Untersuchungen der mathematischen Grund-
lagentheorie durch E. Zermelo zurück. Als d. wird eine Aussage bezeichnet,
über deren Gültigkeit innerhalb eines Bereichs nach allgemeinen logischen
Gesetzen oder ↗ Axiomen entschieden werden kann. Als d. werden jene
Aussagen bezeichnet, die innerhalb eines formalen mengentheoretischen
Systems syntaktisch korrekt gebildet sind. In der formalen Logik heißt ein
Prädikat d. genau dann, wenn im Bereich seiner sinnvollen Anwendbarkeit
für jeden Fall durch ein endliches Verfahren festgestellt werden kann, ob
das Prädikat zutrifft.   PP

Demonstrativausdruck ↗ Indexikalität

Denotation. In der semantischen Theorie der Namen wird der Terminus
D. gleichbedeutend mit »extensionaler Bedeutung« gebraucht. Unter der
D. versteht man das Verhältnis eines Begriffes zu seinem Denotat, d.h. zu
der Entität, worauf dieser Ausdruck referiert. Bei prädikativen Ausdrücken
besteht die D. aus den einzelnen Gegenständen, denen der prädikative
Ausdruck zukommt.   PP

Designieren, Designator, Designat, Termini, die von ↗ Carnap für die
logische Semantik eingeführt werden. Nach seiner Auffassung hat sich die
Semantik (als Teil der Sprachphilosophie) mit den Beziehungen zwischen
sprachlichen Ausdrücken zu beschäftigen, den Bezeichnungen: Designatoren
und dem durch sie Bezeichneten: dem Designat. Ein Designator hat zwei
Dimensionen: (1) einen objektiven Sinn (Intension), der zunächst ohne Bezug
auf etwas Außersprachliches, allein durch Betrachtungen der sprachlichen
Zeichen innerhalb der semantischen Regeln eines Systems S hervorgeht, (2)
einen Anwendungsbereich (Extension), also eine außersprachliche Gege-

benheit, auf die sich das Sprachzeichen bezieht und zu dessen Bestimmung
außer der Kenntnis seines Sinnes empirische Untersuchungen erforderlich
sind. ↗ Kennzeichnung, ↗ Namentheorie, ↗ Bezeichnung

Lit.: R. Carnap: Bedeutung und Notwendigkeit. Eine Studie zur Semantik und
modalen Logik. Wien/New York 1972. – L. Krauth: Die Philosophie Carnaps.
Wien/New York 1970.   PP

Deskriptiv, kennzeichnet entweder eine Darstellungsform oder die Bedeutung
eines sprachlichen Ausdrucks oder eine Äußerung: (a) eine Darstellungsform,
die sich auf die Beschreibung beobachtbarer Phänomene oder Merkmale
beschränkt; (b) einen sprachlichen Ausdruck, der natürliche Merkmale bzw.
empirisch aufweisbare Merkmale eines Gegenstandes bezeichnet – ihm wird
d.e Bedeutung zugesprochen, d.h. die d.e Bedeutungsregel legt fest, unter
welchen Bedingungen ein Ausdruck auf einen Sachverhalt zutrifft, (c) eine
sprachliche Äußerung, die nur behauptenden Charakter (konstativ) hat in
Abgrenzung zu präskriptiven Äußerungen, die einen Aufforderungs- oder
Empfehlungscharakter haben.   PP

Deskriptive Zeichen. In einer formalen Sprache (d.i. einer ↗ Modell-
sprache) stehen die d.en Z. bei einer ↗ Interpretation der Sprache für
Entitäten. Zum Grundbestand an deskriptiven Zeichen gehören die Gegen-
standsausdrücke, Eigenschaftsausdrücke und die Relationsausdrücke. Die
Gegenstandsausdrücke (Objekt- und Individuenausdrücke) stehen für die
Dinge des Bereichs, über den man spricht, die Eigenschaftsausdrücke für
die Eigenschaften dieser Dinge (für die Klasse oder die Gesamtheit dieser
Dinge), die Relationsausdrücke für die Beziehung zwischen diesen Dingen
bzw. für die Gesamtheit von geordneten Paaren von Dingen, die derartige
Beziehungen ausdrücken.   PP

Determinismus/Indeterminismus. Nach der klassischen Denkweise waren
die Fundamentalgesetze der Physik ausnahmslos deterministische Gesetze:
Das Universum wurde als ein deterministisches System konzipiert. Mit der
Entstehung der Quantenphysik setzte sich die Auffassung durch, daß die
physikalischen Gesetze (nur) einen statistischen Wert tragen. Der Wert der
uns interessierenden Zustandsgrößen ist nur bis auf Wahrscheinlichkeiten
bestimmt. Die Einsicht in den indeterministischen Charakter der Physik
hängt mit Heisenbergs Unschärfe- und Unbestimmtheitsrelation zusammen.
Danach ist es prinzipiell unmöglich, eine gleichzeitige Messung miteinander
verbundener (d.i. konjugierter) Größen vorzunehmen (z.B. eine genaue
Messung von Ort und Impuls eines Elementarteilchens). Die entscheidende
Veränderung gegenüber der klassischen Physik liegt darin, daß nicht mehr
von dem (klassischen) mechanischen Zustandsbegriff ausgegangen wird.
Dieser hatte die Annahme zur Grundlage, daß das System abgeschlossen ist
und aus einer endlichen Anzahl von Partikeln besteht. Auf diesen Annahmen
basiert die weitere Annahme, daß der mechanische Zustand des Systems
(zur Zeit t) vollkommen bestimmt ist. – In der modernen Physik kann sich

die Bezeichnung »deterministisch« entweder auf Gesetze oder auf Systeme oder auf Theorien beziehen. Den deterministischen Gesetzen stehen die statistischen gegenüber. Für deterministische Systeme gilt als Voraussetzung, daß es möglich ist, für die fraglichen Systeme den Begriff des Zustands genau zu definieren. Da es unmöglich ist, die Zustände eines Systems in allen denkbaren Hinsichten zu beschreiben, muß man die Beschränkung auf eine Klasse von Eigenschaften (bzw. quantitativen Zustandsgrößen) vornehmen. So ist bspw. die klassische Mechanik (nur) deterministisch in bezug auf die mechanischen Merkmale von Systemen. Mit einem solchen mechanischen D. ist durchaus die Auffassung verträglich, daß die Systeme in bezug auf ihre nichtmechanischen Eigenschaften nicht deterministisch sind. In einer deterministischen Theorie ist immer nur in bezug auf eine erwähnte Klasse von Eigenschaften oder Zustandsgrößen von einem deterministischen System die Rede.

Lit.: W. Stegmüller: Probleme und Resultate der Wissenschaftstheorie und Analytischen Philosophie. Bd. I. New York/Heidelberg/Berlin ²1983, S. 559-582.

PP

Ding (griech. pragma, lat. res), meint in der aristotelischen Tradition meistens eine kategoriale Entität, also eine Substanz oder ein Akzidens. Der in der Neuzeit vorherrschende Begriff des D.s als einer zeitlich kontinuierlichen bzw. beharrenden und räumlich begrenzten Entität wird in dieser Tradition durch den Begriff des Zugrundeliegenden (griech. hypokeimenon, lat. substantia, substratum, subiectum) abgedeckt: Ein D. ist der beharrende Träger von wechselnden Qualitäten, welcher aber dem Wesen nach schon bestimmt, d.h. aus Materie und Form zusammengesetzt sein muß. Aufgrund der sinnlichen Unerkennbarkeit dieses Trägers von Qualitäten und seiner vermeintlichen metaphysischen Unbestimmtheit wurde im neuzeitlichen Empirismus ein D. meist nicht als Träger, sondern als bloßes Bündel von Qualitäten mit relativer Beständigkeit aufgefaßt (Berkeley, Hume, Mach, Russell). In der abendländischen Kultur gilt die D.-Ontologie und -Sprache als die natürlichste, v.a. in der neueren Philosophie werden aber oft alternative (z.B. Sinnesdaten-, Sachverhalts-, Ereignis- oder Prozeß-) Ontologien bevorzugt.

Lit.: P.F. Strawson: Einzelding und logisches Subjekt. Stuttgart 1972. – E. Tegtmeier: Grundzüge einer kategorialen Ontologie. Freiburg/München 1992. – E.M. Zemach: Four Ontologies. In: The Journal of Philosophy 47 (1970), S. 231-247.

HB

Disjunktion, auch Adjunktion, die Verknüpfung zweier Aussagen durch den Operator »entweder-oder«. Die inklusive D. arbeitet mit dem nichtausschließenden »oder«, die exklusive mit dem ausschließenden »oder« (entweder nur das eine oder das andere); die inklusive D. hat nur dann den Wahrheitswert »falsch«, wenn beide Aussage falsch sind (sonst immer wahr). Der Operator, der die D. bildet, heißt Disjunktor.   PP

Disjunktionsproblem. Fodors kausale Theorie des Inhalts mentaler Repräsentationen fußt auf der Annahme, daß bestimmte Dinge in mir Repräsentationen hervorrufen. So ruft ein Pferd eine Pferd-Repräsentation in mir hervor. Zum Problem wird dabei die Möglichkeit von Fehlrepräsentationen. Denn es ist nicht auszuschließen, daß auch andere Dinge (bspw. *K*) in mir solche Repräsentationen hervorrufen. Für Fodor ist entscheidend, daß sich die psychophysisch optimalen Bedingungen, unter denen ein Gegenstand *P* in mir eine *P*-Repräsentation hervorruft, allein in Begriffen der Psychophysik und ohne Verwendung intentionaler und semantischer Ausdrücke formulieren lassen. Das damit verknüpfte D. gründet in der Frage, wie man entscheiden kann, ob eine Repräsentation der Art *r* die Eigenschaft *P* (bspw. »Pferdsein«) repräsentiert oder die Eigenschaft, *P* oder *K* zu sein, repräsentiert.

Lit.: J.A. Fodor: Psychosemantic. Cambridge, Mass 1987. – Ders.: A Theory of Content and Other Essays. Cambridge, Mass 1990. – A. Beckermann: Analytische Einführung in die Philosophie des Geistes. Berlin/New York 1999, S. 339-344.

PP

Disquotationstheorie (engl. quotation: Zitat), auch Zitattilgungstheorie, bestreitet die philosophische Relevanz des Wahrheitsbegriffs, da »wahr« nur ein sprachliches Mittel darstellt, um auf einer metasprachlichen Ebene dasselbe auszudrücken wie auf der objektsprachlichen Ebene. ⏶ Wahrheit   PP

Doppelgänger-Argument. Ziel dieser von ⏶ Putnam eingeführten Argumention ist es, zu zeigen, daß Bedeutungen nicht im Kopf existieren. Vielmehr wird die Extension von Termen für natürliche Arten indexikalisch und damit von der Realität außerhalb des Mentalen bestimmt. Den Ausgangspunkt nimmt seine Argumentation bei Annahmen über den Sinn sprachlicher Ausdrücke: (1) Der Sinn eines sprachlichen Ausdrucks bestimmt seinen Bezug. Ausdrücke mit demselben Sinn können demnach keinen verschiedenen Bezug haben. Diese Annahme ist auf ⏶ Frege zurückzuführen. (2) Der kompetente Sprecher einer Sprache kennt den Sinn aller Ausdrücke dieser Sprache. Der von Frege (»Über Sinn und Bedeutung« 1892), aber auch von ⏶ Carnap (*Meaning and Necessity*, 1947) vertretenen mentalistischen Semantik liegt die Auffassung zugrunde, daß die notwendige und hinreichende Bedingung für das Verstehen eines Ausdrucks ist, daß man sich in einem bestimmten psychischen Zustand befindet, der die Extension eines Ausdrucks festlegt. Das impliziert, daß beide Annahmen wahr sind. Um zu zeigen, daß nicht beide Annahmen wahr sein können, führt Putnam das D. an. Dazu müssen wir uns zwei Sprachgemeinschaften vorstellen, deren Mitglieder dieselben Ausdrücke benutzen und denselben grammatikalischen Regeln folgen. Da sie sich auch in ihren intensionalen Zuständen nicht unterscheiden sollen, verbinden die Mitglieder der einen Sprachgemeinschaft mit den Ausdrücken ihrer Sprache genau denselben Sinn wie die Mitglieder der anderen Sprachgemeinschaft. Putnam wendet dagegen ein, daß sich Umstände angeben lassen, unter denen zumindest ein Ausdruck in der einen Sprache einen anderen Bezug hat als in der

anderen. Wenn das zutrifft, können die Annahmen (1) und (2) nicht
beide richtig sein. Das D. beruht auf folgendem Gedankenexperiment:
Nehmen wir an, es gäbe eine Zwillingserde, auf der alles genau so ist wie
auf unserer Erde mit einer Ausnahme: Bei gleichem Erscheinungsbild und
gleicher biologischer Funktion hat das Wasser dort nicht die chemische
Struktur H_2O, sondern XYZ. D.h. daß die Extension des Terms »Wasser«
auf der Erde eine andere ist als auf der Zwillingserde. Obwohl Sprecher der
Erde und der Zwillingserde in demselben psychischen Zustand sind und
dasselbe Wissen über Wasser haben, hat das deutsche Wort »Wasser« eine
andere Bedeutung als das Wort »Wasser« auf der Zwillingserde. Denn das
deutsche Wort trifft auf H_2O zu, das Wort der Zwillingserde dagegen auf
XYZ. Die Verschiedenheit der Extension des Wortes »Wasser« ist durch die
verschiedene chemische Struktur dessen, was jeweils als Wasser bezeichnet
wird, begründet. Putnam führt dagegen ins Feld, daß Begriffe für natürliche Arten, wie z.B. das Wort »Wasser«, ihre Bedeutung durch hinweisende
Definition erhalten: Wasser ist alles (bspw. See, Fluß, Regen), worauf sich
ein Mitglied einer Sprachgemeinschaft unter Beachtung des allgemeinen
Sprachgebrauchs bezieht. Die mögliche Unkenntnis des Einzelnen bezüglich
der chemischen Struktur gleicht Putnam durch das Prinzip der sprachlichen
↗ Arbeitsteilung aus, in bezug auf die hinweisende Definition schließt er
sich ↗ Kripkes Vorschlag von ↗ starren Designatoren an.

Lit.: H. Putnam: Die Bedeutung von »Bedeutung«. Frankfurt a.M. 1979, S.
31ff., S. 85ff. – T. Burge: Individualism and the Mental. In: Midwest Studies in
Philosophy 4 (1979), S. 73-121. – A. Beckermann: Analytische Einführung in
die Philosophie des Geistes. Berlin/New York 1999. S. 351-369.   PP

Dualismus, im Gegensatz zum ↗ Monismus stehende Auffassung, nach der
das Seiende auf zwei nicht voneinander ableitbare bzw. sich ausschließende
Prinzipien oder Substanzen (z.B. Geist und Materie, Seele und Körper, Gut
und Böse) zurückführbar ist. Der Platonische D. unterscheidet zwischen
Ideenwelt (Bereich des ewigen und vollkommenen Seins) und Welt der
sinnlichen Erfahrung, die kraft ihrer Teilhabe an jener existiere. Die irrtums-
behaftete Ebene der sinnlichen Wahrnehmung wird von jener der wahren
Erkenntnis der Ideen abgegrenzt. Der Platonische D. hat im Christentum
nachgewirkt. Bei Augustinus stellt er sich als Kampf zwischen zwei entgegengesetzten Reichen, dem Gottes- und dem Weltreich, dar. – Descartes'
Substanzendualismus stellt dem materiellen, ausgedehnten Sein (res extensa)
ein immaterielles, nicht ausgedehntes, bewußtes Sein (res cogitans) gegenüber. Hieraus geht der psychophysische Leib-Seele-D. Descartes' hervor,
nach dem die Seele den menschlichen Körper steuert wie ein »Geist in der
Maschine«. In der 3-Welten-Theorie Poppers hat der cartesianische Leib-
Seele-D. eine erkenntnistheoretisch fundierte Erneuerung erfahren. Nach
Popper muß eine Welt 2 der psychischen Vorgänge angenommen werden,
damit eine Vermittlung zwischen Welt 3 der logischen Gehalte und Theorien einerseits und Welt 1 der physischen Vorgänge andererseits möglich
ist.

Lit.: J. Eccles/K. Popper: Das Ich und sein Gehirn. München 1982. – S. Pétrement: Le dualisme chez Platon, les gnostique et les manichéens. Paris 1947. – K. Popper: Objektive Erkenntnis. Hamburg 1973. – G. Ryle: Der Begriff des Geistes. Stuttgart 1969.   HGR/BR

Dualismus, interaktionaler ↗ Leib-Seele-Problem

Dualismus, interaktionistischer ↗ Leib-Seele-Problem

Dummett, Michael (geb. 1925). D. tritt zunächst als Frege-Interpret in Erscheinung. Dessen Unterscheidung zwischen dem Sinn eines Ausdrucks und dessen Bezug (bei ↗ Frege: Bedeutung) wendet er kritisch gegen jene semantischen Positionen, die den Sinn eines Ausdrucks auf den Bezug reduzieren. Damit gehe das kognitive Element, d.h. das, was wir verstehen, indem wir einen Ausdruck erfassen, verloren. Die Unterscheidung zwischen der Kenntnis der durch einen Satz ausgedrückten Proposition und der Kenntnis der Wahrheit eines Satzes kann nicht ohne weiteres aufgehoben werden. So kann ein Fußballunkundiger zwar erfahren, daß der Satz »TSV 1860 ist in München« wahr ist, ohne zu wissen, daß mit »TSV 1860« ein Münchner Fußballverein gemeint ist. Für Eigennamen gilt, daß wir zum Verständnis der Bedeutung eines Ausdrucks mehr wissen müssen als nur, worauf er sich bezieht.

Gegen einen semantischen ↗ Holismus, wie ↗ Quine ihn vertritt, macht D. geltend, daß dieser nicht mehr unterscheiden könne zwischen der Sprache und der Theorie ihrer Sprecher. Die Differenz zwischen einer Meinungsverschiedenheit hinsichtlich der Fakten und Meinungsverschiedenheit hinsichtlich der Interpretation der Sprache würde damit obsolet. D. geht über Frege hinaus, wenn er neben dem Sinn und den Bezug noch der Art der Äußerung besondere Relevanz für die Bedeutung des sprachlichen Ausdrucks zuschreibt. Bedeutungsvolle Ausdrücke müssen nach D. im Kontext ihrer Äußerung, d.h. in dem Verhältnis von Gebrauch und Verstehen von Sätzen gesehen werden. Eine Theorie der ↗ Bedeutung muß Aufschluß geben können über die dabei vorausgesetzte Fähigkeit der Sprachbeherrschung. Auch für die Erklärung des Begriffs der ↗ Wahrheit muß auf diese Praxis von Sprechen und Verstehen Bezug genommen werden. Der Wahrheitsbegriff verliert bei D. seine zentrale Stellung in der Bedeutungstheorie zugunsten des Behauptungsaktes. Die Richtigkeit der Behauptung hängt davon ab, ob sich diese als definitiv wahr erweisen läßt. Die Bedingungen für die Behauptung eines Satzes sind also die Bedingungen, unter denen sich seine Äußerung als richtig erkennen läßt.

Aus dieser Position heraus läßt sich D.s pointierte Stellungnahme zur Debatte um ↗ Realismus vs. Antirealismus verstehen. Der Realismus stellt für D. eine semantische These dar, die für einen bestimmten Gegenstandsbereich festlegt, daß Aussagen darüber eindeutig wahr oder falsch sind. Dafür ist die uneingeschränkte Anerkennung des ↗ Bivalenzprinzips hinreichend. Die denkunabhängige Wirklichkeit würde demnach für jede Aussage eindeutig entscheiden, ob sie wahr oder falsch ist. Gegen diese

Position formuliert D. ein bedeutungstheoretisches Argument. In Frage steht nämlich, ob die Gleichsetzung von Satzbedeutung und Wahrheitsbedingung tragfähig ist. Diese Kritik wird angesichts der Frage virulent, ob die Bedeutung von Aussagen auch in solchen Wahrheitsbedingungen bestehen kann, deren Vorliegen wir nicht prinzipiell feststellen können. Er legt seiner Argumentation die Fregesche Einsicht zugrunde, daß die Bedeutung sprachlicher Ausdrücke etwas Öffentliches sei. Aus dem öffentlichen Gebrauch folgt für D., daß die Bedeutung eines Satzes vollständig im sprachlich-kommunikativen Gebrauch bestehen muß. Der korrekte Gebrauch eines Aussagesatzes besteht im wesentlichen darin, mit ihm Behauptungen aufzustellen, für die man einen Grund zur Annahme hat, daß das Behauptete auch der Fall ist. Die Bedeutung eines Satzes kann also prinzipiell nicht darüber hinausgehen, was wir prinzipiell verifizieren oder plausibel machen können. D. argumentiert damit für eine verifikationistische Bedeutungstheorie, deren Grundbegriff nicht ein realistischer Wahrheitsbegriff ist.

Lit.: M: Dummett: The Interpretation of Freges Philosophy. London 1981. – Ders.: Truth and Other Enigmas. London 1978. – Ders.: Wahrheit. Stuttgart 1982. – Ders.: Ursprünge der analytischen Philosophie. Frankfurt a.M. 1988. – Th. Blume/Ch. Demmerling: Grundprobleme der analytischen Sprachphilosophie. Paderborn u.a. 1998. – M. Willaschek (Hg.): Realismus. Paderborn 2000. – Ders.: Der mentale Zugang zur Welt. Frankfurt a.M. 2003.   PP

E

Eigenname, sprachliche Ausdrücke, die in einer direkten Beziehung zu einem Gegenstand stehen. Diese einfache Zuordnung von Name und Gegenstand diente in der Philosophie als Grundmodell für die Funktion sprachlicher Ausdrücke überhaupt. Mill (*A System of Logic*) unterscheidet zwischen allgemeinen Namen oder »Gemeinnamen« (i.S. von generellen Termini), die sich auf jedes aus einer Vielzahl von Dingen beziehen, und individuellen Namen oder »Einzelnamen« (i.S. von singulären Termini), die sich auf einen einzigen Gegenstand beziehen. Daneben unterscheidet er konkrete E.n, die einen Gegenstand bedeuteten, von abstrakten, die das Attribut (z.B. die Röte) eines Gegenstandes bedeuten. Die E.n stehen für oder bezeichnen (denote) einen Gegenstand. Im Unterschied dazu bezeichnen die Kennzeichnungen einen Gegenstand so, daß sie zugleich eine seiner Eigenschaften mitbezeichnen (connote). Für Mill ist der E. der Vorstellung des Gegenstandes, die in unserem Bewußtsein gespeichert ist, zugeordnet, die wir dann jeweils assoziieren können, wenn wir dem E. begegnen. Daraus ergibt sich folgendes Problem: Die Vorstellung einerseits ist immer konkret, wie dieser Gegenstand uns zu einem bestimmten Zeitpunkt und aus einer bestimmten Perspektive gegeben ist. Der Eigenname andererseits bezeichnet den Gegenstand zu jedem Zeitpunkt seiner Existenz und in verschiedenen Gegebenheitsweisen. Innerhalb der sprachanalytischen Philosophie wird die Frage nach der Art der Beziehung zwischen Name und Gegenstand neu aufgenommen. ↗ Namentheorie, ↗ Kennzeichnung

Lit.: J. St. Mill: A System of Logic. London 1843. Buch I, Kap. 2, §§ 1-5. – U. Wolf (Hg.): Eigennamen. Dokumentation einer Kontroverse. Frankfurt a.M. 1985. – R. Hörning: Eigennamen referieren – Referieren Eigennamen. Wiesbaden 2003. PP

Eigenschaft, allgemein dasjenige, was Personen, Gegenständen oder auch Begriffen zu eigen ist; eine Beschaffenheit oder ein Merkmal. Bei E.en wird zwischen *wesentlichen* und *unwesentlichen* unterschieden. Als *wesentliche* oder substanzielle E.en gelten in der philosophischen Tradition solche, ohne die ein Gegenstand etc. nicht zu bestehen vermag bzw. nicht das ist, was er ist (↗ Substanz, ↗ Wesen), *unwesentliche,* zufällige oder akzidentielle E.en sind solche, ohne die ein Gegenstand weiter bestehen kann. Zudem geht diese Einteilung mit der in primäre und sekundäre Qualitäten einher. E.en können Gemeinsamkeiten, aber auch Unterschiede von Gegenständen etc. aufzeigen. Entsprechend lassen sie sich zur Klasseneinteilung verwenden. In der einfachen ↗ Prädikatenlogik geben Prädikate E.en bzw. ↗ Intensionen an, mit deren Hilfe dann Gegenstände usw. weiter in Klassen zusammengefaßt werden können.

Lit.: Aristoteles: Metaphysik. – R. Carnap: Bedeutung und Notwendigkeit. Wien/ New York 1972. – W. Stegmüller: Probleme und Resultate der Wissenschaftstheorie und Analytischen Philosophie II/1. Berlin 1969. – Thomas v. Aquin: De ente et essentia. WK

Eigenschaftsausdruck, auch einstelliger Relationsausdruck. In der formal-logischen Schreibweise (einer ↗ Modellsprache) stehen E.e, für Entitäten, die einem Ding (bzw. Klassen oder Gesamtheit von solchen Dingen) zugesprochen werden, z.B. »ein Logiker« in der Aussage »Wilhelm ist ein Logiker«, »kritisch« in der Aussage »Thomas ist kritisch«. Der E. gehört neben dem Gegenstandsausdruck und dem Relationsausdruck zum Grundbestand einer Modellsprache. PP

Eigenschaftsdualismus, behauptet im Rahmen der Diskussion zum ↗ Leib-Seele-Problem die Eigenständigkeit mentaler Eigenschaften. In zwei unterschiedlichen Versionen wird die These konkretisiert: In Gestalt der Emergenzthese behauptet er, daß mentale Eigenschaften gegenüber den physischen emergent sind, obzwar sie nomologisch von physischen Eigenschaften abhängen. Als radikaler E. vertritt er die These, daß mentale Eigenschaften nicht einmal nomologisch von physischen Eigenschaften abhängen. PP

Eigenschaftsphysikalismus, vertritt im Zuge der Diskussion zum ↗ Leib-Seele-Problem die Auffassung, daß mentale Eigenschaften mit physischen Eigenschaften identisch sind oder auf physische Eigenschaften reduzierbar sind. Er tritt in unterschiedlichen Versionen auf: als semantischer Physikalismus, als Typ-Identitätstheorie, als nichtreduktiver Physikalismus. Letzterer kommt in den Versionen des funktionalen Materialismus (↗ Putnam), der Token-Identitätstheorie (↗ Davidson) und in Gestalt der ↗ Realisierungsthese zur Sprache. ↗ Identitätstheorie, ↗ Materialismus, ↗ Physikalismus   PP

Eindeutigkeit/Mehrdeutigkeit. Für die Beziehung zwischen Zeichen und Bezeichnetem, zwischen Wort und Bedeutung ist es relevant, welcher Art die Zuordnung ist. Folgende Unterscheidungen lassen sich zeigen: (a) in einer *voreindeutigen* (oder *einmehrdeutigen*) Relation R kann es zu einem bestimmten Hinterglied z von R jeweils nur genau ein Vorderglied x geben, so daß xRz besteht (z.B. »leibliche Mutter von«); (b) in einer *nacheindeutigen* Relation kann es zu einem bestimmten Vorderglied x jeweils nur genau ein Hinterglied y geben, so daß xRy besteht (bspw. »ist Bundesministerin für«); (c) in einer *eineindeutigen* Relation kann es zu jedem Vorderglied x der Relation R nur einen Nachfolger y von R geben, so daß xRy gilt und umgekehrt (z.B. »ist verheiratet mit«). – Diese relationalen Bestimmungen lassen sich übertragen auf die Zuordnung von Wort und Bedeutung, um E. oder M. erkennbar werden zu lassen: (a) bei einer *eineindeutigen* Beziehung zwischen Wort und Bezeichnetem nennt man das Zeichen *univok*, (b) bei einer *nicht eineindeutigen* Beziehung *äquivok*, (c) bei einer *nacheindeutigen* Beziehung *synonym* (z.B. »Schlips« und »Krawatte«, d.h. zwei oder mehr Worte meinen jeweils den gleichen Bedeutungsgehalt) – wenn xRy besteht und xRz, dann sind y und z identisch, und (d) bei einer *voreindeutigen* Beziehung *homonym* (z.B. »Bank« oder »Ball«, d.h. ein Wort hat zwei Bedeutungsgehalte) – wenn xRz besteht und yRz, dann ist x identisch mit y.

Lit.: A. Menne: Einführung in die Methodologie. Darmstadt ²1984, S. 51ff. PP

Eineindeutig. (1) Eine Relation ist dann e., wenn es zu jedem Vorgänger x der Relation nur einen Nachfolger y der Relation geben kann (Abk.: xRy), so daß xRy gilt und umgekehrt yRx. Z.B. die Relation »... ist Fingerabdruck von ...« ist (aufgrund empirischer Forschung) e., da eine gegebene Person stets die gleiche Struktur des Fingerabdrucks hat und umgekehrt eine bestimmte Struktur des Fingerabdrucks stets derselben Person zugehört. (2) Bei Mengen heißt eine Zuordnung dann e., wenn jedem Element der einen Menge ein Element der anderen Menge zugeordnet werden kann und umgekehrt. In der Mathematik heißen zwei Mengen gleichzahlig, wenn sich ihre Elemente e. zuordnen lassen. (3) Ist die Beziehung zwischen Zeichen, d.i. dem Wort, und Bezeichnetem e., dann nennt man das Wort univok.   PP

Einfachheitskriterium. Das E. wird in unterschiedlichen Zusammenhängen geltend gemacht: (a) in der griech. Philosophie als ontologisches Kriterium zur Bestimmung des wahren Seins; (b) in der Erkenntnistheorie als Postulat, zu den letzten einfachen Bausteinen der Erfahrung zurückzugehen. In der Naturphilosophie des Atomismus ist es die aus Atomen zusammengesetzte Materie, bei Locke sind es die »einfachen Vorstellungen« (simple ideas), in

der sensualistisch-positivistischen Theorie von Mach die Sinnesdaten bzw.
Sinneseindrücke; (c) für die Wissenschaften fordert d'Alembert neben der
Allgemeinheit und Fruchtbarkeit die Einfachheit physikalischer Gesetze.
Mach deutet das E. als ökonomische Forderung an die mathematischen und
experimentellen Mittel zur eindeutigen Beschreibung der Natur.

Lit.: K. Mainzer: Einfachheitskriterium. In: J. Mittelstraß (Hg.): Enzyklopädie
Philosophie und Wissenschaftstheorie. Bd. 1, S. 527f.   PP

Einführungsregel. In einem Kalkül des natürlichen Schließens legt die
E. fest, wie ausgehend von Teilformeln zu einer als Hauptzeichen gekennzeichneten Formel überzugehen ist.   PP

Einheitswissenschaft, auch Einheit der Wissenschaft, ein von Vertretern
des *Wiener Kreises* erhobenes Postulat, das zum einen die Zielvorstellung
beinhaltet, für die unterschiedlichen Wissenschaftsgebiete und Einzelwissenschaften gemeinsame Grundbegriffe und Gesetze zu erreichen, zum anderen
die Forderung nach einer einheitlichen Wissenschaftssprache. Diese müßte
zwei Forderungen genügen: (1) Die sprachlichen Zeichen müßten für alle
dieselbe Bedeutung besitzen (intersubjektive Gültigkeit), (2) in ihr müßte
jeder beliebige Sachverhalt ausdrückbar sein (universaler Charakter). Diesen
Forderungen genügt entweder die physikalische Sprache, in deren Aussagen
nur metrische Begriffe (quantitative Sprache) verwendet werden, oder eine
Dingsprache (bzw. Körperweltsprache), die neben quantitativen auch qualitative Begriffe enthalten dürfe, aber unter der Voraussetzung, daß sie sich
auf beobachtbare Eigenschaften von Dingen und beobachtbare Relationen
zwischen Dingen bezieht. Beide Möglichkeiten können als Positionen des
↗ Physikalismus bezeichnet werden.   PP

Einsquantor, auch Manchquantor, »es ist«/»es existiert«, symbolisiert durch
»V« oder »∃«, dient in der formalen Logik zur Symbolisierung von Existenzaussagen, in denen behauptet wird, daß es mindestens einen Gegenstand, dem
ein bestimmtes, ausdrücklich benanntes Kennzeichen zugeschrieben werden
kann, bzw. der unter einen ausdrücklich benannten Prädikator fällt. PP

Element, Bezeichnung für einen Grundbestandteil materieller oder ideeller
(d.i. geistiger) Natur. In der Mengenlehre wird der Begriff E. (neben dem
Begriff »Menge«) als Grundbegriff eingeführt. Die E.e, die zu einem Ganzen (d.i. einer Menge) zusammengefügt werden, können Objekte unserer
Anschauung oder unseres Denkens sein. Wichtig ist dabei, daß die Objekte
bestimmt und wohlunterschieden sind. Das Postulat der Bestimmtheit und
Wohlunterschiedenheit besagt, es muß genau abgrenzbar sein, was zu einem
E. gehört (vgl. Cantors Definition einer Menge). D.h. ein Objekt ist ein E.
nur relativ zu einer Gesamtheit, dessen E. es ist. Die zweistellige E.-Bezie-
hung zwischen einem Gegenstand und einer Klasse, der dieser Gegenstand
angehört, ist die Grundrelation der Mengenlehre. – In einem Klassenkalkül
wird zunächst die Klasse definiert als der Bereich aller derjenigen Konstanten,

die in die Aussageform f(x) für x eingesetzt werden können, so daß dann
eine wahre Aussage entstehen würde. Die Einsetzung »a ist Element von K
(d.i. Klasse)« besagt, daß das Individuum a eine der zulässigen Einsetzungen
in die zugehörige Aussageform f(x) ist, die die Klasse ergeben.   PP

Elementaraussage, in der formalen Logik Bezeichnung für die logisch
einfachen Aussagen, in denen einem oder mehreren Gegenständen ein
Prädikator zu- oder abgesprochen wird.   PP

Elementarsatz, ein Terminus ↗ Wittgensteins (*Tractatus*), der dem ↗ Atom-
satz entspricht. Durch zwei Aspekte ist die Beschaffenheit des E.es gekenn-
zeichnet: (1) E.e beschreiben die Phänomene (die Erlebnisse) und den
Inhalt unserer Erfahrung (z.b. »hier ist rot«, »hier ist grün«), (2) seiner
logischen Form nach besteht der E. nicht aus einer Reihe von Namen für
Gegenstände, die durch eine zusätzliche logische Verknüpfung oder eine
Kopula miteinander verbunden sind (wie z.b. in einem umgangssprachlichen
Satz »der Tisch steht links vom Fenster«), sondern er besteht aus einer
Reihe von Namen für Gegenstände, die verschiedenen aber zusammenpas-
senden logischen Typen angehören. Bei diesen Gegenständen kann es sich
z.b. um eine Eigenschaft und ein Einzelding, um eine zweistellige Relation
und zwei Einzeldinge, usw. handeln. Sie dürfen also keine logischen Partikel enthalten und ihre Bestandteile dürfen keine Komplexität aufweisen.

Lit.: J. Schulte: Wittgenstein. Stuttgart 1989, S. 70. – F. Waismann: Logik,
Sprache, Philosophie. Stuttgart 1976, S. 406ff. – L. Wittgenstein: Tractatus logico-philosophicus In: Ders.: Werke. Bd. 1. Frankfurt a.M. 1967, S. 9-83.   PP

Elimination, bezeichnet das Ergebnis oder den Vorgang eines theoretischen
Wandels, der darin besteht, daß eine Theorie eine Entität oder Entitäten aus
ihrem Erklärungsbereich verbannt, die von einer konkurrierenden Theorie
mit demselben Erklärungsbereich postuliert werden. E. bezeichnet also wesentlich eine Beziehung zwischen Theorien. Eine Theorie ist nicht eliminativ
schlechthin, sondern nur bezüglich einer anderen Theorie. Im Gegensatz
zur Reduktion, bei der ebenfalls eine Beziehung zwischen konkurrierenden
Theorien vorliegt, liegt im Falle einer E. eine Verringerung ontologischer
Annahmen vor. Das Standardbeispiel in philosophischen Diskussionen
um den Eliminationsbegriff ist die E. von Phlogiston in der Theorie der
Verbrennung am Ende des 18. Jh.s. ↗ Materialismus (in der Philosophie
des Geistes).   MBI

Eliminationsregel, auch Beseitigungsregel. In einem Kalkül des natürlichen
Schließens legt die E. fest, wie aus einer als Hauptzeichen gekennzeichneten
Formel zu Teilformeln (dieser Formel) überzugehen ist und dieses Haupt-
zeichen beseitigt werden darf.   PP

Eliminativer Materialismus ↗ Materialismus, eliminativer, ↗ Materialismus, ↗ Leib-Seele-Problem

Emergenter Materialismus ↗ Supervenienz, ↗ Materialismus, ↗ Leib-Seele-Problem

Emergenz, emergent. Die etymologische Wurzel von E. ist das überraschende »Auftauchen« neuer Qualitäten in den Stufen der Evolution der Natur. Populär wurde der Begriff E. in den 1920er Jahren als Gegenbewegung zum Mechanizismus (Morgan). E. ist durch Neuheit und Unableitbarkeit aus tieferen Schichten der Realität gekennzeichnet. Gegenwärtig spielt E. vor allem bei der Erklärung komplexer Systeme eine Rolle (Nagel). – Die Bedeutungsspielarten von E. sind vielfältig. Oft heißen solche Systemeigenschaften und Gesetze e., die man nicht aus den Gesetzen der isolierten Komponenten und ihrer Anordnung vorhersehen und ableiten kann. Bezeichnet man aber Eigenschaften als e., die nur dem Ganzen, nicht aber seinen Teilen zugesprochen werden, kann E. sogar mit dem ↗ Reduktionismus vereinbar sein. Das Auftreten e.er Phänomene ist heute z.T. durch Theorien der Selbstorganisation erklärbar (Krohn/Küppers).

Lit.: A. Beckermann u.a. (Hg.): Emergence or Reduction? Berlin 1992. – W. Krohn/G. Küppers (Hg.): Emergenz. Frankfurt a.M. 1992. – C.L. Morgan: Emergent Evolution. London 1923. – E. Nagel: The Structure of Science. London/New York 1961, Kap. 11-12. – A. Stephan: Emergenz. Von der Unvorhersagbarkeit zur Selbstorganisation. Dresden 1999. – M. Stöckler: Emergenz. In: Conceptus 24, Nr. 63 (1990), S. 7-24.   MS

Emergenzthese, behauptet im Rahmen der Diskussion zum ↗ Leib-Seele-Problem, daß mentale Eigenschaften gegenüber den physischen emergent sind, obzwar sie nomologisch von physischen Eigenschaften abhängen.
PP

Epiphänomen, bezeichnet ein Phänomen, einen Bestandteil der Realität, das zwar verursacht ist, selber aber nichts verursacht, d.h. keine Wirkung hat. Es lassen sich eine starke und eine schwache Deutung des Epiphänomenalismus unterscheiden. Nach der schwachen Deutung ist etwas ein E., wenn es zwar Wirkungen hat, aber nur solche, die im gerade interessierenden Erklärungszusammenhang nicht von Interesse sind. So hat der Rauch des Kohlefeuers einer Dampflokomotive zwar Wirkungen. Diese sind aber für die Erklärung ihrer Bewegung völlig unerheblich und somit bezüglich dieses Erklärungsinteresses epiphänomenal. Die stärkere Deutung, die den meisten philosophischen Verwendungen von »E.« zugrunde liegt, bezeichnet nur das als E., was zwar verursacht ist, selber aber überhaupt keine Wirkungen hat. Ob sich eine solche Deutung für irgendein Phänomen sinnvoll behaupten läßt, wird kontrovers diskutiert. Denn es stellt sich die Frage, wie wir Kenntnis von etwas erlangen sollen, das keinerlei (zumindest keinerlei empirisch) nachweisbaren kausale Wirkungen hat. ↗ Leib-Seele-Problem   MBI

Epistemologie, thematisiert die logische Struktur des Wissens und des Glaubens, indem sie das Wissen einer Person nach drei Bedingungen bestimmt:

(a) Die als Wissen formulierte Aussage muß wahr sein; (b) die Person muß
von der Wahrheit überzeugt sein; (c) sie muß für diese Überzeugung ausrei-
chende und zwingende Gründe haben. Die traditionelle Erkenntnistheorie
hat diese Fragen im Hinblick auf die Grundlage der Erkenntnis beantwortet:
(a) Der empirisch orientierte Standpunkt gibt dazu die Sinneserfahrung als
Instanz an, (b) die Position des Apriorismus (Kant) gibt als Grundlage die
Vernunft- und Verstandesprinzipien an, die den Bezug auf die Sinneserfahrung
erst durch die begriffliche Formung zu einer Erkenntnis machen. – Eine
namentliche Differenzierung zwischen E. und Erkenntnistheorie ist dann
sinnvoll, wenn man die Aufgabe der E. dadurch bestimmt, die Erkenntnis
ausschließlich hinsichtlich der Systeme von Propositionen und Regeln, nach
denen empirisch gehaltvolle Aussagen gebildet und überprüft werden können,
zu thematisieren. Das erkennende Subjekt kommt nicht hinsichtlich seiner
objektkonstituierenden Leistungen in den Blick, sondern nur im Hinblick
auf die epistemischen Modalitäten des »Glaubens« und »Wissens«, auf die
Fragen der unmittelbaren und mittelbaren Evidenz, auf die Bestimmung
von Wahrheit und die Erörterung von Aussagen und Sätzen als Träger von
Wahrheit. – Die begriffliche Unterscheidung zwischen Erkenntnistheorie und
E. wird zwar nicht einheitlich vollzogen, aber meist zeigt sie die spezifische
Auffassung hinsichtlich der Problemstellung an.

Lit.: R.M. Chisholm: Erkenntnistheorie. München 1979. – F. v. Kutschera:
Grundfragen der Erkenntnistheorie. Berlin/New York 1982.   PP

Erfüllbar. In der formalen Logik gilt ein Satz A genau dann als e., wenn
es eine ↗ Interpretation über einen Bereich von Dingen (ein Universum)
gibt, bei dem er wahr ist. Ein Satz S ist genau dann erfüllbar, wenn seine
Negation nicht logisch wahr ist. Dies ist genau dann der Fall, wenn die
Negation von S bei wenigstens einer Interpretation nicht wahr und S also
bei wenigsten einer Interpretation wahr ist. Eine Menge M von Sätzen ist
genau dann simultan erfüllbar, wenn es eine Interpretation ihrer Sätze über
einen Bereich gibt, bei dem jeder ihrer Sätze wahr ist. Für den Begriff der
simultanen Erfüllbarkeit bzw. Verträglichkeit gilt: Eine Klasse K von Sätzen
ist simultan e. (bzw. logisch verträglich) genau dann, wenn nicht gilt, daß
die Negation eines Satzes aus K aus den übrigen Behauptungen dieser Klasse
logisch folgt. Dies ist genau dann der Fall, wenn es eine Interpretation gibt,
bei der alle Sätze aus K wahr sind.   PP

Erkenntnis. Die Bedeutung des Begriffs »E.« kann man über die Analyse
des Begriffs »erkennen« ermitteln. »Erkennen« wird in der Regel als Erwerb
von Wissen aufgefaßt. Immer wenn wir über ein Wissen verfügen, haben
wir auch eine E. gleichen Inhalts. Deshalb wird der Erkenntnisbegriff durch
eine Analyse des Wissensbegriffs verdeutlicht. Damit man davon sprechen
kann, daß eine Person A etwas weiß, müssen die folgenden Bedingungen
erfüllt sein: (1) Wenn A sagt, sie wisse, daß ihr Name Müller sei, dann kann
es nicht der Fall sein, daß sie dies wirklich weiß und daß sie Meier heißt.
Wenn eine Überzeugung ein Wissen ist, muß die Überzeugung wahr sein,

sonst wäre sie kein Wissen, sondern ein Irrtum. (2) Wenn A eine Meinung p äußert, die zwar wahr ist, von der A selbst aber nicht glaubt, daß sie wahr ist, kann man nicht von Wissen sprechen. A äußert zwar einen wahren Satz, aber daß A selbst p weiß, wird man A absprechen. A muß meinen, daß p, d.h. Wissen ist nach (1) und (2) eine wahre Meinung. (3) A könnte allerdings nur zufällig geraten haben, daß p wahr ist. In diesem Falle würde man A wiederum kein Wissen von p zuschreiben. Es muß zusätzlich auch noch Gründe geben, um zu meinen, daß p. Wissen ist demnach eine wahre begründete Meinung (so auch Platon im *Theaitetos*). (4) Daß es derartige Gründe gibt, reicht aber immer noch nicht hin, um von Wissen zu sprechen. Es könnte sein, daß p begründet ist, aber A die relevanten Gründe gar nicht kennt. In diesem Fall wird man A immer noch kein Wissen von p zusprechen. A muß die Gründe für p selbst haben, also kennen (Dieser Punkt wird z.B. vom »epistemischen Externalismus« bestritten). (5) E. Gettier hat darauf hingewiesen, daß zudem angenommen werden muß, daß A nicht nur irgendwelche, sondern die richtigen Gründe für p haben muß, um p zu wissen. Richtige Gründe sind dabei die, aus denen p sich objektiv logisch ableiten läßt. Weitere semantische Spezifizierungen sind möglich, jedoch ist festzuhalten, daß wir erkennen, daß p, wenn uns ein Wissen von p aufgrund von Bestimmungen der aufgeführten Art zugeschrieben werden kann. Die angeführte Semantik von E. beinhaltet mindestens zwei Probleme: (a) Selbst im philosophischen Sprachgebrauch gibt es die Redewendung von falscher E. usw., die zur »Contradictio in adjecto« wird, wenn wir den skizzierten Erkenntnisbegriff (zu streng) benutzen; (b) Die Bedingungen (1)-(5) können in einen Regreß führen. Gründe für Meinungen sind selbst nur begründet, wenn sie aus anderen Gründen abgeleitet werden können usw. Falls eine Meinung nur dann eine E. sein soll, wenn die fundierenden Gründe selbst fundiert sind, endet man in einem Regreß. Das zeigt, daß unsere Ausführungen nur einen problematisierenden Einstieg in die semantische Debatte gegeben haben.

Lit.: P. Bieri (Hg.): Analytische Philosophie der Erkenntnis. Frankfurt a.M. 1987. – F. v. Kutschera: Grundfragen der Erkenntnistheorie. Berlin/New York 1981.   BG

Erkenntnistheorie, naturalisierte. Repräsentativ für eine n. E. formuliert ↗ Quine die Auffassung, daß die E. in den empirischen Wissenschaften enthalten ist. Dabei geht er zunächst davon aus, daß die begriffliche Bestimmung des Körpers von der Sinneserfahrung her zu erbringen und daß die Geltung unseres Wissens über die Natur von der Sinneserfahrung her zu rechtfertigen ist. Die E. erhält nach Quine ihren (neuen) Stellenwert innerhalb der Psychologie: Sie studiert ein physisches menschliches Subjekt, dem ein bestimmter, experimentell kontrollierter Input gewährt wird, und das als Output eine Beschreibung der dreidimensionalen Außenwelt und ihres Verlaufs liefert. Dabei untersuchen wir, wie das menschliche Subjekt Körper postuliert und seine Physik aus seinen Daten projiziert. Quine stellt besonders die veränderte Konzeption gegenüber der herkömmlichen E. heraus: Es wird nicht mehr von dem ↗ Bewußtsein ausgegangen, um von

da aus zu einer rationalen Rekonstruktion des Wissens (von der Außenwelt)
zu gelangen. Was in der n. E. als Beobachtung gelten soll, kann mittels der
Reizung der Sinnesrezeptoren geklärt werden. Ein Beobachtungssatz ist dann
ein Satz, über den alle Sprecher einer Sprache in derselben Weise urteilen,
wenn sie denselben begleitenden Reizungen ausgesetzt sind.

Lit.: W.V.O. Quine: Naturalisierte Erkenntnistheorie. In: Ders.: Ontologische
Relativität und andere Schriften. Stuttgart 1975, S. 97-126.   PP

Erklären, Erklärung. In der wissenschaftstheoretischen Diskussion werden unterschiedliche E.typen behandelt: Die *kausale* E., die *intentionale*,
die *genetische*, die *dispositionelle*, ebenso die Unterscheidung von *effektiver*
E., Erklärungsskizze und Erklärungsbehauptung. – Eine herausragende
Stellung nimmt die *kausale* E. ein, insofern sie von Hempel, Popper u.a.
als die wissenschaftliche Erklärung schlechthin dargestellt wird. Die *kausale*
E. wird in der Form der deduktiv-nomologischen und der induktiv-statistischen behandelt. Zu beiden E.arten existiert eine ausführliche Diskussion
im Hinblick auf die Adäquatheitsbedingungen und auf die Abgrenzung
zu Pseudoerklärungen. Eine *vollständige* E. ist nach Hempel, Oppenheim
und Popper entweder ein deduktives oder ein induktives Argument, dessen
Prämissen das Explanans bilden. In einer *deduktiv-nomologischen* E. bestehen
die Prämissen aus (mindestens) einem singulären Satz, der die Anfangsbedingungen beschreibt, und einer Gesetzesaussage, mit Hilfe derer der
Zusammenhang zwischen Anfangsbedingungen und dem zu erklärenden
Ereignis hergestellt wird. Aus diesen beiden Prämissen läßt sich mit logischer
Notwendigkeit das Explanandum folgern. Hempel und Oppenheim haben
folgende Bedingungen festgelegt, denen eine adäquate E. genügen muß: (1)
Das Argument, das vom Explanans zum Explanandum führt, muß korrekt
sein, d.h. das Explanandum muß logisch aus dem Explanans folgen; (2) das
Explanandum muß mindestens ein allgemeines Gesetz enthalten (oder einen
Satz, aus dem ein allgemeines Gesetz logisch folgt); (3) das Explanans muß
empirischen Gehalt besitzen; (4) die Sätze, aus denen das Explanans besteht,
müssen wahr sein. In einer *induktiv-statistischen* E. kann auf der Grundlage
eines singulären Satzes und einem statistischen Gesetz die Aussage getroffen
werden, daß ein Ereignis der Art G mit sehr hoher Wahrscheinlichkeit
eintreten wird, wenn zuvor ein Ereignis der Art F stattgefunden hat. Die
Adäquatheitsbedingungen legen fest, daß die Aussagen des Explanans dem
Explanandum eine hohe induktive Wahrscheinlichkeit verleihen müssen, und
daß das Explanandum mindestens ein statistisches Gesetz enthalten muß.
Die Adäquatheitsbedingungen beinhalten einige Probleme: Bspw. gibt es
kein eindeutiges Kriterium zur Unterscheidung von Gesetzen und Nicht-
Gesetzen (d.h. kontingenten Generalisierungen zufälliger Regularitäten).
Für das Postulat des empirischen Gehalts ermangelt es einer hinreichend
genauen Definitionsmöglichkeit einer empirischen Sprache.

Der Begriff der *wissenschaftlichen* E. bildet ein ideales Modell. Die
Abweichungen von diesem Modell, wie sie im Alltag und auch in der
Wissenschaft vorkommen, werden als »*unvollkommene* E.en« bezeichnet.

Dazu zählt bspw. die »*rudimentäre* (oder *elliptische*) E.«, die die sprachliche Gestalt von Weil-Sätzen oder Ursache-Wirkungs-Aussage hat (z.b. »das Auto verunglückte, weil der Reifen bei hoher Geschwindigkeit platzte«). Deren Unvollkommenheit besteht in der unvollständigen Wiedergabe der relevanten Daten und in dem Unerwähntlassen der benötigten Gesetze. Eine andere Art unvollkommener E. stellt die *partielle* E. dar, deren Explanans nicht hinreichend ist, um das Explanandum in all den beschriebenen Hinsichten zu erklären, sondern nur einige Aspekte betrifft. Die Unvollkommenheit der Erklärungsskizze besteht darin, daß das Explanans unvollständig und ungenau formuliert wird. Es enthält nur mehr oder weniger vage Hinweise darauf, wie Antecedensdaten und Gesetze ergänzt werden könnten, damit daraus eine befriedigende rationale Erklärung entsteht. Dies trifft für jene Fälle zu, wo zum gegenwärtigen Zeitpunkt keine geeigneten, empirisch fundierten Gesetzmäßigkeiten angegeben werden können.

Für eine befriedigende E. werden zwei Vollständigkeitsprinzipien formuliert: (1) Das zu erklärende Phänomen oder Ereignis muß in allen seinen Einzelheiten erklärt werden. (2) Die E. darf nichts unerklärt lassen, d.h. keinerlei Ausnahmen machen, die ihrerseits einer E. bedürftig sind. Bei der Erfüllung der ersten Bedingung ist eine *totale* E. gegeben, bei der Erfüllung der zweiten eine *abgeschlossene*. Beide Vollständigkeitsprinzipien sind anzweifelbar: Eine totale E. ist deshalb ausgeschlossen, da die dazu erforderliche vollständige Beschreibung nicht möglich ist. Die abgeschlossene E. ist unmöglich, weil der Versuch einer vollständigen E. aller Antecedensdaten in einen unendlichen Regreß führen müßte oder bei Annahme eines einzigen fundamentalen Gesetzes dieses selbst nicht mehr erklärbar wäre.

Eine *genetische* E. liegt vor, wenn man eine bestimmte Tatsache nicht einfach aus den Antecedensbedingungen und Gesetzmäßigkeiten erschließt, sondern wenn gezeigt wird, daß diese Tatsache das Endglied einer längeren Entwicklungsreihe bildet, deren einzelne Stufen man genauer verfolgen kann. Eine *dispositionelle* E. liegt dann vor, wenn das Verhalten von Gegenständen mit Hilfe von Dispositionen erklärt wird, die diesen Gegenständen zukommen. Dazu gehören solche Fälle, in denen die Tätigkeit handelnder Personen mit Hilfe von Charakteranlagen, Überzeugungen, Zwecksetzungen erklärt werden sollen. Bspw. hat die dispositionelle Eigenschaft der Brüchigkeit (einer Scheibe) gesetzesartige Konsequenzen (wenn sie von einem Stein getroffen wurde), aber zum Unterschied von echten Gesetzen wird in der Dispositionsaussage ein bestimmtes Objekt (d.i. diese konkrete Scheibe) erwähnt. ↗ Ryle nennt daher Dispositionssätze »gesetzesartige Aussagen«.

Für den Bereich der Handlungserklärung entwickelt v. Wright das Modell einer *intentionalen* oder *teleologischen* E. anhand des Schemas eines praktischen Schlusses: (1) Eine Person A beabsichtigt p herbeizuführen, (2) A glaubt, daß er p nur herbeiführen kann, wenn er eine konkrete Tätigkeit a ausführt. (3) Folglich macht sich A daran, a zu tun. Anhand dieses Schlusses wird ersichtlich, daß in einer intentionalen E. die in der Konklusion genannte Handlung durch Bezug auf die (in der ersten Prämisse angeführten) Absicht beantwortet. Während für die *kausale* E. charakteristisch ist, daß die Wirkung in keinem logischen Zusammenhang mit der Ursache steht, ist es für die *intentionale* E. wesentlich, daß die in der Konklusion genannte Handlung in einem logisch notwendigen Zusammenhang mit den Prämissen steht. Die Verknüpfung zwischen Wille und Verhalten ist eine logische und damit nicht eine im Humeschen Sinne kausale Relation. Die Prämissen des Schlusses stellen eine teleologische E. des Handelns dar. In einer *teleologischen* E. werden unterschiedliche Verhaltensweisen nicht unter Gesetze, sondern unter ein Ziel subsumiert, auf das das Verhalten ausgerichtet ist. V. Wright weist in einer ausführlichen Erörterung darauf hin, daß die Schlußfolgerungen aus den Prämissen nur dann eine logische Folgerung darstellt, wenn einige Modifikationen des Schluß-Schemas vorgenommen werden: Es muß (a) eine Aussage das Wissen einer Person enthalten, um den Ausdruck »beabsichtigen« zu präzisieren, (b) ein Zeitindex eingeführt werden, um die Zukünftigkeit des Handlungsereignisses und der konkreten Handlung zu kennzeichnen, (c) eine Aussage eingefügt werden, daß die Person ihr Wissen nicht vergessen hat und von der Realisierung der Intention nicht abgehalten wurde.

Lit.: K.-O. Apel: Neue Versuche über Erklären und Verstehen. Frankfurt a.M. 1978. – G. Ryle: Der Begriff des Geistes. Stuttgart 1969, S. 153ff. – W. Stegmüller: Probleme und Resultate der Wissenschaftstheorie und Analytischen Philosophie. Bd. I. Berlin/Heidelberg/New York ²1983, Kap. I. u. XI.6.- G.H. v. Wright: Erklären und Verstehen. Frankfurt a.M. 1974. – Ders.: Probleme des Erklären und Verstehens von Handlungen. In: Conceptus 19 (1985), Nr. 47, S. 3-19.   PP

Ersetzbarkeit, Prinzip der ↗ Substitutionsprinzip

Ersetzungsregel. In der formalen Logik geben Regeln Anweisungen über zulässige Veränderungen von Formeln. Die E. gibt an, daß in einer Formel eine Aussagenvariable (bzw. eine Gruppe von Variablen wie z.B. $p \rightarrow q \wedge r$) an einer Stelle ihres Auftretens durch einen ihr äquivalenten Ausdruck oder einen definitorisch gleichen Ausdruck ersetzt werden, ohne daß das auch an anderen Stellen geschieht.

Lit.: A. Menne: Einführung in die formale Logik. Darmstadt ²1991, S. 42. PP

Essentialistisch. Als e. werden jene Eigenschaften bezeichnet, die einem Gegenstand wesentlich zukommen. Diese Zuschreibung steht unter der Annahme, daß ein Gegenstand ohne diese wesentlichen Eigenschaften nicht als derselbe existieren kann. Als e. wird jene Position bezeichnet, die von der Annahme ausgeht, daß es wesentliche Eigenschaften gibt.   PP

Existenz. In der formalen Logik bedeutet E., daß es einen Gegenstand gibt, auf den bestimmte (vorher genannte) Kennzeichnungen zutreffen, oder daß es (mindestens) einen Gegenstand gibt, der unter (vorher genannte) Prädikatoren fällt. »E.« ist ein Prädikator zweiter Stufe. ↗ Einsquantor, ↗ Existenzquantor   PP

Existenzaussage, Aussage, in der behauptet wird, daß es mindestens ein Individuum (oder mindestens eine Klasse) mit einer bestimmten Eigenschaft gibt, bzw. daß mindestens ein Individuum (bzw. eine Klasse) in einer bestimmten Relation steht. Im Unterschied zu einer Allaussage wird diese Eigenschaft (bzw. Relation) nicht von allen Individuen (bzw. Klassen) eines bestimmten Gegenstandsbereich ausgesagt. In der formalen Logik werden E.n mit Hilfe des Existenzoperators dargestellt: $(\exists x)\, A\,(x)$ – zu lesen als »Es gibt mindestens ein x, für das gilt: x besitzt die Eigenschaft A«.   MQ

Existenzquantor, in der formalen Logik die Aussage »es gibt/es existiert« (symbolisiert: $\exists$ oder V), wodurch behauptet wird, daß es mindestens einen Gegenstand gibt, dem eine bestimmte ausdrücklich genannte Kennzeichnung zukommt bzw. der unter einen ausdrücklich genannten Prädikator fällt. Statt der Bezeichnung »E.« kann auch die Bezeichnung ↗ »Einsquantor« verwendet werden. ↗ Existenz, ↗ Existenzaussage   PP

Existenzverallgemeinerung. In der formalen Logik und logischen Semantik gilt, daß eine wahre Proposition einen Bezugsgegenstand in der nicht-sprachlichen Wirklichkeit haben muß (bzw. hypothetisch haben können muß). Wenn eine Proposition wahr ist, dann setzt sie voraus, daß es etwas gibt, von dem sie Wahres aussagt. Das Gesetz der E. besagt: Aus der Wahrheit einer Proposition wird, der allgemeine Schluß gezogen, daß es etwas gibt, worauf die Proposition zutrifft.   PP

Exklusion. In der formalen Logik (Aussagenlogik) wird der gegenseitige Ausschluß zweier Aussagen als E. bezeichnet: Die Annahme der einen schließt die Geltung der anderen aus. Die Aussagen stehen in einem konträren Gegensatz zueinander (Disjunktion). Der Wahrheitswert der Gesamtaussage ist nur dann falsch, wenn beide Teilsätze wahr sind, ansonsten immer wahr. In der klassischen Logik wird die E. als »konträrer Gegensatz« bezeichnet.
PP

Explikation. Die E. eines Begriffs dient dazu, einen vagen oder mehrdeutigen Ausdruck der Alltagssprache zu präzisieren. Der zu präzisierende Ausdruck wird Explicandum/Explikandum, der ihn ersetzende Explikat genannt. In der Regel geht der eigentlichen E. eine Begriffserläuterung voran, in der mit Hilfe von Beispielen aus einer Anzahl von Verwendungsweisen des Begriffs diejenigen Wendungen abgrenzend herausgestellt werden, deren Klärung vorgenommen werden soll. Z.B. wird ein Erkenntnistheoretiker oder Logiker für sein Interesse am Prädikat »wahr« die Wendungen »wahre Aussage«, »wahre Behauptung«, »wahrer Bericht« von solchen wie »wahrer Freund«, »wahre Liebe«, »wahres Glück«, »wahrer Gewinner« abgrenzen. Die E. besteht darin, daß der betreffende Begriff in ein ganzes System von exakten wissenschaftlichen Begriffen eingeordnet wird, so daß seine korrekte Anwendung durch präzise Regeln gewährleistet ist. Eine E. kann mehr oder weniger adäquat sein. ↗ Carnap hat vier Kriterien zur Beurteilung der Adäquatheit einer Begriffsexplikation aufgestellt: (1) das Explikat muß dem Explikandum

ähnlich sein, da man sonst nicht von einer E. dieses Explikandums sprechen
könnte. (2) das Explikat muß die Forderung der Exaktheit erfüllen. Da es
nicht möglich ist, einen einzigen Begriff für sich allein als exakten zu konstruieren, gilt diese Forderung für das ganze Begriffssystem, in den dieser
einzelne Begriff eingeordnet ist. (3) die Forderung der Fruchtbarkeit: Sie
besagt, daß der fragliche Begriff die Aufstellung möglichst vieler Gesetze
gestatten soll. (4) die Forderung der Einfachheit: diese bezieht sich sowohl
auf die Definition des Begriffs wie auf die mit diesem Begriff gebildeten
Gesetze. Die explizierten Begriffe können in drei Formen auftreten: (1)
Der *klassifikatorische* Begriff dient zur Einteilung von Dingen in zwei oder
mehrere Klassen, (2) der *komparative* (auch Ordnungs- oder topologischer)
Begriff dient genaueren Vergleichsfeststellungen, (3) der *quantitative* (oder
metrische) Begriff dient der genauen Charakterisierung von Eigenschaften
oder Beziehungen mit Hilfe von Zahlenwerten, z.B. Länge, Temperatur,
oder Preisindex, Geburtenrate.
   Wunderlich ergänzt die Forderungen von Carnap: (1) Die E. erfolgt
gemäß den Forderungen (2)-(4) von Carnap im Hinblick auf Theorien.
Entweder werden zentrale Begriffe derart expliziert, daß ihnen ganze Theorien
als Explikat entsprechen, oder es werden verschiedene Begriffe im Zusammenhang expliziert. (2) Wir explizieren stets im Hinblick auf die klaren
Fälle, um bei ihnen unsere Intuitionen durch exaktere Argumente ersetzen
zu können. Die Theorie kann aber auch Antworten auf die Grenzfälle geben
bzw. den Grenzfall klar bestimmen. (3) Die Explikationssprache ist von
derselben Stufe wie die Explikandumsprache (z.B. die Umgangssprache),
d.h. keine Metasprache.
   Neben der Bedeutungsexplikation von Ausdrücken gibt es die E. natürlicher Phänomene, z.B. einer Handlung, einer Geste, eines Kunstwerks u.a.m.
Im Hinblick auf solche Phänomene sind zwei Stufen der Bedeutungsexplikation zu unterscheiden: (a) eine auf die inhaltssemantische Sinnrelation
gerichtete, die um das Verstehen der Bedeutung solcher Phänomene bemüht
ist. Wenn ein solches Inhaltsverstehen Schwierigkeiten (des Verständnisses)
nicht beseitigen kann, nimmt man Bezug auf eine zweite Stufe: (b) auf eine
Bedeutungsexplikation i.S. des rekonstruktiven Verstehens, das sich auf
das Verständnis der Regeln richtet, nach denen das betrachtete Phänomen
hervorgebracht worden ist. In bezug auf die Sprache richtet sich das Inhaltsverstehen auf beliebige Äußerungen, das rekonstruktive Verstehen auf
das Regelbewußtsein des kompetenten Sprechers, das die Grammatikalität
von Sätzen beurteilt.

Lit.: R. Carnap: Bedeutung und Notwendigkeit. Wien/New York 1972, S. 9ff.
– R. Carnap/W. Stegmüller: Induktive Logik und Wahrscheinlichkeit. Wien 1959,
S. 15. – W. Stegmüller: Hauptströmungen der Gegenwartsphilosophie. Stuttgart
[4]1969, S. 374ff. – D. Wunderlich: Grundlagen der Linguistik. Hamburg 1974,
S. 209.   PP

Extension ↗ Intension/Extension

Extensional, auf den Begriffsumfang im Gegensatz zum Begriffsinhalt bezogen. Seit der von ↗ Carnap vorgeschlagenen semantischen Methode der Extension und Intension heißen sprachliche Ausdrücke e., wenn sich das durch sie Bezeichnete funktional aus dem durch ihre Teilausdrücke Bezeichnetem ergibt und dabei kognitive Bedeutungen im Sinne sprachlicher Gegebenheitsweisen vernachlässigt werden können. So ist z.B. eine Aussage über den Morgenstern e., wenn sich in ihr der Ausdruck »Morgenstern« durch den bedeutungsverschiedenen, doch Gleiches bezeichnenden Ausdruck »Abendstern« ersetzen läßt, ohne daß dadurch eine Änderung des Wahrheitswertes der Aussage eintritt.

Lit.: R. Carnap: Bedeutung und Notwendigkeit. Wien/New York 1972.   UM

Extensionalitätsthese, die explizit v.a. von ↗ Carnap vertretene Auffassung, wonach es zu jeder intensionalen Sprache eine rein extensionale Sprache gibt, in die sich die Aussagen der intensionalen Sprache ohne Bedeutungsverlust übersetzen lassen. Intensionales Vokabular gilt somit, zumindest für wissenschaftliche Zwecke, als prinzipiell eliminierbar. Für eine rein extensionale Sprache sah Carnap logische wie semantische Vorteile gegenüber intensionalen, da in ihr z.B. das ↗ Leibnizsche Gesetz der Identität erhalten bleibt. Die E. blieb allerdings nicht unwidersprochen und wurde in späteren Jahren von Carnap selbst nicht mehr uneingeschränkt vertreten.

Lit.: R. Carnap. Die Logische Syntax der Sprache, Wien/New York ²1968.   UM

Extensionsfunktion, Bezeichnung für eine Funktion, die in jedem Kontext der Verwendung eine Extension bestimmt. Z.B. bezieht sich das Wort »ich« bei verschiedenen Gelegenheiten auf verschiedene Personen. Aufgrund der Verschiedenheit der Personen kann nicht von einer Extension dieses Ausdrucks, d.h. der Menge der Dinge, auf die dieser Ausdruck zutrifft, gesprochen werden.   PP

Extern/intern. Mit Hilfe dieser Termini versucht ↗ Carnap das Verhältnis von Sprache und Realität zu klären. Seinem Vorschlag entsprechend soll man bezüglich eines semantischen Systems S zwei grundsätzlich verschiedene Arten von Fragen unterscheiden: (1) Fragen nach dem Vorkommen einzelner Entitäten im System S selbst und die Stellung dieser Entitäten (bzw. deren Eigenschaften) innerhalb der Systemstruktur. Solche Fragen sind als interne anzusehen, da sie zum einen mit den Eigenbegriffen von S innerhalb des Systems formuliert werden, zum anderen aufgrund der Regeln und Eigenaxiome von S mit logischen und empirischen Methoden beantwortet werden. Die internen Fragen verwenden den Realitätsbegriff der empirischen Wissenschaften. Die Sprechweise »real« und »Realität« wird dann in der Bedeutung verwendet »nicht-fiktiv«, »nicht-imaginär«. (2) Betrifft die Frage nach der Realität dagegen ein semantisches System S als Ganzes und insofern auch die Gesamtheit der im jeweiligen System vorkommenden Entitäten, dann handelt es sich um externe Fragen, da diese nicht mehr mit den Begriffen von S und mit Hilfe der Axiome und Regeln von S beantwortet werden können. Eine solche e.e Frage ist die philosophische Problematisierung des Realitätsbegriffs: (a) ob in der menschlichen Erkenntnis an sich etwas erkannt wird, das unabhängig vom erkennenden Bewußtsein real existiert, (b) wie solche Erkenntnis erfolgen kann, (c) was das Erkannte hinsichtlich seines ontologischen Status ist. Entsprechend dem empiristischen Sinnkriterium ist für Carnap nur der Realitätsbegriff der internen Fragen wissenschaftlich sinnvoll, während externe Fragen Pseudo-Probleme darstellen und somit dem Verdikt der Sinnlosigkeit anheimfallen.

Lit.: R. Carnap: Empirismus, Semantik und Ontologie. In: Ders.: Bedeutung und Notwendigkeit. Wien/New York 1972, S. 257ff. – L. Krauth: Die Philosophie Carnaps. Wien/New York 1970, S. 195ff.   PP

Externalismus/Internalismus, Begriffspaar, das in der Erkenntnistheorie, der Semantik und der Philosophie des Geistes eine wichtige Rolle spielt. – In der Erkenntnistheorie findet es vor allem in der Theorie der Rechtfertigung Verwendung. Dabei behauptet der I., daß die Gründe und Verfahren, die zur Rechtfertigung einer Meinung dienen können, dem Subjekt zumindest prinzipiell kognitiv zugänglich sein müssen. Demgegenüber behauptet der epistemische E., daß eine Meinung unter anderem durch eine kausale oder nomologische Relation zwischen Welt und Subjekt gerechtfertigt werden kann oder muß. Von dieser Relation oder ihrer genauen Natur muß das Subjekt dabei keine Kenntnis haben, damit sein Glaube als gerechtfertigt gilt. – Der semantische I. besagt, daß die wahre Beschaffenheit der (nicht-mentalen) Welt an der Bedeutungsfestlegung eines Wortes nicht beteiligt ist, während der semantische E. gerade dieses behauptet.

In der Philosophie des Geistes bezeichnen »E.« und »I.« zwei gegensätzliche Positionen bezüglich der Individuierung mentaler Zustände. Hierbei greifen Vertreter beider Lager häufig auf Argumente aus der Diskussion um den semantischen E. oder I. zurück, während Vertreter beider Lager in der Erkenntnistheorie auf die Argumente aus der Philosophie des Geistes zurückgreifen. Die Internalisten vertreten die Position, daß die psychologischen Zustände eines Individuums in einer Supervenienzbeziehung zu seinem Körper stehen, d.h. daß sie ohne Bezug auf die Umwelt des Subjekts zu individuieren sind. Sie gehen entsprechend davon aus, daß der methodologische Solipsismus die den Kognitionswissenschaften angemessene Forschungsstrategie ist. Die Externalisten bestreiten diese These. Ihnen zufolge geht die Beschaffenheit der Umwelt des Individuums notwendig in die Individuierung mentaler Zustände ein. So könnten sich ein Individuum und seine physikalisch identische »Kopie« in verschiedenen mentalen Zuständen befinden, falls sie sich in verschiedenen Umgebungen aufhalten.

Lit.: Zur Verwendung in der Bedeutungstheorie und Philosophie des Geistes: T. Burge: Individualism and the Mental. In: Midwest Studies in Philosophy 4 (1979), S. 73-121. – S. Edwards: Externalism in the Philosophy of Mind. Brookfield 1994. – H. Putnam: The Meaning of ›Meaning‹. In: Ders.: Mind, Language and Reality.

Philosophical Papers. Bd. 2. Cambridge 1975, S. 215-271. – Zur Verwendung in
der Erkenntnistheorie: W.P. Alston: Epistemic Justification. Ithaka 1989. – A.I.
Goldman: Epistemology and Cognition. Cambridge 1986.   MBI

F

F-wahr/F-falsch, bei ↗ Carnap Bezeichnung jener Sätze, deren Wahrheitswert von einem empirisch zu ermittelnden kontingenten Faktum abhängt.
Diese Sätze sind den synthetischen Sätzen aposteriori gleichzusetzen. Im
Gegensatz dazu werden die L-wahren/L-falschen Sätze allein aufgrund ihrer
logischen Form und ohne empirischen Bezug beurteilt.   PP

Falsifikation, stellt ein Überprüfungsverfahren für unbeschränkte All-
aussagen dar, mit deren Hilfe diese Sätze als bestätigt ausgewiesen werden
können. Popper hat dazu auf die Korrelation zwischen Allaussagen und
Existentialaussagen hingewiesen: (1) Einer positiven Allaussage entspricht
eine verneinte Existentialaussage, z.b. entspricht der Allaussage »alle kat-
zenartigen Raubtiere haben einziehbare Krallen« die Existentialaussage »es
gibt kein katzenartiges Tier mit feststehenden Krallen«; (2) einer vernein-
ten Allaussage entspricht eine positive Existentialaussage (z.B. »nicht alle
Schwäne sind weiß« entspricht »es gibt Schwäne, die nicht weiß sind«. Da
in einer singulären Existenzaussage eine Tatsache festgestellt wird, ist sie
in ihrer logischen Korrelation zu einer Allaussage zu deren Überprüfung
geeignet. Allgemeine Aussagen werden dadurch vollständig widerlegbar,
d.h. falsifizierbar: Durch eine positive Existenzaussage wird die positive
Allaussage (der die verneinte Existentialaussage entspricht) widerlegt. Die
Bedingungen der ↗ Falsifizierbarkeit werden durch die logische Beziehung
eines Basis-Satzes festgelegt: (1) Der falsifizierende Satz darf nicht aus dem
zu prüfenden Allsatz ableitbar sein; (2) die Negation des Basissatzes muß
aus dem zu prüfenden Allsatz ableitbar sein – nur so ist eine Widerspruchs-
möglichkeit gegeben; (3) ein falsifizierender Satz muß eine Aussage über
einen beobachtbaren Vorgang sein. Der Grad der Falsifizierbarkeit variiert
dabei: je mehr Möglichkeiten der Falsifikation gegeben sind, um so stärker
ist der Geltungsgrad einer Theorie im Falle der Bewährung.

Lit.: K. Popper: Logik der Forschung. Tübingen ⁷1982, S. 31ff. – M. Schmid:
Falsifizierbarkeit oder Falsifikation. In: Zs. für allgemeine Wissenschaftstheorie 3
(1972), S. 85-87.   PP

Falsifizierbarkeit. Die empirische Widerlegbarkeit von allgemeinen Hypothesen setzt voraus, daß mit Hilfe von Beobachtungssätzen (↗ Basissätzen)
die Wahrheit von Theorien oder allgemeinen Hypothesen widerlegt, d.h.
als falsch nachgewiesen werden kann. Wenn eine Falsifikationsmöglichkeit
wirklich eintritt und damit ein Beobachtungssatz wahr ist, der mit einer
gewissen Theorie unvereinbar ist, oder wenn sich ein von den Theorien
ausgeschlossener Vorgang ereignet, dann ist die Theorie falsifiziert oder als

falsch widerlegt. Popper unterscheidet zwischen der Möglichkeit und der Unmöglichkeit einer endgültigen ↗ Falsifikation durch Beobachtungen. F. besagt, daß es prinzipiell möglich ist, gewisse universelle Theorien durch einen beobachtbaren (aber von bestimmten Theorien als ausgeschlossen angenommenen) Vorgang zu widerlegen, d.h. daß eine Theorie (nur) dann falsifizierbar ist, wenn es wenigstens einen Basissatz gibt, der mit ihr in logischem Widerspruch steht. Damit ist die logische Struktur der Falsifikationsmöglichkeit bezeichnet, nicht aber die Forderung erhoben, daß der fragliche Basissatz wahr ist. In diesem Sinne ist F. ein rein logischer Begriff, der auf einer logischen Relation zwischen der fraglichen Theorie und der Klasse der Basissätze beruht. Von der logischen Struktur unberührt ist die Frage, ob eine vorgeschlagene experimentelle Falsifikation als solche anerkannt wird oder nicht. Die Angabe der logischen Möglichkeit beinhaltet nicht die Behauptung, daß empirisch-wissenschaftliche Theorien in einem endgültigen Sinne als falsch erwiesen werden können, d.h. es gibt keinen endgültigen praktischen experimentellen Nachweis der Falschheit. Theoretische Systeme können auf verschiedenen Wegen (z.b. durch ad-hoc-Hilfshypothesen) vor einer empirischen Falsifikation geschützt werden.

Lit.: K. Popper: Logik der Forschung. Tübingen [7]1982, S. 31ff. – Ders.: Zwei Bedeutungen von Falsifizierbarkeit. In: Handlexikon zur Wissenschaftstheorie. Hg. H. Seiffert/G. Radnitzky. München 1989, S. 82ff. – M. Schmid: Falsifizierbarkeit oder Falsifikation. In: Zs. für allgemeine Wissenschaftstheorie 3 (1972), S. 85-87.   PP

Familienähnlichkeit, eine Folge oder ein Netz von überlappenden Übereinstimmungen zwischen verschiedenen Gegenständen, die zwar unter einen gemeinsamen Begriff fallen, aber nicht unbedingt ein gemeinsames Merkmal aufweisen. So scheint es z.b. keine besondere Eigenart aller Dinge zu geben, die unter den Begriff »Spiel« fallen. Dennoch weisen die Spiele F.en auf: Brettspiele teilen sich gewisse Eigenschaften mit Kartenspielen, die wiederum andere mit Ballspielen, usw. – Das Konzept der F. taucht schon bei Mill, Whewell, Nietzsche und James auf; Bedeutung hat aber erst durch Wittgenstein erlangt. Er führte es als Alternative zur Mooreschen Begriffsanalyse ein, die für die Fixierung eines Begriffs eine Definition mit notwendigen und hinreichenden Bedingungen fordert. Gegen Frege ist ↗ Wittgenstein der Meinung, daß Begriffe in sich unscharf sein können. Wer sie beherrscht oder erklärt, der muß sie nicht analysieren können; er kann auch paradigmatische Anwendungsfälle angeben.

Lit.: G. Baker/P. Hacker: Understanding and Meaning. An Analytical Commentary on the Philosophical Investigations I. Oxford 1980, S. 320-343. – L. Wittgenstein: Philosophische Untersuchungen. §§ 65-88.   MSI

Fehlschluß, deduktiver. Ein d. F. ist ein Argument, das nicht wahrheitserhaltend ist, bei dem also der Fall eintreten kann, daß die Prämissen wahr sind, die Konklusion jedoch falsch ist. Z.B. ist folgender Schluß nicht gültig:

1. Prämisse: wenn A, dann B; 2. Prämisse: B; Konklusion: also A. Alltagssprachliches Beispiel: 1. wenn Johannes Malaria hat, dann hat er Fieber;
2. Johannes hat Fieber; 3. also hat er Malaria; die Wenn-dann-Aussage der
ersten Prämisse ist gültig, ebenso (möglicherweise) die Feststellung der 2.
Prämisse, ohne daß die Konklusion richtig sein muß, denn Johannes könnte
ebensogut eine Lungenentzündung haben, die das Fieber hervorruft. Der
F. kommt dadurch zustande, daß das Rechtfertigungsverhältnis mißachtet
wird. In dem gültigen Schluß des modus ponens (1. wenn A, dann B, 2. A,
3. also B) ist die Rechtfertigung des Schlusses aus der Zusatzprämisse auf die
Konklusion in der ersten Prämisse begründet: Die Implikation berechtigt,
aus dem Wenn-Satz den Dann-Satz zu deduzieren. In dem genannten F.
wird die Implikation mißachtet und von dem Dann-Satz auf den Wenn-
Satz geschlossen (was durch die Implikation nicht gerechtfertigt ist). Ein
F. der Form »1. wenn A, dann B, 2. nicht A, 3. also nicht B« wird zwar
analog dem modus tollens (1. wenn A, dann B, 2. nicht B, 3. also nicht A)
formuliert, dabei wird die Rechtfertigung der Implikation »überinterpretiert«
zu einer Äquivalenz: A genau dann, wenn B (was den Schluß von »nicht
A« auf »nicht B« zuließe). Alltagssprachliches Beispiel: Es gilt zwar: »wenn
Johannes Malaria hat, dann hat er Fieber«, woraus sich aber nicht ableiten
läßt, daß man bei Fieber immer Malaria hat. – Das Argument des F.es wird
in unterschiedlichen Kontexten angewandt, um zu zeigen bzw. behaupten
zu können, daß bestimmte Annahmen in keinem korrekten Verhältnis zu
der Schlußfolgerung stehen bzw. bestimmten Definitionsversuchen falsche
Folgerungen unterlegt werden.

Lit.: W.K. Essler/R.F.M Cruzado: Grundzüge der Logik I. Das logische Schließen.
Frankfurt a.M. [4]1991, S. 43ff.   PP

Fehlschluß, deskriptiver. Im Rahmen der Sprachphilosophie erhebt
↗ Austin, einer der Wegbereiter der Philosophie der Normalsprache, den
Vorwurf des d. F.es in bezug auf die traditionelle Behauptung, daß Wissen
Wahrheit impliziert. Die Auffassung, daß es sich bei der Äußerung »ich
weiß, daß p« um eine deskriptive Aussage handelt, die einen geistigen
Zustand oder mentalen Vorgang des Sprechers beschreibt, ist nach Austin
falsch. Denn bei einer solchen Äußerung beschreibt man nicht eine Handlung, die man vollzieht, sondern man führt eine bestimmte Handlung aus,
indem man von sich behauptet, etwas zu wissen. Bei der Interpretation als
deskriptive Aussage handelt es sich um einen d. F. – In der metaethischen
Diskussion wird die Behauptung der Bedeutungsgleichheit von einem
Moral-Ausdruck »gut« und einem Ausdruck, der natürliche Eigenschaften
bezeichnet, d.F. genannt. Nach Ansicht von Hare kommt den Moral-Aus-
drücken und den »Wert-Wörtern« immer auch eine präskriptive Komponente zu. Die Wert-Wörter haben die spezielle sprachliche Funktion,
Dinge zu empfehlen oder Handlungen anzuraten. Aus diesem Grund kann
ein ethischer Ausdruck nicht auf den deskriptiven Charakter beschränkt
werden.

Lit.: J.L. Austin: Gesammelte philosophische Aufsätze. Stuttgart 1986, S. 136.
– R.M. Hare: Freiheit und Vernunft. Frankfurt a.M. 1983. – Ders.: Sprache und
Moral. Frankfurt a.M. 1983.   PP

Fehlschluß, intensionaler. Im Rahmen der Diskussion zum ↗ Leib-
Seele-Problem weist Beckermann Argumentationen zur Verteidigung der
Identitätstheorie einen i.n F. nach. Ausgehend von dem ↗ Fregeschen
↗ Substitutionsprinzip, das eine natürliche Erweiterung des ↗ Leibnizschen
Gesetzes der Ununterscheidbarkeit des Identischen darstellt, gilt: Wenn man
in einem Satz A einen Ausdruck a durch einen bezugsgleichen Ausdruck
b ersetzt, kann sich der Wahrheitswert dieses Satzes nicht ändern. Freges
Prinzip ermöglicht zu beurteilen, ob zwei Ausdrücke a und b bezugsgleich
sind. Denn wenn man in einem Satz A den Ausdruck a durch den Ausdruck
b ersetzt und wenn dabei ein Satz entsteht, der zumindest einen anderen
Wahrheitswert haben kann als A, dann sind a und b nicht bezugsgleich. Das
Fregesche Prinzip gilt aber nur in extensionalen Kontexten. Wenn in einem
Satz A der Ausdruck a jederzeit durch einen bezugsgleichen Ausdruck b ersetzt
werden kann, ohne daß sich der Wahrheitswert ändert, dann erzeugt A für
a einen extensionalen Kontext. Wenn dagegen in einem Satz Verben wie
›wissen‹ und ›glauben‹ verwendet werden, besteht ein intensionaler Kontext.
D.h. wenn a in A bei gleichem Wahrheitswert (d.i. salva veritate) nur durch
einen sinngleichen Ausdruck ersetzt werden kann, dann erzeugt A für a einen
intensionalen Kontext. Ein i.F liegt dann vor, wenn aus der Tatsache, daß
ein Ausdruck a in einem intensionalen Kontext nicht salva veritate durch
einen bezugsgleichen Ausdruck b ersetzt werden kann, geschlossen wird, daß
a und b nicht denselben Bezug haben. Denn in intensionalen Kontexten
ist das Gesetz der Ununterscheidbarkeit des Identischen nicht anwendbar.
↗ intensionale Logik, ↗ Obliquer Kontext

Lit.: A. Beckermann: Analytische Einführung in die Philosophie des Geistes.
Berlin/New York 1999, S. 119f.   PP

Fehlschluß, naturalistischer. Moore hat dieses Argument des n. F. in
die ethische Diskussion eingebracht. Er kritisiert damit jeden Versuch, das
Prädikat »gut« mit Hilfe einer natürlichen Eigenschaft zu definieren. Das
Attribut »naturalistisch« kommt daher, daß Moore dem ethischen Naturalismus ein solches Definitionsverfahren unterstellt hat. Von Moore selbst
wurde der Fehlschluß nur behauptet, aber nicht hinreichend aufgezeigt.
Nach einem Vorschlag von Frankena wäre die Bezeichnung »Definitions-
fehlschluß« angemessener.

Lit.: W.K. Frankena: The naturalistic fallacy. In: Mind 48 (1939), S 464ff. – G.E.
Moore: Principia Ethica. Stuttgart 1970.   PP

»Fido«-Fido-Prinzip, eine Bezeichnung für die Auffassung (wie sie z.B.
von ↗ Carnap vertreten wurde), daß jeder Ausdruck einer semantischen
Sprache eine reale Entität bezeichne. Wie dem Ausdruck »Fido« der real

existierende Hund Fido entspricht, so hätten auch Ausdrücken wie »Rot« oder »Fünf« real existierende Entitäten zu entsprechen.   PP

Finit (endlich). Eine Menge wird als f. bezeichnet, wenn die Anzahl ihrer Elemente endlich ist. – Hilbert versteht unter f.en mathematischen Methoden, in Abgrenzung zu transfiniten, solche, die sich auf den Umgang mit den endlichen Zeichenfolgen einer formalisierten mathematischen Sprache beschränken.   UM

Folgebeziehung, logische. Eine logische F. ist gegeben, wenn aus mehreren vorangehenden Aussagen, den Prämissen, durch einen logischen Schluß eine weitere Aussage, die Konklusion, gewonnen wird. Die logische F. hat zwei formale Merkmale: (1) Der Gehalt der Konklusion führt nicht über den Gehalt der Prämissen hinaus, d.h. solche logischen Schlüsse sind nicht gehalt-erweiternd. (2) Die Wahrheit überträgt sich von den Prämissen, sofern diese wahr sind, auf die Konklusion, d.h. eine solche Folgebeziehung ist wahrheitskonservierend.   PP

Folgerung. Der Satz A ist eine F. aus der Prämissenmenge Γ, wenn sich A als Konklusion mit einem korrekten logischen Schluß aus den Prämissen Γ ergibt. Der Folgerungsbegriff ist somit immer abhängig von einem bestimmten logischen System und den darin definierten logischen Schlußregeln. In der formalen Logik liegt für die meisten logischen Systeme der Folgerungsbegriff sowohl in einer semantischen wie in einer syntaktischen Version vor, die man als übereinstimmend zu erweisen bemüht ist. Der semantische Folgerungsbegriff der klassischen Logik wurde maßgeblich von Tarski ausgearbeitet. Er besagt grob, daß A aus Γ folgt, wenn A immer dann wahr ist, wenn alle Sätze in Γ wahr sind. Der syntaktische Folgerungsbegriff wird zur deutlicheren Unterscheidung häufig als Ableitung oder Deduktion bezeichnet und durch logische ↗ Kalküle charakterisiert. Eine abstrakte Möglichkeit der Charakterisierung unterschiedlicher Folgerungsbegriffe bietet sich durch Folgerungsrelationen, die sich aus einer semantischen wie syntaktischen Darstellung ergeben. So charakterisieren die sog. strukturellen Regeln eines Sequenzenkalküls in unmittelbarer Weise grundlegende Eigenschaften der durch ein logisches System festgelegten Folgerungsrelation. Für den Folgerungsbegriff der klassischen Logik gilt demnach sowohl bei syntaktischer wie semantischer Formulierung (1) Monotonie: wenn A aus Γ folgt – $\Gamma \vdash A$ – und $\Gamma \subseteq D$, dann $D \vdash A$; (2) Kontraktion: wenn Γ, A, A $\vdash$ B , dann Γ, A $\vdash$ B; (3) Permutation: wenn Γ, A, B $\vdash$ C , dann Γ, B, A $\vdash$ C ; sowie (4) Reflexivität: A $\vdash$ A. Diese Eigenschaften gelten nicht in jedem Fall für Systeme nicht-klassischer Logik. – Unter F. versteht man unspezifisch auch den Prozeß des Folgerns bzw. logischen Schließens.

Lit.: G. Gentzen: Untersuchungen über das logische Schließen I, II. In: Math. Zeitschrift 39 (1934/35), S. 176-210, S. 405-431. – A. Tarski: Über den Begriff der logischen Folgerung. In: Actes du Congrès International de Philosophie Scientifique. Paris 1935. Bd. VII, ASI 394, Paris 1936, S.1-11. UM

Folk psychology, seit Ende der 70er Jahre in der analytischen Philosophie des Geistes gängiger Begriff. Alternativ findet auch »commonsense psychology« Verwendung. Zu übersetzen sind beide Ausdrücke mit »Alltagspsychologie«, womit zunächst die Vorstellungen über die Natur des Geistes bezeichnet werden, die dem alltäglichen Sprachgebrauch zugrunde liegen. Der Begriff wurde in seiner Anwendung allerdings wesentlich erweitert und dient oftmals zur Kennzeichnung jedweder Theorie des Geistes, die genuin mentale Entitäten postuliert. »F. p.« bezeichnet dann also in diesen Fällen letztlich jede nicht-eliminative Theorie (↗ Elimination) des Geistes in der Philosophiegeschichte. Insbesondere der Terminus »F. p.« wird hierbei von den Vertretern einer eliminativen Position in Analogie zu »folk physics« mit eindeutig pejorativer Tendenz verwendet. Er soll in diesem Sinne eine Theorie bezeichnen, die in ähnlicher Weise im Lauf des wissenschaftlichen Fortschritts obsolet wird wie die »Alltagsphysik« vergangener Jahrhunderte.

Lit.: R.J. Bogdan (Hg.): Mind and Common Sense. Philosophical Essays on Commonsense Psychology. Cambridge 1991. – J.D. Greenwood (Hg.): The Future of Folk Psychology. Intentionality and Cognitive Science. Cambridge 1991.   MBI

Form, logische. In ↗ Wittgensteins *Tractatus logico-philosophicus* (6.1231, 5.634) wird die l. F. der Sprache thematisiert. Er geht von der Annahme aus, daß eine sprachliche Beschreibung ein Bild der Wirklichkeit ist, so daß die Wirklichkeit die l. F. der Sprache besitzt, und daß diese gemeinsame Form die l. F. der Abbildung ist. Die Bestimmung der l. F. eines Dinges geschieht nach der Unterscheidung in: individualer Gegenstand, Eigenschaft, Beziehung (d.i. einstellige oder mehrstellige Relation).

Lit.: M.B. Hintikka/J. Hintikka: Untersuchungen zu Wittgenstein. Frankfurt a.M. 1990. S. 112ff.   PP

Formal. Allgemein wird eine Darstellungs- oder Argumentationsweise als f. bezeichnet, wenn die Inhalte dabei unberücksichtigt bleiben und nur auf die Form abgehoben wird. Für die f.e Logik ist es charakteristisch, daß die Geltung von Aussagen allein auf Grund der Form ihrer Zusammensetzung mit den logischen Partikeln beurteilt wird.   PP

Formales System. Ein Zeichensystem heißt ›formal‹, wenn es rein syntaktisch charakterisiert ist. Ein f. S. ist festgelegt durch: (1) ein Alphabet (einen Satz von Grundzeichen), (2) eine Menge von Regeln, die bestimmte Verknüpfungen von Grundzeichen als zulässig bzw. als wohlgeformt bestimmen, (3) eine Menge von Ableitungsregeln, die festlegen, welche Folgen von Zeichenketten als Ableitungen oder Beweise gelten. F. S.e unterliegen den Kriterien der ↗ Widerspruchsfreiheit, ↗ Vollständigkeit und ↗ Äquivalenz.   PP

Formalisierung, Wiedergabe oder Darstellung mit formalen Mitteln, insbesondere durch eine formale Sprache. F. ist ein wichtiges Hilfsmittel der Metamathematik z.B. zum Nachweis der Widerspruchsfreiheit mathematischer Theorien oder für Entscheidbarkeitsfragen. Für diese Zwecke muß mit der F. auch eine explizite Darstellung der in einer Theorie verwendeten logischen Schlußregeln erfolgen. In naheliegender Weise kann dies durch die Darstellung der Theorie auf der Grundlage eines logischen ↗ Kalküls geschehen. – Im Rahmen der logischen Sprachanalyse gestattet die F. eine Untersuchung der logischen und semantischen Verhältnisse einer natürlichen Sprache. Allerdings muß sich die F. dabei nach einem intuitiven Sprachempfinden richten, da ihre Adäquatheit nicht selbst formalen Kriterien unterliegt. – Pragmatische Gründe für eine F. ergeben sich aus dem Wunsch nach Übersichtlichkeit bzw. Vermeidung von Mehrdeutigkeiten.

UM

Formationsregel, Transformationsregel. In einer syntaktischen Betrachtung der Sprache gilt für die Bestimmung einer Menge von Zeichen als Sprache die Forderung, daß die Beziehung der Zeichen zueinander durch Regeln festgelegt sind. Zwei Arten von Regeln werden dazu angeführt: (1) Die F.n legen fest, welche Zeichenzusammenstellung als selbständige Kombinationen zulässig sind (solche Kombinationen sind »Sätze«), und (2) die T.n legen fest, welche Sätze aus gegebenen Sätzen abgeleitet werden können. Die beiden Klassen von Regeln werden als »syntaktische Regeln« bezeichnet.

Lit.: Ch. W. Morris: Grundlagen der Zeichentheorie. München 1972, S. 32ff. PP

Formelsprache, Abbildung einer Sprache in ein formales Zeichensystem (Formalisierung), um (a) Zweideutigkeiten und Vagheiten der Alltagssprache zu vermeiden (Präzision), (b) die gültigen Aussagen einer Theorie nach einer formalen Regel angeben zu können (↗ Axiomatik), (c) den universellen Charakter sicherzustellen, d.h. verschiedene Interpretationen sind entsprechend dem Bedeutungsgehalt der verwendeten Symbole zugelassen (↗ Semantik), (d) durch eine Abgrenzung der Objektsprache und Metasprache logische Antinomien zu vermeiden. Die F. wird durch ein ↗ Alphabet der verwendeten Zeichen und ein System von Ausdrucksregeln festgelegt. Das Alphabet benennt eine endliche Anzahl von Grundzeichen für Objekte, Prädikate, Relationen, Variablen, logische Verknüpfungszeichen und Hilfszeichen. Die Ausdrucksregeln zeigen an, wie sich aus den Grundzeichen des Alphabets die formalisierten Aussagen der F. zusammensetzen lassen. PP

Frege, Gottlob (1848 – 1925). F. trägt in mehrfacher Hinsicht zur Entwicklung der analytischen Philosophie bei. Seine *Begriffsschrift* (1879) legt den Grundstein für die Entwicklung einer idealen, d.i. einer logisch vollkommenen Sprache (↗ Ideale Sprache, ↗ Philosophie der idealen Sprache). Darin versucht er, das Logische der Sprache gegenüber dem Grammatischen dadurch abzugrenzen, daß er sich auf jenen Kern des Satzinhalts konzentriert, der nach »wahr« oder »falsch« unterschieden werden kann. F. zeigt auf, wie durch eine logisch exakte Sprache die Mehrdeutigkeiten der Alltagssprache beseitigt werden können. Ein wichtiger Schritt stellt seine Entwicklung

der ↗ Aussagenlogik auf der Grundlage von ↗ Wahrheitsfunktion und die
Theorie der Quantifikation dar.

Durch seine begriffslogischen Untersuchungen legt er dar, wie sich
bestimmte Probleme der Logik und der Erkenntnistheorie, die bspw. in
den Grundbegriffen der »Identität« und der »Existenz« enthalten sind, in
einem transparenten Schlußverfahren auf ihre rein gedankliche Struktur
reduzieren lassen. Für die logische Semantik leisten die beiden Aufsätze
»Funktion und Begriff« (1891) und »Über Sinn und Bedeutung« (1892)
einen entscheidenden Beitrag. In »Funktion und Begriff« setzt F. an die
Stelle der traditionellen Analyse von Aussagen in Subjekt und Prädikat die
Analyse des elementaren Aussagesatzes nach ↗ Funktion und ↗ Argument.
Auf dieser Grundlage ist es möglich, Funktionen zu untersuchen, deren
Argument ein Wahrheitswert ist. Im Zusammenhang seiner Begriffsanalyse
führt F. als Postulat das sogenannte ↗ Kontextprinzip ein. Es besagt, daß
die Bedeutung eines Wortes nur im Zusammenhang eines Satzes zu erklären
sei (↗ obliquer Kontext, ↗ opaker Kontext).

In dem Aufsatz »Über Sinn und Bedeutung« gibt F. eine semantische
Erklärung der Eigennamen und Begriffsnamen. Im Rahmens einer Erörterung
von Identitätsaussagen führt er eine Erweiterung der semantischen Funktionen
ein: Neben der Funktion des Bezeichnens postuliert er für den Bezeichnungsausdruck noch einen »Sinn«. Damit will er dem Umstand Rechnung tragen,
daß sich verschiedene Ausdrücke (wie »Abendstern« und »Morgenstern«) auf
denselben Gegenstand (nämlich den Planet »Venus«) beziehen können. In den
beiden Ausdrücken artikuliert sich ein Unterschied in der Gegebenheitsweise,
dem er durch den Ausdruck »Sinn« terminologisch Rechnung tragen will.

In diesem Zusammenhang spielen die beiden ↗ Substitutionsprinzipien
eine besondere Rolle, wonach die Bedeutung eines Satzes invariant ist gegenüber der Substitution bezugsgleicher Namen und der Sinn eines Satzes
invariant gegenüber der Substitution sinngleicher Ausdrücke. In bezug auf
die Frage der Wahrheitsbedingungen finden diese Prinzipien eine Ergänzung
durch das ↗ Kompositionalitätsprinzip. Es besagt, daß die Bedeutung eines
Satzes von der Bedeutung seiner Bestandteile abhängig ist. Das heißt, daß
sich die Bedeutung eines Satzes nicht verändert, solange nur Ausdrücke mit
gleicher Referenz ausgetauscht werden. Mit seinen umfassenden Analysen
hat F. den Grundstein für die logische Semantik gelegt. ↗ Russell, ↗ Wittgenstein und ↗ Carnap wissen sich dem Denken F.s verpflichtet.

Lit.: G. Frege: Funktion, Begriff, Bedeutung. Hg. G. Patzig. Göttingen ⁶1986.
– Ders.: Logische Untersuchungen. Hg. G. Patzig. Göttingen ³1986. – Th. Blume/
Ch. Demmerling: Grundprobleme der analytischen Sprachphilosophie. Paderborn
u.a. 1998. – W. Carl: Sinn und Bedeutung. Studien zu Frege und Wittgenstein.
Königstein 1982. – M. Dummett: The Interpretation of Frege's Philosophy. Lon-
don 1981. – G. Gabriel/U. Dathe (Hg.): Gottlob Frege – Werk und Wirkung.
Paderborn u.a. 2000. – F.v. Kutschera: Gottlob Frege. Eine Einführung in sein
Werk. Berlin/New York 1989. – P. Prechtl: Sprachphilosophie. Stuttgart/Weimar
1999, S. 63-86. – E. Runggaldier/Ch. Kanzian: Grundprobleme der analytischen
Ontologie. Paderborn u.a. 1998.   PP

Funktion, Ausdruck in der formalen Logik und Mathematik für die Zuordnung (oder ↗ Abbildung), durch die jedem Element einer Menge A genau ein Element einer Menge B zugewiesen wird. Die Menge A wird als Argumentbereich oder Definitionsbereich dieser Zuordnung bezeichnet, die Menge B als Wertbereich oder Bildmenge.   PP

Funktional, Bestimmung einer finalen Abhängigkeit eines Seienden von einem anderen. Dies entspricht einer Funktion höherer Stufe in Logik und Mathematik. Ihre Werte und Argumente sind also selbst wieder nur als Ausdruck einer Funktion zu verstehen. D.h. da sie im Dienste einer Funktion stehen, sind sie potentiell immer durch andere Alternativen ersetzbar. Ich betrachte einen Vorgang f., wenn ich ihn als Teil eines anderen Vorgangs setze. So ist in einem Regelkreis jedes Untersystem f. für das gesamte System, das System selbst wiederum auch für jedes Untersystem.

Lit.: G. Frege: Funktion, Begriff, Bedeutung. Göttingen [6]1986.   JSC

Funktionalanalyse, eine Form wissenschaftlicher Erklärung, in der die Eigenschaft eines Systems (wie z.b. eines Organismus oder eines sozialen oder wirtschaftlichen Gebildes) als ein notwendiges Funktionselement für das Funktionieren dieses Systems beschrieben wird. Z.B. wird das Vorhandensein von Leukozyten im menschlichen Blut dadurch erklärt, daß man auf ihre Funktion für den menschlichen Organismus, nämlich diesen Organismus gegen eindringende Mikroorganismen zu schützen, verweist. Das System ist in diesem Beispiel der menschliche Gesamtorganismus, die Leukozyten die Systemteile, die zu erfüllende Aufgabe ist das gesunde Weiterbestehen des Gesamtorganismus.

Solche Erklärungsweisen finden sich vorwiegend in anthropologischen, soziologischen, psychologischen und (zum Teil noch) biologischen Theorien. Aus wissenschaftstheoretischer Perspektive wird Skepsis gegenüber dem wissenschaftlichen Erklärungsanspruch der F. geäußert. Eine Analyse der logischen Struktur wurde im Gefolge von Hempel durch Stegmüller entwickelt: Prämissen: (a) Das System S funktioniert zur Zeit t in der Situation von der Art Z adäquat (Normalitätsstandard des Systems); (b) für einen beliebigen Zeitpunkt gilt: Das System S funktioniert zu diesem Zeitpunkt nur dann adäquat (normal), wenn eine bestimmte notwendige Bedingung N (i.S. der Funktion) erfüllt ist; (c) die Bedingung N ist am System S zur Zeit t genau dann erfüllt, wenn in S zur Zeit t eines der Merkmale aus einer Klasse von möglichen hinreichenden Bedingungen realisiert ist; Konklusion: Eines der Merkmale aus der Klasse der möglichen hinreichenden Bedingungen ist in S zur Zeit t verwirklicht. Die bedeutsame Veränderung der entwickelten logischen Struktur liegt darin, daß nicht mehr von einer Eigenschaft als notwendigem Merkmal i.S. der funktionellen Unersetzlichkeit gesprochen wird, sondern von funktionellen Alternativen (Äquivalenten oder funktionellen Substituten), die in einer Klasse hinreichender Bedingungen repräsentiert sind. Durch diese Rekonstruktion einer logischen Struktur der F. wird die Aussage wesentlich abgeschwächt. Denn dadurch wird nicht mehr eine bestimmte Eigenschaft funktional erklärt, sondern nur noch behauptet, daß irgendeine aus der Klasse der notwendigen und hinreichenden Bedingungen erfüllt ist. Für psychologische und soziologische Phänomene geht durch die veränderte Funktionalerklärung möglicherweise der ursprünglich intendierte Erklärungswert verloren. – Einer anderen Umformulierung zufolge würde die funktional erklärte Eigenschaft nicht mehr als notwendige Bedingung, sondern als optimale Eigenschaft für das normale Funktionieren des Systems begründet.

Lit.: W.K. Essler: Wissenschaftstheorie. Bd. IV: Erklärung und Kausalität. Freiburg/München 1979. S. 180-193. – W. Stegmüller: Die Logik der Funktionalanalyse. In: Ders.: Probleme und Resultate der Wissenschaftstheorie und Analytischen Philosophie. Bd. 1: Erklärung, Begründung, Kausalität. New York/Heidelberg/Berlin ²1983, S. 676-705.   PP

Funktionalismus ↗ funktionalistische Theorien des Geistes

Funktionalistische Theorien des Geistes, in der analytischen Philosophie seit Beginn der 1960er Jahre zunehmend verbreitet, heute weitgehend die Orthodoxie in diesem Bereich darstellend. Die meisten Theoretiker orientieren sich stark am Computermodell des Geistes und somit an den Kognitionswissenschaften und den Forschungen im Bereich ↗ künstlicher Intelligenz. Der Funktionalismus identifiziert die kausale Rolle eines Zustands zwischen Input und Output mit seiner mentalen Natur. Entstanden ist er aufgrund eines Problems mit der bis dahin vorherrschenden materialistischen Theorie des Geistes, der Identitätstheorie, in der Deutung als Theorie über Typen mentaler Zustände. Identifiziert man nämlich einen mentalen Zustandstyp mit einem körperlichen, so hat dies zur Folge, daß jedes Wesen, das sich im selben mentalen Zustandstyp befindet wie ein anderes (z.b.: Es glaubt, daß es regnet), sich auch in exakt demselben körperlichen Zustand befinden muß. Dies würde auch für denkende Maschinen oder Außerirdische gelten müssen, so daß alle Wesen mit mentalen Zuständen die gleiche Physis haben müßten. Dagegen würde eine funktionalistische Theorie, die sich am Computermodell orientiert, jedem Wesen, das sich im selben Programmzustand befindet wie ein Mensch in einem bestimmten mentalen Zustand, diesen mentalen Zustand auch dem Fremden zuschreiben. Andere funktionalistische Theorien gehen davon aus, daß sich die kausalen Rollen, die wir mentalen Zuständen in unserer Alltagspsychologie zuschreiben, ohne Umweg über die Computermetapher auf andere Wesen übertragen lassen.

Lit.: J.A. Fodor: The Language of Thought. Hassocks 1976. – H. Putnam: Psychological Predicates. In: W.H. Capitan/D.D. Merrill (Hg.): Art, Mind and Religion. Pittsburgh 1967 (als »The Nature of Mental States« häufig wieder abgedruckt, z.B. in: W.G. Lycan (Hg.): Mind and Cognition. A Reader. Cambridge 1990).   MBI

G

Gebrauch, (1) im Unterschied zu »Erwähnen« (engl. use/mention): In der logischen Semantik wird unterschieden, ob man die Ausdrücke einer Sprache verwendet oder sie erwähnt: Man verwendet oder gebraucht sie, um mit ihnen etwas zu bezeichnen oder (bei Sätzen) mit ihnen etwas auszusagen. D.h. man bezieht sich mittels der Sprache auf außersprachliche Gegenstände (↗ Objektsprache). Werden die sprachlichen Ausdrücke (oder Sätze) erwähnt, dann bedeutet das, daß man genau über diese Ausdrücke (oder Sätze) selbst eine Aussage macht. Diese Sprachebene wird als Metasprache bezeichnet, da in der Sprache über die vorgegebene Sprache gesprochen wird. Die erwähnten sprachlichen Ausdrücke oder Sätze werden deshalb durch Anführungsstriche (») gesondert gekennzeichnet. Z.B. kann die Aussage »Ruth ist einsilbig« eine Feststellung für ein Mädchen namens Ruth darstellen, dann wird »Ruth« gebraucht zur Bezeichnung einer Person, oder die Aussage bedeutet, daß das Wort »Ruth« nur eine Silbe hat, dann wird der Ausdruck »Ruth« erwähnt. (2) In der formalen Logik werden Gegenstandsvariablen und -konstanten nach ihrem deskriptiven oder logischen G. unterschieden: Variablen werden in Urteilen deskriptiv gebraucht, wenn sie in ihnen frei vorkommen, und sie werden in Sätzen logisch gebraucht, wenn sie in diesen (durch einen Existenz- oder Allquantor) gebunden vorkommen. Eine deskriptiv gebrauchte Gegenstandsvariable steht bei der (semantischen) ↗ Interpretation einer Sprache für ein Ding, wobei durch die Interpretation vorgegeben wird, für welches Ding sie zu stehen hat. Eine logisch gebrauchte Gegenstandsvariable steht bei der Interpretation einer Sprache nicht für irgendwelche Gegenstände, sondern zeigt an, auf welche Stellen im darauffolgenden Satz sich der Quantor bezieht, d.h. welche Stellen in diesem Satz quantifiziert werden. Für die Konstanten gilt, daß außerlogische Konstanten stets deskriptiv gebraucht werden, d.h. bei einer Interpretation der Sprache stets für eine Entität stehen. Die logischen Zeichen als logische Konstanten werden stets logisch gebraucht.

Lit.: W.K. Essler: Analytische Philosophie I. Stuttgart 1972, S. 45f.   PP

Gedankenexperiment, der Versuch, unter Voraussetzung einer gegebenen Prämissenmenge (Theorie) aus lediglich hypothetischen, kontrafaktischen Situationen Schlußfolgerungen abzuleiten. In den Naturwissenschaften werden G.e eingesetzt, wenn die imaginierten Situationen aus kontingenten (z.B. technische oder Kostengründen), moralischen (Experimente an Lebendem) oder prinzipiellen Gründen nicht realisierbar sind. Sie dienen der Entwicklung neuer Hypothesen im Rahmen gegebener Theorien, der hypothetischen Prognose und Diagnose bei gegebener Theorie und nicht realisierbaren Randbedingungen, aber auch der Aufdeckung von Inkonsistenzen einer Theorie. – In der Philosophie tritt neben die Verwendung des Nachweises der möglichen Inkonsistenz konkurrierender Positionen das Ziel, neue Hypothesen oder neue Konzepte zentraler Begriffe zu etablieren (z.B. »Recht«, »Moral«, »Wissen« oder »Identität«). – Die Verwendung von

G.en zur Aufstellung neuer oder zur Falsifikation alternativer Theorien bedarf einer kontrollierbaren Methodik: Die kontrafaktisch unterstellten Situationen müssen im Rahmen der Philosophie logisch konsistent und im Falle der Naturwissenschaften zusätzlich mit den bekannten Naturgesetzmäßigkeiten vereinbar sein. Ob die Aussagekraft von G.en in der Philosophie ebenfalls die zweite Bedingung erfordert, ist umstritten und hängt vom Gegenstandsbereich und dem Beweisziel des G.s ab.   MQ

Gegensatz, konträrer. Wenn zwei Aussagen sich gegenseitig ausschließen, d.h. wenn mindestens eine der beiden Aussagen falsch ist, spricht man in der klassischen Logik von einem k.n G., in der Aussagenlogik von ↗ Exklusion.   PP

Gegenstand. (1) Entsprechend der Alltagssprache wird G. als Sammelbegriff verwendet, um das zu kennzeichnen, worauf sich das Interesse oder die Beobachtung richtet oder worüber berichtet und diskutiert werden kann. Der G. ist dabei nicht weiter qualifiziert. Zur Abgrenzung dazu kann der empirisch wahrnehmbare G. durch zusätzliche Attribute wie physikalisch, räumlich-dinglich, körperhafter u.ä. gekennzeichnet werden. (2) Im Rahmen der Erkenntnistheorie wird G. meist in Relation zum erkennenden Bewußtsein als erkanntes Objekt gebraucht. Dadurch wird die Frage aktuell, inwiefern und in welcher Weise der G. durch das erkennende Subjekt konstituiert ist bzw. wird. Locke unterscheidet zwischen dem sinnlichen G., d.i. den Objekten der sinnlichen Wahrnehmung (»sensations«), und dem G. des Denkens, d.i. ein durch Reflexion erzeugtes mentales Objekt. Im Kantischen Begriff des G.es ist die sinnlich-rezeptive Anschauung mit der verstandesmäßigen begrifflichen Komponente vereinigt (KrV B 137). In der Phänomenologie Husserls ist der G. durch einen intentionalen Akt konstituiert. (3) In der formalen Logik und Semantik wird all das als G. bezeichnet, (a) wofür ein Eigenname eingesetzt werden kann, oder (b) ein konkreter (singulärer) G., d.i. ein Individuum, oder ein abstrakter G., d.i. Klassen oder Relationen von G.en oder die Eigenschaften oder Beziehungen von G.en, oder (c) eine Aussage, über die eine Meta-Aussage getroffen wird.   PP

Gegenstandsausdruck, in einer ↗ Modellsprache bzw. formallogischen Schreibweise steht der G. für die Dinge des Bereichs, über den man spricht.
                                                                            PP

Gehalt. (I) Man bezieht sich auf den G., um mindestens drei Eigenschaften zu bestimmen, die sowohl auf mentale Zustände wie auf sprachliche Ausdrücke zutreffen: (1) Mentale Zustände und Sätze sind wahr oder falsch aufgrund ihres G.s; (2) der G. bestimmt die Weise, wie sich ein mentaler Zustand oder ein Ausdruck auf einen Gegenstand bezieht; (3) bei psychologischen Erklärungen beziehen wir uns auf den G. eines mentalen Zustandes oder eines vom Subjekt akzeptierten Satzes. Diese drei Eigenschaften bestimmen unterschiedliche Kriterien für die Differenzierung von G.en. Zwei mentale Zustände haben einen unterschiedlichen G., wenn sie: (1) in unterschiedlichen möglichen ↗ Welten wahr sind; (2) wenn unterschiedliche Faktoren für die Tatsache verantwortlich sind, daß sie sich auf denselben Gegenstand beziehen; (3) wenn sich ein rationales Subjekt aufgrund der beiden Zustände unterschiedlich verhält. Ähnliche Kriterien lassen sich für den G. sprachlicher Ausdrücke festlegen. Oft wird argumentiert, daß es keinen einheitlichen Begriff von G. gibt. So haben beispielsweise die beiden Aussagen (1) »ich bin in Berlin« und (2) »du bist in Berlin«, wobei sich »ich« und »du« auf dieselbe Person beziehen, nach dem ersten Kriterium denselben, nach dem zweiten und dem dritten hingegen einen unterschiedlichen Gehalt. Mit (1) und (2) beziehen sich zwei Menschen in unterschiedlicher Weise auf dieselbe Person, und ein rationales Subjekt, das (1) akzeptiert, wird sich unter normalen Umständen anders verhalten, als wenn es (2) akzeptiert.   GSO

(II) Im Hinblick auf die Frage, in welchem Sinn von der Bewährung einer empirisch-wissenschaftlichen Theorie gesprochen werden kann, macht Popper den Vorschlag, die Bewährung einer Theorie von ihrer ↗ Falsifizierbarkeit abhängig zu machen, d.h., daß eine Theorie empirischen G. haben muß. Der empirische G. ist definiert als die Klasse der Falsifikationsmöglichkeiten der Theorie. Dabei schlägt Popper vor, eine Theorie mit größerem empirischen G. derjenigen mit geringerem empirischen G. vorzuziehen, da erstere mehr über die Wirklichkeit aussagt und vielseitiger getestet werden kann (was ihre Falsifikationsmöglichkeit erhöht). Die Klasse aller nicht mit einer Theorie zu vereinbarenden Sätze bezeichnet Popper als den Informationsgehalt dieser Theorie, als logischen G. die Klasse aller nicht-tautologischen Konsequenzen einer Theorie. Ein Gehaltvergleich bietet sich dann an, wenn zwei konkurrierende Theorien dasselbe Problem zu lösen versuchen. Mehr G. hat diejenige Theorie, die zum einen alle Fragen mit derselben Genauigkeit beantworten kann, welche auch die ihr konkurrierende Theorie beantwortet, und zum anderen darüber hinaus noch weitere Fragen löst. Der Gehaltvergleich hat zum Ziel, die gehaltvollste und überprüfungswürdigste Theorie zu ermitteln.   PP

Lit.: C. McGinn: Mental Content. Oxford 1989. – C. Peacocke: Sense and Content. Oxford 1983. – Zu »empirischer Gehalt«: K. Pähler: Qualitätsmerkmale wissenschaftlicher Theorien. Tübingen 1986. – Ders.: Bewährung, Gehalt, Verisimilitude. In: Handlexikon zur Wissenschaftstheorie. Hg. H. Seiffert/G. Radnitzky. München 1989, S. 20ff. – K. Popper: Logik der Forschung. Tübingen [7]1982. – Ders.: Objektive Erkenntnis. Hamburg [4]1984.   GSO/PP

Gehirn im Tank (brain in a vat), ↗ Putnams moderne und säkulare Version der skeptischen Betrügergott-Hypothese von Descartes (genius malignus). Danach ist es physikalisch möglich, daß unsere Gehirne in einem Behälter mit Nährflüssigkeit schwimmen und an einen Computer angeschlossen sind, der durch elektrische Reize die Realität für uns simuliert, ohne daß wir es bemerken können. Prinzip der Hypothese ist wie bei Descartes die Möglichkeit eines globalen Irrtums über die Kausalursachen der eigenen Bewußtseinszustände. Im Unterschied zu Descartes beruht die G.i.T.-Hypothese jedoch auf einem semantischen Externalismus, wonach die Referenz

eines Gedankens durch seine Kausalursache bestimmt wird. Deshalb zeigt
sie nicht (wie bei Descartes), daß wir nicht wissen, ob unsere Meinungen
über die Außenwelt wahr sind, sondern nur, daß wir nicht wissen, ob sich
unsere wahren Meinungen auf die Außenwelt oder auf Computerimpulse
beziehen. – Putnam führt die G.i.T.-Hypothese zum Zwecke ihrer reductio
ad absurdum ein.

Lit.: P. Bieri: Scepticism and Intentionality. In: E. Schaper/W. Vossenkuhl (Hg.):
Reading Kant. Oxford 1989, S. 77-113. – A. Brueckner: Brains in a Vat. In:
Journal of Philosophy 83 (1986), S. 148-167. – H. Putnam: Vernunft, Wahrheit
und Geschichte. Frankfurt a.M. 1982, Kap. 1.   TG

Gesetzesartigkeit. Dem Problem der G. wird in der gegenwärtigen Diskussion der Wissenschaftstheorie grundlegende Bedeutung beigemessen,
da die Klärung der G. auch ein Beitrag zur Klärung des wissenschaftlichen Erfahrungsbegriffs und der induktiven Bestätigung darstellen würde.
Ausgehend von der Festlegung, daß jede Gesetzesaussage die syntaktische
Form einer All-Aussage hat (oder mit einer solchen äquivalent sein muß),
ergibt sich die Notwendigkeit, aus dem Kreis der Gesetzesaussagen solche
kontingenten All-Aussagen wie bspw. »alle Äpfel in diesem Korb sind rot«
auszuscheiden. Goodman schlägt dazu den metatheoretischen Begriff der
G. vor, um damit alle Aussagen zu bezeichnen, die alle Merkmale eines Gesetzes außer dem der Wahrheit besitzen. Eine solche Differenzierung bietet
sich aus zwei Gründen an: (1) Es gibt zahlreiche Aussagen, die wahr, aber
keine Gesetze sind – d.h. Wahrheit ist keine hinreichende Bedingung für G.
(2) Es gibt in der Geschichte der Wissenschaften zahlreiche Aussagen, die
ursprünglich für wahr gehalten und schließlich falsifiziert wurden, obwohl
ihnen G. zugesprochen werden muß – d.h. Wahrheit ist keine notwendige
Bedingung für G. Goodmans Vorschlag geht dahin, das Gesetz als eine
Aussage zu definieren, die gesetzesartig und wahr ist. Dadurch wird nicht
allen gesetzesartigen Aussagen der Status von Gesetzen zugesprochen. Um
die kontingenten All-Aussagen auszuschließen, bedarf es noch einer weiteren
Differenzierung: Für kontingente All-Aussagen ist es charakteristisch, daß
sie sich auf Gegenstände beziehen, die nach Ort und Zeit bestimmt sind.
Andererseits sind auch die Keplerschen Gesetze an örtlich und zeitlich bestimmte Objekte (d.i. die Planeten unseres Sonnensystems) gebunden. Um
beiden Umständen Rechnung zu tragen, schlägt ↗ Carnap vor, zwischen
fundamentalen und abgeleiteten gesetzesartigen Aussagen zu unterscheiden
und für die fundamentalen die Forderung aufzustellen, von Ort- und Zeitangaben frei zu sein. Poppers Forderung, daß eine gesetzesartige Aussage
eine streng universelle und nicht nur numerisch universelle (d.h. durch
Aufzählung determinierbare) Aussage sein müsse, weist auf einen anderen
zu berücksichtigenden Aspekt hin. Als allgemeinen Lösungsvorschlag für
die genannten Probleme formuliert Stegmüller: Eine Aussage ist genau dann
gesetzesartig, wenn sie vor Überprüfung aller ihrer Einzelfälle annehmbar
ist und wenn außerdem ihre Annahme nicht von der Überprüfung von
vornehrein bestimmter Einzelfälle abhängt.

Lit.: R. Carnap: Einführung in die Philosophie der Naturwissenschaften. Frankfurt a.M./Berlin 1986. – N. Goodman: Tatsache, Fiktion, Voraussage. Frankfurt a.M. 1975. – K. Popper: Note on natural laws and contrary-to-fact conditionals. In: Mind 58 (1948). – W. Stegmüller: Probleme und Resultate der Wissenschaftstheorie und Analytischen Philosophie. Bd. 1. Berlin/Heidelberg/New York 1969, S. 283ff. PP

Gültig. (1) In der formalen Logik wird in verschiedener Hinsicht von g. gesprochen: (a) in Bezug auf ein Schlußverfahren: Ein Schluß mit den Prämissen A_1...A_n und der Konklusion B heißt g., wenn die Konklusion B wahr ist und unter der Voraussetzung, daß die Prämissen wahr sind; (b) als logisch oder formal g. wird ein solcher Schluß bezeichnet, wenn er g. ist unabhängig von dem Bestehen oder Nicht-Bestehen der Sachverhalte, auf die sich Prämissen und Konklusionen beziehen; (c) aussagenlogisch g. ist ein Schluß dann, wenn er g. ist bei jeder möglichen Verteilung der Wahrheitswerte auf die einfachen Sätze, die in Prämissen und Konklusion vorkommen, d.h. er ist g. allein aufgrund der Festlegung über die Satzoperatoren, die in den Prämissen und der Konklusion enthalten sind; (d) prädikatenlogisch g. ist ein Schluß von den Prämissen A_1...A_n auf die Konklusion B, wenn jede ↗ Interpretation (d.i. Zuordnungsregel von Gegenstandskonstante zu einem Objekt und Prädikatkonstante zu einem Begriffsumfang), die alle Prämissen A_1...A_n erfüllt, auch die Konklusion B erfüllt.

Lit.: F. von Kutschera/A. Breitkopf: Einführung in die moderne Logik. Freiburg/München 1971, S. 10f., 40ff., 90. PP

H

Handlungslogik, durch von Wright begründete Teildisziplin der Logik, die als Grundlage der Normenlogik dient und Teil einer allgemeinen logischen Theorie der Veränderung anzusehen ist. Sie dient der Analyse der logischen Besonderheiten, die den Aussagen über Ausführung und Unterlassung von Handlungen zukommen. Dabei werden die der H. eigenen logischen Gesetze bestimmt, die zu den Gesetzen der Aussagenlogik hinzukommen. Aufgaben und zentrale Probleme der H. sind die Analyse des praktischen Schließens sowie die Klärung und Präzisierung zentraler handlungsbeschreibender Begriffe (z.B. »Hervorbringen«, »Zulassen« oder »Unterlassen«).

Lit.: H. Lenk (Hg.): Handlungstheorien – interdisziplinär. Bd. 1. München 1980. MQ

Handlungstheorie, analytische (philosophy of action), Teildisziplin der analytischen Philosophie, die die begrifflichen Grundlagen der empirischen H.n (z.B. Soziologie), der normativen H.n (z.B. Ethik) und der rationalen H.n (z.B. Entscheidungstheorie) untersucht. – In der a.n H. werden Fragen nach dem Status von Handlungserklärungen, dem Wesen

von ↗ Handlungsursachen und dem kausalen Zusammenhang zwischen
Person und Handlung (in der personalistischen H.) bearbeitet. In diesem
Zusammenhang berührt die analytische H. Themenstellungen, die aus der
Philosophie des Geistes stammen. Die Frage nach der kausalen Rolle von
Gründen betrifft das Körper-Geist-Problem. Außerdem geht es um die
Bestimmung des Verhältnisses von Handlungs- und Willensfreiheit zueinander. – Da Handlungsereignisse auf vielfältige Art beschreibbar sind, muß
die analytische H. das Verhältnis des Ereignisses zu den Beschreibungen
klären. Dies ist auch für Fragen der Bewertbarkeit von Handlungen von
zentraler Bedeutung. In diesem Kontext wird auch die Unterscheidung
von Handlungen und Basishandlungen wichtig. Die Klärung des Begriffs
der Absichtlichkeit ist ein weiteres zentrales Anliegen der analytischen H.
Insgesamt betrifft die a. H. zentrale Problemstellungen anderer Forschungs-
gebiete und liefert Grundlagen für andere Bereiche der Philosophie und
andere Wissenschaftsdisziplinen. Umgekehrt aber ist natürlich auch die a.
H. teilweise abhängig von Erkenntnissen, die in anderen philosophischen
und nicht-philosophischen Disziplinen gewonnen werden.

Lit.: M. Brand/D. Walton (Hg.): Action Theory. Dordrecht 1976. – L.H. Davis:
Theory of Action. Englewood Cliffs, New Jersey 1979. – A. Flew/G. Vesey: Agency
& Necessity. Oxford 1987. – G. Keil: Handeln und Verursachen. Frankfurt a.M.
2000. – H. Lenk: Handlungstheorien – interdisziplinär. 4 Bde. (in 6). München
1977ff. – G. Meggle/A. Beckermann (Hg.): Analytische Handlungstheorie. 2 Bde.
Frankfurt a.M. 1977. – C.J. Moya: The Philosophy of Action. An Introduction.
Oxford 1990.   MQ

Handlungsursache, Zustände und Ereignisse, die das Stattfinden einer
Handlung (Körperbewegung) kausal erklären. Umstritten ist in der analytischen Handlungstheorie, ob Gründe für Handlungen ebenfalls kausale
Ursachen sind. Den Kausalisten zufolge lassen sich Überzeugungen, Motive
und Intentionen als Dispositionen des Handelnden bzw. als Ereignisse im
Gehirn auffassen, die eine kausale Rolle für das Stattfinden einer Handlung
(eines Handlungsereignisses) spielen. Intentionalisten dagegen bestreiten,
daß die Gründe, die in Handlungserklärungen angeführt werden, als
Ursachen analysiert werden können, da Gründe nicht die für eine kausale
Funktion erforderlichen Kriterien erfüllen. Vertreter der personalistischen
Handlungstheorie behaupten dagegen, daß der Handelnde selbst Ursache
der Handlung ist. Sie postulieren eine immanente Kausalität, die zwischen
einem Handelnden und seinen Handlungen besteht (Chisholm) und sich
von der gewöhnlichen transeunten Kausalbeziehung zwischen Ereignissen
unterscheidet.

Lit.: A. Beckermann (Hg.): Handlungserklärungen. Analytische Handlungstheorie.
Bd. 2. Frankfurt a.M. 1977. – G. Keil: Handeln und Verursachen. Frankfurt a.M.
2000. – H. Lenk (Hg.): Handlungstheorie – interdisziplinär. Bd. II, 2. München
1979.   MQ

Hempel-Oppenheim-Modell, auch HO-Modell bzw. -Schema oder co-vering-law-model, von C.G. Hempel und P. Oppenheim 1948 veröffentlichtes Modell der Erklärung, das deduktiv-nomologisch ist: Ein Phänomen ist genau dann erklärt, wenn die Aussage, die es beschreibt (das Explanandum), aus Gesetzesaussagen und Aussagen über Rand- bzw. Anfangsbedingungen dedu-ziert ist. Diese beiden Arten von Aussagen bilden zusammen das Explanans. Die Gesetzesaussagen müssen relevant für den jeweiligen Fall, allgemein und bestätigt sein. Gesetzesaussagen sind ihrerseits genau dann erklärt, wenn sie aus umfassenderen Gesetzesaussagen deduziert werden. Hempel und Oppenheim sehen den Anwendungsbereich dieses Modells nicht nur in den Natur-, sondern auch in den Sozialwissenschaften. Problematisch an diesem Modell ist abzugrenzen, was in seinem Sinne relevante, allgemeine und bestätigte Gesetzesaussagen mit empirischem Gehalt sind. Ferner ist es fraglich, ob der Zusammenhang aller Gesetzesaussagen untereinander ebenfalls deduktiv-nomologisch gedacht werden kann.

Lit.: C.G. Hempel: Aspects of scientific explanation and other essays in the philosophy of science. New York/London 1965. Kap. 10: Studies in the logic of explanation (dt. Aspekte wissenschaftlicher Erklärung. Berlin/New York 1977).
ME

Holismus (von griech. holos: ganz), philosophische Tendenz, etwas als Ganz-heit und nicht als aus Teilen zusammengesetzt einzuschätzen. Je nachdem, was als Ganzheit angesehen wird, werden verschiedene philosophische Positionen als H. bezeichnet. Die wichtigsten Formen von H. sind: (1) Semantischer H.: Jede Sprache ist ein Ganzes. Ein Begriff oder eine Aussage hat nicht isoliert Bedeutung und propositionalen Gehalt, sondern nur im Kontext eines ganzen Bündels von Aussagen, das schließlich eine gesamte Sprache umfaßt. Wichtige Vertreter des H. sind ↗ Quine und ↗ Davidson, wichtige Kritik stammt von ↗ Dummett und Fodor/Lepore. (2) Epistemologischer H.: Einzelne Sätze einer Theorie können nicht isoliert bestätigt oder ent-kräftet werden. Es wird immer eine Theorie insgesamt und schließlich das gesamte System unseres Wissens mit Erfahrung konfrontiert. Es gibt kein experimentum crucis. Werden Prognosen einer Theorie durch Experimente nicht bestätigt, gibt es immer mehrere Möglichkeiten der Korrektur der Theorie bis hin zur Abänderung logischer Gesetze. Der epistemologische H. geht auf Duhem zurück. Er wird von Quine auf unser Wissen insgesamt bezogen und ist bekannt als Duhem-Quine-These. (3) Begründungstheo-retischer H. (↗ Kohärenztheorie des Wissens): Die Aussagen einer Theorie werden dadurch begründet, daß sie sich innerhalb der Theorie als ganzer wechselseitig stützen. Die Theorie wird durch ihre interne Kohärenz ge-rechtfertigt. Wichtige Vertreter dieser Position sind ↗ Neurath, Rescher, Lehrer und Bonjour. (4) Methodischer H.: Die Erklärung von etwas kann nicht reduziert werden auf die Beschreibung des Verhaltens von Teilen von ihm. Insbesondere wird auch die Ordnung verschiedener Theorien bzw. Wissenschaften nicht so gedacht, daß diese auf eine fundamentale Theorie bzw. Wissenschaft reduziert werden können. (5) Ontologischer H.: Die Welt ist ein Ganzes, das nicht aus Teilen besteht, die eine eigene Existenz haben. Hierzu ist in der Antike die Theorie der All-Einheit (hen kai pan) zu zählen, die zuerst von Parmenides vertreten wird. Hegel nimmt das antike Konzept der All-Einheit auf und denkt alles, was es gibt, als Moment der dialektischen Entwicklung eines Geistes, der mit der Welt identisch ist. Ein ontologischer H. ist auch Spinozas Substanz-Monismus. (6) Quantentheoretischer H.: In einigen Interpretationen der Quantentheorie wird vertreten, daß die Natur auf der grundlegenden Ebene physikalischer Elementarsysteme ein Ganzes ist. Denn gemäß der Quantentheorie ist zu erwarten, daß der Zustand jedes physikalischen Elementarsystems mit den Zuständen vieler anderer solcher Elementarsysteme verschränkt ist.

Lit.: Zu (1): D. Davidson: Wahrheit und Interpretation. Frankfurt a.M. 1990. – J. Fodor/E. Lepore: Holism. Oxford/Cambridge 1992. – Zu (2): P. Duhem: Ziel und Struktur der physikalischen Theorie. Hamburg 1978. – W.V.O. Quine: Von einem logischen Standpunkt. Frankfurt a.M. 1979. Kap. 2: Zwei Dogmen des Empirismus. – V. Mayer: Semantischer Holismus. Berlin 1997. – Zu (3): L. Bonjour: The structure of empirical knowledge. Cambridge, Mass. 1985. – K. Lehrer: Theory of Knowledge. London 1990. – O. Neurath: Soziologie im Physikalismus. In: Erkenntnis 2 (1931), S. 393-431; Protokollsätze. In: Erkenntnis 3 (1932/33), S. 204-14. – Zu (4): A. Meyer-Abich: Wissenschaft für die Zukunft. München 1988. – J.C. Smuts: Holism and evolution. London 1926. – Zu (5) V. Hösle: Hegels System. Hamburg 1988. – Zu (6): P. Teller: Relational Holism and Quantum Mechanics. In: British Journal for the Philosophy of Science 37 (1986), S. 71-81. – zum Thema insgesamt: M. Esfeld: Holismus in der Philosophie des Geistes in der Philosophie der Physik. Frankfurt a.M. 2002.   ME

Holismus des Mentalen. Im Zusammenhang der Diskussion des ↗ Leib-Seele-Problems bringt ↗ Davidson die These vor, daß die Ausdrücke des mentalen Vokabulars nicht zu denen der physikalischen Sprache passen, d.h. daß mentales und physikalisches Vokabular nicht zusammenpassen. Dies liegt in dem Umstand begründet, daß mentale bzw. intentionale Begriffe bestimmten Prinzipien der Rationalität folgen. Diese Prinzipien beinhalten, daß wir einer Person (in der Regel) nicht beliebig falsche Überzeugungen zuschreiben, die im Hinblick auf ihre anderen Überzeugungen und auf ihre Handlungen völlig irrational sind. Ihre Grundlegung findet die Auffassung von Davidson in der Annahme des H. d. M., der die beiden Thesen beinhaltet: (1) Eine Überzeugung kann nur haben, wer auch viele andere Überzeugungen hat. (2) Der Inhalt jeder Überzeugung hängt wesentlich von dem ab, was die betreffende Person sonst noch an Überzeugungen hat. ↗ Anomalität des Mentalen, ↗ Philosophy of Mind

Lit.: D. Davidson. In: S. Guttenplan (Hg.): A Companion to the Philosophy of Mind. Oxford 1994, S. 231-236. – A. Beckermann: Analytische Einführung in die Philosophie des Geistes. Berlin/New York 1999, S. 191-203.   PP

Ich. Die sprachanalytische Philosophie untersucht die mit dem Gebrauch des Pronomens »i.« einhergehende Funktion der Selbstreferenz des Sprechers sowie die damit verbundenen epistemischen Einstellungen, um u.a. auf diese Weise Anhaltspunkte für eine Klärung des Sachverhalts »Selbstbewußtsein« zu gewinnen. Nach ↗ Strawson ist nicht eine körperlose Ego-Substanz das ausgezeichnete Referenzobjekt des Ausdrucks »i.«, sondern der Sprecher, der mittels dieses Pronomens auf sich verweist. Folgt man Strawson, so ist die Idee einer reinen Ego-Substanz das Ergebnis einer Fehlinterpretation des Sachverhalts, daß die Selbstzuschreibung von Bewußtseinszuständen weder auf Beobachtung beruht noch hinsichtlich der »Identifikation« des Referenzobjektes fehlgehen kann. Diese beiden Besonderheiten im Gebrauch des Ausdrucks »i.« bei der Selbstzuschreibung mentaler ↗ Zustände berechtigen nicht dazu, auf eine distinkte Ego-Substanz zu schließen. Mit dem Pronomen »i.« wird also nicht identifiziert (wie etwa äußere Gegenstände identifiziert werden), sondern eine identifizierbare Person gemeint. – Shoemaker knüpft seine Überlegungen an die beiden genannten Besonderheiten des Gebrauchs von »i.« bei der Selbstzuschreibung mentaler Zustände an. Demnach ist die Verwendung des Pronomens »i.« bei dieser Art Selbstzuschreibung fundamentaler als bei seiner Verwendung in der Selbstzuschreibung von Prädikaten, die physische Sachverhalte ausdrücken, insofern diese auf der Möglichkeit nicht-perzeptiver Selbstreferenz beruhen. Beide Verwendungsweisen sind spezifische Merkmale seines Gebrauchs als Referenzausdruck.

Castañeda schließt aus der epistemischen und referentiellen Besonderheit im Gebrauch von »I.« gegenüber anderen Indikatoren auf eine ontologische Priorität: Weder bei der Identifikation der Entität noch bei der Bestimmung der Klasse von Entitäten kann sein richtiger Gebrauch fehlschlagen. Chisholm expliziert die Besonderheiten von »i.« nicht als Merkmale der Sprachverwendung, sondern als Merkmale von ↗ Referenz und ↗ Intentionalität. Demnach ist jeder intentionale Fremdbezug eines Subjekts als Relation Gegenstand einer propositionalen indirekten Attribution, während sich das Subjekt dieses »In-Beziehung-Stehen mit anderem« selbst direkt als Eigenschaft zuschreibt.

Lit.: P. Bieri (Hg.): Analytische Philosophie des Geistes. Königstein, Ts. 1981. – H.-N. Castañeda: Sprache und Erfahrung. Frankfurt a.M. 1982. – R.M. Chisholm: The First Person. Brighton, Suss. 1981. – P.F. Strawson: Einzelding und logisches Subjekt. Stuttgart 1972. – Th. Spitzley: Facetten des »ich«. Paderborn u.a. 2000.   RK

Ideal-language-philosophy ↗ Philosophie der idealen Sprache

Ideale Sprache, auch Idealsprache. Die philosophische Sprachkritik seit ↗ Frege, ↗ Wittgenstein, ↗ Russell und ↗ Carnap fordert für eine korrekte Beschreibung der Wirklichkeit den Aufbau einer i.n S. Da die Umgangssprache weder dem wissenschaftlichen Exaktheitsideal entspricht, noch hinsichtlich der Bedeutungen präzise und exakt bestimmt ist, wurde von den

Vertretern der ↗ Philosophie der idealen Sprache gefordert, eine Idealsprache
anzugeben, die ein getreues Bild der Wirklichkeit ist, indem sie einfache
Terme für einfache Dinge benutzt und ihren logischen Satzbau so konstruiert,
daß er den Aufbau der abgebildeten Tatsachen (↗ Abbildung), die sich aus
einfachen Dingen (Objekten und Attributen) zusammensetzen, wiedergibt.
Dem Ideal der exakten Sprache zufolge müssen drei Grundforderungen
erfüllt sein: (1) Alle nicht zu den undefinierbaren Grundzeichen gehörenden
Wörter müssen explizit definiert sein; (2) jedes Wort muß exakten Regeln
folgen, d.h. für jeden in allen Einzelheiten bekannten Fall muß festliegen,
ob das Wort auf ihn zutrifft; (3) die Regeln müssen endgültig festliegen,
damit man diese Sprache benutzen kann und dabei ein Verständnis von
Richtigkeit hat.   PP

Identifizierung. Innerhalb der sprachanalytischen Diskussion über die
Bezugnahme von ↗ Eigennamen, singulären Termini und ↗ Kennzeichnungen auf Einzelgegenstände bedeutet I., daß man mittels gewisser Ausdrücke
auf Gegenstände Bezug nehmen kann. Bei der demonstrativen I. zeigt
man unter Verwendung eines deiktischen Ausdrucks (»dieses hier«) auf
den gemeinten Gegenstand. Da der Ausdruck »dies« allein nicht deutlich
macht, was es ist, das gemeint ist, muß der deiktische Ausdruck mit einem
↗ sortalen Prädikat verbunden werden, das die räumliche Konfiguration von
Gegenständen einer bestimmten Art angibt und dadurch Identitäts- und
Zählbarkeitskriterien für Gegenstände dieser Art bestimmt. Die I. eines
Gegenstandes durch Eigennamen gelingt nur dann, wenn man in der Lage
ist, den Namen durch Beschreibungen abzustützen. Da die Beschreibungen im wesentlichen allgemein sind, gelingt eine I. im eigentlichen Sinn
erst dann, wenn die Kennzeichnung durch eine solche Kennzeichnung
abgestützt wird, die die raum-zeitliche Entfernung zwischen dem gemeinten Gegenstand und einem demonstrativ identifizierbaren Gegenstand
angibt. Die Auffassung, daß ein sprachlicher Ausdruck insofern Bedeutung
hat, als er sich auf einen ganz bestimmten Gegenstand bezieht, wird von
↗ Strawson und Tugendhat in der Weise rekonstruiert, daß der Bezug auf
einen Gegenstand gekoppelt wird mit der Funktion des Ausdrucks, diesen
Gegenstand aus anderen herauszugreifen, d.h. ihn zu identifizieren (bzw. zu
spezifizieren). Die Funktion des ↗ singulären Terms in einer prädikativen
Behauptung besteht genau in dieser Funktion, nämlich anzugeben, welcher
Gegenstand gemeint ist bzw. von welchem Gegenstand der Sprecher etwas
prädiziert. Die von Strawson und Tugendhat weiterführende Frage ist,
wie leistet der Ausdruck eine solche I.? Die ↗ Referenz wird nicht als eine
vorgegebene Relation zwischen sprachlichen Ausdrücken und Gegenständen der Welt aufgefaßt, sondern als ein Sich-beziehen eines Sprechers, als
Tätigkeit des deskriptiven Sprechens. Eine I. geschieht dadurch, daß mit
Hilfe bestimmter Ausdrücke »Einheiten« von der Umgebung abgesondert
und voneinander unterschieden werden können. Solche Ausdrücke werden
im Gefolge Strawsons als ↗ sortale Ausdrücke bezeichnet. D.h. die grundlegende demonstrative I., die dadurch geschieht, daß ein Gegenstand in
der unmittelbaren Umgebung der Gesprächspartner herausgegriffen wird,

sind durch die sortalen Ausdrücke zu ergänzen. Mit ihnen sind die Kriterien des Identifizierens und Unterscheidens gekoppelt, gleichermaßen sind sie für die Konstituierung der Gegenstände ausschlaggebend. Die sortalen Ausdrücke, die für die individualisierende (und damit identifizierende) Funktion verwendet werden, lassen sich dadurch charakterisieren, daß sie (a) in der Subjektposition (d.i. substantivische Verwendung) vorkommen, (b) eine Art und Sorte von Dingen kennzeichnen (z.b. wird durch den sortalen Ausdruck »Kuh« vorgezeichnet, was alles zu einem so bezeichneten Gegenstand gehört), (c) die Möglichkeit der Pluralbildung (verweist auf die Zählbarkeit als notwendige und hinreichende Bedingung dafür, daß man sinnvoll von einzelnen Dingen einer Sorte sprechen kann). Hat jemand den Sinn eines sortalen Ausdrucks verstanden, so hat er das Prinzip erfaßt, das es ihm erlaubt, die Dinge, auf die er sich bezieht, zu identifizieren, d.h. voneinander zu unterscheiden und zu zählen. Die sortalen Ausdrücke geben – nach Strawson und Tugendhat – die Kriterien der I. an.

Lit.: W. Carl: Existenz und Prädikation. München 1974. – E. Runggaldier: Zeichen und Bezeichnetes. Berlin/New York 1985, S. 95ff. – P. Strawson: Einzelding und logisches Subjekt. Stuttgart 1972, S. 17-74. – E. Tugendhat: Vorlesungen zur Einführung in die sprachanalytische Philosophie. Frankfurt a.M. 1976, S. 20.-27. Vorlesung: S. 341-496. – U. Wolf (Hg.): Eigennamen. Dokumentation einer Kontroverse. Frankfurt a.M. 1985, S. 9-41. PP

Identität. (1) In Aussagen über die Wirklichkeit erscheint eine Form des I.prinzips, die die ontologische These beinhaltet, daß alles Seiende eine gewisse Konstanz des Seins hat. Eine gewisse Konstanz der Dinge, die wir unserer Erfahrung entnehmen, ist die Voraussetzung für jegliches Wissen, das bei einer völlig regellosen, chaotischen und dauernden Veränderung nicht möglich wäre. (2) Terminus zur Bezeichnung einer vollständigen oder absoluten Gleichheit. In der formalen Logik ist von I. die Rede, wenn in einer Aussageform mit Gegenstandsvariablen für diese Variablen Eigennamen oder Kennzeichnungen eingesetzt werden, die den denselben Gegenstand benennen, z.B. der Morgenstern ist derselbe Planet (Venus) wie der Abendstern. Ein Satz a = b besagt, daß das durch die Gegenstandskonstante a bezeichnete Objekt mit dem durch die Gegenstandskonstante b bezeichneten Objekt identisch ist, daß also a und b dasselbe Objekt bezeichnen. Reflexivität, Symmetrie, Transitivität und das Substitutionsprinzip sind diejenigen Eigenschaften, die dem Gebrauch des Gleichheitszeichens in der Logik zugrunde liegen: Reflexivität besagt, daß die I. eine zweistellige Relation ist, in der jeder Gegenstand in Relation zu sich selbst steht; symbolsprachlich: $\forall x(x = x)$. Symmetrie der I. besagt, daß für sie die symmetrische Relation gilt, d.h. daß sie einem geordneten Paar von Gegenständen und auch dem umgekehrt geordneten, aber aus denselben Gegenständen bestehenden Paar zukommt; symbolsprachlich: $\forall xy$ ($x = y \supset y = x$). Transitivität der I. besagt, daß für sie die transitive Relation gilt, d.h. daß die zwei Gegenstände, die mit einem dritten in der Relation R stehen, auch unter sich in der Relation R stehen; symbolsprachlich: $\forall xyz$

$(x = y \wedge y = z \supset x = z)$. Das Substitutionsprinzip der I. besagt: Gilt $a = b$, so kann man a und b überall durcheinander ersetzen, ohne daß sich der Wahrheitswert der Sätze ändert. Zur Unterscheidung zwischen I. und Gleichheit ließe sich anführen, daß wir es bei der I. nur mit einem Gegenstand zu tun haben (auf den sich zwei Namen beziehen), bei der Gleichheit dagegen mit zwei Gegenständen. – Der Satz von der I. zählt neben dem Satz vom ausgeschlossenen Widerspruch, dem Satz vom ausgeschlossenen Dritten und dem Satz der Kontravalenz zu den elementaren Gesetzen der Logik. Er besagt in inhaltlicher Sprechweise, daß ein jeder Sachverhalt sich selbst zur (hinreichenden) Bedingung hat, daß er also besteht, falls er besteht. Es wird Vorausgesetztes und Erschlossenes identifiziert.

Lit.: F. von Kutschera/A. Breitkopf: Einführung in die moderne Logik. Freiburg/München 1971. S. 129ff. – A. Menne: Einführung in die Methodologie. Darmstadt ²1984, S. 69ff.   PP

Identität des Ununterscheidbaren, das Leibnizsche Gesetz der I. d. U. besagt: Wenn a und b alle Eigenschaften gemeinsam haben, sind sie identisch – symbolsprachlich: $\forall F \, (Fa \leftrightarrow Fb) \rightarrow a = b$. ↗ Ununterscheidbarkeit des Identischen.   PP

Identitätstheorie. Bei der zentralen Frage des ↗ Leib-Seele-Problems, ob mentalen Phänomenen ein eigener ontologischer Status zuzubilligen ist oder ob sie in Wirklichkeit physischer Natur sind, vertritt die I. die Auffassung, daß sich Aussagen über psychische Ereignisse und Aussage über physische (d.h. über Hirnprozesse) faktisch auf den gleichen Gegenstand beziehen. Eine (referentielle) Identität ist insofern gegeben, als das phänomenale Datum stets auf zweierlei Weisen (d.i. in Doppelaspekt) zugänglich ist: in introspektiven Beschreibungen unserer Erlebnisse und in neurophysiologischer Terminologie. Im ersten Fall kommen in mentalistischer Ausdrucksweise subjektive Erlebnisgegebenheiten zur Sprache, im zweiten Fall beziehen wir uns mittels physikalischer Sprache auf die zentralen Ursachen der peripheren körperlichen Veränderungen. Der Grundgedanke der I. erfährt in verschiedenen Weiterentwicklungen andere Akzentsetzungen: in der Doppelaspekt-Theorie von Feigl, in dem Topic-Neutral-Approach von J. Smart und D. Armstrong, in Nagels Theorie der abhängigen Zuschreibbarkeit von Merkmalen, in Sellars mikrotheoretischem Physikalismus. Smart/Armstrong weisen darauf hin, daß mentalistische Beschreibungen keinerlei Aussagen über den ontologischen Status mentaler Eigenschaften machen. Nagel erläutert, daß wir Empfindungen und Nervenstimulation dann für identisch halten, wenn wir festgestellt haben, daß sich beide in kausaler und konditionaler Hinsicht nicht voneinander unterscheiden. Sellars verweist auf die zukünftige Möglichkeit, daß in einer künftigen physiologischen Sprache unser gesamtes psychologisches Vokabular ohne Bedeutungsverlust ersetzt werden könnte. ↗ Materialismus

Lit.: D.M. Armstrong: A Materialist Theory of the Mind. London/New York 1968. – A. Beckermann: Analytische Einführung in die Philosophie des Geistes. Berlin/New York 1999, S. 98-141. – G. Brüntrup: Mentale Verursachung. Stuttgart/Berlin/Köln 1994. – M. Carrier/J. Mittelstraß: Geist, Gehirn, Verhalten. Das Leib-Seele-Problem und die Philosophie der Psychologie. Berlin/New York 1989. – H. Feigl: The ›Mental‹ and the ›Physical‹. In: H. Feigl/M. Scriven/G. Maxwell (Hg.): Concepts, Theories, and the Mind-Body Problem. Minneapolis 1958, S. 370-497. – C. McGinn: The Problem of Consciousness. Cambridge, Mass. 1991. – Th. Nagel: Wie ist es, eine Fledermaus zu sein. In: P. Bieri (Hg.): Analytische Philosophie des Geistes. Königstein 1981, S. 261-275. – M. Pauen: Das Rätsel des Bewußtseins: Eine Erklärungsstrategie. Paderborn 1999. – Ders./A. Stephan (Hg.): Phänomenales Bewußtsein – Rückkehr zur Identitätstheorie. Paderborn 2002. – E. Runggaldier/Ch. Kanzian: Grundprobleme der analytischen Ontologie. Paderborn u.a. 1998. – W. Sellars: The Identity Approach to the Mind-Body Problem. In: Ders.: Philosophical Perspectives. Springfield 1959, S. 370-388. – J.J.C. Smart: Sensations and Brain Process. In: Philos. Review 68 (1959), S. 141-156.   PP

Implikation, Sammelbezeichnung für logische ›wenn-dann‹ Beziehungen. Man unterscheidet insbesondere (1) die *logische* I.: ein Satz A impliziert logisch Satz B, wenn B aus A logisch folgt; (2) die *materiale* I. Sie ist eine häufig als Konditional oder Subjunktion bezeichnete zweistellige Wahrheitsfunktion, in Zeichen ›A → B‹, charakterisiert dadurch, daß sie den Wert falsch nur ergibt, wenn A der Wert ›wahr‹ und B der Wert ›falsch‹ ist. Unter der materialen I. wird auch ein Satz verstanden, dessen Wahrheitsbedingungen sich in der angegebenen Art wahrheitsfunktional verhalten; (3) die *strikte* I., die als eine notwendige materiale I. verstanden werden kann. Sie wurde von C.I. Lewis eingeführt in der Absicht, die logische Folgerungsbeziehung zwischen Aussagen durch eine objektsprachliche Aussagenverknüpfung wiederzugeben, wozu die materiale I. wegen ihres charakteristischen Wahrheitswertverlaufs nicht in der Lage ist. Historisch stellt Lewis' Untersuchung der strikten I. den Beginn der modernen Modallogik dar.

Lit.: I. Copi: Introduction to Logic. New York [6]1982.   UM

Indeterminiertheit der Übersetzung ↗ Übersetzungsunbestimmtheit
Indexical expressions ↗ Indexikalität

Indexikalität, (1) eine Eigenschaft, die ein sprachlicher Ausdruck genau dann hat, wenn sein Bezug systematisch von bestimmten Parametern des Äußerungskontextes abhängt. Typische Beispiele singulärer indexikalischer – oder, wie man auch sagt, demonstrativer oder deiktischer – Ausdrücke sind im Deutschen etwa die Pronomen »ich«, »du«, »er«, »sie«, »dies« und Adverbien wie »jetzt« und »hier«. Solche Ausdrücke heißen auch »Indikatoren«. Vor allem Kaplan (1989) hat ausführlich dargelegt, inwiefern Indikatoren (zumindest in ihrer häufigsten Verwendungsweise) sich »direkt«, d.h. nicht-deskriptiv auf Gegenstände beziehen und daher zu den ↗ starren Designatoren gehören, d.h., vereinfacht gesagt, zu Ausdrücken, die sich bei der Auswertung einer

gegebenen Aussage hinsichtlich kontrafaktischer Umstände auf kein anderes
Objekt beziehen als auf das tatsächlich bezeichnete. Sagt jemand: »Ich hätte
eine Minute später geboren werden können«, so werden kontrafaktische
Umstände oder andere mögliche Welten betrachtet, in denen der Sprecher
des Kontextes (und nicht etwa eine Person, die hinsichtlich jener Welten
durch bestimmte ↗ Eigenschaften festgelegt wird) etwas später geboren
wurde, als es tatsächlich der Fall war. Die Auswertung eines indexikalischen
Satzes ist grundsätzlich eine zweistufige Prozedur: Erst in einem Kontext
erhält man eine *Aussage*, d.h. etwas, dem man eine ↗ Proposition (oder eine
↗ Intension) zuordnen kann, der dann in einem zweiten Schritt relativ zu
einer möglichen Welt ein Wahrheitswert zuzuordnen ist. ↗ Putnam (1975)
hat auch auf die »versteckte Indexikalität« von Substanzwörtern wie »Wasser« hingewiesen (für die weitverzweigten semantischen Details in diesem
Zusammenhang vgl. etwa den Überblick bei Zimmermann 1991 sowie die
Weiterentwicklung der Theorie bei Haas-Spohn 1995).

(2) Insbesondere H.-N. Castañeda und J. Perry haben mit großer
Resonanz dafür argumentiert, daß indexikalische Ausdrücke insofern zu
wesentlichen Bestandteilen unserer Sprache gehören, als sie zur Kundgabe
propositionaler Einstellungen dienen können, die irreduzibel indexikalisch
sind. So ist bspw. stets denkbar, daß ein Subjekt *a* etwas glaubt, was es auf
eine Nachfrage hin mit einem Satz der Form »Ich habe die Eigenschaft *F*«
kundgeben würde, ohne daß es glaubt: »*a* hat die Eigenschaft *F*«, wenn *a*
für einen Namen oder eine Beschreibung dieses Subjekts steht. Kontrovers
ist hingegen, ob man aufgrund dieses Phänomens auch indexikalische Propositionen oder Gedanken als Inhalte solcher propositionaler Einstellungen
fordern sollte. Im Rahmen der Kaplanschen Theorie der direkten Referenz
von Indikatoren z.B. ergibt sich diese Konsequenz nicht.

Lit.: H.-N. Castañeda: Indicators: The Semiotics of Experience. In: K. Jacobi/H.
Pape (Hg.): Das Denken und die Struktur der Welt. Berlin/New York 1990, S.
57-93. – U. Haas-Spohn: Versteckte Indexikalität und subjektive Bedeutung. Berlin
1995. – D. Kaplan: Demonstratives. In: J. Almog u.a. (Hg.): Themes from Kaplan.
Oxford/New York 1989, S. 481-563. – M. Kettner/H. Pape (Hg.): Indexikalität
und sprachlicher Weltbezug. Paderborn 2002. – W. Künne: Indexikalität, Sinn
und propositionaler Gehalt. In: Grazer philosophische Studien 18 (1982), S.
41-74. – C. McGinn: The Subjective View. Oxford 1983. – A. Newen: Kontext,
Referenz und Bedeutung. Paderborn u.a. 1996. – J. Perry: The Problem of the
Essential Indexical. In: Nous 13 (1979), S. 3-21. – H. Putnam: The Meaning of
›Meaning‹. In: Ders.: Philosophical Papers. Bd. 2: Mind, Language and Reality.
Cambridge, Mass. 1975. – R. Stalnaker: Indexical Belief. In: Synthese 49 (1981).
– E. Zimmermann: Kontexttheorie. In: A. v. Stechow/D. Wunderlich (Hg.):
Semantik. Berlin 1991. – P. Yourgrau (Hg.): Demonstratives. Oxford 1990.   CJ

Individualontologie. Als Grundsatz des ↗ Nominalismus bedeutet eine
radikale I., daß nur singuläre Entitäten angenommen werden (sollen). Die
Ablehnung unnötiger abstrakter Entitäten bedeutet eine Vereinfachung der
Ontologie: nämlich einerseits Beschränkung auf die wahrnehmbaren singu-

lären Gegenstände, andererseits die Annahme einer Vielzahl individueller
Entitäten.   PP

Individuation. Verfahren, mit dessen Hilfe etwas in einem Gegenstandsbereich als Individuum konstituiert oder aufgefaßt wird. Das I.prinzip hat
anzugeben, mit welchen Mitteln die Gliederung eines Gegenstandsbereichs in
einzelne identifizierbare Einheiten möglich ist. In der Tradition der Philoso-
phie finden sich dazu unterschiedliche Auffassungen: In Demokrits Lehre vom
Atomismus ist das kleinste, sinnlich nicht wahrnehmbare Element gemeint;
Aristoteles begründet seine Feststellung, daß das Individuelle ontologische
Priorität habe vor dem Allgemeinen, mit dem Hinweis, daß das konkrete
Einzelwesen durch bestimmte Form und Stoff konstituiert und insofern ein
Selbständiges (*tode ti*) sei. Plotin vertritt demgegenüber die These, daß das
Allgemeine (d.i. die Gattung und Art) dem Individuellen (das letztlich nicht
erkennbar ist) ontologisch vorgeordnet ist. Für das Mittelalter kann die von
Albertus Magnus und Thomas von Aquin vertretene Auffassung repräsentativ
angeführt werden, wonach die Materie das Prinzip der I. darstellt. Denn die
materia prima gilt als Ursache für die Vervielfachung einer Form (bspw. des
Menschen in viele Einzelmenschen). In der Konsequenz dieser Auffassung
liegt die Annahme, daß die Individuen nur durch die hinweisende Geste
(Deixis) aufgezeigt werden können, ohne damit begrifflich hinreichend
bestimmt werden zu können. Die für den ↗ Nominalismus repräsentative
Annahme, daß jeder Gegenstandsbereich in Individuen gegliedert sei, wird
von Ockham vertreten. Der einfache ↗ Eigenname (d.i. singuläre Ausdruck)
stellt die dazu geeignete sprachliche Kennzeichnung der Individuen dar. Im
Zuge des Empirismus werden räumliche und zeitliche Bestimmung als die
wesentlichen Momente der I. angesehen. In der gegenwärtigen sprachanalytischen Diskussion führt Strawson die ↗ sortalen Ausdrücke an, die die
Kriterien des Identifizierens und Unterscheidens an die Hand geben.

Lit.: E. Runggaldier: Zeichen und Bezeichnetes. Berlin/New York 1985, S. 95ff.
– Ders./Ch. Kanzian: Grundprobleme der analytischen Ontologie. Paderborn u.a.
1998. – P. Strawson: Einzelding und logisches Subjekt. Stuttgart 1972, S. 17ff.
– E. Tugendhat: Vorlesungen zur Einführung in die sprachanalytische Philosophie.
Frankfurt a.M. 1976, S. 391ff.   PP

Individuennamen, -konstante, -variable. In der formalen Logik wird
unter einem Individuum ein Einzelgegenstand verstanden, also ein ganz
bestimmtes Ding, das zwar seinerseits zusammengesetzt sein kann aus Teilen,
die aber nicht thematisch sind, z.B. bilden solche Ausdrücke wie »die Stadt
Berlin«, »der Kölner Dom«, »der Kaiser von China« *Individuennamen*. Eine
Individuenkonstante stellt ein Zeichen für einen ganz bestimmten Gegenstand
dar, das in dem jeweiligen Zusammenhang diese Bedeutung (d.i. diesen
Gegenstandsbezug) beibehält; Individuenkonstanten werden in folgender
Schreibweise ausgedrückt: a, b, c, d, ..., a_1, a_2, ...a_n. Eine *Individuenvariable* ist in einer Aussageform eine angedeutete Leerstelle, die durch eine
entsprechende Individuenkonstante ausgefüllt werden kann (wodurch die

Aussageform zu einer Aussage wird). Durch eine Formel mit einer Leerstelle wird ausgedrückt, daß diese nicht nur für einen bestimmten Gegenstand (d.i. Individuum) gelten soll, sondern noch für andere der gleichen Bedeutungskategorie. Die Individuenvariable zeigt an, daß an ihrer Stelle eine Individuenkonstante eingesetzt werden kann. Individuenvariablen werden in folgender Schreibweise ausgedrückt: $x, y, z, x_1, x_2, \ldots x_n$.   PP

Individuum, Individualität. Die Bedeutung des Begriffs läßt sich nach vier möglichen Gebrauchskontexten bestimmen: (1) in bezug auf die Logik, (2) in bezug auf die Definitionslehre und die Klassifikation, (3) in bezug auf ontologische Bestimmungen (4) in bezug auf die konkrete Person und ihr Verständnis von sich selbst. In der formalen Logik stellt das I. ein Objekt der Grundstufe dar, das entweder durch eine ↗ Individuenkonstante oder Individuenvariable ausgedrückt wird. Bei Klassifikationen oder in Definitionen bedeutet I. das Einzelexemplar einer Gattung. In ontologischer Hinsicht wird das I. dadurch bestimmt, daß es ein unteilbares Ganzes darstellt. Aus der aristotelischen Bestimmung des I.s als einer ersten Substanz bzw. eines einzelnen als eines Ganzen (durch Form und Materie gebildet), entwickeln sich im Verlauf der weiteren Diskussion zwei grundlegende Komponenten des I.-Begriffs: (a) das I. als sinnlich-anschaulich Unmittelbares und (b) die rein begrifflich bestimmte unterste Art (i.S. des Individualbegriffs) oder das ontologisch Fundamentale. Leibniz nimmt diesen Gedanken von Aristoteles auf und versucht zu zeigen, daß wir durch zahlreiche Spezifikationen von Allgemeinbegriffen (z.B. von Lebewesen zu Mensch zu Frau zu Philosophin usw.) schließlich zu einem I. gelangen. Kant wendet gegen ein solches Verfahren ein, daß wir dazu sämtliche Eigenschaften kennen müßten, die einem möglichen Gegenstand in jeder möglichen Welt in allen möglichen Relationen zukommen. In bezug auf die konkrete Person bezeichnet der Begriff in subjektiver Hinsicht ein Bewußtsein von seiner Eigenheit oder Einmaligkeit, sich als I. zu wissen, in objektiver Hinsicht die erkennbare Besonderheit, d.h. etwas als I. (in Abgrenzung zu anderen) erkennen. ↗ Identifizierung.   PP

Induktion, stellt eine Methode dar, die es erlaubt, von beobachteten Einzelfällen zu allgemeinen Gesetzen aufzusteigen, d.h. ein Freilegen des Allgemeinen im Besonderen (Aristoteles). In der modernen Wissenschaftstheorie stellt I. eine Form von Schlüssen dar, in der aus einer Anzahl singulärer Aussagen über einen Gegenstandsbereich eine allgemeine Aussage desselben Gegenstandsbereichs abgeleitet wird, ohne daß die Folgerung sich logisch notwendig ergäbe (wie es bei der ↗ Deduktion der Fall ist). (1) Von einer *unvollständigen* I. spricht man, wenn die induktiv gewonnene Konklusion über die Prämissen hinausgeht: (a) Wenn für alle Elemente einer Teilmenge eine bestimmte Eigenschaft als zutreffend festgestellt wird, dann wird daraus geschlossen, daß diese Eigenschaft für alle Elemente der Gesamtmenge ebenfalls zutrifft (induktive Verallgemeinerung); (b) wenn sämtliche beobachteten Phänomene einer gegebenen Art eine bestimmte Eigenschaft haben, dann wird daraus geschlossen, daß alle, d.h. auch die noch nicht beobachteten Phänomene dieser Art diese Eigenschaft haben (voraussagende I.), z.B. aus den bisherigen Beobachtungen von Schwänen wird geschlossen, daß über den Kreis der beobachteten hinaus alle Schwäne weiß sind. (2) Die *eliminative* I., die sich an Mills Methode der Übereinstimmung und des Unterschieds anlehnt, legt das Augenmerk darauf, welche Eigenschaften in den Prämissen genannt werden, in der Konklusion aber nicht mehr. Dies ermöglicht das Ausscheiden unhaltbarer Prämissen bzw. den Nachweis der wahrscheinlichen Gültigkeit einer Prämisse (z.B. die Faktoren, die bei Körpermißbildungen von Neugeborenen immer genannt werden können im Gegensatz zu anderen bloß zufälligen Faktoren, die bestenfalls nur für den Einzelfall von Belang sind). Die eliminative I. dient eher einer systematischen Ermittlung der richtigen Prämissen für die Allaussagen. – Die I. wird als eine Methode, um wissenschaftliche Hypothesen zu entdecken oder Hypothesen zu überprüfen, verstanden (↗ Induktivismus). Als Entdeckungsmethode ist sie nicht unumstritten, da theoretische Sätze auch nichtbeobachtbare Aussagenelemente enthalten. – Die Rechtfertigung der Geltung von induktiven Schlüssen führt zu Schwierigkeiten, die als ↗ Induktionsproblem thematisiert werden.

Lit.: W.K. Essler: Induktive Logik. Freiburg/München 1970. – J. St. Mill: System der deduktiven und induktiven Logik I-III. In: Gesammelte Werke. Aalen 1968. – N. Rescher: Induktion. Zur Rechtfertigung des induktiven Schließens. München/Wien 1987.   PP

Induktionsproblem. Der Induktivismus als wissenschaftstheoretische Position geht von der Erfahrung als Grundlage jeder Erkenntnis aus. Dabei stellt der induktive Schluß eine Verallgemeinerung von Beobachtungsaussagen über den Bereich des Beobachteten hinaus auf die Gesamtmenge dieses empirischen Phänomens dar. Infrage steht dabei, ob und wann induktive Schlüsse berechtigt sind, d.h. wann von besonderen, durch Beobachtungen gestützten Sätzen auf allgemeine Sätze geschlossen werden kann. Das Rechtfertigungsproblem bezieht sich auf die Frage, von welcher Art die Argumente sind, die vom Beobachteten zum Nichtbeobachteten führen. Diese Frage stellt sich, da erstens der Gehalt der Aussagen, in denen wir unser angebliches Wissen über Nichtbeobachtetes mitteilen, nicht im Gehalt unseres Beobachtungswissens eingeschlossen ist, und da zweitens die Argumente nicht aus einer logischen Folgebeziehung gewonnen werden können; denn in einer logischen Folgerungsbeziehung darf der Gehalt der Konklusion nicht über den der Prämissen hinausgehen (d.h. kein Erweiterungsurteil). Dadurch stellt sich als Problem, auf welche Weise für den induktiven Schluß (als Erweiterungsschluß) der wahrheitskonservierende Charakter (wie er für die logische Folgebeziehung gilt) sichergestellt und begründet werden kann. Das I. entsteht dadurch, daß die Zuverlässigkeit und Geltung des Induktionsprinzips nicht seinerseits wieder durch Erfahrung (d.i. induktiv aus einzelnen Beobachtungssätzen) begründet werden kann. Popper hat nachgewiesen, daß jeder derartige Begründungsversuch zirkulär ist, da in der Begründung die Geltung des zu begründenden Induktionsprinzips bereits vorausgesetzt ist.

Lit.: W.K. Essler: Induktive Logik. Freiburg/München 1970. – J. St. Mill: System der deduktiven und induktiven Logik I-III. In: Gesammelte Werke. Aalen 1968. – K. Popper: Logik der Forschung. Tübingen ⁷1982. – Ders.: Die beiden Grundprobleme der Erkenntnistheorie. Tübingen 1979. – N. Rescher: Induktion. Zur Rechtfertigung des induktiven Schließens. München/Wien 1987. – W. Stegmüller: Das Problem der Induktion. In: H. Lenk (Hg.): Neue Aspekte der Wissenschaftstheorie. Braunschweig 1971, S. 13-74.   PP

Induktionsschluß. Ein I. liegt vor, wenn aus einer Anzahl singulärer Aussagen über beobachtete Einzelfälle eine allgemeine Aussage über denselben Gegenstandsbereich abgeleitet wird. Spezifisch für den I. ist, (a) daß der Gehalt der Konklusion über den Gehalt der Prämissen (d.i. der beobachteten Einzelfälle) hinausgeht, und (b) daß die Konklusion nicht mit derselben Sicherheit behauptet werden kann, mit der die Prämissen gelten. ↗ Carnap (*Induktive Logik und Wahrscheinlichkeit*) faßt die I.e nach fünf Haupttypen zusammen: (1) der *direkte Schluß*: von einer Grundgesamtheit auf eine Stichprobe dieser Gesamtheit, (2) der *Voraussageschluß*: von einem Fall auf einen (in der Zukunft liegenden) anderen Fall, (3) der *Analogieschluß*: von einem Individuum auf ein anderes aufgrund einer bekannten Ähnlichkeit zwischen beiden, (4) der *inverse Schluß*: von einer Stichprobe auf die Gesamtheit, (5) der *Allschluß*: von einer Stichprobe (d.i. einer endlichen Klasse von Einzelfällen) auf eine Hypothese vom Charakter eines Allsatzes.

Lit.: R. Carnap: Logical Foundation of Probability. Chicago ²1962. – Ders.: Einführung in die Philosophie der Naturwissenschaften. Frankfurt a.M./Berlin 1986. S. 28ff. – R. Carnap/W. Stegmüller: Induktive Logik und Wahrscheinlichkeit. Wien 1959. – W. Stegmüller: Hauptströmungen der Gegenwartsphilosophie. Stuttgart ⁴1969, S. 467ff.   PP

Induktivismus, wissenschaftstheoretische Position, nach deren Auffassung Beobachtungsaussagen die Grundlage jeder Erkenntnis darstellen. Beobachtungsaussagen (bzw. Erlebnisaussagen) stehen am Anfang eines jeden Erkenntnisprozesses. Durch einen Induktionsschluß werden aus diesen Einzelaussagen allgemeine Sätze oder Hypothesen gewonnen. Die induktive Verallgemeinerung ist ein Schluß von einer Teilmenge auf eine Gesamtmenge. Dabei sagen die Prämissen (d.h. die Sätze über beobachtete Fälle) aus, daß für alle Elemente einer Teilmenge eine gewisse Eigenschaft zutrifft, und die Konklusion, daß diese Eigenschaft für alle Elemente in der Gesamtmenge zutrifft. Die Konklusion ist eine allgemeine Hypothese über unendlich viele Elemente einer Gesamtmenge. Dem I. liegt als Annahme die Gleichförmigkeit der Natur zugrunde. Diese Gleichförmigkeit läßt die Erwartung zu, daß beobachtete Phänomene sich auch zukünftig so ereignen werden wie bisher. Problematisch wird diese Position dadurch, daß die Zuverlässigkeit und Geltung des Induktionsprinzips nicht seinerseits durch Erfahrung (d.i. induktiv) begründet werden kann. Eine derartige Begründung ist zirkulär, da jeder induktive Begründungsversuch des Induktionsprinzips bereits von dessen Geltung ausgeht. Hume und Popper bezweifeln die Möglichkeit, durch induktive Verallgemeinerung die Wahrheit wissenschaftlicher Hypothesen begründen zu können.

Lit.: W.K. Essler: Induktive Logik. Freiburg/München 1970. – J. St. Mill: System der deduktiven und induktiven Logik I-III. In: Gesammelte Werke. Aalen 1968. – K. Popper: Logik der Forschung. Tübingen [7]1982. – Ders.: Die beiden Grundprobleme der Erkenntnistheorie. Tübingen 1979. – N. Rescher: Induktion. Zur Rechtfertigung des induktiven Schließens. München/Wien 1987. – W. Stegmüller: Das Problem der Induktion. In: H. Lenk (Hg.): Neue Aspekte der Wissenschaftstheorie. Braunschweig 1971, S. 13-74.   PP

Inkommensurabilität. In bezug auf den wissenschaftlichen Fortschritt bzw. die Entwicklung wissenschaftlicher Theorien treten Kuhn und Feyerabend mit ihrer These der I. der Vorstellung entgegen, daß eine solche Entwicklung als kumulativer Prozeß zu verstehen sei. Vielmehr vollzieht sich eine solche Entwicklung durch den Wechsel von Paradigmen, die miteinander unvergleichbar, also inkommensurabel sind. Dies wird nur dadurch verschleiert, daß die neue Theorie die gleichen Ausdrücke hat wie die verdrängte, so bedeuten z.B. die Begriffe des Raumes, der Zeit, der Masse und der Energie in der Newtonschen Mechanik etwas anderes als in der relativistischen Mechanik. Die These, daß es sich bei der verdrängten Theorie um einen Grenzfall der neuen handeln würde, ist dann nicht mehr haltbar. Die Verdrängung einer Theorie durch eine mit ihr inkommensurable neue Theorie ist das Wesensmerkmal einer wissenschaftlichen Revolution.

Lit.: P.K. Feyerabend: Der wissenschaftliche Realismus und der philosophische Realismus. In: Ders.: Probleme des Empirismus. Braunschweig 1981, S. 28ff. – Th. S. Kuhn: Die Struktur wissenschaftlicher Revolutionen. Frankfurt a.M. 1973. – W. Stegmüller: Theoriendynamik und logisches Verständnis. In: Ders.: Neue Wege der Wissenschaftsphilosophie. Berlin/Heidelberg/New York 1980. S. 27ff.   PP

Intension/Extension. Beide Begriffe haben ihren Stellenwert in einer Theorie der Bedeutung. Die I. ist der Sinn oder die Bedeutung eines sprachlichen Ausdrucks bzw. eines Terms. Innerhalb der sprachanalytischen Philosophie haben vor allem ↗ Frege, Carnap und (im Anschluß an Frege) ↗ Dummett auf die grundlegende Funktion der I. hingewiesen. Die I. eines Terms gibt wieder, in welchem Sinn uns ein Gegenstand gegeben ist und zeigt gleichzeitig die Möglichkeit bzw. den Weg an, auf dem man zu dem Bezugsgegenstand (Referenzobjekt) gelangen kann. D.h. wer die I. eines Terms erfaßt hat, ist zumindest prinzipiell in der Lage, ausfindig zu machen, welche Gegenstände damit gemeint sind oder welche Gegenstände unter den Term fallen und welche nicht. Denn mit der I. hat man die Art und Weise des Gegebenseins eines Gegenstandes und damit auch die Möglichkeit seines Gegebenseins erfaßt. Frege bringt dafür, daß man sich immer in einem bestimmten Sinn auf einen Gegenstand bezieht, das Beispiel von »Abendstern« und »Morgenstern«. Beide drücken einen je spezifischen Sinn aus: entweder der Stern,

der am Abend als erster oder der Stern, der am Morgen am längsten hell zu
sehen ist. Beide Namen stellen einen unterschiedlichen Sinn dar, haben aber
dasselbe Referenzobjekt, nämlich den Planeten Venus. In der Phänomenologie Husserls (*Logische Untersuchungen II*) findet das seine Entsprechung
in der Formulierung »der Gegenstand im Wie seiner Gegebenheit«. Von
Husserl wird das in bezug auf die historische Gestalt Napoleon illustriert,
der in dem Sinn »der Sieger von Jena« und in dem Sinn »der Verlierer von
Waterloo« aufgefaßt werden kann. An beiden Beispielen wird deutlich,
daß die I. gleichzeitig die Identifizierungsmöglichkeit eines Gegenstandes
bietet. Eine solche Identifizierungsmöglichkeit ist Voraussetzung für jeden
referentiellen Akt, da es kein unmittelbares Wissen darüber gibt, was die
Referenzobjekte der Terme (durch die referiert wird) sind. Die Kenntnis
der Referenzobjekte wird erst durch den jeweiligen Sinn vermittelt, d.h. sie
setzen ein mit der I. eines Terms verbundenes Wissen voraus. Dieses Wissen
kann von Kultur zu Kultur, von Lebenswelt zu Lebenswelt variieren. Die I.
eines Terms für natürliche Arten wird durch explizite Vorstellung über ein
»standardisiertes« Exemplar dieser Gattung (bspw. Tisch, Stuhl oder Pferd)
bestimmt. Man eignet sich die I. durch Beschreibung oder durch Hinweis
auf normale Exemplare der jeweiligen Art oder durch konkreten Umgang
in der Lebenswelt an.

Die E. ist gleichbedeutend mit Begriffsumfang. In der sprachanalytischen
Philosophie wurde vor allem von ↗ Carnap jene Bedeutungstheorie favorisiert, die die Bedeutung eines Terms durch den Begriffsumfang bestimmt.
D.h. die Gegenstände, die aufgrund der Term-Gegenstand-Zuordnung unter
einen Begriff fallen, sind die E. des Terms. Dabei ist zu präzisieren, was unter
»Gegenstand« zu verstehen ist: Ist der Term ein Prädikatsausdruck, dann wird
durch ihn eine Klasse von Objekten festgelegt, ist er ein ↗ Individuenname,
dann einzelne Gegenstände. Die Bedeutungsbestimmung der E. entspricht
dem Begriff der ↗ Interpretation von Formeln der Prädikatenlogik anhand
eines zugrundeliegenden Individuenbereichs: Die Bedeutung des singulären
Terms besteht in der Zuordnung eines einzigen Individuums, die eines
einstelligen Prädikats in der Zuordnung einer Menge von Individuen. Von
besonderer Relevanz ist für diese Bedeutungstheorie die Bestimmung der
Extensionsgleichheit: Zwei Sätze haben dieselbe E., wenn sie im Wahrheitswert übereinstimmen, zwei Prädikate, wenn sie dieselbe Klasse von
Objekten festlegen, zwei Individuennamen, wenn sie denselben Gegenstand
bezeichnen (wie bspw. »Morgenstern« und »Abendstern«).

Lit.: R. Carnap: Bedeutung und Notwendigkeit. Wien/New York 1972. – M.
Devitt/K. Sterelny: Language and Reality. Oxford 1987. Kap. 5. – M. Dummett:
Was ist eine Bedeutungstheorie. In: Ders.: Wahrheit. Stuttgart 1982, S. 94ff.
– Ders.: Frege. Philosophy of Language. London 1973, Kap. 5-8. – G. Frege:
Über Sinn und Bedeutung. In: Des.: Funktion, Begriff, Bedeutung. Göttingen
1969, S. 40ff. – Ch. Demmerling: Sinn, Bedeutung und Verstehen. Paderborn
2002. – A. Newen: Kontext, Referenz und Bedeutung. Paderborn u.a. 1996. – E.
Runggaldier: Zeichen und Bezeichnetes. Berlin/New York 1985. – Ders.: Analyti-
sche Sprachphilosophie. Stuttgart/Berlin/Köln 1990, S. 84ff. – E. Runggaldier/Ch.

Kanzian: Grundprobleme der analytischen Ontologie. Paderborn u.a. 1998. – P.
Stekeler-Weithofer: Sinnkriterien. Paderborn u.a. 1995.   PP

Intensionale Logik. Der i. l. liegt als allgemeine Annahme zugrunde, daß
die Beziehungen zwischen den einzelnen Urteilen von deren Sinn und nicht
ausschließlich von deren Wahrheitswert abhängen. Die i. L. betrachtet den
Begriffsinhalt von Ausdrücken. Damit versucht sie dem Umstand Rechnung
zu tragen, daß es in logischen Systemen Ausdrücke geben kann, die erst
durch die ↗ Intension hinreichend bestimmt sind, nicht aber ↗ extensional
durch den Bezug auf den Begriffsumfang der Teilausdrücke. Einzelformen
der i. L. sind die Modallogik, deontische Logik und die epistemische Logik.
Ein zentrales Argument für die i. L. findet sich in ↗ Freges Hinweis, daß
Nebensätze, propositionale Aussagen, die von satzbildenden Verben wie
»glauben« und »wissen« abhängig sind, in der Regel nicht durch Nebensätze
gleichen Wahrheitswerts ersetzt werden können. Durch die satzbildenden
Verben »glauben« und »wissen« werden intensionale Kontexte erzeugt, weshalb
die Bedeutungsanalyse nicht mehr ohne Rücksicht auf den Bedeutungsin-
halt durchgeführt werden kann. ↗ intensionaler Kontext, ↗ intensionale
Semantik   PP

Intensionale Semantik. (1) Teil der ↗ intensionalen Logik, der verschiedene
Systeme der intensionalen Logik semantisch charakterisiert; (2) allgemein
Zweig der formalen Semantik, der sich mit den semantischen Strukturen
↗ intensionaler Kontexte befaßt, und davon ausgehend versucht, eine natürlichen Sprachen angemessene formale Bedeutungstheorie zu entwickeln.
Verstanden in diesem Sinne finden sich erste Ansätze zu einer i.n S. in den
sprachphilosophischen Schriften Freges. ↗ Frege unterscheidet zwischen dem
›Sinn‹ und der ›Bedeutung‹ eines sprachlichen Ausdrucks. Dabei folgte er
im wesentlichen der traditionellen Unterscheidung zwischen Intension und
Extension, übertrug diese jedoch auf alle Arten von sprachlichen Ausdrücken,
also neben Prädikaten auch auf Namen und sogar auf Sätze (dabei wird der
›Sinn‹ eines Satzes von Frege als der durch ihn ausgedrückte ›Gedanke‹,
seine ›Bedeutung‹ aber als sein Wahrheitswert festgelegt). Frege bemerkt,
daß unter bestimmten Umständen, wenn eine ›ungerade Rede‹, modern:
ein intensionaler Kontext, vorliegt, Ausdrücke nicht mehr für ihre normale
Bedeutung, sondern für ihren Fregeschen Sinn stehen. Allerdings hat Frege,
dessen Interessen v.a. der Grundlagenproblematik der Mathematik galten,
diese Beobachtung nicht zu einer Theorie und damit zu einer i.n S. im
eigentlichen Sinn ausgearbeitet. – Eine Fortsetzung fanden Freges Ansätze
jedoch in einigen Arbeiten A. Churchs, der eine i. S. auf der Basis der
Synonymierelation zwischen sprachlichen Ausdrücken konstruierte.
    Für die weitere Entwicklung der i.n S. bestimmender war die von
↗ Carnap vorgeschlagene semantische Methode der Intension und Extension, die im Ansatz der Fregeschen Unterscheidung zwischen Sinn und
Bedeutung entspricht. Ein darüber jedoch hinausführender Gedanke ist,
die Bedeutung eines Satzes, häufig als ↗ Proposition bezeichnet, mit den
Bedingungen seines Wahrseins gleichzusetzen, da die Bedeutung eines Satzes

zu kennen, soviel heißt wie zu wissen, unter welchen möglichen Umständen
er wahr ist. Dies führte in Gestalt der Mögliche-Welten-Semantik zu der
derzeit vorherrschenden Version der i.n S. Die Festlegung des Wahrheitswertes eines Satzes, von Carnap als seine Extension angesehen, erfolgt dabei
ebenso wie die Bestimmung der Extension sprachlicher Ausdrücke anderer
Kategorie jeweils relativ zu einer möglichen Welt. Intensionen, im Sinne
von sprachlichen Bedeutungen, können deshalb vereinheitlichend als Funktionen von möglichen Welten in Extensionen verstanden werden. So sind
z.B. Eigenschaften als Intensionen von Prädikaten Funktionen, die einer
möglichen Welt jeweils die Menge der Individuen oder Objekte zuordnen,
auf die in dieser Welt das jeweilige Prädikat zutrifft. Die möglichen Welten
selbst treten bei Carnap, der sich dabei auf Gedanken Wittgensteins beruft,
noch in Form sog. Zustandsbeschreibungen auf, bei denen es sich im wesentlichen um maximal-konsistente Satzmengen handelt. In der maßgeblich
von S. ↗ Kripke geprägten weiteren Entwicklung der i.n S. wurde jedoch
auf eine inhaltliche Bestimmung möglicher Welten zunehmend verzichtet.
Formal übernehmen sie dann die Rolle eines Parameters in der semantischen
Interpretationsfunktion. Äußerer Anlaß dieser Entwicklung war der Versuch
einer semantischen Darstellung der Modallogik.

Lit.: J. van Benthem: A Manual of Intensional Logic. Stanford [2]1988. – R. Carnap:
Bedeutung und Notwendigkeit. Wien/New York 1972. – S. Kripke: Name und
Notwendigkeit. Frankfurt a.M. 1981. – R. Montague: Formal Philosophy. New
Haven 1974   UM

Intensionaler Fehlschluß ↗ Fehlschluß, intensionaler

Intensionaler Kontext. Ein i.K. entsteht durch einen sprachlichen Ausdruck,
der verhindert, daß die Wahrheitsbedingungen eines ihn enthaltenden Satzes
allein durch Bezugnahme auf die Extension der in diesem Satz vorkommenden
Ausdrücke angegeben werden kann. Für die Bedeutungsanalyse innerhalb
eines i.n K.es ist also die Berücksichtigung der sprachlichen oder begrifflichen
Darstellung des Bezeichneten wesentlich. Klassische Beispiele für sprachliche
Wendungen, die i. K.e erzeugen, sind: »Es ist notwendig/möglich, daß_«,
»Person P glaubt/weiß, daß_ », aber auch »..., während _ ». In i.n K.en sind
bedeutungsverschiedene Ausdrücke, auch wenn sie Gleiches bezeichnen,
nicht mehr in jedem Fall füreinander unbeschadet des Wahrheitswertes der
Gesamtaussage ersetzbar.   UM

Intensionalität. Unter I. versteht man allgemein das Ergebnis der Einwir-
kung intensionaler Phänomene. Diese liegen dort vor, wo eine semantische
Interpretation Bezug nimmt auf sprachliche Bedeutungen oder begriffliche
Gegebenheitsweisen und eine extensionale Deutung als unangemessen oder
unvollständig scheint. Dies ist z.B. in ↗ intensionalen Kontexten der Fall.
Sprachphilosophisch herrscht weitgehend Einigkeit, daß I. ein prägendes
Merkmal natürlicher Sprachen ist. Abweichende Meinungen bestehen
allerdings zu der Frage, ob die formale Behandlung von I. eine eigenstän-

dige ↗ intensionale Semantik erfordert oder die prinzipielle Möglichkeit extensionaler Umschreibungen im Sinne der Extensionalitätsthese besteht. – In jüngster Zeit wird auch für die Mathematik, die bisher fast durchweg extensional verstanden wurde, I. diskutiert. Dies steht im Zusammenhang mit dem Bemühen, eine konstruktivistische Begründung der Mathematik zu vertiefen.

Lit.: R. Carnap: Bedeutung und Notwendigkeit. Wien/New York 1972. – S. Feferman: Intensionality in Mathematics. In: Journal of Philosophical Logic 14 (1985), S. 41-55.   UM

Intention. (1) Für die logische Semantik gilt, daß die I. einer Aussage zusammengesetzt ist aus dem Gegenstand der Aussage und einer bestimmten, am Gegenstand mitgesetzten Beschaffenheit oder Beziehung. Als I. einer Aussage oder eines Gedankens ist das zu verstehen, was (als Gegenstand) in seinem So-Sein behauptet wird: z.B. wird in der Aussage »5 ist eine Primzahl« über den Gegenstand »5« behauptet, daß ihm die Eigenschaft einer Primzahl zuschreibbar ist. (2) In einem phänomenologischen Sinne (Brentano, Husserl) wird I. mit ↗ Intentionalität gleichgesetzt: Damit ist gemeint, daß jedes Bewußtsein immer ein Bewußtsein von etwas ist, d.h. daß jeder Bewußtseinsakt bzw. das Psychische allgemein die spezifische Eigenheit hat, auf einen Inhalt gerichtet zu sein. Die I. macht das Wesensmerkmal des Mentalen gegenüber dem Physischen aus. (3) In der Handlungstheorie wird I. im Sinne von Zielgerichtetheit einer Handlung verwendet. Dabei wird I. in einem doppelten Sinne gebraucht: (a) das Intendieren i.S. der Absicht (»die Person a hat die Absicht, die Handlung p auszuführen«), (b) der intendierte Inhalt (»einen Beitrag für eine gerechte Welt zu leisten«, war seine grundlegende I.«). ↗ intentionaler Zustand

Lit.: P. Bieri (Hg.): Analytische Philosophie des Geistes. Bodenheim ²1993. – R.M. Chisholm./W. Sellars: Intentionality and the Mental. In H. Feigl u.a. (Hg.): Minnesota Studies in Philosophy of Science II. Minneapolis 1958. – D.C. Dennett: The Intentional Stance. Cambridge, Mass. 1987. – M. Willaschek: Der mentale Zugang zur Welt. Frankfurt a.M. 2003.   PP

Intentionaler Zustand, häufig auch als propositionale Einstellung oder als Einstellung zu Propositionen bezeichnet. I. Z.e sind bspw. Überzeugungen, Wünsche, Absichten, Erwartungen, Hoffnungen, Befürchtungen – in ihnen drückt sich die Art der Einstellung oder des Zustandes aus. Der intentionale Charakter wird dadurch charakterisiert, daß i.Z.e auf einen bestimmten Gegenstand, ein bestimmtes (zukünftiges) Ereignis gerichtet sind. Dieses intentionale Objekt wird auch semantischer oder repräsentationaler Inhalt bezeichnet. I. Z.e werden unter Verwendung von ›daß‹-Sätzen zugeschrieben: Die Person A hofft/befürchtet/glaubt, daß etwas der Fall sein wird. Ein weiteres charakteristisches Merkmal der i. z.e zeigt sich in der spezifischen Form von Kausalbeziehungen, die zwischen den Inhalten bestehen. Diese unterliegen bestimmten Rationalitätsprinzipien.

Die charakteristischen Merkmale der i. Z.e haben folgende bedenkenswerte Konsequenzen: (1) Sie haben einen propositionalen Inhalt. Aus diesem Grund gelten sie als semantisch bewertbar, d.h. sie haben Wahrheits- und Erfüllungsbedingungen: sie sind genau dann wahr/erfüllt, wenn die Proposition, die ihren Inhalt ausdrückt, wahr ist. (2) I.Z.e sind opak. Die Ausdrücke (wie ›glauben‹, ›meinen‹, ›wünschen‹), mit denen wir i. Z.e zuschreiben, erzeugen intensionale Kontexte. Daher gilt: Wenn A und B zwei i. Z.e derselben Art sind, die mit extensionsgleichen, aber sinnverschiedenen daß-Sätzen zugeschrieben werden, dann ist es immer möglich, daß eine Person den i. Z. A, aber nicht B hat. Dann hat A in der Regel andere Ursachen und Wirkungen als B. A und B gelten daher als typverschieden, d.h. die Person mit dem i. Z. A befindet sich nicht in demselben i. Z. wie die Person mit dem i. Z. B. (3) Es gibt psychologische Gesetze, in denen nicht auf den Inhalt der i. Z.en Bezug genommen wird, sondern auf die logische Form dieses Inhalts (z.B.: Wer glaubt, daß der Gegenstand a die Eigenschaft F hat, der glaubt auch, daß es einen Gegenstand gibt, der die Eigenschaft F hat.). (4) Kausalbeziehungen zwischen i. Z.en respektieren häufig semantische Beziehungen zwischen ihren Inhalten bzw. Rationalitätsprinzipien (z.B.: (a) Die Überzeugung, daß p, verursacht die Überzeugung, daß q genau dann, wenn es rational ist, q zu glauben, wenn man p glaubt. (b) Wenn jemand p erreichen will und glaubt, daß die Ausführung von h ein geeignetes Mittel zur Erreichung von p ist, und nicht glaubt, daß die Ausführung von h Folgen hat, die er nicht will, dann wird er normalerweise h ausführen.). (5) I. Z.e sind produktiv und systematisch: Produktiv insofern, als es potentiell unendlich viel Typen von Überzeugungen, die alle nur einer eigenen kausalen Rolle verbunden sind, gibt; systematisch insofern, als die Fähigkeit, bestimmte Überzeugungen zu haben, zwangsläufig damit verbunden ist, bestimmte andere Überzeugungen zu haben.

Lit.: M. Anduschus: Zuschreibung propositionaler Einstellungen. Paderborn 1998. – A. Beckermann: Analytische Einführung in die Philosophie des Geistes. Berlin/New York 1999, S. 255-264. – P. Ulrich: Gewißheit und Referenz. Paderborn u.a. 1995.   PP

Intentionales System. Das Verhalten eines hinreichend komplexen Systems kann in physikalischer, funktionaler oder intentionaler Einstellung erklärt werden. Dennett hält eine intentionale Erklärung dann für unverzichtbar, wenn sich im Verhalten eines Systems Muster zeigen, die nur von einer intentionalen Einstellung aus sichtbar werden. Einer intentionalen Erklärung liegt die Rationalitätsannahme zugrunde, daß das System die Wünsche und Überzeugungen hat, die es haben sollte, und daß es das tut, was im Hinblick auf diese Wünsche rational ist. Ein System ist genau dann ein i.S., (a) wenn sich sein Verhalten verläßlich und umfassend in intentionaler Einstellung erklären und voraussagen läßt, (b) wenn sich in seinem Verhalten Muster zeigen, die nur von der intentionalen Einstellung aus sichtbar werden, (c) wenn es sogar wahrscheinlich ist, daß es auf der physikalischen und funktionalen Ebene keine Entsprechungen zu den Wünschen und Überzeugungen gibt, die wir mit dem System in intentionaler Einstellung zuschreiben.

Lit.: A. Beckermann: Analytische Einführung in die Philosophie des Geistes. Berlin/New York 1999, S. 293-320. – D. Dennett: Brainstorms. Montgomery 1978. – Ders.: The Intentional Stance. Cambridge, Mass. 1987. – Ders.: Philosophie des menschlichen Bewußtseins. Hamburg 1994.　　　　　　　　　　PP

Intentionalität. In einem allgemeinen Verständnis bezeichnet I. die Zielgerichtetheit des Handelns oder der Gefühle. Als philosophischer Terminus wurde er von Brentano zur Charakterisierung psychischer Phänomene eingeführt. In seiner *Psychologie vom empirischen Standpunkt* zeigt Brentano auf, daß den psychischen Phänomenen wie Denken, Lieben und Hassen eine intentionale Struktur eigen ist. Zur näheren Charakterisierung führt er den Begriff der »mentalen Inexistenz« an. Er erläutert dies als eine Beziehung auf einen Inhalt, ein Gerichtetsein auf ein Objekt oder auch als immanente Gegenständlichkeit. Brentano verweist in diesem Zusammenhang darauf, daß das »Etwas-als-etwas-Vorstellen« der Eindeutigkeit des Begriffs entsprechen müsse, indem das Etwas als Reales i.S. eines obersten Gattungsbegriffs für Dingliches aufzufassen sei. – Husserl macht sich den Begriff der I. zunutze, um die intentionale Struktur des ↗ Bewußtseins als Korrelationsapriori zu beschreiben: Akte des Vermeinens stehen in einem Bezug zum vermeinten Gegenstand. – Chisholm knüpft an Brentanos Unterscheidung zwischen psychischen und physischen Phänomenen an, indem er zeigt, daß zur Beschreibung physischer Phänomene keine intentionalen Sätze benötigt werden, zur Beschreibung der psychischen jedoch verwendet werden. Er führt zur Charakterisierung intentionaler Sätze eindeutige Kriterien an. Entgegen der Auffassung der Physikalisten, wonach mentale Eigenschaften durch physische Eigenschaften realisiert sind, wird damit behauptet, daß Intentionalität zu den Merkmalen gehört, die das Mentale eindeutig vom Physischen abgrenzen.

In der gegenwärtigen Diskussion wird die Annahme der I. einer eingehenden Kritik unterzogen. Als Ausgangspunkt der Debatte kann man den naturwissenschaftlich inspirierten Standpunkt betrachten, der die Annahme, bei der I. handle es sich um eine spezifische Eigenschaft psychischer Vorkommnisse, in Frage stellt. Auch wenn es ein unmittelbares Bewußtsein der eigenen intentionalen Erlebnisse geben mag, so könne doch die innere Wahrnehmung nicht der Maßstab für eine korrekte wissenschaftliche Beschreibung sein. Vom Standpunkt der Einheitswissenschaft aus muß sich das Phänomen der I. aus der Beobachterperspektive (d.i. die Perspektive der »dritten Person«) beschreiben und erklären lassen. Es wäre also erst noch auszuweisen, daß bei der Verwendung des intentionalen Vokabulars etwas Reales beschrieben wird. In der Reaktion auf diese kritische Perspektive haben sich zwei grundlegende Positionen herausgebildet: die non-faktualistischen Theorie der I. und der intentionale Realismus. Repräsentativ für die non-faktualistische Position von I. vertritt Dennett die Auffassung, daß intentionale Aussagen nicht als Tatsachenbeschreibungen gewertet werden dürfen, vielmehr ermöglichen sie, durch die Zuschreibung von Wünschen und Überzeugungen das Verhalten von Individuen rational verständlich zu machen. Aus solchen Zuschreibungen können keine kausalen Gesetzmäßigkeiten des Verhaltens geschlossen werden. Repräsentativ für den intentionalen Realismus macht Dretske geltend, daß I. aus natürlichen Indikatoren entsteht. Man müsse davon ausgehen, daß es so etwas wie eine natürliche Repräsentation unabhängig von menschlichen Absichten gibt. Bspw. zeigen Geruchsspuren in der Tierwelt die Bewegungsrichtung eines Tieres an und dienen gleichzeitig anderen Tieren zur Orientierung. Aus solchen natürlichen Indikatoren können nach Auffassung von Dretske anspruchsvollere Formen von I. entstehen. – ↗ Searle erörtert I. im Rahmen der These, daß Sprache sich von I. herleite. In Anlehnung an Brentano und Husserl geht er davon aus, daß I. die Eigenschaft vieler geistiger Zustände und Ereignisse ist, durch die sie auf Gegenstände oder Sachverhalte in der Welt gerichtet sind. So müssen Überzeugungen und Wünsche immer von etwas handeln (und insofern sind sie auf etwas gerichtet). Solche intentionalen Zustände haben einen Repräsentationsgehalt (ausgedrückt durch eine Proposition wie »daß sie den Raum verlassen werden«) und einen psychischen Modus (z.B. Überzeugung, Befürchtung, Hoffnung u.a.m.), in dem dieser Repräsentationsgehalt aufgefaßt wird. Der Modus legt dabei eine spezifische Form der Geist-auf-Welt-Ausrichtung fest, der propositionale Gehalt legt eine Menge von Erfüllungsbedingungen fest. Searle macht geltend, daß intentionale Zustände Gegenstände und Sachverhalte in demselben Sinne repräsentieren, in dem Sprechakte diese repräsentieren. Er vertritt die These, daß sich Sprache von I. herleitet und nicht umgekehrt. ↗ intentionaler Zustand.

Lit.: W. Bechtel: Philosophy of Mind. New Jersey 1988. – P. Bieri (Hg.): Analytische Philosophie des Geistes. Bodenheim ²1993. – Ders.: Intentionale Systeme. In: J. Brandstätter (Hg.): Struktur und Erfahrung in der psychologischen Forschung. Berlin 1987, S. 208-252. – J.L. Brandl: Das Problem der Intentionalität in der zeitgenössischen Philosophie des Geistes. In: Information Philosophie 3 (1998). – R.M. Chisholm: Die erste Person. Frankfurt a.M. 1992. – Ders.: Sätze über Glauben. In: P. Bieri (Hg.): Analytische Philosophie des Geistes. – Ders./W. Sellars: Intentionality and the Mental. In: H. Feigl u.a. (Hg.): Minnesota Studies in Philosophy of Science II. Minneapolis 1958. – D.C. Dennett: The Intentional Stance. Cambridge, Mass. 1987. – F. Dretske: If you Can't Make One, You Don't Know How it Works. In: P.A. French u.a. (Hg.): Philosophical Naturalism. Univ. of Notre Dame Press 1994. – H. Field: Mental Representation. In: St.P. Stich/T.A. Warfield (Hg.): Mental Representation. Oxford 1984. – J. Fodor: Propositional Attitudes. In: Ders.: Representations. Cambridge 1981, S. 177-203. – P. Prechtl: Die Struktur der Intentionalität bei Brentano und Husserl. In: Brentano Studien 2 (1989), S. 117-130. – E. Runggaldier/Ch. Kanzian: Grundprobleme der analytischen Ontologie. Paderborn u.a. 1998. – J. Searle: Intentionalität. Frankfurt a.M. 1987. – R. Stalnaker: Inquiry. Cambridge, Mass. 1987. – M. Willaschek: Der mentale Zugang zur Welt. Frankfurt a.M. 2003.   PP

Interaktionaler Dualismus ↗ Leib-Seele-Problem

Interaktionistischer Dualismus ↗ Leib-Seele-Problem

Intern/extern. Im Rahmen der traditionellen Erkenntnistheorie wird auf unterschiedliche Weise die Frage beantwortet, wie eine Erkenntnis über die außerhalb des Bewußtseins liegende Realität zu erreichen sei und wie man den ontologischen Status des Erkannten einzuschätzen habe. ↗ Carnap versucht solche Fragestellungen dadurch zu umgehen, daß er Fragen nach dem Vorkommen einzelner Entitäten nur innerhalb eines semantischen Systems für zulässig erklärt. Vorgängig ist also die Konstruktion eines semantischen Systems S, dann können die Fragen nach der Existenz von Entitäten (nur) mittels der Begriffe von S und nur innerhalb des Systems formuliert werden. Solche Fragen bezeichnet Carnap als i.e Fragen. Einer Entität kommt insofern Realitätsgehalt zu, als sie Element eines Systems S ist. Davon abzugrenzen sind jene Überlegungen, die gleichsam außerhalb von S die Frage nach dem Status von Entitäten dieses Sprachsystems stellen. Dadurch wird der Blick auf die Eigenaxiome und die Regeln von S gelenkt, durch welche die Eigenbegriffe von S erst eingeführt werden. Eine Antwort kann nicht wieder mit Hilfe der Axiome und Regeln von S gegeben werden, wenn man sich nicht in eine zirkuläre Argumentation verwickeln will. Carnap spricht diesbezüglich von e.en Fragen, die er als sinnlos bzw. als Scheinprobleme verwirft.

Lit.: R. Carnap: Bedeutung und Notwendigkeit. Wien/New York 1972, S. 257ff.
PP

Interpretation, (1) logisch-semantisch: eine I. sprachlicher Ausdrücke über einen Bereich von Dingen (ein Universum) ist eine auf der Ebene der Metasprache zu beschreibende zweistellige Relation, die auf eine eindeutige Art Gegenstandsausdrücke den Elementen des Universums, oder Eigenschaftsausdrücke den Klassen von solchen Elementen oder Beziehungsausdrücke den Relationen zwischen Elementen zuordnet; sie bildet die deskriptiven (auch: kognitiven) Ausdrücke im Sinne dieser Zuordnung auf Entitäten der genannten Art ab.

(2) Als Begriff der Prädikatenlogik: Einer I. der Prädikatenlogik müssen wir einen Bereich von Gegenständen, der mindestens ein Objekt enthalten soll, zugrundelegen. Die Gegenstandskonstanten werden dann als Namen für Objekte dieses Gegenstandsbereichs und die Prädikatenkonstanten als Umfänge von Begriffen, die sich auf diese Objekte beziehen, gedeutet. Eine Interpretation V der Prädikatenlogik über einen Gegenstandsbereich G ist eine Vorschrift, die jeder Gegenstandskonstante a ein Objekt V(a) aus dem Gegenstandsbereich G, jeder Prädikatenkonstanten F den Umfang V(F) eines Begriffs und jedem Satz einen Wahrheitswert zuweist. Mit Hilfe des Begriffs der I. können wir die Begriffe der prädikatenlogischen Wahrheit von Sätzen und der prädikatenlogischen Gültigkeit von Schlüssen definieren: Eine I. V erfüllt einen Satz A genau dann, wenn V(A) = wahr gilt. Ein Satz ist prädikatenlogisch wahr genau dann, wenn alle Interpretationen den Satz A erfüllen.

(3) Als Begriff der Wissenschaftstheorie bedeutet I. die pragmatische Zuordnung von soziokulturellen Inhalten zu einer semantisch bereits gedeuteten Sprache (d.i. die semantische Zuordnung von Bedeutung zu syntaktischen Zeichen). Dieses Zuordnungsverfahren wird nach unterschiedlichen Ge-

sichtspunkten thematisiert: (a) Die hermeneutische Richtung beschäftigt sich mit den subjektiven und intersubjektiven Bedingungen der I., den individuellen und den gesellschaftlich-geschichtlich begründeten Vormeinungen als Grundlage eines jeden Verstehens und Verstehensprozesses. Zum großen Teil wird die I. als methodische Durchführung des Verstehens an einem Text behandelt. (b) Die analytische Richtung erörtert das Verfahren der I.: als methodologische Analyse befaßt sie sich mit der Festlegung methodologischer Regeln, den Prozessen der Hypothesenbildung, -systematisierung und -prüfung. Dazu formuliert sie folgende Regeln: (1) als grundlegende Annahme gilt, daß jeder zu interpretierende Text einen Sinnzusammenhang (welcher Art auch immer) besitzt; (2) der Interpret geht von einer Haupthypothese aus und systematisiert sämtliche Unterhypothesen, indem er diese nach ihren logischen Abhängigkeitsverhältnissen anordnet; (3) ausgehend von allen singulären Detailhypothesen ist zu analysieren, wie weit der Interpret diese durch unabhängige methodische Verfahren prüft und damit seinen übergeordneten Hypothesen evtl. Geltung verschafft. I. wird deshalb definiert als methodisch überprüfte hypothetische Entschlüsselung eines methodologisch vorausgesetzten Sinnzusammenhanges. Die dafür bereitstehenden Prüfungsverfahren bestehen entweder in (umgangssprachlichen) Handlungsanweisungen wie Herstellen kritischer Lesarten, Aufzeigen und Vergleich von Parallelstellen des Textes, Belegtextverfahren oder in technischen Verfahren, die als linguistische und mathematisch-statistische oder als experimentell psychologische Untersuchungen vorgenommen werden können.

Lit.: W.K. Essler/R.F.M. Cruzado: Grundzüge der Logik I. Das Logische Schließen. Frankfurt [4]1991, S. 284. – H. Güttner: Logik der Interpretation. München 1973. – F. v. Kutschera/A. Breitkopf: Einführung in die moderne Logik. Freiburg/München 1971, S. 86ff.   PP

Inus-Bedingung (engl. insufficient, but non-redundant part of an unnecessary but sufficient condition), Bezeichnung für einen unerläßlichen, aber für sich nicht hinreichenden Teil einer hinreichenden, aber nicht notwendigen Bedingung. Diese I-B. spielt im Zusammenhang der Diskussion, wie der Begriff »Kausalität« zu explizieren sei«, eine besondere Rolle. Mackies Vorschlag der kontrafaktischen Definition von »Ursache« (d.h. die Frage: wenn x nicht gewesen wäre, wäre dann y trotzdem eingetreten?) wird ergänzt durch die Annahme eines kausalen Feldes, in dem sich das verursachte Ereignis befindet. Nicht alles in diesem kausalen Feld ist als Ursache in Erwägung zu ziehen: Allerdings ist ein Ereignis dieses Kausalfeldes eine hinreichende Bedingung, wenn es zusammen mit anderen Teilen ein anderes Ereignis bewirkt, wobei auch die anderen Teile für sich genommen nicht hinreichend gewesen wären, um dieses Ereignis zu bewirken. Das Ereignis hätte auch durch andere Bedingungen bewirkt werden können, so daß das erstgenannte Ereignis nicht als notwendige Bedingung anzusehen ist.

Lit.: J.-L. Mackie: The cement of the universe. A study of causation. Oxford 1974.   PP

J

Junktorenlogik ↗ Aussagenlogik

K

Kalkül, in der Logik ein System von syntaktischen Umformungsregeln zur Erzeugung von Zeichenreihen, die als Theoreme bezeichnet werden. Eine Folge von Regelanwendungen wird als Ableitung oder Deduktion bezeichnet. Eine Ableitung für das Theorem A ist eine Ableitung, die mit A endet. K.e dienen der Präzisierung und Formalisierung des mathematischen Beweisbegriffs. Obwohl für korrektes logisches Schließen bereits in der aristotelischen Syllogistik Regeln formuliert wurden, die einen quasi-syntaktischen Charakter hatten und insbesondere bei Leibniz dem modernen Kalkülbegriff nahe kommen, gelingt eine den Bedürfnissen der Mathematik angemessene Kalkülisierung der Logik erst durch den Prädikatenkalkül, wie er erstmals 1879 von ↗ Frege vorgelegt wurde. Mit dem gelegentlich auch als Funktionenkalkül bezeichneten Prädikatenkalkül ist im Gegensatz zur traditionellen Syllogistik auch eine logische Behandlung relationaler Aussagen möglich. Die Intensivierung logischer Forschungsaktivitäten durch die sog. Grundlagenkrise der Mathematik hat zu einer Vielzahl von K.en geführt, die zum Teil sehr verschiedene Forschungsinteressen widerspiegeln. – Die wichtigsten Arten von K.en sind (a) die axiomatischen, sog. Hilberttypkalküle, die auf einer Menge von Axiomen, für die eine heuristische Motivation nicht unbedingt erforderlich ist, mit einer geringen Zahl von Schlußregeln v.a. eine handliche Charakterisierung der relativ zu einer Semantik oder Interpretation gültigen Aussagen leisten; (b) die sog. Gentzenkalküle, zu denen der K. des Natürlichen Schließens gehört, der axiomenfrei sog. Einführungs- und Beseitigungsregeln für logische Konstanten und Annahmen formuliert, die weitgehend den intuitiven (›natürlichen‹) mathematischen Beweisbegriff umsetzen, sowie der sog. Sequenzenkalkül, der im wesentlichen eine für beweistheoretische Zwecke geeignetere Adaption des K.s des Natürlichen Schließens ist; (c) der semantiknahe Tableau- oder Baum-K., der, unabhängig von Beth, Hintikka und Schütte formuliert, statt eines direkten Beweisverfahrens ein Widerlegungsverfahren systematisiert und als zum Sequenzenkalkül dual verstanden werden kann. – Die verschiedenen K.e wurden auch auf nicht-klassische Logiken übertragen. Ein wichtiges Kriterium für K.e ist die ↗ Adäquatheitsbedingung. Von Algorithmen im engeren Sinn werden K.e durch die Nichteindeutigkeit der Regelabfolge unterschieden.

Lit.: M. Richter: Logikkalküle. Stuttgart 1978.   UM

Kategorie, semantische. Alle diejenigen Ausdrücke einer Sprache, die füreinander in einem sinnvollen Ausdruck einer Sprache eingesetzt werden können, so daß wiederum ein sinnvoller Ausdruck dieser Sprache entsteht,

bilden eine s. K. Elementare s. K.n sind solche, die als ↗ Argument auftreten können: Individuen, Universalien, Annahmen, Aussagen, Imperative,
Fragen, Performative.

Lit.: A. Menne: Einführung in die Methodologie. Darmstadt ²1984, S. 81. PP

Kategorienfehler. K. bestehen darin, daß an Leerstellen einer Aussageform,
die nur durch Ausdrücke eines bestimmten Typs sinnvoll gefüllt werden
können, Ausdrücke eines anderen semantischen Typs eingesetzt werden, so
daß ein sinnloser Satz entsteht. Setzt man z.B. in die Aussageform »Acht
ist _____ » in die Leerstelle »eine Primzahl« ein, so entsteht ein falscher
Satz (kein K.), während die Einsetzung »nachdenklich« einen sinnlosen Satz
ergibt. Ontologisch interpretiert besteht ein K. darin, einem bestimmten
Ding (z.B. der Acht) eine Eigenschaft (im Bsp. nachdenklich sein) zuzusprechen, die Dingen von dieser Art generell nicht zukommt. Semantisch
interpretiert wird bei einem K. dem ↗ singulären Term ein Prädikat zugeordnet, durch das er nicht näher bestimmt werden kann. Es ist umstritten,
ob die ontologische Erklärung von K.n eine weiterreichende Bedeutung
hat als die semantische oder ob ontologische Aussagen ausschließlich durch
Aussagen über den Sprachgebrauch zu klären sind. Umstritten ist auch die
Unterscheidung zwischen syntaktisch fehlerhaften, ungrammatischen (Bsp.
»Anja kariert doppelt.«) und semantisch sinnlosen Zusammensetzungen.
Auch metaphorische Verwendungen (Bsp. »Christians Klavierspiel ist feu-
rig.«) werfen bezüglich der Abgrenzung zu K.n bisher ungelöste Probleme
auf.   MQ

Kausalanalyse, auch Erklärungsanalyse. Der von Hempel eingeführten
Unterscheidung zwischen Erklärung-heischenden Warum-Fragen und epistemischen Warum-Fragen entsprechen zwei unterschiedliche Formen der
Analyse. Die von der K. gestellte Frage »warum kommt dieses Phänomen,
dieses Ereignis vor?« wird im Hinblick auf die wissenschaftliche Erklärung
umformuliert in die Frage: Aufgrund von welchen Antecedensdaten und
gemäß welchen Gesetzen kommt das zu erklärende Phänomen vor? Die
epistemische Erklärung verzichtet auf den Begriff von Ursachen und stellt
die Frage, warum man glauben solle, daß ein Ereignis zum Zeitpunkt t
stattfand. Die Verschiebung von der K. zur epistemischen Analyse wird auch
als pragmatisch-epistemische Wende charakterisiert, da diese nur auf einen
informativen Erklärungsbegriff abzielt, in denen Fragen der Kausalität keine
Rolle mehr spielen. Statt der Wahr-falsch-Unterscheidung tritt die komparative
Abstufung von Erklärungen nach Gütegraden. Für beide Aussageformen
besteht das Ziel im Auffinden von strikten oder deterministischen Gesetzen
bzw. statistischen oder probabilistischen Gesetzesannahmen. Bei strikten
Gesetzen läßt sich in Verbindung mit den Antecedensbedingungen das zu
erklärende Ereignis aus beiden Prämissen logisch ableiten, bei probabilistischen
Gesetzesannahmen kann der Schluß auf das zu erklärende Ereignis nur mit
einer gewissen Wahrscheinlichkeit (aber nicht logisch notwendig) erfolgen.
Die Unterscheidung zwischen K. und epistemischer Erklärung wird aus der

pragmatisch-epistemischen Sichtweise reduziert auf die Differenz zwischen Erklärungs- und Begründungsfall. Bei der K. ist davon auszugehen, daß man ein Wissen von dem Eintreten des Explanandum-Ereignisses bereits haben muß, so daß sie als eine real spätere Wissenssituation zur epistemischen Begründung hinzutritt.

Lit.: C.G. Hempel: Aspekte wissenschaftlicher Erklärung. Berlin/New York 1977. – W. Stegmüller: Probleme und Resultate der Wissenschaftstheorie und Analytischen Philosophie. Bd. 1. Berlin/New York 1984.   PP

Kausalgesetz. Allgemein bezeichnet K. ein Gesetz, das einen Zusammenhang von Ursache und Wirkung behauptet. Das K. wird gelegentlich spezieller gefaßt: Gleiche Ursachen haben gleiche Wirkung. Damit formuliert es eine Regelmäßigkeit in der Abfolge von Ereignissen. Auf diesem Hintergrund wird durch ein K. ein generelles Kausalurteil gebildet, z.B. ein physikalisches Gesetz. – In der Neuzeit wird die primär ontologische Betrachtungsweise der Kausalität abgelöst durch eine epistemologische Fragerichtung. Das K. als Beschreibung der Ursache-Wirkung-Relationen zwischen Substanzen und Akzidentien wird ersetzt durch den Aufweis einer funktionalen Abhängigkeit. Für den Empirismus, etwa bei Hume, gründet das K. in der Erfahrung. Damit wird das K. auf wirkursächlichen Zusammenhang restringiert (keine Finalität oder Teleologie). Die Kenntnis des K. entspringt aus der Erfahrung. Deshalb kann seine Gültigkeit nicht theoretisch bewiesen werden, sondern nur durch Gewohnheit instinktmäßig anerkannt werden. Gegen diese subjektive Grundlage der Gültigkeit von K.en wendet Kant ein, daß der Begriff der Kausalität apriori aus dem Verstand entspringt. K.e haben nach Kant allgemeine objektive Gültigkeit, obwohl sie ihre Gültigkeit einem spontanen, jedoch notwendigen subjektiven Akt verdanken. Ihre Gültigkeit bleibt auf den Bereich der Erfahrung beschränkt. – In den neueren Naturwissenschaften werden Naturgesetze nur noch gelegentlich als klassisches K. formuliert. An dessen Stelle treten probabilistische, statistische oder wahrscheinlichkeitstheoretische Erklärungen von Zuständen und deren funktionale Abhängigkeiten in geschlossenen Systemen.

Lit.: W. Stegmüller: Wissenschaftliche Erklärung und Begründung. Berlin/Heidelberg/New York ²1974, S. 452-466.   CHA

Kausalität, bezeichnet das Verhältnis, das zwischen einer Ursache und ihrer Wirkung besteht. Aus dem Handlungserleben heraus verstanden ist K. das Hervorbringen einer Wirkung. Die Übertragung des Begriffs der K. in den Bereich von Prozessen und Vorgängen, die keine Handlungen sind, führt dazu, logische und beobachtbare Charakteristika der Relation zwischen Ursachen und Wirkungen zu bestimmen. Üblicherweise unterscheidet man bei der Analyse der K. folgende Ebenen: die Kausalrelation und Kausalgesetze. Hinzu kommt noch das sogenannte Kausalprinzip, dem zufolge jedes Ereignis eine Ursache hat. – Der Standardauffassung von K. zufolge stehen

Ereignisse (»e_1 verursacht e_2«) in der Kausalrelation, wobei die Wirkung nicht zeitlich vor der Ursache existieren darf (Sukzessionsbedingung). Darüber hinaus sind nur solche beobachtbaren Ereignisabfolgen Kausalrelationen, bei denen die Wirkung regelmäßig und mit Notwendigkeit auf die Ursache folgt. Die Notwendigkeitsbedingung zeigt an, daß Kausalrelationen unter Kausalgesetze fallen müssen (Ereignisse vom Typ E_1 verursachen Ereignisse vom Typ E_2 unter der Voraussetzung bestimmter Rahmenbedingungen). Die Einschränkung auf theoretisch bestimmbare Rahmenbedingungen ist erforderlich, um die beobachtbaren Unregelmäßigkeiten und »Störfälle« berücksichtigen zu können. Die Notwendigkeitsbedingung wird in dieser Analyse mittels der Allquantifikation über Zeitpunkte und der Generalisierung auf Ereignistypen ausgedrückt (»für alle Ereignisse eines bestimmten Typs und zu allen Zeitpunkten«). – Alternativ zu der mit Sukzessionsgesetzen operierenden Kausalitätskonzeption ist eine modale Analyse der Notwendigkeitsbedingungen entwickelt worden. K. wird dabei im Rahmen der Mögliche-Welten-Semantik unter Rückgriff auf kontrafaktische Aussagen analysiert.

Lit.: G. Keil: Handeln und Verursachen. Frankfurt a.M. 2000. – J.L. Mackie: The Cement of the Universe. Oxford 1974. – E. Sosa/M. Tooley (Hg.): Causation. Oxford 1993. – G.H. von Wright: Erklären und Verstehen. Frankfurt a.M. 1974. MQ

Kennzeichnung, von B. ↗ Russell eingeführte Bezeichnung für Ausdrücke der Form »der (die, das) Soundso« – wobei »Soundso« ein genereller Term ist. K.en sind zusammengesetzt aus dem bestimmten Artikel im Singular und einem Substantiv, das attributiv erweitert sein kann (z.B. »Die größte Frau des Seminars«). Auch solche Ausdrücke, die sich auf diese Form bringen lassen, werden zu den K.en gerechnet (z.B. »Marcus' Krawatte« als »die Krawatte von Marcus«). Ausdrücke mit dem bestimmten Artikel im Plural gehören nicht zu den K., aber auch der bestimmte Artikel im Singular kommt in Ausdrücken vor, die keine K. sind. So ist »Der Mensch ist ein Lebewesen« im Normalfall logisch zu analysieren als »Alle Menschen sind Lebewesen« und daher in dieser Verwendung keine K. Auch die Ausdrücke, in denen »der (die, das)« als Demonstrativpronomen fungiert, zählen nicht zu den K.en, da für letztere situationsunabhängige Verwendbarkeit gefordert ist. Bei adäquater Verwendung einer K. ist die Einzigkeitsbedingung erfüllt, d.h. es gibt genau ein Individuum, auf das die K. zutrifft. K.en, die die Einzigkeitsbedingung nicht erfüllen, werden in konkurrierenden Theorien unterschiedlich analysiert. Nach J. St. Mill gehört die Einzigkeitsbedingung zur Bedeutung jeder K. hinzu, während sie für ↗ Frege zu den pragmatischen Voraussetzungen gerechnet werden muß. Wichtig bei der Behandlung der K.en ist es, ob sie als Bestandteil der Wissenschaftssprache oder in ihrem Gebrauch in der Alltagssprache betrachtet werden.

Lit.: M.O. Córdoba: Sinn und Unvollständigkeit. Aspekte der Semantik von Kennzeichnungen. Berlin 2002. MQ

Klasse. (1) Geht man in der formalen Logik von den Individuen aus, auf
die ein Prädikat zutrifft (extensionale Betrachtungsweise) und faßt diese
Individuen, auf welche dieses Prädikat zutrifft zusammen, erhält man eine K.,
z.B. »die Einwohner Kölns« oder »die Eishockeyfans«, »die Pfeifenraucher«.
Die K. ist die Extension eines Allgemeinbegriffs oder eine Universale. Alles,
was als Eigenschaft in einem einstelligen Prädikator auftreten kann, kann
auch eine K. bilden (z.B. die K. der Großnasigen). Die Ausdrücke »Eigenschaft« und »K.« können in der formalen Logik als gleichwertig angesehen
werden, da in ihnen nicht die Frage der Intension dieser Wörter eine Rolle
spielt, sondern deren Anwendungsbereich; z.B. können die Eigenschaften
»Lebewesen mit Herz« und »Lebewesen mit Nieren« insofern als identisch
angesehen werden, da unsere faktische Interpretation der Sprache beiden
Ausdrücken die gleiche K. von Dingen zuordnet. Die Individuen, die
unter das der K. entsprechende Prädikat fallen, sind die Elemente der K.
Als Komplementklasse (von einer K. K) bezeichnet man diejenige K., die
all die Gegenstände umfaßt, die keine Elemente der K. K sind (z.B. K. der
Schwimmer, Komplementklasse der Nichtschwimmer). Als Vereinigung (oder
logische Summe) zweier K.en wird die aus den K.en K und L entstandene
neue K. bezeichnet. Z.B. bilden die volljährigen Studenten und die minder-
jährigen, nicht-studierenden Jugendlichen die logische Summe aus den K.en
der Studenten und der Jugendlichen (die z.B. ermäßigten Eintritt erhalten
sollen). Als Logisches Produkt wird der Durchschnitt aus zwei K.en K und L
bezeichnet, z.B. die Automechaniker als K-Klasse und die Handwerkermeister
als L-Klasse ergibt Kfz-Meister. Die Klassendifferenz zweier K.en K und L
ist so zu verstehen, daß aus einer größeren K. eine Teilklasse L ausgegliedert
wird, woraus sich eine Restklasse ergibt, wie z.B. die K. der vierrädrigen
Kraftfahrzeuge ohne die Teilklasse der Lastfahrzeuge die Restklasse der
Personenfahrzeuge ergibt. Als wichtigste Klassenaussagen sind zu nennen:
die Gleichheit, die Subsumtion, die (strikte) Inklusion, die Umschließung,
die Überschneidung, die Gemeinsamkeit, die Fremdheit. Die Gleichheit
zweier K.en wäre gegeben, wenn z.B. K die Mitglieder eines Sportvereins
sind und L die Mitglieder eines Gesangsvereins sind und alle Mitglieder des
Sportvereins auch Mitglieder des Gesangsvereins sind und ebenso umgekehrt,
so daß beide Vereine dieselben Mitglieder umfassen, dann gilt die Gleichheit
K = L; bei der Subsumtion (auch als Inklusion bezeichnet – K sub L) wäre
K in L enthalten, wobei in L auch Mitglieder enthalten sein könnten, die
nicht zu K gehören, dagegen liegt bei der strikten Inklusion (K in L) fest,
daß in L tatsächlich auch noch andere Mitglieder als nur die K enthalten
sind. Die Umschließung (als Umkehrung der Inklusion – K um L) ist eine
Aussage aus zwei K.n: Wenn z.B. K alle Mitglieder des Sportvereins sind und
L die passiven, d.h. diejenigen, die nicht mehr aktiv an Sportwettkämpfen
teilnehmen, dann heißt das K umfaßt L. Überschneidung (K über L) heißt
eine Aussage, wenn ein Teil der Mitglieder von K auch Mitglieder von L
sind, und ein Teil der Mitglieder von L auch zu K gehören. Gemeinsamkeit
(K gemeinsam L) als Klassenaussage bedeutet, daß die beiden K.en K und L
wenigstens ein Element gemeinsam haben, während die Fremdheit (K fremd
L) als Gegenstück dazu bedeutet, daß sie kein Element gemeinsam haben.

Lit.: A. Menne: Einführung in die Logik. Tübingen ⁴1986, S. 75ff.   PP

Koexistensional. Als k. werden zwei (oder mehr) Prädikate dann bezeichnet, wenn sie auf dieselben Dinge zutreffen. Die Aussage, daß die Eigenschaft F identisch ist mit der Eigenschaft G, bzw. die Aussage, daß zwei Prädikate ›F‹ und ›G‹ dieselbe Eigenschaft bezeichnen, ist nur dann berechtigt, wenn die Prädikate ›F‹ und ›G‹ k. sind. Die Koexistensionalität der Prädikate ist eine notwendige Bedingung dafür, daß die Eigenschaften F und G identisch sind. Prädikate können als k. bezeichnet werden, wenn sie de facto auf dieselben Gegenstände zutreffen. Sie sind nomologisch k., wenn sie mit naturgesetzlicher Notwendigkeit auf dieselben Gegenstände zutreffen.

Lit.: A. Beckermann: Analytische Einführung in die Philosophie des Geistes. Berlin/New York 1999, S. 104ff.   PP

Kognitionswissenschaft (engl. cognitive science; lat. cognitio: Erkenntnis), jüngere, zwischen Philosophie, Informatik, Linguistik, Psychologie und Neurobiologie angesiedelte Wissenschaft über Erwerb, Verarbeitung, Übermittlung und Speicherung von Wissen. Das Spektrum der Wissensbestimmung reicht von kausalerklärbarer, simulierbarer, elektronisch implementierbarer Repräsentation von Objektivität über eine wechselseitige Bedingtheit von Wahrnehmungsorganen und Wahrgenommenem bis zu autonom gesetzter, intentionaler Interpretation individueller und gesellschaftlicher Weltwahrnehmung. – Den Kern der K. bildet die um 1960 entstandene Künstliche-Intelligenz-Forschung der Computerwissenschaften, die im Bemühen um Sprachimplementierung und Algorithmisierung intelligenter Denkleistungen verstärkt auf linguistische Sprachforschung und denkpsychologische Theorien zurückgriff. Zur Aufnahme philosophischer, v.a. sprachanalytischer, erkenntnis- und wissenschaftstheoretischer Ansätze kam es, nachdem sich die situativ bedingte Selektivität von Wahrnehmung und die wertende Intentionalität von Wissensverarbeitung als zentrales Problem der Simulation menschlichen Denkens erwies. Wichtigstes Paradigma der K. ist der konstruktivistische Ansatz der dialektischen Entwicklung von Denk-/Begriffs- und Weltstrukturen im Handeln. Dies führte zur Einbeziehung der psychologischen Genetischen Epistemologie und der ursprünglich biologischen Evolutionären Erkenntnistheorie. Mit der elektronischen Simulation neuronaler Netze gewannen neurobiologische Theorien der Signalverarbeitung und der Selbstorganisation und in Folge die philosophische Diskussion um ↗ Leib-Seele-Problem und ↗ Intentionalität große Bedeutung. ↗ Künstliche Intelligenz

Lit.: E. Engels: Erkenntnis als Anpassung? Frankfurt a.M. 1989. – J. Piaget: Einführung in die genetische Erkenntnistheorie. Frankfurt a.M. 1990. – J. Searle: Geist, Hirn und Wissenschaft. Frankfurt a.M. 1986. – P. Smolensky: Connectionist AI, Symbolic AI, And the Brain. In: AI Review 1 (1987), S. 95-109. – F. Varela: Kognitionswissenschaft, Kognitionstechnik. Frankfurt a.M. 1990.   EJ

Kognitivismus/Non-Kognitivismus. (1) In erkenntnistheoretischer Hinsicht tritt der K. in zwei gegensätzlichen Positionen auf: Der ↗ Logische Empirismus legt ein empirisches Signifikanzkriterium zugrunde, wonach all diejenigen Begriffe als sinnlos zu gelten haben, über deren berechtigte Anwendung nicht in jedem konkreten Fall mit Hilfe von Beobachtungen entschieden werden kann. Die als »critical cognitivism« bezeichnete Position von Chisholm vertritt dagegen die Ansicht, daß es Sachverhalte in der inneren oder äußeren Erfahrung gibt, die Kriterien für die Geltung von Sätzen über die Außenwelt, die mentalen Vorgänge in anderen Menschen, vergangene Ereignisse und ethische Sachverhalte darstellen. Der pragmatischen Bedeutungstheorie von Peirce liegt die Unterscheidung zwischen der handlungsbezogenen Organisation der Erfahrung und dem argumentativen Prozeß der Klärung von Geltungsansprüchen (des Wahren und Richtigen) zugrunde, ↗ Austin und ↗ Searle behaupten im Gegensatz zu jenen semantischen Wahrheitstheorien, für die einzig Sätze als wahr oder falsch beurteilbar sind, daß Behauptungen und Aussagen und die darin implizierten Geltungsansprüche die Grundlage der Wahr-falsch-Beurteilung darstellen.

Lit.: A.J. Ayer: Sprache, Wahrheit und Logik. Stuttgart 1970, S. 135ff. – R. Chisholm: Erkenntnistheorie. München 1979, S. 178-180.   PP

Kohärenz, kohärent, bezeichnet entweder die Widerspruchsfreiheit und Vereinbarkeit mehrerer Aussagen, Handlungsziele oder Lebenspläne oder den vernünftigen Zusammenhang eines Argumentationsganges.   PP

Kohärenztheorie. Als theoretische Position zur Bestimmung des Wahrheitsbegriffs vertritt die K. die Auffassung, daß eine wahre Aussage dadurch bestimmbar sei, daß sie mit bestimmten anderen wahren Aussagen übereinstimmt. Im Hinblick auf die Bestimmung der Wahrheit einer Aussage gehen Ansätze der K. davon aus, daß die Wahrheit einer Aussage durch gewisse Systemeigenschaften der Theorie, z.B. ihre logische Widerspruchsfreiheit, festgelegt ist, zu deren Folgerungsmenge die Aussage gehört. Der kohärenztheoretische Ansatz kann in besonderer Weise dafür fruchtbar gemacht werden, Kriterien der Verträglichkeit von Aussagen mit gegebenen wahren Aussagen zu entwickeln, um daraus z.B. Strategien für Problemlösungen zu entwickeln. Ein solches kriteriologisches Konzept der K. hat Rescher vorgelegt: Bestandteile der K. sind Umfassung (comprehensiveness), Zusammengefügtheit (cohesiveness) und Konsistenz. Sie ist eine Relation zwischen einer wahrheitsfähigen empirischen Aussage A und einer nicht-leeren Aussage-Menge M, die bereits als kohärent wahr ausgewiesen gelten. Die Relation besteht genau dann, wenn (1) die um die Aussage A erweiterte Aussage-Menge M logisch widerspruchsfrei ist, (2) es eine Teilmenge M' von der Aussagen-Menge M gibt, die alle (und nur die) Aussagen enthält, aus denen sich die Aussage A ableiten läßt, (3) jede Teilmenge von M erweitert um die Aussage A aus kontextual zusammengehörigen Aussagen besteht. Rescher nennt dazu drei kohärenztheoretische Bedingungen: (a) die Wahrheit des kohärenztheoretischen Kriteriums kann nicht mit Hilfe

eben dieser Kriterien festgestellt werden. (b) Das Kriterium legitimiert sich
über seinen Erfolg (was zu weiteren Präzisierungen führen könnte). (c) Das
Kohärenzkriterium ist hinsichtlich der Wahrheitstheorie ein partielles Kriterium, das seinerseits die korrespondenztheoretische Wahrheitsauffassung
voraussetzt. Die Anwendung des Kohärenzkriteriums dient zur Beurteilung
dafür, ob neue Aussagen als verträglich mit dem bisherigen Wissen zu gelten
haben. ↗ Wahrheit, ↗ Korrespondenztheorie

Lit.: N. Rescher: The Coherence Theory of Truth. Oxford 1973.   PP

Koinzidenzsatz, Koinzidenztheorem. In der Prädikatenlogik wird mit
Hilfe des Begriffs der ↗ Interpretation die prädikatenlogische Wahrheit
von Sätzen definiert: Ein Satz ist prädikatenlogisch wahr genau dann,
wenn alle Interpretationen eines Satzes A die Aussage A erfüllen. Für den
Umgang mit dem Interpretationsbegriff sind zwei semantische Theoreme
wichtig: das ↗ Überführungstheorem und das Kohärenztheorem. Intuitiv
besagt das Kohärenztheorem, daß die Deutung eines Satzes abhängt von
der Deutung der Konstanten, die im Satz vorkommen, und dem Objektbereich, über dem der Satz interpretiert wird. Der Kohärenzsatz besagt:
Wenn sich eine Interpretation I von einer Interpretation J einer Aussage
A höchstens bezüglich der Variablen $x_1,... x_n$ unterscheidet, die jedoch in
A nicht frei vorkommen, dann ist die Aussage A bei einer Interpretation
J über den Objektbereich U genau dann wahr, wenn die Aussage A bei
der Interpretation I über dem Objektbereich U wahr ist. Dasselbe gilt für
den Fall, daß die Interpretation I Individuenkonstanten enthält, die in der
Aussage A nicht vorkommen. Dann ist es für die Wahrheit der Aussage A
unerheblich, welches Element die Interpretation I dieser in der Aussage A
nicht vorkommenden Individuenkonstante zuordnet.

Lit.: W.K. Essler/R.F.M. Cruzado: Grundzüge der Logik I: Das logische Schließen.
Frankfurt a.M. [4]1991, S. 325f. – F. v. Kutschera/A. Breitkopf: Einführung in die
moderne Logik. Freiburg/München 1971, S. 91f.   PP

Kompositionale Semantik ↗ Semantik, kompositionale

Kompositionalitätsprinzip, die von ↗ Frege als semantisches Prinzip formulierte Festlegung, daß die Bedeutung eines Satzes als eine Funktion von
den Einheiten, aus denen er zusammengesetzt ist, anzusehen ist. D.h., daß
die Bedeutung seines Satzes von der Bedeutung seiner Bestandteile abhängig
ist. Ein komplexer Ausdruck hat demzufolge nur dann eine Bedeutung,
wenn all seine Teilausdrücke Bedeutung haben.   PP

Konfiguration. Unter K. versteht ↗ Wittgenstein das Eingebundensein
der unteilbaren Gegenstände in einen ↗ Sachverhalt (*Tract.*, 2.0272). Der
K. der Gegenstände entspricht die K. der einfachen Zeichen (↗ Namen) in
Sätzen (*Tract.*, 3.21). Welche K.en durch die Gegenstände realisiert werden
bzw. welche K.en in Sätzen behauptet werden können und welche nicht,

wird durch die logische Form des Gegenstandes bzw. durch die Bedeutung des Namens bestimmt. Die Gesamtheit der ausgehend von den unteilbaren Gegenständen realisierbaren K.en wird von Wittgenstein auch »Substanz der Welt« genannt (*Tract.*, 2.021 u. 2.0231).

Lit.: L. Wittgenstein: Tractatus logico-philosophicus. In: Ders.: Werke. Bd. 1. Frankfurt a.M. 1984. JQ

Konnektionismus, auch Konnektivismus, relativ neuer Ansatz in den Bereichen der Künstliche-Intelligenz-Forschung, ↗ Kognitionswissenschaften und Philosophie des Geistes (↗ Philosophy of Mind). Im Gegensatz zu herkömmlichen digitalen, an propositionalen Prozessen orientierten Modellen des Geistes arbeitet der K. mit stärker an Strukturen des Gehirns orientierten parallelen Prozessen. Das Grundmodell des K. kann man sich folgendermaßen vorstellen: Es besteht aus mehreren Lagen von Einheiten/Knotenpunkten in einem neuronalen oder elektronischen Netzwerk. Zwischen der Ebene der Input-Einheiten und Output-Einheiten befinden sich eine oder mehrere Lagen sogenannter »versteckter« Einheiten. Die Einheiten einer Lage und direkt benachbarter Lagen sind alle miteinander verbunden. Diese Verbindungen sind variabel und unterliegen Veränderungen nach Maßgabe eines »Lern-Algorithmus«. Nach entsprechendem »Training« ist ein konnektionistisches System z.B. in der Lage, gesprochene in geschriebene Sprache zu übersetzen. – Die Interpretation dieser Leistungen ist sehr umstritten. Interessant ist an diesen Systemen v.a., daß sich keine einzelne Einheit oder Verbindung als bestimmte Repräsentation deuten läßt, und daß sie in der Lage sind, ohne eine Spezifizierung notwendiger und hinreichender Bedingungen zu arbeiten. Weiter ist die Nähe konnektionistischer Modelle zu neuronalen Prozessen interessant, wie diese beim jetzigen Stand der Neurowissenschaften erklärt werden, wenn auch alle diese Systeme bislang auf herkömmlichen digitalen Computern simuliert werden. Konnektionistische Systeme haben gegenüber herkömmlichen Modellen v.a. in Bereichen der Mustererkennung besondere Vorteile, während digitale Systeme besser zur Erforschung argumentativer Prozesse geeignet sind. ↗ Künstliche Intelligenz, ↗ Leib-Seele-Problem

Lit.: A: Abrahamsen/W. Bechtel: Connectionism and the Mind. An Introduction to Parallel Processing in Networks. Cambridge 1991. – A. Beckermann: Analytische Einführung in die Philosophie des Geistes. Berlin/New York ²2001. – W. Ramsey/S.P. Stich/D.E. Rummelhart (Hg.): Philosophy and Connectionist Theory. Hillsdale 1991. MBI

Konservativismus, ein Postulat für die Theorieentwicklung, das als Bedingung für die Übernahme neuer Theorien fordert, keine Theorie zu akzeptieren, die die Preisgabe vieler zuvor akzeptierter Überzeugungen verlangt, sofern eine Theorie zur Verfügung steht, die jene Überzeugungen beibehält und mit den Beobachtungen übereinstimmt. PP

Konsistenz, konsistent. In einem semantischen Sinne bedeutet k., daß in einer Satzmenge alle Sätze zugleich wahr sind, in einem syntaktischen Sinne, daß sich in einer Reihe von Sätzen kein kontradiktorischer Gegensatz ergibt.   PP

Konstativ, in der analytischen Sprachphilosophie (substantivisch oder adjektivisch) ein feststellender oder behauptender Satz. Constatives sind nach Austin feststellende Sätze bzw. Aussagen (statements). Gemeint sind nach traditionellem Verständnis alle Sätze, die entweder wahr oder falsch sind. Die Konstativa gehören in der Sprechakttheorie von ↗ Austin und ↗ Searle zu den illokutionären Akten und unterscheiden sich etwa von Aufforderungen, Fragen, Raten, Warnen, Grüßen und Beglückwünschen. Der propositionale Gehalt eines K.s ist nach Searle jede Proposition p.

Lit.: J.L. Austin: How to do things with words. Cambridge 1962, S. 3ff. – J. Searle: Sprechakte – Ein philosophischer Essay. Frankfurt a.M. 1974, S. 108.   MFM

Konstitutionssystem, der systematische Zusammenhang von Aussagen und Begriffen, der dadurch hergestellt wird, daß alle Begriffe (einer Wissenschaft) auf einige wenige Grundbegriffe zurückgeführt wird. Es stellt ein Ordnungssystem dar, in dem die Gegenstände bzw. Begriffe der jeweils höheren Stufe aus den Gegenständen bzw. Begriffen der jeweils niederen konstituiert werden können. In einem K. soll jeder Begriff einen bestimmten Platz erhalten und aus gewissen Grundbegriffen alle übrigen Begriffe abgeleitet werden können. Eine allgemeine ↗ Übersetzungsregel (d.i. konstitutionale Definition) gibt an, welche Begriffe (bzw. Aussagen, die diese Begriffe enthalten) zu ersetzen sind durch grundlegendere, d.i. nicht weiter definierbare Begriffe. – ↗ Carnap unternahm in seinem Werk *Der logische Aufbau der Welt* (1928) erstmals den Versuch, sämtliche empirischen Begriffe in einen systematischen Ableitungszusammenhang zu bringen. Gemäß dem Grundprinzip des ↗ Logischen Empirismus wird die Basis des K.s so gewählt, daß sich die undefinierten Grundbegriffe auf unmittelbar Aufweisbares, also auf erlebnismäßig Gegebenes beziehen. Eine solche Basis sieht Carnap im eigenpsychischen Erleben eines Subjekts (↗ Solipsismus), d.h. das tatsächlich Erlebte bildet die Grundlage. Neben den Elementarerlebnissen als Grundelementen wird als Grundrelation des K.s die Relation der Ähnlichkeitserinnerung angegeben, d.h. die Ähnlichkeitsbeziehung zwischen mehreren Elementarerlebnissen. Im systematischen Aufbau wird nur diese Grundrelation als Grundbegriff eingeführt, da die Klasse der Elementarerlebnisse als Bereich dieser Relation definiert werden kann. Auf diese Weise lassen sich Ähnlichkeitskreise von Elementarerlebnissen bilden. Sämtliche empirischen Begriffe sollen auf diesen Begriff der Ähnlichkeitserinnerung zurückgeführt werden. Das K. ist eine rationale Nachkonstruktion des gesamten, in der Erkenntnis vorwiegend intuitiv vollzogenen Aufbaus der Wirklichkeit. Carnap sieht mehrere Stufen der Konstitution, die auf dem Eigenpsychischen aufruhen, vor: (1) die Wahrnehmungswelt (der objektive physische Raum der wahrnehmbaren Dinge, die objektive Zeit, der eigene

Leib als Tast- und Seh-Ding); (2) die physikalische Welt; (3) die Welt des fremden Bewußtseins (der Leib des anderen und die Ausdrucksbeziehungen, die Welt des Mitmenschen); (4) die Welt der geistigen und kulturellen Gegenstände (Gesellschaft, Wirtschaft, Recht, Werterlebnisse).

Lit.: R. Carnap: Der logische Aufbau der Welt. Frankfurt a.M./Berlin/Wien Nachdruck 1979. – R. Haller: Neopositivismus. Darmstadt 1993, S. 179ff. – V. Kraft: Der Wiener Kreis. Der Ursprung des Neopositivismus. Wien 1950, S. 77ff. – W. Stegmüller: Hauptströmungen der Gegenwartsphilosophie. Stuttgart ⁴1969, S. 387ff. PP

Kontextprinzip. In der gegenwärtigen Sprachphilosophie wird die Behauptung ↗ Freges: »Nur im Zusammenhang eines Satzes bedeuten die Wörter etwas« als K. in der These vom semantischen Primat des Satzes über die Wörter vertreten. – Davon abzugrenzen ist die sprachpragmatische These, daß die Bedeutung und Verstehbarkeit einer Äußerung von dem situativen und thematischen Verwendungszusammenhang abhängen. ↗ Kompositionalitätsprinzip

Lit.: G. Frege: Grundlagen der Arithmetik. Darmstadt 1961, S. 62. PP

Kontingent. In bezug auf einen Satz gilt, er ist k. wahr genau dann, wenn er wahr ist, aber nicht in allen möglichen Welten (d.h. nicht notwendig) wahr ist. ↗ notwendig PP

Kontradiktion, kontradiktorisch. In der Syllogistik gelten zwei Aussagen dann als k., wenn beide nicht zugleich wahr oder zugleich falsch sein können, wenn vielmehr aus der Wahrheit der einen die Falschheit der anderen geschlossen werden kann und umgekehrt aus der Falschheit der einen die Wahrheit der anderen. In der formalen Logik sind zwei Aussagen zueinander k., wenn die eine mit der Negation der anderen ↗ äquivalent ist. PP

Kontradiktionsprinzip, auch Satz vom Widerspruch. Das K. verbietet es, für ein und denselben Gegenstand (für denselben Zeitpunkt) Existenz und Nicht-Existenz zu behaupten, oder eine Eigenschaft zuzuschreiben und zu bestreiten, oder ein allgemeines Urteil zugleich als wahr und als falsch zu behaupten. PP

Kontrafaktisch, Annahme oder Aussage eines Sachverhalts, die in dem Bewußtsein getroffen wird, daß der genannte Sachverhalt unter den gegenwärtigen Bedingungen nicht besteht. Sprachliche Formulierungen dafür sind z.B. die irrealen bzw. k.en Konditionalsätze: Wenn p der Fall gewesen wäre, dann wäre (auch) q der Fall gewesen. PP

Konträr. In der formalen Logik wird eine Beziehung zweier Sätze dann als k. bezeichnet, wenn sie nicht zugleich wahr, jedoch zugleich falsch sein können. Bsp.: die universal bejahenden Urteile: alle S sind P und die universell verneinenden Urteile: kein S ist P. PP

Kontravalenz, Bezeichnung für ein ↗ disjunktives Urteil, bei dem ein ausschließendes »entweder-oder« gemeint ist, so daß entweder nur die Aussage A oder nur die Aussage B, nicht aber beide wahr sein können. Der ↗ Wahrheitswert »wahr« einer Aussage ergibt sich bei der K. nur dann, wenn eine der beiden Teilaussagen falsch und gleichzeitig die andere wahr ist. Der Satz der K. zählt neben dem Satz der Identität, dem Satz vom ausgeschlossenen Widerspruch und dem Satz vom ausgeschlossenen Dritten zu den elementaren Gesetzen der Logik. Er besagt, daß von zwei gegensätzlichen Sachverhalten genau einer besteht.   PP

Konvention. Im Rahmen der von Grice entwickelten handlungstheoretischen Semantik versucht Lewis zu zeigen, wie sich Bedeutungsbegriffe mit Hilfe eines eingeführten allgemeinen Kommunikationsbegriffs (und damit handlungstheoretisch) bestimmen lassen: Für jede in einem konkreten Kommunikationsakt realisierte Handlungsweise bestehen einschlägige K.en. Sie stellen nach Lewis Verhaltensweisen dar, für die die folgenden Merkmale als charakteristisch anzusehen sind: (1) Sie stellen Verhaltensregularitäten von Angehörigen einer bestimmten Gruppe P dar. (2) Sie sind freie zielgerichtete Handlungsweisen, die in Situationen eines bestimmten Typs vollzogen werden. (3) Der in ihnen verfolgte Zweck ließe sich prinzipiell auch anders erreichen. (4) Der Erfolg der Handlungsweise hängt für jedes Mitglied von P davon ab, daß auch die anderen so handeln. Die in Kommunikationskonventionen in einer Gruppe konventionalisierten Handlungsweisen stellen Strategien dar, die beinhalten, wie sich Mitglieder einer Gruppe P verhalten, wenn sie Sprecher- und Hörerrolle einnehmen. Davon ausgehend lassen sich dann bestimmen, (a) was es heißt, daß ein Sprecher (erfolgreich) auf konventionelle Weise zu kommunizieren versucht und der Hörer dies als Kommunikationsversuch versteht, (b) die Sprachkonventionen, durch die sprachlichen Ausdrücken als Produkten von Handlungsweisen Bedeutungen zugeordnet werden.

Lit.: D. Lewis: Konventionen. Eine sprachphilosophische Abhandlung. Berlin/New York 1975. – G. Meggle: Handlung, Kommunikation, Bedeutung. Frankfurt a.M. 1979, S. VIIff.   PP

Konversationsimplikatur, auch konversationelle Implikaturen. Im Rahmen der Entwicklung einer handlungstheoretischen Semantik benennt Grice die allgemeinen Bedingungen, die auf Konversation zutreffen und an die sich normalerweise Sprecher und Hörer halten, K.en. Der Ausgangspunkt seiner Überlegungen ist, daß sprachliche Zeichen (wenigstens bis zu einem gewissen Maß) durch eine kooperative Bemühung gekennzeichnet sind, da die Gesprächsteilnehmer einen gemeinsamen Zweck verfolgen. Daraus leitet er das *Kooperationsprinzip* ab, das das Postulat beinhaltet, den eigenen Gesprächsbeitrag so zu gestalten, wie der gemeinsam akzeptierte Zweck des Gesprächs es erfordert. Mit diesem allgemeinen Prinzip lassen sich speziellere *Konversationsmaximen* (oder -postulate) verbinden, die Grice in Anlehnung an Kant aus den Kategorien der Quantität, der Qualität, der Relation und der Modalität ableitet. Die Kategorie der Quantität, die sich auf die Information bezieht, führt zu der Maxime: Mache deinen Beitrag so informativ wie für die gegebenen Zwecke nötig (und nicht informativer als so). Die Kategorie der Qualität führt zu der Maxime: Versuche deinen Beitrag so zu machen, daß er nur wahre Aussagen enthält und nur solche Aussagen, wofür angemessene Begründungen erbracht werden können. Die Kategorie der Relation führt zu der Maxime, nur solche Aussagen zu machen, denen Relevanz zukommt (d.h. die in einer bestimmten Hinsicht nötig sind). Die Kategorie der Modalität bezieht sich auf die Art der Ausdrucksweise und führt zu der Maxime, im Ausdruck Mehrdeutigkeiten, Dunkelheiten, Weitschweifigkeiten zu vermeiden und die korrekte Reihenfolge einzuhalten. Auf der Grundlage des Kooperationsprinzips und der Konversationsmaximen kann nun die Theorie der K. charakterisiert werden. Die K.en beinhalten diejenigen Annahmen, die Sprecher und Hörer gleichermaßen bei einer Äußerung unterstellen: (1) Die Annahme, daß der Sprecher das Kooperationsprinzip und die Konversationsmaximen beachtet, (2) daß der Sprecher der bewußten Überzeugung hinsichtlich seines Aussageinhalts ist, (3) daß er glaubt, daß der Hörer in der Lage ist zu erfassen, daß die Annahme der bewußten Überzeugung nötig ist. ↗ Semantik, handlungstheoretische.

Lit.: H.P. Grice: Logik und Konversation. In: G. Meggle (Hg.): Handlung, Kommunikation, Bedeutung. Frankfurt a.M. 1979, S. 243ff. – H. Schnelle: Sprachphilosophie und Linguistik. Hamburg 1973.   PP

Kooperationsprinzip ↗ Konversationsimplikatur

Korrekt. Ein Logikkalkül ist für eine vorgegebene Objektsprache genau dann k. oder semantisch widerspruchsfrei, wenn er nur logische Folgerungen ableitet und damit nur logische Wahrheiten beweist, d.h. seine Regeln also nicht von Wahrem zu Falschem führen können.   PP

Korrespondenzregel, auch Zuordnungsregel. Da die wissenschaftlichen Theorien zu einem größeren Teil aus der theoretischen Sprache und zu einem anderen Teil aus der Beobachtungssprache (d.i. Aussagen über empirische Sachverhalte) bestehen, ist es erforderlich, beide Teilsprachen durch spezielle Regeln miteinander zu verknüpfen: den K.n oder Zuordnungsregeln. Durch diese werden Beobachtungsterme und theoretische Terme einander zugeordnet. – Die ursprüngliche Festlegung des ↗ Logischen Empirismus, daß einzig die Beobachtungssätze die Klasse empirisch sinnvoller Aussagen darstellen, erwies sich angesichts der Existenz theoretischer Gesetze in den Wissenschaften als revisionsbedürftig. Für den Aufbau einer wissenschaftlichen Theorie ist es zulässig, nicht nur solche Begriffe zu verwenden, die mit dem Begriffsapparat definierbar sind, welcher dem Beobachter zur Verfügung steht. Mit Hilfe der K.n soll der empiristische Anspruch, daß sämtliche Aussagen empirisch bestätigungsfähig sein sollen, modifiziert werden: Ein theoretischer Begriff, der weder durch eine Definition noch durch eine K. ganz oder teilweise auf Beobachtbares zurückführbar ist, muß eine Voraussagerelevanz oder prognostische Relevanz besitzen, um als empirisch zulässig bezeichnet werden zu können. Das bedeutet, daß es wenigstens eine Aussage der theoretischen Sprache, die diesen theoretischen Begriff enthält, geben muß, mit deren Hilfe Voraussagen beobachtbarer künftiger Ereignisse abgeleitet werden können, die sich ohne diese Aussagen nicht gewinnen lassen.

Lit.: W. Stegmüller: Hauptströmungen der Gegenwartsphilosophie. Stuttgart [4]1969, S. 461ff.   PP

Korrespondenztheorie, vertritt die Auffassung bezüglich der ↗ Wahrheit, daß Wahrheit in der Übereinstimmung zwischen einer Vorstellung oder einem Urteil und der Wirklichkeit (bzw. deren vorgestelltem Teil) besteht. Das entspricht der intuitiven Vorstellung, daß eine wahre Aussage dadurch charakterisiert sei, daß sie mit den Fakten übereinstimmt. In der scholastischen Formel *»veritas est adaequatio rei et intellectus«* wird dies explizit zum Ausdruck gebracht. Dabei erweist sich allerdings als klärungsbedürftig, wie und wodurch die Übereinstimmung und der Begriff der Wirklichkeit zu bestimmen seien.   PP

Kripke, Saul A. (geb. 1941). K.s Arbeiten über Modallogik begründen seinen Ruf als Philosoph und Logiker. Darin entwickelt er eine Semantik für die Modallogik, die unter Rückgriff auf Leibniz' Idee möglicher Welten einen entscheidenden Beitrag zur Klärung technischer Probleme der Modallogik leistete. In bezug auf die analytische Philosophie werden seine unter dem Titel *Naming and Necessity* (1972) gehaltenen Vorlesungen von Bedeutung. Denn darin entwickelt er eine Theorie von Eigennamen, die in deutlichem Gegensatz zu ↗ Russells Auffassung von Eigennamen als abgekürzte Beschreibungen steht. Wie ↗ Putnam erklärt K. Eigennamen zu ↗ »starren Designatoren«, denn nur so könnten sie in allen möglichen ↗ Welten ein und denselben Gegenstand bezeichnen. Ihren Bezug auf einen Gegenstand erhalten die Eigennamen in einem Akt der (kulturellen) Taufe. In einer Kette der Kommunikation werden sie dann weitergegeben. Innerhalb einer Sprachgemeinschaft bezieht sich ein Sprecher mit einem Namen auf genau den Gegenstand, der auf diesen Namen getauft wurde. In Konsequenz dieser Auffassung führt er seine Kritik an neurophysiologischen Erklärungen von Bewußtseinszuständen aus. Wären Schmerzempfindungen mit Gehirnprozessen identisch, dann wäre unter der Annahme starrer Designatoren diese Identität eine notwendige Wahrheit. d.h. die Identität würde in allen möglichen Welten bestehen. Das hält K. für keine akzeptable Vorstellung. Sein Einwand richtet sich sowohl gegen die Typen-Identität wie die Identität von individuellen Erlebnissen (↗ Type/Token) und Prozessen im Gehirn.

In bezug auf die Unterscheidungen von apriori und aposteriori, ↗ analytisch und synthetisch, notwendig und ↗ kontingent, nach denen Wahrheiten, Urteile und Aussage differenziert werden, fügt K. eine wichtige Erklärung an: Gegen die traditionelle Auffassung, daß nur die apriorischen Urteile wahr

sind, behauptet K., daß es auch kontingente Wahrheiten apriori gibt (wie
»Das Urmeter ist 1 m lang«) und notwendige Wahrheiten aposteriori (wie
»Augustus ist identisch mit Octavian«). Als Erläuterung fügt er die Unterscheidung hinzu: »Apriori« und »aposteriori« sind erkenntnistheoretische
Begriffe, denn mit ihnen fragen wir danach, wie wir die Wahrheit einer
bestimmten Aussage erkennen können. Die Ausdrücke »notwendig« und
»kontingent« sind dagegen als ontologische Begriffe zu verstehen.

K.s Deutung von ↗ Wittgensteins ↗ Privatsprachenargument gibt
dessen Überlegungen eine Wendung hin zu einem sozialen Externalismus.
Ähnlich seiner Forderung, die Bedeutungsfestlegung der Designatoren in
einem sozialen Taufakt begründet zu sehen, sucht K. eine Antwort auf die
Frage, was es heißt, einer Regel zu folgen. Mit Wittgenstein trifft er die
Feststellung, daß man nur als Mitglied einer sozialen Gemeinschaft, nicht
aber privat, einer Regel folgen kann. Denn der korrekte Gebrauch eines
Ausdrucks zeigt sich nur im Einklang mit der Wortverwendung einer
Sprachgemeinschaft. In Verlängerung dieser Argumentation behauptet K.,
daß über den Zusammenhang einer Sprecherabsicht mit einer Handlung
nur im Kontext einer sozialen Interaktion entschieden werden könne. Damit
verbindet K. die weitere Feststellung, man könne über eine Sprecherabsicht
nicht dadurch befinden, daß man nur bezogen auf den einzelnen Sprecher
nach Tatsachen sucht, die darüber Auskunft geben, was dieser Sprecher
meint. Eine Lösung des von K. als paradox bezeichneten Problems ergibt
sich erst, wenn der einzelne nicht mehr isoliert, sondern in seiner Interaktion
mit einer Gemeinschaft betrachtet werde. Diese Deutung von Wittgenstein
fand allerdings nicht ungeteilte Zustimmung.

Lit.: S. Kripke: Name und Notwendigkeit. Frankfurt a.M. 1981. – Ders.: Witt-
genstein über Regeln und Privatsprache. Frankfurt a.M. 1987. – W. Stegmüller:
Kripkes Deutung der Spätphilosophie Wittgensteins. In: Ders.: Hauptströmungen
der Gegenwartsphilosophie. Bd. 4. Stuttgart 1989. – U. Wolf (Hg.): Eigennamen.
Frankfurt a.M. 1985. – C. Wright: Kripke's Account of the Argument against
Private Language. In: The Journal of Philosophy 81 (1984), S. 759-778.   PP

Künstliche Intelligenz (KI). Als »Geburtsort« der KI-Forschung gilt die
Konferenz des »Darthmouth Summer Research Project of Artificial Intelli-
gence« im Darthmouth Colleges in Hanover, New Hampshire (1956). Die
Teilnehmer waren der Auffassung, daß Denken auch außerhalb des menschlichen Körpers möglich sein müsse, daß Denken mit wissenschaftlichen
Methoden formalisiert werden könne, und das beste Werkzeug hierfür digitale Rechner seien. A. Newell und H. Simon vom Carnegie Institute of
Technology in Pittsburgh stellten das erste funktionstüchtige »intelligente«
Programm vor, das in der Lage war, Grundgleichungen der Logik zu finden,
wie sie B. ↗ Russell und A.N. Whitehead in der *Principia Mathematica*
definiert hatten. Inzwischen gibt es eine Vielzahl von Definitionen für KI.
Künstliche Intelligenz wird definiert als (1) der Versuch, Computermodel-
le von kognitiven Prozessen zu bauen, (2) die Untersuchung von Ideen, die
es Computern ermöglicht, intelligent zu sein, (3) der Zweig der Compu-

terwissenschaften, der sich damit befaßt, Computer so zu programmieren, daß sie Aufgaben ausführen können, die, wenn sie von einem Menschen ausgeführt würden, Intelligenz erfordern, (4) ein Verfahren, das flexible, nichtnumerische Problemlösungen zur Verfügung stellt. Letztlich gebiert KI eine Technologie, die es einem Computer in komplexen Situationen ermöglicht, zumindest ansatzweise Phänomene der realen Welt zu verstehen. Generell kann KI-Forschung als der Versuch angesehen werden, spezifische menschliche Fähigkeiten, insbesondere dessen Intelligenz maschinell nach- zuahmen bzw. von einer »intelligenten« Maschine unter Umständen in »perfektionierterer« Form ausführen zu lassen. Dabei wird versucht, nicht nur die rein rationalen Fähigkeiten des Menschen, sondern auch die mit ihm verbundenen leiblichen Funktionen des Wahrnehmens, Empfindens, Erkennens und Handelns mit Computerhilfe zu simulieren. KI hat es daher immer mit nichtnumerischen symbolischen Prozessen zu tun, die komplex, ungenau, mehrdeutig sind und für die es keine allgemein bekannten algo- rithmischen Lösungen gibt. KI-Programmierung stützt sich folglich auf Wissen, das für ihren jeweiligen Anwendungszweck von Interesse ist, benutzt spezielle Methoden, um mit diesem Wissen umzugehen, beinhaltet Steuer- strukturen, um diese passenden Methoden zu finden und verwendet Heu- ristiken zur Lösungsfindung. So vermitteln die nachstehenden Hauptgebie- te der KI-Forschung zwar ein statisches Bild, verdeutlichen indes ihre ungeheuere Komplexität: (1) natürlichsprachliche Systeme, (2) Experten- systeme, (3) Deduktionssysteme, (4) Robotersteuerung, (5) Bildverstehen, (6) intelligente Recherche. – Einwände gegen die KI werden u.a. von ↗ Searle und den Gebrüdern Dreyfus vorgebracht: Die dem Menschen eigene Fähigkeit des Zweifelns, des Prüfens und Unterscheidens und die Hilfestellung, Fehlgeburten (des Denkens) von Vollkommenem trennen zu können finden im Computermodell keine Entsprechung. Nicht Präzision ist die wesentliche Eigenschaft menschlicher Intelligenz, sondern Intuition.

Lit.: B. Becker: Künstliche Intelligenz. Konzepte, Systeme, Verheißungen. Frankfurt a.M./New York 1992. – A. Beckermann: Analytische Einführung in die Philo- sophie des Geistes. Berlin/New York 1999, ²2001. – H.L. Dreyfus: Die Grenzen künstlicher Intelligenz. Was Computer nicht können. Königstein, Ts. 1985. – H.L. Dreyfus/St. E. Dreyfus: Von den Grenzen der Denkmaschine. Reinbek 1987. – W.B. Gevarter: Intelligente Maschinen. Einführung in die Künstliche Intelligenz und Robotik. Weinheim/New York 1987. – B. Irrgang/J. Klawitter (Hg.): Künstliche Intelligenz. Stuttgart 1990. – R.C. Schank: Die Zukunft der Künstlichen Intelligenz. Chancen und Risiken. Köln 1986. – J. Weizenbaum: Die Macht der Computer und die Ohnmacht der Vernunft. Frankfurt a.M. 1978. – P.H. Winston: Künstliche Intelligenz. Reading, Mass. 1987.   JK

Künstliche Sprache, auch formale Sprache oder ↗ Modellsprache. Die Ersetzung einer natürlichen Sprache durch eine k.S. (eine symbolisierte Kunstsprache), wie sie u.a. in der ↗ Philosophie der idealen Sprache gefor- dert wird, geschieht zu dem Zweck, die Vagheit und Mehrdeutigkeit der Umgangssprache zu beseitigen. Deshalb werden beim Aufbau einer k.n S.

das Vokabular und die Grammatik eindeutig festgelegt, alle Aussagen in
Symbolen formuliert, die sämtlich beim Aufbau eindeutig erklärt sind. Die k.
S. wird dabei i.S. einer Begriffsschrift aufgebaut (*lingua rationalis*; Leibniz),
in der die syntaktische Struktur einer Aussage die begriffliche Struktur des
Aussageinhalts abbildet (↗ Abbildung). Die sinnvollen Operationen der Sätze
geschehen nach rein syntaktischen Regeln ohne Bezug auf den Inhalt.

PP

L

L-Semantik, L-Ausdruck. In den Bemühungen einer rationalen Rekonstruktion einer Wissenschaftssprache, die im Umkreis des ↗ Logischen
Empirismus und vor allem von ↗ Carnap angestellt wurden, spielen die
Begriffe L-Semantik, L-Begriffe, L-Ausdrücke, L-Wahrheit usw. eine tragende
Rolle. Carnap unternimmt den Versuch, in der logischen Semantik (oder
reinen Semantik im Gegensatz zur empirischen Semantik der Sprachwissenschaft) das Gebiet des rein Logischen vom Nichtlogischen scharf zu
trennen. Sein Grundgedanke ist dabei, die vage Redewendung »aus rein
logischen Gründen« durch eine präzisere Bestimmung zu ersetzen, nämlich
durch »aufgrund der semantischen Regeln allein«. Um zu kennzeichnen,
wenn ein semantischer Begriff aus rein logischen Gründen auf etwas anwendbar ist, stellt Carnap diesem das Präfix »L« voran. Zu dem Zweck der
Bestimmung der rein logischen Anwendbarkeit werden von Carnap die
L-Ausdrücke als Explicata üblicher, aber nicht exakter Begriffe eingeführt.
Dies geschieht mit Hilfe der Begriffe der Zustandsbeschreibung und des
Spielraums. Dabei soll ein Sprachsystem S_1 ↗ Atomsätze für alle atomaren
↗ Propositionen (d.h. für etwas, was der Fall sein kann oder auch nicht)
enthalten. Eine Klasse von Sätzen in S_1, die für jeden Atomsatz entweder
diesen oder seine Negation, aber nicht beide zugleich und auch keine
anderen enthält, wird eine Zustandsbeschreibung in S_1 genannt, weil sie
offensichtlich eine vollständige Beschreibung eines möglichen Zustands
des Universums von Individuen gibt im Hinblick auf alle Eigenschaften
und Beziehungen, die durch die Prädikate des Systems ausgedrückt werden (Diese Zustandsbeschreibungen stellen die ↗ möglichen Welten von
Leibniz oder die möglichen ↗ Sachverhalte von ↗ Wittgenstein dar). Es
ist dann möglich, semantische Regeln festzulegen, die für jeden Satz in S_1
bestimmen, ob er in einer gegebenen Zustandsbeschreibung gilt oder nicht:
Er gilt dann, wenn er wahr sein würde, wenn die Zustandsbeschreibungen
(d.h. alle zu ihr gehörigen Sätze) wahr wären. Folgende Regeln gelten: (1)
Ein Atomsatz gilt in einer gegebenen Zustandsbeschreibung, wenn und nur
wenn er zu ihr gehört. (2) Die Negation eines Satzes S_i gilt in einer gegebenen
Zustandsbeschreibung, wenn und nur wenn der nicht-negierte Satz nicht in
ihr gilt. (3) Die Adjunktion (nicht ausschließendes entweder-oder) der Sätze
S_i oder S_j (S_i v S_j) gilt in der Zustandsbeschreibung, wenn und nur wenn
entweder S_i in ihr gilt oder S_j oder beide. (4) S_i ist äquivalent S_j ($S_i \equiv S_j$):
gilt in einer Zustandsbeschreibung, wenn entweder beide Sätze in ihr gelten

oder keiner von beiden. (5) Ein All-Satz gilt in einer Zustandsbeschreibung, wenn und nur wenn alle Einsetzungsfälle in seinem Bereich in ihr gelten. Die Klasse aller Zustandsbeschreibungen, in denen ein gegebener Satz S_i gilt, nennt Carnap den Spielraum von S_i. Die genannten Regeln bestimmen den Spielraum des gegebenen Satzes (»Spielraumregeln«). Durch Bestimmen des Spielraumes geben sie zusammen mit den Designationsregeln für Individuenbezeichnungen und Prädikatszeichen eine ↗ Interpretation für alle Sätze in S_1, da die Bedeutung eines Satzes kennen heißt, zu wissen, in welchen der möglichen Fälle er wahr sein würde und in welchen nicht. Der Zusammenhang zwischen den L-Ausdrücken und dem der Wahrheit wird von Carnap so erklärt: Es gibt eine und nur eine Zustandsbeschreibung, die den wirklichen Zustand des Universums beschreibt. Es ist die, welche alle wahren Atomsätze und die Verneinung der falschen enthält. Daher enthält sie nur wahre Sätze und daher wird sie die wahre Zustandsbeschreibung genannt. Ein Satz von irgendeiner Form ist wahr, wenn und nur wenn er in der wahren Zustandsbeschreibung gilt.

Lit.: R. Carnap: Bedeutung und Notwendigkeit. Wien/New York 1972, S. 10ff.
PP

L-wahr/L-falsch. Diese Terminologie verwendet ↗ Carnap, um jene Sätze zu kennzeichnen, die allein aufgrund ihrer logischen Form und ihres Sinnes und ohne Bezug zu empirischen Beobachtungen als wahr oder falsch beurteilbar sind. Ein solcher Satz ist immer analytisch oder kontradiktorisch und gilt in einem Sprachsystem S als absolut und notwendig, ungeachtet eines möglichen Wirklichkeitsbezugs. ↗ Analytizitätspostulat, ↗ F-wahr   PP

Leib-Seele-Problem (auch »Körper-Geist-Problem«). Das Leib-Seele-Problem ergibt sich aus der Frage nach dem Zusammenhang zwischen Körper und Geist des Menschen (und anderer höherer Lebewesen). Zum eigentlichen Problem wird diese Frage erst in ihrer neuzeitlichen Zuspitzung durch Descartes. Danach gehören zum geistigen (mentalen) Bereich alle Vorgänge im Bewußtsein (wie Gefühle oder Vorstellungen) und intentionalen Einstellungen (z.B. Absichten, Überzeugungen). Ihnen steht auf der körperlichen Seite eine kausal geschlossene, in der Sprache der Physik vollständig beschreibbare Welt raumzeitlich ausgedehnter Gegenstände gegenüber. Da die geistigen Vorgänge Descartes zufolge nicht materiell sind, aber (den Erhaltungssätzen der Physik zufolge) nur Physisches (Materielles) auf anderes Physisches kausal einwirken kann, ergibt sich insbesondere das Problem, wie geistige Vorgänge eine kausale Rolle in körperlichen Vorgängen spielen können. – Man kann in ontologischer Hinsicht zwischen dualistischen und monistischen Lösungsversuchen des Leib-Seele-Problems unterscheiden, die sich weiter in interaktionistischen und nicht-interaktionistischen Dualismus einerseits und Idealismus, Materialismus und Zwei-Perspektiven-Theorien andererseits einteilen lassen:

Descartes selbst vertrat einen interaktionistischen Dualismus, indem er geistige und körperliche Eigenschaften zwei unterschiedlichen Substanzen

(»res cogitans« und »res extensa«) zuordnete, die über ein besonderes Organ im Gehirn (»Zirbeldrüse«) und im Einklang mit den Gesetzen der Physik aufeinander kausal Einfluß nehmen sollten. Aufgrund der Inkonsistenz dieses Vorschlags wurden bald andere, nicht-interaktionistische Dualismen entwickelt: Der psychophysische Parallelismus besagt, daß Gott, entweder durch eine prästabilierte Harmonie (Leibniz) oder durch immer neue Eingriffe in die Natur (Malebranche), dafür sorgt, daß die körperlichen Vorgänge und unser geistiges Erleben auch ohne kausale Interaktion übereinstimmen. – Der Epiphänomenalismus ist dagegen der Auffassung, daß geistige von körperlichen Vorgängen kausal abhängen, aber nicht umgekehrt. – Den verschiedenen Emergenztheorien des Geistes zufolge sind geistige gegenüber körperlichen Eigenschaften »emergent«: Sie beruhen auf ihnen, ohne auf sie reduzierbar zu sein. – Dagegen ist die These des Panpsychismus, daß alle Teile der Wirklichkeit sowohl körperliche als auch geistige Eigenschaften haben. Die drei letztgenannten Formen des Dualismus behaupten nicht, daß es zwei grundsätzliche Arten von Dingen oder Substanzen gibt, sondern unterscheiden zwei Arten von Eigenschaften oder Vorgängen.

Während die Probleme des Dualismus darin liegen, den Zusammenhang zwischen Körper und Geist zu erklären, ergeben sich die Schwierigkeiten für den ↗ Monismus vor allem aus der Notwendigkeit, die Existenz entweder von Körper oder Geist leugnen zu müssen. Unter Idealismus versteht man in diesem Zusammenhang die (in unterschiedlicher Form z.B. von Berkeley und Hegel vertretene) These, daß nur Geistiges wirklich existiert, während es Körper nur als Inhalt geistiger Vorgänge »gibt«. – Dagegen bestreitet der heute weit verbreitete ↗ Materialismus die Existenz des Geistigen. Allerdings gelten die materialistischen Versuche, Aussagen über mentale Vorgänge auf solche über beobachtbares Verhalten zu reduzieren (logischer Behaviorismus) oder Typen mentaler mit Typen neuronaler Vorgänge zu identifizieren (Identitätstheorie), heute als gescheitert. Diskutiert werden dagegen der eliminative Materialismus, dem zufolge alle mentalistischen Aussagen auf einer falschen »alltagspsychologischen« Theorie beruhen, sowie verschiedene materialistische Versionen des Beschreibungsdualismus, dem zufolge bestimmte physische Ereignisse auch eine irreduzibel mentalistische Beschreibung zulassen (↗ Davidson, Dennett). – Der z.Z. wohl am weitesten verbreitete Ansatz ist der Funktionalismus (↗ Funktionalistische Theorie des Geistes). Danach sind geistige Phänomene wie die Programmschritte eines Computers vollständig durch ihre funktionale Rolle (ihre Ursachen und Wirkungen) charakterisiert, so daß Wesen mit unterschiedlicher materieller Konstitution dennoch dieselben geistigen Eigenschaften haben können. Der Funktionalismus impliziert keine materialistische Position, legt sie aber nahe. – In Weiterentwicklung der Computeranalogie deutet der ↗ Konnektionismus geistige Eigenschaften nach dem Vorbild »parallel« verarbeitender Computer als Zustände neuronaler Netzwerke. – Schließlich gibt es verschiedene Theorien, denen zufolge die Wirklichkeit selbst gegenüber der Unterscheidung »geistig/körperlich« neutral ist, sich jedoch (vollständig oder in Teilen) sowohl als geistig als auch als körperlich beschreiben läßt (neutraler Monismus, »Dual-Aspect«-Theorien).

Im Anschluß an ↗ Ryle und ↗ Wittgenstein ist häufig die Auffassung vertreten worden, das gesamte Leib-Seele-Problem beruhe lediglich auf einem Mißbrauch der Sprache. Andererseits aber haben neuere Ansätze in Psychologie, Neurowissenschaften, Informatik und Philosophie und deren Bündelung zur cognitive science (↗ Kognitionswissenschaft) gerade in jüngster Zeit zu neuen Lösungsvorschlägen für dieses alte philosophische Problem geführt.

Lit.: A. Beckermann: Analytische Einführung in die Philosophie des Geistes. Berlin ²2001. – Th. Blume: Wilfrid Sellars: Der Empirismus und die Philosophie des Geistes. Paderborn u.a. 1999. – P. Bieri: Analytische Philosophie des Geistes. Königstein, Ts. 1981. – G. Brüntrup: Mentale Verursachung. Stuttgart/Berlin/Köln 1994. – H. Hastedt: Das Leib-Seele-Problem. Frankfurt a.M. 1988. – W. Lycan (Hg.): Mind and Cognition. Oxford 1990. – M.Pauen: Grundprobleme der Philosophie des Geistes. Frankfurt a.M. 2001. – U. Meixner/A. Newen (Hg.): Seele, Denken, Bewußtsein. Zur Geschichte der Philosophie des Geistes. Berlin 2002. MW

Leibniz' Gesetz, beinhaltet zwei Gesetze: (1) Ununterscheidbarkeit des Identischen: wenn a und b identisch sind, haben sie alle Eigenschaften gemein – symbolisch: a = b → ∀ F (Fa ↔ Fb); (2) Identität des Ununterscheidbaren: wenn a und b alle Eigenschaften gemeinsam haben, sind sie identisch – symbolisch: ∀ F (Fa ↔ Fb) → a = b.   PP

Logische Analyse, bezieht sich auf Begriffe, Sätze, Beweise, Hypothesen, Theorien der Wissenschaft und die wissenschaftliche Erkenntnis. (1) Die l. A. der Erkenntnis untersucht, wie Begriffe und Aussagen untereinander logisch zusammenhängen, wie Begriffe in anderen eingeschlossen sind, wie Aussagen sich auseinander ableiten lassen. Sie enthält Fragen der Art: Haben zwei verschieden definierte Begriffe B_1 und B_2 dieselbe Bedeutung? Haben die beiden verschieden lautenden Sätze S_1 und S_2 denselben Sinn? Folgt der Satz S_2 aus dem Satz S_1 rein logisch oder aufgrund eines Naturgesetzes? Ist die Theorie T_1 mit der Theorie T_2 verträglich oder nicht? (2) Da die wissenschaftliche Erkenntnis nur in sprachlicher Form, in Begriffen und Sätzen, gegeben ist, bedarf es auch einer l. A. der Sprache: wie die Tatsachen durch Begriffe und Aussagen in der Sprache dargestellt werden. Insofern stellt die l. A. der Sprache das Aufgabengebiet der Wissenschaftslogik dar. Dabei wird die Sprache nur hinsichtlich ihrer Darstellungsfunktion thematisiert: Sprache ist in diesem Sinn Darstellung eines Sachgebietes durch ein System von Zeichen. Zeichen haben eine Bedeutung und beziehen sich auf Begriffs- und Aussagegehalte. Die l. A. der Sprache ist durch die Annahme begründet, daß sich in der Struktur der Sprache die Struktur der Gedanken zeigt. Sprache als Zeichensystem läßt sich unter zwei Gesichtspunkten betrachten: (1) daraufhin, daß sie etwas darstellt und was sie darstellt, d.h. auf den Bedeutungsgehalt des Zeichens, die semantischen Funktion hin, (2) daraufhin, auf welche Weise sie etwas darstellt, d.h. auf die Art der Kombination der Zeichen, die syntaktischen Regeln hin.

Lit.: V. Kraft: Der Wiener Kreis. Der Ursprung des Neopositivismus. Wien 1950, S. 21 ff. – F. Waismann: Was ist logische Analyse? In: Erkenntnis 8 (1939/40), S. 265 f.   PP

Logische Syntax ↗ Syntax, logische

Logischer Empirismus, eine philosophische Position, die aus ihrer Orientierung an den Naturwissenschaften heraus den Anspruch an Rationalität in der Philosophie sicherzustellen sucht durch Eingrenzung derjenigen Begriffe und Sätze, die als sinnvoll bzw. intersubjektiv verständlich anzusehen sind. Dies ist nur für solche Begriffe gegeben, über deren Anwendbarkeit man – abgesehen von den formalen Begriffen der Logik und Mathematik – in jedem konkreten Fall allein mit Hilfe von Beobachtungen entscheiden kann, und nur für solche Sätze gegeben, die nach wahr oder falsch beurteilbar sind: Beschreibende Aussagen werden durch Beobachtung und Wahrnehmung als wahr oder falsch ausgewiesen, Aussagen der Logik und Mathematik als analytische, d.h. sich allein aus dem Sinn der verwendeten Ausdrücke ergebende Wahrheit oder Falschheit. Entsprechend formulieren das ↗ Sinntheorem und das ↗ Basistheorem die Grundannahmen für alle philosophischen Aussagen: Das Sinntheorem besagt, daß nur deskriptive, tautologische und kontradiktorische Sätze als sinnvolle sprachliche Zeichenfolgen gelten können und alle anderen als sinnlos anzusehen sind. Das Basistheorem besagt, daß alle empirischen Aussagen oder Ausdrücke auf die Beobachtungsbasis reduziert werden müssen bzw. daß die Basis eines wissenschaftlichen Systems durch den Bezug der undefinierten Grundbegriffe auf unmittelbar Aufweisbares sicherzustellen ist. Die Wissenschaftlichkeit der Philosophie soll dadurch gewährleistet werden, daß auch für die philosophischen Aussagen genaue Überprüfungskriterien aufgestellt werden. Wo eine Benennung solcher Kriterien nicht möglich ist, sind die betreffenden Fragen aus der Klasse der sinnvollen Fragen als Scheinprobleme auszusondern. Die Eingrenzung der wissenschaftlich akzeptierten Aussagen auf entweder rein logisch begründbare oder auf zumindest im Prinzip empirisch überprüfbare Aussagen soll intersubjektiven Gültigkeitskriterien Genüge leisten. In der Konsequenz dieser Theoreme liegt einerseits die Abgrenzung zu anderen philosophischen Positionen, indem die (nichtempirischen) Sätze der Metaphysik als Scheinsätze abqualifiziert werden, und andererseits die Ausrichtung der Philosophie auf die Wissenschaftslogik und die programmatische Forderung einer ↗ Einheitswissenschaft. Die Kritik an der Metaphysik beinhaltet eine Absage an Versuche mancher Philosophien, durch begriffliche Konstruktionen und ohne empirische Überprüfung Aufschluß über die Beschaffenheit und die Gesetze der wirklichen Welt zu gewinnen. – Von dem von Mill und Spencer vertretenen Empirismus unterscheidet sich der l. E. darin, daß er nicht dessen Ansicht teilt, alle Erkenntnis und Wissenschaft, auch die Gesetze der Logik und Mathematik, seien aus der Erfahrung abzuleiten und zu begründen. Für die Sätze der Logik und Mathematik beansprucht er vielmehr analytische Geltung, d.h. diese sind bereits auf Grund der Definitionen der Begriffe, aus denen sie bestehen, bzw. auf Grund ihrer logischen Form als wahr

oder falsch erkennbar. – Das Gelingen des l. E. als erkenntnistheoretische
Position hängt von der befriedigenden Klärung der kognitiven Sinnhaftig-
keit (↗ Signifikanz), der Beobachtungsbasis und der ↗ Basissätze und des
Verhältnisses von Beobachtungs- und Theoriesprache ab.

Lit.: R. Carnap/H. Hahn/O. Neurath: Wissenschaftliche Weltauffassung – der
Wiener Kreis. Wien 1929. – R. Haller: Neopositivismus. Eine historische Ein-
führung in die Philosophie des Wiener Kreises. Darmstadt 1993. – V. Kraft: Der
Wiener Kreis – Der Ursprung des Neopositivismus. Wien 1968. – M. Schlick:
Die Wende der Philosophie. In: Gesammelte Aufsätze. Hildesheim 1969, S. 31-39.
– W. Stegmüller: Hauptströmungen der Gegenwartsphilosophie. Stuttgart ⁴1969,
S. 346-428.   PP

M

Materialismus (in der Philosophie des Geistes), stellt eine Variante des
↗ Monismus dar, deren Widerpart der Idealismus bildet. Der M. geht
davon aus, daß die Materie die einzige die Wirklichkeit konstituierende
Substanz ist. Er bestreitet die Existenz einer speziellen geistigen Substanz oder
unreduzierbar geistiger Eigenschaften. Innerhalb des Materialismus lassen
sich drei Varianten unterscheiden. – (1) Der *eliminative* M. behauptet, die
Entitäten, über die der mentalistische Diskurs spricht, existierten gar nicht.
Diese Entitäten seien lediglich Konstrukte ohne reale Entsprechung. Eine
wissenschaftliche Psychologie bzw. die Kognitionswissenschaften sollten
dementsprechend nicht mehr von mentalen Entitäten und Eigenschaften
sprechen, sondern ihre Erklärungen in rein materialistischem Vokabular
liefern. Hierbei sei nicht an die Erklärung derselben Phänomene lediglich
in anderer Sprache zu denken, sondern an den Wegfall, die Elimination
eines kompletten Gegenstandsbereichs. Motiviert ist diese Theorie stets
durch einen wissenschaftlichen Realismus, der einzig die Theorien der
Naturwissenschaften, zumeist nur der Physik, ontologisch ernst nimmt.
Einige Philosophen gehen in ihren eliminativen Forderungen so weit, ein
Verschwinden der mentalistischen Redeweise auch für das alltägliche Leben
zu fordern oder zu prognostizieren. Allgemein erwarten diese Denker einen
enormen Zuwachs an Wissenschaftlichkeit, Erklärungs- und Prognoseerfolgen,
wenn diesen Prämissen entsprechend gehandelt wird. – (2) Der *reduktive*
M. geht davon aus, daß sich das mentalistische Vokabular größtenteils auf
reale Entitäten und Eigenschaften der Welt bezieht, daß diese aber, um
wissenschaftlich respektabel zu sein, als Bestandteile der Welt ausgewiesen
werden müssen, die auch in den Naturwissenschaften auftauchen und in
den entsprechenden Theorien erklärt werden können, d.h. »naturalisierbar«
sind. Auch die Vertreter dieser Position gehen damit zumeist von einem
wissenschaftlichen Realismus aus. Häufig analysieren sie die Beziehung von
mentalen zu physikalischen Eigenschaften und Entitäten als Verhältnis von
Oberflächenstruktur zu Tiefenstruktur. – (3) Dem *nichtreduktiven* M. liegt
fast immer eine Ablehnung des wissenschaftlichen Realismus zugrunde. Er ist

statt dessen meist in einer pragmatistischen Grundhaltung verankert. Auch er teilt zwar die monistische Prämisse der beiden anderen Varianten des M., geht aber davon aus, daß uns auch andere als die naturwissenschaftlichen Begriffssysteme eine erfolgreiche Bewältigung der Welt gestatten. Verschiedenen Begriffssystemen wird die gleiche Daseinsberechtigung zugestanden.

Lit.: D.M. Armstrong: The Natur of Mind. In: V.C. Borst (Hg.): The Mind/Brain Identity Theory. London 1970, S. 67-78. – Ders.: A Materialist Theory of the Mind. London 1968. – A. Beckermann: Analytische Einführung in die Philosophie des Geistes. Berlin/New York ²2001. – M. Bunge: Das Leib-Seele Problem. Tübingen 1984. – H. Feigl: The ›Mental‹ and the ›Physical‹. Minneapolis 1967. – P. Feyerabend: Mentale Ereignisse und das Gehirn. In: P. Bieri (Hg.): Analytische Philosophie des Geistes. Königstein, Ts. 1989, S. 121ff. – J. Kim: Psychophysical Supervenience. In: Philos. Studies 41 (1982), S. 51-70. – J. Margolis: Persons and Minds. Dordrecht 1978. – W.V.O. Quine: On Mental Entities. In: Ders.: The Ways of Paradox. New York 1966, S. 208-214. – R. Rorty: Mind-Body Identity, Privacy and Categories. In: Rev. of Metaphysics 19 (1965), S. 24-54. – W. Sellars: The Identity Approach to the Mind-Body Problem. In: Ders.: Philosophical Perspectives. Springfield 1959, S. 370-388. – J.J.C. Smart: Sensations and Brain Process. In: V.C. Borst (Hg.): The Mind/Brain Identity Theory. London 1970, S. 52-66.   MBI

Materialismus, eliminativer, vertritt zum ↗ Leib-Seele-Problem die These, daß es keine mentalen Phänomene gibt. Im Zuge der weiteren Entwicklung der Neurowissenschaften würden demgemäß mentale Ausdrücke und mentale Erklärungen überflüssig werden.
Lit.: P.M. Churchland: Neurophilosophy. Toward a Unified Science of the Mind/Brain. Cambridge/Mann. 1986.   PP

Materialismus, funktionaler, vertritt die Auffassung im Rahmen des ↗ Leib-Seele-Problems, daß mentale Zustände kausal durch ihre typischen Ursachen und Wirkungen bestimmt sind.

Lit.: H. Putnam: Mind, Language and Reality. Bd. 2. Cambridge 1975, S. 325-451.   PP

Menge, in axiomatischen Darstellungen undefinierter Grundbegriff der Mengentheorie, die Ende des 19. Jh.s maßgeblich von G. Cantor begründet wurde. Dieser gab folgende, anschauliche Erläuterung, die auch heute noch leitend ist: »Eine M. ist eine Zusammenfassung bestimmter, wohlunterschiedener Objekte unserer Anschauung oder unseres Denkens – welche die Elemente der M. genannt werden – zu einem Ganzen.« – Die für M.n charakteristischen Eigenschaften ergeben sich aus der durch Axiome festgelegten Elementschaftsbeziehung. So ist generell eine M. eindeutig durch ihre Elemente bestimmt, unabhängig von ihrer Beschreibung oder der Beschreibung ihrer Elemente. Daher gibt es im Rahmen der Mengentheorie auch genau eine leere Menge, welche keine Elemente enthält und Teilmenge jeder M. ist. – Das Bestreben, M.n für bestimmte Zwecke mit einer inneren

Anordnung zu versehen, führt zu sog. Tupeln. Dabei gilt, daß für n-Tupel $M = <m_1,...,m_n>$ und $N = <n_1,...,n_n> M = N$ genau dann, wenn für $1 \leq i \leq n\ m_i = n_i$. Tupel sind von grundlegender Bedeutung für ↗ Relationen. M.n, deren Elemente durch eine Ordnungsrelation angeordnet werden, bezeichnet man als geordnete M.n. – Bekannte axiomatische Darstellungen der Mengentheorie sind das Zermelo-Fraenkelsche System sowie das von Neumann-Bernays-Gödelsche System. In letzterem werden neben M.n auch ↗ Klassen betrachtet, die sich von M.n dadurch unterscheiden, daß sie selbst keine Elemente anderer M.n oder Klassen sind.

Lit.: D. Klaua: Mengenlehre. Berlin/New York 1979. – W.V.O. Quine: Mengenlehre und ihre Logik. Braunschweig 1973. UM

Mengenabstraktion, der Übergang von einem Prädikat P (oder einer durch das Prädikat ausgedrückten Eigenschaft) zu der Menge aller Objekte, auf die P zutrifft – {x: P(x)}. – Die sog. Russellsche Antinomie, die sich aus der Betrachtung der Menge aller Mengen, die sich nicht selbst als Element enthalten, ergibt, zeigt, daß nicht jedes Prädikat eine Menge bestimmt.

UM

Mental, adjektivisch: mentales(-er) Phänomen/Ereignis/Zustand, wie substantivisch: das Mentale, verwendeter Terminus technicus der analytischen Philosophie des Geistes. Funktion: Als gegenüber den Adjektiven »geistig«, »seelisch« oder »psychisch« am wenigsten festgelegter Ausdruck soll ›m.‹ die vertraute Unterscheidung zwischen Gedanken, Meinungen, Wünschen, Erwartungen, Absichten, Erinnerungen, Gefühlen, Stimmungen und Empfindungen, einerseits, und physischen oder körperlichen Phänomenen wie Herztätigkeit, Stoffwechselvorgängen und Aktionspotentialen von Nervenzellen, andererseits, terminologisch markieren. Merkmale: Den als »m.« charakterisierten Phänomenen werden in der Regel folgende (epistemische) Merkmale zugeordnet: Innerlichkeit, Subjektivität, Privatheit und (einer Teilmenge von ihnen wie z.B. Gedanken, Meinungen, Wünschen oder Absichten, denen jeweils ein propositionaler Gehalt zugesprochen werden kann) ↗ Intentionalität. Aus der Spannung zu den als äußerlich, objektiv, öffentlich und nicht-intentional zu charakterisierenden physischen Phänomenen entsteht *eine* Art von Leib-Seele Problemen. Die *andere*, traditionelle Art ist mit dem Stichwort »m.e Verursachung« verknüpft: »Wie können m.e Phänomene (z.B. Absichten) als nicht-physische Phänomene im Bereich physischer Phänomene (z.B. Verhaltensäußerungen) kausal wirksam sein?«

Lit.: A. Beckermann: Analytische Einführung in die Philosophie des Geistes. Berlin/New York 1999, [2]2001. – P. Bieri (Hg.): Analytische Philosophie des Geistes. Königstein, Ts. 1981. – G. Brüntrup: Mentale Verursachung. Stuttgart/Berlin/Köln 1994. – J. McDowell: Geist und Welt. Paderborn u.a. 1998. – W.R. Köhler (Hg.): Davidsons Philosophie des Mentalen. Paderborn 1997. – T.R. Miles: The »Mental«-»Physical« Dichotomy. In: Proceedings of the Aristotelian Society Bd. 64 (1963/64), S. 71-84. BBR

Mentalismus, hauptsächlich für philosophische Ansätze, die eine Reduktion der Materie auf den Geist oder auf Eigenschaften des Geistes befürworten. Dem M. setzt sich in diesem Sinn der ↗ Materialismus entgegen. Als mentalistisch wird auch die Auffassung bezeichnet, wonach Verhalten durch Bezugnahme auf mentale Zustände erklärt werden kann, die nicht öffentlich zugänglich sind. – Als eine Form von M. gilt schließlich die Position, wonach die Bedeutung sprachlicher Ausdrücke durch Introspektion feststellbar ist. Einer solchen Auffassung hat sich besonders der späte ↗ Wittgenstein entgegengesetzt.

Lit.: D. Armstrong: A Materialist Theory of the Mind. London 1968. – L. Wittgenstein: Philosophische Untersuchungen. Frankfurt a.M. 1977.   GSO

Metasprache. A. Tarski konnte zeigen, daß eine formale Sprache, in der über die Wahrheit ihrer eigenen Sätze gesprochen werden kann, zwangsläufig auf Widersprüche führt. Daher hat man zumindest zwei Sprachschichten zu unterscheiden: die Sprache, über die gesprochen wird, ist die Objektsprache, sie dient dazu, über den Objektbereich zu sprechen. Die Sprache, in der über die Objektsprache gesprochen wird, ist die M. Die M. muß ausdrucksreicher sein als die Objektsprache, weil man in ihr über die Objektsprache und ihre Beziehungen zu ihrem Objektbereich sprechen können muß. – Metavariablen (auch Mitteilungsvariablen) sind Variablen der M., deren Wertebereiche Ausdrücke der Objektsprache sind. Objektvariablen sind Variablen der Objektsprache, die daher für einen Wertebereich im Objektbereich stehen.

Lit.: A. Tarski: Der Wahrheitsbegriff in den formalen Sprachen. In: Studia Philosophica 1 (1936), S. 261-405.   VP

Modalität. Allgemein versteht man unter einer M. die nähere Bestimmung eines Sachverhalts hinsichtlich der Art und Weise (des ›Modus‹) seines Bestehens. Bei Kant treten neben die M.en als Kategorien reiner, d.h. nicht-empirischer Verstandesbegriffe die M.en der Urteile. Diese Doppelfunktion der M.en führt neben der Unterscheidung von Notwendigkeit, Dasein und Möglichkeit in der Kategorie der M.en zu der parallelen Einteilung in apodiktische, assertorische und problematische Urteile (Kant: *Kritik der reinen Vernunft*, A 70ff.). – In einer eher aristotelischen Tradition werden in der modernen ↗ Modallogik als sog. alethische M.en Notwendigkeit und Möglichkeit betrachtet. Diese werden aufgefaßt als wechselseitig definierbare, nicht-wahrheitsfunktionale Aussageoperatoren (»es ist notwendig der Fall, daß A« – □A -; »es ist möglicherweise der Fall, daß A« – ◇A -). In der Regel können die zahlreichen Ausdrucksweisen für diese M.en in natürlichen Sprachen mit Hilfe der entsprechenden Aussageoperatoren umschrieben werden. So kann der Satz »es könnte regnen« als synonym mit »es ist möglicherweise der Fall, daß es regnet« gelten. Auch sog. Dispositionsprädikate (»beschreibbar«, »brennbar«) gestatten die Umschreibung durch modale Aussagen. Aufgrund des induktiven Formelaufbaus treten in der Modallogik auch sog. iterierte M.en auf, z.b. »es ist notwendig, daß es möglich ist, daß A«. Verallgemeinernd wird deshalb in der Modallogik eine M. definiert als endliche (möglicherweise leere) Folge $<a_1,...,a_n>$, so daß a_i für $1 \leq i \leq n$ entweder der Negationsoperator $\neg$ oder einer der Modaloperatoren $\Diamond$, $\square$ ist. Eine M. heißt affirmativ, wenn sie eine gerade Anzahl von Negationsoperatoren enthält, andernfalls wird sie als negativ bezeichnet. Für die Modallogik bedeutsam ist die Auffindung der in einem modallogischen System Σ äquivalenten M.en. Zwei M.en m_1, m_2 heißen äquivalent in Σ, wenn für eine beliebige Aussage A $m_1 A \leftrightarrow m_2 A$ in Σ beweisbar ist. Zwei M.en werden als verschieden bezeichnet (in Σ), wenn sie nicht äquivalent sind in Σ. Die Anzahl der in einem modallogischen System Σ verschiedenen M.en wird als die Zahl der M.en von Σ bezeichnet. Z.B. beträgt die Zahl der M.en in dem Lewisschen System S5 sechs, da alle affirmativen M.en jeweils ihrer innersten äquivalent sind.

Neben den alethischen, auf Wahrheit bezogenen M.en werden u.a. auch temporale, d.h. zeitbezogene M.en, epistemische, auf Wissen und Erkennen bezogene M.en sowie deontische, auf Geboten-, Verboten- und Erlaubtsein gerichtete M.en betrachtet. Einfache temporale M.en sind »es ist immer der Fall, daß A«, »es ist manchmal der Fall, daß A«. Unter Beachtung der zeitlichen Ordnung lassen sich anspruchsvollere temporale M.en wie »es war der Fall, daß A«, »es wird der Fall sein, daß A« definieren. Den alethischen M.en der Notwendigkeit und Möglichkeit entsprechen die deontischen M.en »es ist geboten, daß A« sowie »es ist erlaubt, daß A«. Die formale Darstellung dieser M.en entspricht weitgehend der der alethischen M.en.

In der modalen Prädikatenlogik entsteht die philosophisch wichtige Unterscheidung zwischen ↗ de re und de dicto M.en. Während de dicto Notwendigkeit die notwendige Wahrheit einer Aussage behauptet (»es ist notwendig, daß A«), wird mit de re Notwendigkeit einem Gegenstand eine notwendige Eigenschaft zugeschrieben (»x ist derart, daß es notwendigerweise F ist«). Formal ergeben sich de re M.en durch Quantifikation in offene Formeln, die einen Modaloperator enthalten. Sie führten zu einer Wiederbelebung der Essentialismusdebatte um die Frage nach notwendigen Eigenschaften.   UM

Modellsprache, auch formale Sprache. Das Vokabular der M. besteht aus Hilfszeichen (d.i. Klammern, Punkte, Kommata), aus deskriptiven Zeichen und aus logischen Zeichen. Die deskriptiven Zeichen stehen bei einer Interpretation der Sprache für Entitäten: Gegenstandsausdrücke (Objekt- u. Individuenausdrücke) stehen für die Dinge des Bereichs, über den man spricht, die Eigenschaftsausdrücke für die Eigenschaften dieser Dinge, die Relationsausdrücke für Beziehungen zwischen den Dingen bzw. für die Gesamtheit von geordneten Paaren von Dingen, die derartige Beziehungen ausdrücken. Die deskriptiven Ausdrücke werden in Konstanten und Variablen unterschieden, je nachdem ob sie für konstante Interpretationen oder für wechselnde Interpretationen vorgesehen sind. – Der Aufbau einer M. ist durch folgende Schritte eindeutig festgelegt: (1) Angabe einer Liste von Ausdrücken, die das Vokabular dieser Sprache darstellen; (2) Angabe

von Regeln, mittels denen aus den Elementen des Vokabulars (den Ausdrücken) Sätze gebildet werden können; (3) die Regeln zum Gebrauch der
Ausdrücke sind als Urteile formulierbar, wenn die zu charakterisierende
Sprache genügend ausdrucksreich ist; (4) Angabe einer vollständigen (oder
zumindest partiellen) Interpretation der Ausdrücke: Zuordnung gewisser
Ausdrücke (a) zu Gegenständen eines vorgegebenen Bereichs von Dingen,
(b) zu Eigenschaften dieser Dinge bzw. Klassen solcher Dinge, (c) zu Beziehungen zwischen solchen Dingen; (5) die zu entwickelnde Modellsprache
soll informativen Zwecken dienen, d.h. es sollen nur deskriptive Zeichen
verwendet werden (Diese Forderung gilt nicht für den Aufbau und die
Analyse einer Sprache mit normativen Ausdrücken).

Lit.: W.K. Essler: Analytische Philosophie I. Stuttgart 1972, S. 33ff.   PP

Modus ponens/modus tollens, Bezeichnungen für Regeln von Schlußfolgerung, bei denen aus zwei Aussagen eine dritte gültig abgeleitet werden
kann. Die gültigen Modi von hypothetischen Syllogismen werden danach
unterschieden, welche Aussageschemata miteinander verknüpft werden
(dürfen): (a) modus ponendo ponens (bejahende Schlußfolgerung aufgrund
der bejahenden Setzung (ponendo) des Mittelsatzes): wenn von den zwei
Aussageschemata (1) »wenn A, dann B« und (2) der positiven Setzung von
»A« ausgegangen wird, dann kann bei Bejahung von »A« auf die Gültigkeit
von »B« geschlossen werden (Bsp.: (1) wenn es regnet (A), dann ist die Straße
naß (B), (2) es regnet (A) – folglich: die Straße ist naß (B)); (b) modus
tollendo ponens (bejahende Schlußfolgerung durch »aufhebende Setzung«
(tollendo), d.i. Verneinung des Mittelsatzes): aus (1) dem Aussageschema
»entweder A oder B« und (2) der Verneinung von »A«, kann »B« gefolgert;
(c) modus tollendo tollens (verneinende Schlußfolgerung aufgrund der
Verneinung des Mittelsatzes): aus (1) dem Aussageschema »wenn A, dann
B« und (2) der Verneinung von »B« kann die Verneinung von »A« gefolgert werden; (d) modus ponendo tollens (verneinende Schlußfolgerung
aufgrund der positiven Setzung (»ponendo«) des Mittelsatzes): aus (1) dem
Aussageschema »entweder A oder B« und (2) der Bejahung von »A« kann
die Veneinung von »B« gefolgert werden.   PP

Mögliche Welten ↗ Welt, mögliche

Molekularer Satz, ist ein singulärer Satz, der aus zwei oder mehreren
atomaren Sätzen besteht. Solche Sätze haben die Form der Negation,
Konjunktion, Disjunktion oder Implikation.   PP

Molekularsprache, Bezeichnung für eine Menge von Sätzen, in der
ausschließlich junktorenlogische Verknüpfungen von atomaren Aussagen
zugelassen sind, hingegen keine unbeschränkten All- und Existenzsätze.

PP

Monismus (von griech. monos: eins, einzig), bezeichnet eine philosophische Lehre, die im Gegensatz zum Dualismus und Pluralismus eine
letzte Wesens-Einheit alles Seienden annimmt, welche seelisch-geistiger
Art (spiritualistischer M.) oder materieller Art (materialistischer M.) sein
kann. Da sich nach monistischer Betrachtungsweise alles Seiende aus einer
letzten Einheit entwickelt oder entwickeln läßt, kann es auch wieder auf
diese zurückgeführt werden. Je nach der jeweiligen Konzeption des M. wird
die Einheit mehr statisch oder mehr dynamisch, mehr nach dem Vorbild
mathematisch-mechanischer Ordnung oder mehr als organisches Leben
gesehen. – E. Haeckel nennt seine aus dem Darwinismus hervorgegangene
Weltanschauung ausdrücklich M. Sein naturalistischer M. erhebt die physische Substanz zum Inbegriff des Ganzen und verneint die Selbständigkeit
und Eigengesetzlichkeit jedes nichtphysischen Seins. Das Seelische ist nach
Haeckel den materiellen Grundbestandteilen mitgegeben und funktioniert
nach mechanischen Gesetzen. Eine leichte Abwandlung dieser Ansicht bildet
der energetische M. von W. Ostwald, der das gesamte geistige Leben als
Transformation der Energie ansieht.

Lit.: R. Eisler: Geschichte des Monismus. Leipzig 1910. – E. Haeckel: Der Monis-
mus als Band zwischen Religion und Wissenschaft. Leipzig [16]1919. – Ders.: Die
Welträtsel. Bonn 1899. – F. Klimke: Der Monismus und seine philosophischen
Grundlagen. Freiburg 1911.   RS

Monismus, anomaler. Diese auf D. ↗ Davidson zurückgehende Theorie
besteht aus zwei Thesen: (1) Mentale Entitäten (partikuläre raum-zeitliche
Objekte und Ereignisse) sind mit physikalischen Entitäten (partikulären
raum-zeitlichen Objekten und Ereignissen) identisch; (2) mentale Begriffe
(Eigenschaften, Prädikate) sind weder über Naturgesetze noch mittels Definition auf physikalische Begriffe (Eigenschaften, Prädikate) reduzierbar.
Davidsons Position ist eine monistische Theorie, da ihr zufolge alle Entitäten physikalische Eigenschaften aufweisen, und daher im ontologischen
Sinne reduktiv sind. Anomal ist dieser Monismus, weil zwischen dem
Mentalen und dem Physikalischen keine gesetzmäßigen Zusammenhänge
bestehen. Davidson hat seinen a.n M. aus drei Prämissen abgeleitet: (a)
es gibt mentale Verursachung; (b) singuläre Kausalrelationen unterliegen
strikten physikalischen Kausalgesetzen; (c) es gibt keine strikten psychophysischen Gesetze. Nach Davidson, einem der Hauptvertreter der kausalen
Handlungstheorie, ist die Annahme der mentalen Verursachung evident.
Prämisse (b) ist Bestandteil der Standardauffassung von ↗ Kausalität und
im Kontext der sprachanalytischen Philosophie des Geistes weitgehend
akzeptiert. Die dritte Prämisse, aufgrund derer der anomale Monismus ein
nicht-reduktiver Physikalismus ist, wird von Davidson damit begründet,
daß mentale Entitäten (Eigenschaften, Prädikate) irreduzibel normativ sind
und daher nicht in mathematisierbaren strikten Gesetzesaussagen vorkommen können. Eine vierte, von Davidson nicht explizit benannte Prämisse,
ist seine These, (d) daß Ereignisse irreduzible Einzeldinge sind. – In der
Auseinandersetzung um den anomalen Monismus ist vor allem strittig, ob

die These der mentalen Verursachung mit dem Anspruch der begrifflichen und gesetzesmäßigen Nichtreduzierbarkeit vereinbar ist. Außerdem wird Davidsons Ereignisontologie kritisiert.

Lit.: D. Davidson: Geistige Ereignisse. In: Ders.: Handlung und Ereignis. Frankfurt a.M. 1985, S. 291-320. – Ders.: Thinking Causes. In: J. Heil/A. Mele (Hg.): Mental Causation. Oxford 1993, S. 3-17. MQ

Monismus, neutraler. B. ↗ Russell (*The Analysis of Mind*) benennt so seine erkenntnistheoretische Auffassung, wonach unsere Wahrnehmungen durch physikalische Ereignisse verursacht sind. Diese Auffassung soll keine weitergehende Behauptung über die ontologische Struktur der beinhalten. Über diese läßt sich nur ganz allgemein die Aussage machen, daß sie eine raumzeitliche Struktur haben müssen, die der unserer Wahrnehmung entspricht. Von irgendwelchen Qualitäten der physikalischen Ereignisse können wir keine Aussagen machen. PP

Monismus, ontologischer. Ausgangspunkt sind die Fragestellungen, ob es verschiedene Seinsweisen gibt, ob es außer Einzeldingen auch noch andere Arten von Gegenständen gibt, ob es ontologisch selbständige Entitäten gibt. Hinsichtlich dieser Fragen lassen sich zwei ontologische Modelle unterscheiden: Als monistische Ontologie bezeichnet man jene Position, die nur eine einzige Entität oder eine einzige Art von Entitäten als selbständig existierend annimmt, als pluralistische O. jene Auffassung, die mehr als eine einzige Entität zuläßt (bspw. James: *Pragmatism and other Essays*). Die monistischen Positionen innerhalb der Ontologie lassen sich wiederum untereinander unterscheiden nach der Art von Entität, die sie jeweils als den einzig realen, d.h. im ontologischen Sinne wirklichen Sachverhalt anerkennen. Repräsentativ für einen substanzontologischen M. steht Spinoza, der einzig die Substanz als realen Sachverhalt identifiziert. Demgegenüber postuliert Hegels begriffsontologischer (oder subjektivitätsontologischer) M., daß die zentrale ontologische Aufgabe nur im Rahmen einer Theorie des Begriffs zu leisten ist. Die durch die Theorie des Begriffs geforderten Bestimmungen zeigen an, was »in Wahrheit« ist. PP

N

Nachsichtigkeitsprinzip (principle of charity). In den sprachanalytischen Verstehens- und Interpretationstheorien ist das N. von zentraler Bedeutung. Es handelt sich hierbei um eine analytische Entsprechung zu dem aus der philosophischen Hermeneutik von Gadamer als hermeneutische Maxime des Verstehens bezeichneten »Vorgriff auf Vollkommenheit«. Das von Neil Wilson (*Substances without Substraction*, 1959) zur Bestimmung der Referenz von Eigennamen eingeführte Prinzip hat ↗ Quine in *Word and Objects* in seine Übersetzungstheorie integriert. Es besagt: Jene Übersetzung ist vorzuziehen, die mit der kleinsten Abweichung von unserem Weltbild operiert

(*Wort und Gegenstand*, S. 115). Denn es würde gegen die Sinnbedingungen jeder Kommunikation verstoßen, von einem Gesprächspartner zu behaupten, seine Meinungen seien allesamt falsch, da es unter dieser Voraussetzung keinen vernünftigen Grund mehr gäbe, daß wir seine falschen Ansichten noch für Ansichten zu diesem oder jenem Problem hielten. Mit der Maximierung der Meinungsverschiedenheiten minimieren wir die Möglichkeiten dafür, daß ein Gespräch möglich und nötig ist. – Im Anschluß an Quines Theorie der radikalen Übersetzung (*radical translation*) hat D. ↗ Davidson eine Interpretationstheorie entwickelt, die Verstehensprozesse mittels des N.s erklärt. Davidson geht davon aus, daß das N. eine nichthintergehbare Voraussetzung allen Verstehens ist, da nur unter der Voraussetzung dieses Prinzips sich das Verhalten eines Sprechers als Sprache interpretieren läßt. Von Davidson wird dieses Prinzip ohne alle Einschränkungen in Anschlag gebracht. Zum einen, um der zu interpretierenden Sprache eine quantorenlogische Struktur aufzuzwingen, wodurch der Unbestimmtheit der logischen Form kein Raum mehr gelassen wird, zum anderen, um auf diese Weise eine »methodische Maxime« der Interpretation zu gewinnen, die besagt, daß in der gelungenen Kommunikation der Interpret beim Verstehen sprachlicher Äußerungen im wesentlichen dasselbe meint bzw. glaubt wie der Sprecher. Ohne diese »Einigkeitsunterstellung« bzw. ohne dieses »Einigkeitsgebot«, das als regulative Idee des Sprach- und Bedeutungsverstehens gelesen werden muß, gibt es »grundsätzlich keine Möglichkeit [...] zu entscheiden zwischen der Auffassung, der andere habe die Wörter ebenso verwendet wie wir, [...] und der Auffassung, wir hätten seine Äußerungen falsch verstanden« (»Sagen, daß«. In: *Wahrheit und Interpretation*, S. 152).

Das Principle of Charity drückt also eine *Rationalitätsunterstellung* (genauer: eine Wahrheits- und Konsistenzunterstellung) aus. Es handelt sich um eine unhintergehbare und normativ gehaltvolle Voraussetzung, weil nur unter Voraussetzung dieses Prinzips das Verhalten eines Sprechers in einem bestimmten Kontext für den Interpreten sich als Sprache interpretieren läßt. Sein Zweck ist es, sinnvolle Meinungsverschiedenheiten zu ermöglichen, und das ist abhängig von einer Grundlegung in der Einigkeit, d.h., eine Einigkeit in Form einer weitgehenden »Gleichheit der von Sprechern ›derselben Sprache‹ für wahr gehaltenen Sätze«, die letztlich auch nur eine »Übereinstimmung im großen und ganzen sein« kann (»Was ist eigentlich ein Begriffsschema«. In: *Wahrheit und Interpretation*, S. 280).

Lit.: G. Abel: Interpretationswelten. Gegenwartsphilosophie jenseits von Essentialismus und Relativismus. Frankfurt a.M. 1993, S. 395-426. – D. Davidson: Wahrheit und Interpretation. Frankfurt a.M. 1990. – Ders.: Was ist eigentlich ein Begriffsschema. In: Wahrheit und Interpretation. Frankfurt a.M. 1990. – K. Glüer: Donald Davidson zur Einführung. Hamburg 1993, S. 63-80. – W. Künne: Prinzipien der wohlwollenden Interpretation. In: Ders.: Intentionalität und Verstehen. Frankfurt a.M. 1990, S. 212-236. – E. Picardi/J. Schulte: Die Wahrheit der Interpretation. Frankfurt a.M. 1990. – W.V.O. Quine: Wort und Gegenstand. Stuttgart 1987. – U. Tietz: Rationalität des Verstehens. Zu Davidsons Sprach-Logos. In: K.-O. Apel/M. Kettner (Hg.): Die eine Vernunft und die vielen Rationalitäten. Frankfurt a.M. 1995.   UT

Namentheorie, Teilbereich der Sprachphilosophie, die die semantische und pragmatische Funktion von Namen untersucht. Namen sind ein Typ ↗ singulärer Termini, die dazu dienen, den Gegenstand der Aussage im Kontext der Rede eindeutig zu identifizieren und ihm konventionell zugeordnet sind. Obwohl nicht ganz unstrittig, konzentriert sich die N. auf Eigennamen (EN) (Bsp. »Max«) und schließt Gattungsnamen (Bsp. »Tier«) aus. Die strittigen Punkte in der N. sind: (1) Haben EN semantische Bedeutung, oder referieren sie direkt auf ihren Gegenstand? (2) Wie ist die Rolle der ↗ Referenz für die pragmatische Funktion zu bestimmen? Während nach Mill ein EN direkt für den bezeichneten Gegenstand steht, vertritt ↗ Frege die Position, daß EN auch Bedeutung haben: Ein Sprecher verbindet mit einem EN eine Kennzeichnung (K), die auf den bezeichneten Gegenstand zutrifft (Bsp. bei »Aristoteles« die K. »Lehrer Alexanders«). ↗ Russell verstärkt die Verknüpfung von EN und K. und behauptet die vollständige logische Ersetzbarkeit von EN durch K. Nach ↗ Searle dagegen ist die Bedeutung eines EN nicht synonym mit einer bestimmten K., sondern mit einem Bündel solcher K.en, die vom bezeichneten Gegenstand erfüllt werden. ↗ Strawson dagegen betont die pragmatische Funktion: Die primäre Leistung der EN ist es, für einen Hörer einen Gegenstand eindeutig zu identifizieren – dies unterscheidet EN von K.en. Gegen diese Analysen, die EN mit K.en in Verbindung bringen, entwickelt ↗ Kripke eine auf Mill zurückgehende N., derzufolge die Referenz entscheidend ist für EN. In einem »ursprünglichen Taufakt« wird ein EN mit einem Gegenstand kausal verknüpft und referiert von da an direkt – ohne Vermittlung einer Bedeutung – auf ihn. Die Bedeutung ist die von Sprechern tradierte Verwendung, die auf den Taufakt zurückgeht. Diese kausale (oder historische) N. leugnet nicht die Verbindung von EN mit K., hält aber die im Taufakt festgelegte Referenz für zentral. Hauptargument für Kripke ist, daß auf diese Weise EN auch in kontrafaktischen Situationen auf den gleichen Gegenstand verweisen können, selbst wenn zentrale Eigenschaften nicht mehr auf ihn zutreffen. (Bsp. »Goethe wäre immer noch Goethe, auch wenn er nichts geschrieben hätte.«) Trotz der Selbsteinschätzung sind kausale und Bündeltheorie möglicherweise vereinbar; sie betonen lediglich verschiedene semantische und pragmatische Elemente von EN.

Lit.: U. Wolf (Hg.): Eigennamen. Dokumentation einer Kontroverse. Frankfurt a.M. 1985. MQ

Naturalismus, philosophische Position des 20. Jh.s, wonach verläßliche Erkenntnisse darüber, was existiert und wie die Welt beschaffen ist, nur auf naturwissenschaftlichem Wege zu gewinnen sind. Gründe für den N. sind die Erfolge der modernen Naturwissenschaften und ein Interesse an einem einheitlichen Weltbild. Der N. ist eine zeitgemäße Version des ↗ Materialismus und steht dem ↗ Physikalismus sehr nahe, ist allerdings auch mit einem naturwissenschaftlichen Pluralismus vereinbar. – Man kann zwischen einer ontologischen, einer semantischen und einer methodologischen These des N. unterscheiden. (1) Die *ontologische* These (auch

↗ Identitätstheorie) besagt, daß nur natürliche, d.h. naturwissenschaftlich akzeptable, Entitäten existieren. Sie beschränkt sich entweder – in der schwächeren Version (↗ Materialismus) – auf Einzeldinge, oder sie bezieht sich – in der stärkeren Version – auch auf Eigenschaften. (2) Die *semantische* These (auch Reduktionismus) besagt, daß nur Beschreibungen, die sich auf ein naturwissenschaftliches Vokabular reduzieren lassen, wahr sein können. Je nachdem, ob die Reduktion durch empirische Forschung oder durch logische Analyse der Bedeutung erreicht werden soll, spricht man von einem *empirischen* oder einem *logischen* Reduktionismus. (3) Die *methodologische* These (auch Szientismus) besagt, daß nur naturwissenschaftliche Methoden zuverlässig sind. Sie leugnet, daß es eigenständige philosophische oder geisteswissenschaftliche Methoden der Erkenntnisgewinnung gibt. – Es sind unterschiedliche Kombinationen dieser Thesen möglich und auch historisch vertreten worden. So war z.B. ↗ Carnap ein Anhänger eines logischen ↗ Reduktionismus, der heute nicht mehr akzeptabel erscheint. Der amerik. N. (Dewey) hat dagegen den Szientismus in den Mittelpunkt gestellt. – Ein schwacher ontologischer N. ist auch ohne Reduktionismus und Szientismus möglich. In der analytischen Philosophie ist gegenwärtig jedoch der reduktionistische und szientistische N. am verbreitetsten. Danach sind traditionelle Gegenstände der Philosophie sowie lebensweltliche Phänomene entweder mit Hilfe naturwissenschaftlicher Methoden reduktionistisch erklärbar, oder sie werden als nicht-existent eliminiert. – Anwendungsbereiche naturalistischer Forschungsprogramme sind z.B. ↗ Bewußtsein, ↗ Intentionalität sowie normative Begriffe der Erkenntnistheorie und Ethik.

Lit.: P. French u.a. (Hg.): Philosophical Naturalism. Midwest Studies in Philosophy 19 (1994). – G. Keil: Kritik des Naturalismus. Berlin/New York 1993. – Ders.: Handeln und Verursachen. Frankfurt a.M. 2000. – Y. Krikorian (Hg.): Naturalism and the Human Spirit. New York 1944. – J. McDowell: Geist und Welt. Paderborn u.a. 1998. – D. Papineau: Philosophical Naturalism. Oxford 1993.

Naturgesetz. N.e sind (hypothetisch wahre) gesetzesartige Aussagen einer wiss. Theorie, also generelle Aussagen, die im Gegensatz zu akzidentellen Allaussagen nicht mit einer Konjunktion über endlich viele Einzelaussagen äquivalent sind. Der Versuch, N.e von akzidentellen Allaussagen durch rein logische Kriterien abzugrenzen, stößt aber auf Schwierigkeiten: Die Forderung, nach der die N.e. keine Bezugnahme auf bestimmte Zeitpunkte, Orte oder Objekte enthalten sollten, ist zu stark, weil z.B. biologische N.e auf konkrete endliche Gesamtheiten wie biologische Arten Bezug nehmen. Kutschera schlägt daher einen pragmatisch relativierten Begriff des N. vor (S. 330): N.e sind gegenwärtig wissenschaftlich akzeptierte Sätze. Die Akzeptierung eines N. gründet sich auf seine Rolle als Mittel wissenschaftlicher Erklärungen, Begründungen und Prognosen (Hempel 1977). N.e bestimmen wesentlich das moderne Bild der Natur.

Lit.: D. Armstrong: What is a Law of Nature? Cambridge 1983. – C.G. Hempel: Aspekte wiss. Erklärung. Berlin. 1977. – F. v. Kutschera, Wissenschaftstheorie II.

München. 1972. – E. Schrödinger: Was ist ein Naturgesetz? München 1967. – W. Stegmüller: Probleme und Resultate der Wissenschaftstheorie und Analytischen Philosophie. Bd. 1. Berlin 1983.   AB

Neurath, Otto (1882–1945). N. wurde von ↗ Carnap als die treibende Kraft im Diskussionszirkel *Wiener Kreis*, dem die Grundlegung des Logischen Positivismus zuzuschreiben ist, bezeichnet. Angeleitet von dem Interesse an einer rationalen Philosophie formulierte N. zur Grundlegung von Erkenntnis ein empiristisches ↗ Basistheorem und ein ↗ Sinntheorem. Die Zielvorstellung einer Einheitswissenschaft führte zu den Versuchen, die Bedingungen für eine einheitliche Sprache aufzustellen, in der alle Wissenschaften formulierbar sind, d.h. alle wissenschaftlichen Erkenntnisse sollten als Aussagen über beobachtbare raum-zeitliche Vorgänge formuliert werden. Die Frage der Sprachwahl war dabei eng mit dem Problem der ↗ Wahrheit verknüpft.

Anders als Carnap sucht N. den Anfangspunkt nicht in dem Ideal einer exakten Sprache, vielmehr will er von der kulturell gewachsenen Sprache als Basis ausgehen. Um zu einer Universalsprache der Wissenschaften zu gelangen, bedarf es nach N. allerdings einiger Modifizierungen der Alltagssprache: Alle metaphysischen Begriff, die keinen empirischen Gehalt haben, sind daraus zu tilgen, und unpräzise Begriffe mit unscharfem empirischem Gehalt sind durch präzisere zu ersetzen. Durch diesen Umformungsprozeß soll sich aus der Alltagssprache ein »Universal-Slang« herausbilden, der dann wiederum zunehmend in die Alltagssprache eingeführt werden soll. Der Schritt der Präzisierung besteht darin, daß die Begriffe auf Beobachtbares zurückgeführt werden müssen. Eine Beobachtung in der Welt kann erst dann zur Stützung eines Satzes herangezogen werden, wenn diese sprachlich formuliert ist. Dazu bedarf es jener Sätze, die eine Beobachtung genau protokollieren, d.i. der ↗ Protokollsätze. Diese halten einerseits die Beobachtung fest und informieren darüber, wie, wann und von wem die Beobachtung gemacht und protokolliert wurde. Darin liegt nach N. die Möglichkeit wissenschaftlicher Kontrolle begründet. Trotz ihres grundlegenden Charakters sind auch die Protokollsätze nach N. grundsätzlich fallibel. Das Kriterium für Wahrheit liegt bei N. in der Vereinbarkeit eines Satzes mit der gesamten Satzmenge der Einheitswissenschaft. Diese Auffassung macht ihn zu einem Vertreter der logisch-empiristischen ↗ Kohärenztheorie von Wahrheit.

Lit.: O. Neurath: Gesammelte philosophische und methodologische Schriften. Hg. R. Haller/H. Rutte. Wien 1981. – F. Hofmann-Grüneberg: Otto Neurath: Sprache und Wahrheit in der Einheitswissenschaft. In: J. Speck (Hg.): Grundprobleme der großen Philosophen. Philosophie der Neuzeit VI. Göttingen 1992, S. 9-66. PP

Neurophilosophie, Projekt innerhalb der analytischen Philosophie des Geistes, das v.a. von Paul M. Churchland und Patricia S. Churchland verfolgt wird. Ausgangspunkt des Projektes ist der eliminative ↗ Materialismus. Die Vertreter der N. gehen davon aus, daß eine wissenschaftlich akzeptable, funktionierende Theorie des Geistes nur zu erreichen ist, wenn

man den mentalistischen Diskurs der ↗ »folk psychology« verläßt und
sich statt dessen an den ↗ Kognitionswissenschaften und insbesondere der
Neurobiologie orientiert. Die N. versucht, die Unfruchtbarkeit des mentalistischen Idioms nachzuweisen und zu zeigen, daß eine Theorie, die sich
auf die Rede von neurologischen Entitäten und Eigenschaften beschränkt,
weitaus erfolgreicher ist bzw. in der Zukunft sein wird. Die Entwicklungs-
aussichten der Kognitionswissenschaften und der N. werden entsprechend
enthusiastisch bewertet.

Lit.: P.S. Churchland: Neurophilosophy. Toward a Unified Science of the Mind-
Brain. Cambridge/London ²1986. – P.M. Churchland: A Neurocomputational
Perspective. The Nature of Mind and the Structure of Science. Cambridge/London
1992. – Ders.: Brain-Wise. Studies in Neurophilosophy. MIT-Press 2002. – S.
Dehaene: The Cognitive Neuroscience of Consciousness. MIT-Press 2002. – Th.
Metzinger (Hg.): Bewußtsein. Beiträge aus der Gegenwartsphilosophie. Paderborn
1995. – M. Pauen/G. Roth (Hg.): Neurowissenschaft und Philosophie. Stuttgart
2001.   MBI

Neutralismus, methodischer, Bezeichnung für eine von ↗ Carnap vertretene Auffassung, daß die Wahl einer Sprache (bzw. Sprachsystems) oder
einer Sprechweise als arbiträr anzusehen und daß mit einer solchen Wahl
keine inhaltliche Festlegung auf eine philosophische oder metaphysische
Position verbunden ist. In *Die logische Syntax der Sprache* formuliert er es als
»Toleranzprinzip«: Jeder mag seine Logik, d.h. seine Sprachform aufbauen
wie er will. Nur muß er deutlich die syntaktischen Bestimmungen angeben
anstatt philosophischer Erörterungen.

Lit.: R. Carnap: Die logische Syntax der Sprache. Wien/New York ²1968, S. 45.
                                                                        PP

Nichtkreativität, bedeutet, daß aus einer Nominaldefinition eines Zeichens
als einer bloßen sprachlichen Abkürzung keine neuen Tatsachenbehauptungen
folgen dürfen. Die Postulate der Eliminierbarkeit der definierten Ausdrücke
und die Forderung der N. von Definitionen werden als Pascals Forderungen
bezeichnet und gelten in der traditionellen Logik als Kriterien für korrekte
Nominaldefinitionen.   PP

Nominalismus (lat. nomen und seit dem 12. Jh.: nominales), bezeichnet
die Lehre, daß nur Einzeldinge existieren und jede Annahme einer allgemeinen Natur, die auf einem realen Fundament in den Dingen beruhen soll,
ungegründet ist. Unsere Allgemeinbegriffe entsprechen keinem allgemeinen
Wesen von uns unabhängigen Dingen. Die Erkenntnisrelation wird als
unmittelbar vorgestellt, wie es auch der Lehre Duns Scotus' und Ockhams
von der intuitiven Erkenntnis entspricht. Zu unterscheiden sind ein »*starker
N.*«, für den die Annahme von Universalien gänzlich unhaltbar ist, der
Konzeptualismus, für den diese nicht bewußtseinsunabhängig sein können,
und der *Terminismus*, für den es Universalien nur in Verbindung mit Worten

gibt. Alle Versionen des N. haben zum Gegensatz den Platonismus bzw. Universalienrealismus. Am häufigsten in der Antike und im Mittelalter ist die zweite Version, die vielleicht bei Aristoteles, bei den Stoikern, sowie bei Abaelard, Ockham, Leibniz und Locke zu finden ist. Ockham insbesondere verband den N. mit einer kausalen Vorstellung des Zusammenhangs zwischen Objekt und Erkenntnis. Den Terminismus vertritt z.b. in der Frühscholastik der aus theologischen Gründen von Anselm kritisierte Roscelin (der den Allgemeinbegriff als »flatus vocis« bezeichnet haben soll). In der Neuzeit heißt es ähnlich bei Hobbes, es gebe nichts Universales in der Welt außer Namen, wobei die von diesen benannten Dinge allesamt individuell und einzeln seien (vgl. Leviathan Kap. 4). – Ein starker N. findet sich bei Berkeley sowie bei Brentano oder in Kontarbinskis Reismus, und in jüngster Zeit bei H. Field. Im 20. Jahrhundert hat die Diskussion um den N. wesentlich im Zusammenhang der Frage nach der Existenz abstrakter (z.B. mathematischer) Objekte stattgefunden. Mit den Universalien fallen auch ↗ Mengen oder Zahlen als Gegenstände hinweg (vgl. Goodman und ↗ Quine 1947, die nur Individuen als Werte für Variablen zulassen, nicht aber Mengen oder Attribute). Auch wurde versucht, die Mengenlehre nominalistisch mit Hilfe der Mereologie zu rekonstruieren (Lesniewski). Nominalistische Varianten, die abstrakte Objekte gemeinhin betreffen, sind Formalismus, Fiktionalismus (Field) sowie Konstruktivismus (Brouwer, schwacher N.).

Lit.: D.M. Armstrong: Nominalism and Realism. Cambridge 1978. – R.E. Eberle: Nominalistic Systems. Dordrecht 1970. – H. Field: Science without Numbers. Oxford 1980. – N. Goodman/W.V.O. Quine: Steps towards a constructive Nominalism. In: Journal of Symbolic Logic 12 (1947), S. 105-122. – E.C. Luschei: The logical Systems of Lesniewski. Amsterdam 1962. – J. Pinborg: Logik und Semantik im Mittelalter. Stuttgart-Bad Cannstatt 1972. – W. Stegmüller: Das Universalienproblem. Darmstadt 1978. WH

Nominator. In einer elementaren Aussage, in der einem Gegenstand eine bestimmte Eigenschaft zugeordnet wird, kann der Gegenstand der Aussage durch einen Namen oder eine eindeutige Beschreibung ersetzt werden. In diesem Fall sagt man, der Gegenstand wird durch einen N. vertreten, die Eigenschaft durch einen Prädikator. ↗ Frege (*Begriffsschrift*) hat die in der traditionellen Urteilslehre übliche Zuordnung von Subjekt- und Prädikatsbegriff durch den elementaren Aussagesatz ersetzt und diesen als Spezialfall des Verhältnisses von Argument(en) und Funktion angesehen: Die von den N.en bezeichneten Gegenstände sind Argumente der Funktion, die durch den ihnen zugesprochenen Prädikator bezeichnet werden. PP

Notionale Welt, Bezeichnung für die Gesamtheit der Überzeugungen eines Subjekts, für die keine Voraussetzungen hinsichtlich der Existenz oder Beschaffenheit tatsächlicher Dinge, auf die sich die Gedanken beziehen, gemacht werden. Die Gesamtheit solcher Überzeugungen bildet die Beschreibung der n.n W. eines Subjekts.

Lit.: D. Dennett: Beyond belief. In: A. Woodfield (Hg.): Thougt and Object. Oxford 1981.   PP

Notwendig, in bezug auf einen Satz gilt, daß er notwendig wahr genau dann ist, wenn er in allen möglichen Welten wahr ist. ↗ kontingent   PP

O

Objektsprache. Alle Sätze der O. lassen sich in zwei Gruppen aufteilen: (a) in solche, deren Wahrheit nur durch die Kenntnis eines empirischen Faktums entschieden werden kann – sie werden als F-wahr bezeichnet, und (b) solche, die aus rein logischen Gründen wahr sind – sie werden als L-wahr bezeichnet. Ein Satz, der entweder L-wahr oder L-falsch ist, wird als L-determiniert bezeichnet (z.b. »heute regnet es oder es regnet nicht«).   PP

Obliquer Kontext. Im Rahmen seiner Bedeutungstheorie räumt ↗ Frege ein, daß die Bedeutung eines Ausdrucks auch kontextabhängig sein kann. Während bspw. in der Aussage »Fritz hat das Buch gelesen« die Bedeutung der Ausdrücke die Person Fritz und das Buch, das gelesen wird, sind, wird in der Aussage »Fritz behauptet, daß er das Buch gelesen habe« keine Aussage über das Buch gemacht wird, sondern einzig über den Sinn des Nebensatzes (»daß er das Buch gelesen habe«). In einem solchen Fall, wenn sich der Ausdruck nur auf einen Sinn (und nicht auf ein Referenzobjekt) bezieht, spricht Frege von indirekten oder o.n K.en, die in der Regel immer durch einen Nebensatz ausgedrückt werden (wie in den Fällen: »P glaubt, daß ...«, »P hofft, daß ...«). In diesen Fällen ist die Anwendbarkeit des ↗ Substitutionsprinzips eingeschränkt.   PP

Ökonomieprinzip, stellt einen Grundsatz der nominalistischen Philosophie dar und beinhaltet das Postulat, nicht mehr ontologische Annahmen zu machen als unbedingt notwendig, d.h. die Annahme von Entitäten möglichst gering zu halten. Als ontologisches Ö. spielt es eine bedeutende Rolle in der Frage, ob die Annahme von Universalien zulässig bzw. notwendig ist. Das Ö. wird häufig als »Ockhams Rasiermesser« zitiert.   PP

Ontologie, Typen der. O. als »Lehre vom Sein« tritt in der Geschichte der Philosophie in zweierlei Gestalten auf: Diejenige, die schon bei Aristoteles und später bei Kant zur Geltung kommt, fordert eine Verständigung darüber ein, was die allgemeinsten Begriffe (oder Kategorien) sind, durch die das, was ist, bestimmt ist. Dieser Typ von O. ist gleichzusetzen mit der Kategorienlehre, d.h. der Analyse und der Theorie von Begriffen. Fragen nach dem ontologischen Status von Begriffen können auf dieser Ebene nicht gestellt werden. Der zweite (auch auf Aristoteles zurückreichende) Typ von O. rückt die Klärung der Frage, was es gibt, in den Vordergrund: Z.B. ob es verschiedene Seinsweisen gibt, ob es außer Einzeldingen auch noch andere Arten von Gegenständen gibt, ob es ontologisch selbständige

Entitäten gibt. Hinsichtlich dieser Fragen lassen sich wiederum zwei ontologische Modelle unterscheiden: Als monistische O. bezeichnet man jene
Position, die nur eine einzige Entität oder eine einzige Art von Entitäten
als selbständig existierend annimmt, als pluralistische O. jene Auffassung,
die mehr als eine einzige Entität zuläßt (bspw. James: *Pragmatism and
other Essays*). Die monistischen Positionen innerhalb der Ontologie lassen
sich wiederum untereinander unterscheiden nach der Art von Entität, die
sie jeweils als den einzig realen, d.h. im ontologischen Sinne wirklichen
Sachverhalt anerkennen. Repräsentativ für einen substanzontologischen
Monismus steht Spinoza, der einzig die Substanz als realen Sachverhalt
identifiziert. Demgegenüber postuliert Hegels begriffsontologischer (oder
subjektivitätsontologischer) Monismus, daß die zentrale ontologische Aufgabe nur im Rahmen einer Theorie des Begriffs zu leisten ist. Die durch die
Theorie des Begriffs geforderten Bestimmungen zeigen an, was »in Wahrheit«
ist.   PP

Ontologische Reduktion. Im Rahmen seiner Überlegungen zu einer
philosophischen Semantik formuliert ↗ Quine als Aufgabe, die Ontologie
zu reduzieren. Er beschreibt es als »ontologische Loslösung«, wenn es darum
geht, die Prädikatenkonstanten einer Theorie von unnützen Prädikaten zu
säubern. Als Mittel der Reduktion dient ihm die Definition: Einen Begriff
definieren, heißt für ihn, zu zeigen, wie man ohne ihn auskommen kann
(*definire est eliminare*). Für die Reduktion gibt es keine allgemein akzeptierte
Methode.

Lit.: W.V.O. Quine: Ontological Reduction and the World of Numbers. In: Ders.:
The Ways of Paradox and Other Essays. New York 1966.   PP

Ontologische Relativität. Die von ↗ Quine vertretene These der o.n R.
stellt zunächst eine Kritik an jenen Formen philosophischer Sprachanalyse
dar, die davon ausgehen, daß syntaktische Systeme interpretiert werden können, indem man den Bereich der Variablen und die Extensionen der
Prädikate festlegt. Tarskis Konzeption, die Wahrheit zu einer Funktion
der ↗ Referenz von Satzteilen zu machen, bestimmte dabei die sprachphilosophischen Überlegungen. Quine hält das deshalb für eine verkürzte
Sichtweise, weil eine vollständige ↗ Interpretation sich (immer schon) auf
dem Boden einer umfassenden Theorie, in der wir schon von Objekten und
Wahrheiten sprechen, vollzogen wird. Die Festlegung eines Bereiches, wie
sie solche formalsprachlichen Systeme vorzunehmen beabsichtigen, bedeutet
für Quine nur, daß man diesen Bereich auf einen Teil des Universums einer
Hintergrundtheorie reduziert. Eine Konstruktion eines (Sprach-)Modells
wird also die Prädikate des zu interpretierenden Systems mit denjenigen der
umgreifenden (Hintergrund-)Theorie so in Beziehung setzen, daß jede These
des Systems mit einer bereits anerkannten Wahrheit der Hintergrundtheorie
übereinstimmt. Bei der Wahrheitsbestimmung werden Sätze auf solche in
der Hintergrundtheorie bereits akzeptierten Sätze zurückgeführt. »Diese
Abhängigkeit von einer Hintergrundtheorie wird klar, wenn wir unser

Universum U auf ein anderes Universum V reduzieren, und dabei von der
Ersetzungsfunktion Gebrauch machen. Denn wir können der Ersetzungsfunktion nur innerhalb einer Theorie mit einem umfassenderen Universum,
welches gleichzeitig U und V einschließt, einen Sinn geben. Diese Funktion
bildet U auf V ab und braucht aus diesem Grund ebenso die alten Objekte
von U wie ihre neuen Bilder in V.« (*Ontologische Relativität*, S. 81). Deshalb
erweist sich seiner Meinung nach ein solches Vorgehen als nicht geeignet,
eine absolute Grundlage für eine Erklärung semantischer Begriffe abzugeben.

Lit.: W.V.O. Quine: Ontologische Relativität und andere Schriften. Stuttgart 1975,
S. 41ff.   PP

Ontologisches Kriterium. Im Rahmen seiner Überlegungen zu einer
verhaltensorientierten Semantik argumentiert ↗ Quine für die These der
↗ Übersetzungsunbestimmtheit, die ihrerseits die These der Unerforschlichkeit
der Referenz und die These der Relativität der Ontologie nach sich zieht.
Nach Quine können wir zur Ontologie einer Theorie legitimerweise nur
relativ zu einer Hintergrundtheorie etwas sagen, die selbst eine als primitiv
akzeptierte und unhintergehbare Ontologie hat. Zur weiteren Klärung
formuliert er ein Kriterium der ontologischen Festlegung: »Allgemein gilt,
daß eine Theorie Entitäten einer bestimmten Art dann und nur dann annimmt, wenn einige davon zu den Werten der Variablen gerechnet werden
müssen, um die Wahrheit der in der Theorie behaupteten Sätze zu sichern«
(*Von einem logischen Standpunkt*, S. 100). Als Kriterium dient es dazu, die
ontologischen Positionen auf ihre Tragfähigkeit und Brauchbarkeit hin zu
überprüfen. Es beinhaltet zudem die These, daß es keine Möglichkeit gibt,
sich der ontologischen Festgelegtheit des eigenen Diskurses zu entziehen
(bzw. nur als Grenzfall denkbar ist). In erster Linie bezieht sich das o.e
K. auf die quantifizierten Aussageformen (ein Prädikatenkalkül erster
Ordnung): Eine Sprache setzt genau jene Bereiche von Entitäten voraus,
wofür in ihr solche freie Variablen, die in Aussagen der Sprache durch
Quantoren gebunden werden können, stehen können. Das o.e K. ist von
ontologischen Annahmen zu unterscheiden, denn diese stellen Aussagen der
Objektsprache (über die Realität) dar, während das o.e K. nur ein Indikator
ist, der implizite ontologische Annahmen aufdeckt. Das o.e K. gehört der
Metasprache an: Es beschreibt entweder eine semantische Beziehung, die
die gebundenen Variablen einer Aussage in einer Theorie mit bestimmten
Entitäten (im allgemeinen nicht-sprachlicher Art) verbindet, oder eine pragmatische Beziehung zwischen einem diese Ausdrücke benützenden Sprecher
und den außerhalb der Sprache bestehenden Entitäten. Die Nützlichkeit
des o.en K.s erweist sich in der Konstruktion: Der Ontologe versucht, eine
kanonische, in ihren Annahmen möglichst arme Notation zu konstruieren,
die jedoch für die Darstellung der in den Einzelwissenschaften anerkannten
wissenschaftlichen Wahrheiten ausreicht. Die Suche nach einer kanonischen
Notation mit möglichst einfacher und klarer Gesamtstruktur kommt der
Suche nach fundamentalen Kategorien und der Klärung der allgemeinsten
Merkmale der Wirklichkeit gleich (*Wort und Gegenstand*, S. 282).

Lit.: P. Gochet: Quine zur Diskussion. Frankfurt a.M./Berlin/Wien 1984, S. 97ff. – W.v.O. Quine: Ontologische Relativität und andere Schriften. Stuttgart 1975, S. 41ff. – Ders.: Von einem logischen Standpunkt. Frankfurt a.M./Berlin/Wien 1979, S. 99ff. – Ders.: Wort und Gegenstand. Stuttgart 1980.   PP

Opaker Kontext. In der Sprachphilosophie wird dann von o.n K.en gesprochen, wenn ein bezeichnender Ausdruck nicht eindeutig auf ein Referenzobjekt verweist. Dies ist nach ↗ Frege dann der Fall, wenn ein sprachlicher Ausdruck als Name seines Sinnes verwendet wird: Z.B. drücken die beiden Wörter »Morgenstern« und »Abendstern« einen unterschiedlichen Sinn für dasselbe Referenzobjekt, nämlich den Planeten Venus, aus.   PP

Operationalismus, wissenschaftstheoretische Position die als Postulat enthält, daß alle wissenschaftlichen Begriffe so formuliert sein müssen, daß jederzeit entschieden werden kann, ob ein solcher Begriff zutrifft oder nicht. Der operationale Begriff muß Anweisungen für bestimmte Operationen (wie Beobachtungen oder Experimente) enthalten, aufgrund derer über das Vorliegen des Begriffs entschieden werden kann. Eine radikale Position vertrat Bridgman, der die Operationalisierung aller, nicht nur der physikalischen Begriffe forderte. Eine modifizierte, gemäßigte Form wurde in Verbindung mit dem Behaviorismus entwickelt: Es sollten nur noch solche Begriffe zulässig sein, die sich unmittelbar auf Beobachtbares beziehen. Die erkenntnistheoretische Annahme des O. besagt, daß Wissenschaft als ein System menschlicher Handlungen zu verstehen ist, d.h. durch die spezifische Form des wissenschaftlichen Zugangs werden die Objekte erst konstituiert.

Lit.: J. Klüver: Operationalismus. Stuttgart 1971. – Artikel »Operationalisierung, Operationalismus«. In: J. Speck (Hg.): Handbuch wissenschaftstheoretischer Grundbegriffe. Bd. 2. Göttingen 1980, S. 464ff.   PP

Operator. In der formalen Logik ist der O. ein Zeichen, das dazu dient, aus schon gegebenen Ausdrücken einen neuen Ausdruck zu bilden oder diese in einen neuen Ausdruck umzuformen. Z.B. stellen die Junktoren solche O.en dar, mit deren Hilfe aus Aussagen neue Aussagenverbindungen gebildet werden können, die Modaloperatoren (notwendig, möglich), die deontischen Operatoren (sollen, dürfen), die Quantoren.   PP

P

Partikel, logische, umfassen die Junktoren der formalen Logik: Negation, Konjunktion, Adjunktion (nicht-ausschließendes »oder«), Subjunktion oder materiale Implikation (wenn-so), konverse Subjunktion (nur, wenn), Subtraktion (aber nicht), Äquivalenz (genau dann, wenn) und die Quantoren: Allquantor und den Einsquantor oder Existenzquantor.   PP

Performativ. In der ↗ Sprechakttheorie von ↗ Austin werden diejenigen sprachlichen Akte, mit Hilfe derer bestimmte Handlungen vollzogen werden, als p. bezeichnet – z.b. wird mit der p.en Aussage »ich nenne dieses Schiff Queen Elizabeth« ein Schiffstaufe vollzogen. P.e Äußerungen haben keinen beschreibenden Charakter und sind deshalb weder wahr noch falsch. Mit Hilfe der p.en Äußerungen vollziehen wir konventionsbedingte Handlungsweisen (wie Schiffstaufe, Eheversprechen), so daß zwei Regeln dafür geltend gemacht werden müssen: (1) Die in der p.en Äußerung angesprochene Konvention muß existieren und akzeptiert sein; (2) die Umstände, in denen wir durch p.e Äußerungen auf solche Konventionen Bezug nehmen, müssen passend sein. Die Standardform p.er Äußerungen ist die ich-Form, durch explizit p.e Verben wird demnach signalisiert, welchen Akt die ich-Person mit ihrer Äußerung vollzieht. ↗ Strawson hat in seiner Wahrheitstheorie diejenigen Äußerungen als performativ bezeichnet, in denen die Anerkennung oder Bestätigung einer (zuvor geäußerten) Behauptung zum Ausdruck gebracht werden, z.B. mit dem Satz »das ist wahr«. Eine solche p. Äußerung ist zu unterscheiden von metasprachlichen Äußerungen über die Wahrheit eines objektsprachlichen Satzes. – In der Theorie des kommunikativen Handelns von Habermas wird die Teilnahme an einer Kommunikation, in der eine Person (in der Rolle der ersten Person) eine Beziehung mit mindestens einer anderen Person eingeht und sich am Prozeß der Verständigung beteiligt, als p. Einstellung bezeichnet. Die p.e Einstellung ist charakteristisch für jedes Mitglied einer Kommunikationsgemeinschaft, die sich durch gemeinsame Standards, Geltungsansprüche und deren Einlösbarkeit auszeichnet.

Lit.: J.L. Austin: Performative Äußerungen. In: Gesammelte Aufsätze. Stuttgart 1986, S. 305ff. – J. Habermas: Theorie des kommunikativen Handelns. Frankfurt a.M. 1981. Bd. 1, S. 164. – F. Strawson: Wahrheit. In: R. Bubner (Hg.): Sprache und Analysis. Göttingen 1968, S. 96ff.   PP

Phänomenalismus, Bezeichnung für die im Positivismus vollzogene Rückbindung des Erkennens auf die Sinnesdaten, Empfindungs- und Erlebnisqualitäten. Die Ausgangsbasis von den Sinnesdaten soll eine unmittelbare, theoriefreie und nicht täuschungsfähige Gegebenheitsweise der Erfahrung gewährleisten. Auf der Basis von Empfindungen sind uns nur solche qualitativen Elemente wie Farben, Töne, Gerüche gegeben. Was wir als Körper bezeichnen, sind bloß relativ konstante Komplexe solcher Elemente. Ebenso sind der Leib und das eigene Ich eine Zusammenballung von Empfindungs-, Vorstellungs-, Erinnerungs- und Gefühlselementen.

Lit.: E. Mach: Die Analyse der Empfindungen. Leipzig ⁴1911. – W. Stegmüller: Der Phänomenalismus und seine Schwierigkeiten. In: Archiv für Philosophie 8 (1958), S. 36-100.   PP

Phänomenalismus, linguistischer, Bezeichnung für die ↗ Philosophie der normalen Sprache.   PP

Philosophie der idealen Sprache. Die Analysen der Ph. i. S. zielen darauf ab, ein System der Sprache zu erstellen, in dem der semantische Begriff der Wahrheit präzise definiert werden kann. Gegenstand der Analyse sind die Aussagen der natürlichen Sprache speziell im Hinblick auf den ↗ Wahrheitswert ihrer Sätze. Dies stellt bereits eine Einschränkung des natürlichen Sprachgebrauchs auf beschreibende, d.i. deskriptive Aussagen dar. Entsprechend formuliert die Ph. i. S. dazu ein Kriterium: Ein Satz einer natürlichen Sprache S ist eine Aussage genau dann, wenn er in eine interpretierte künstliche Sprache S_n übersetzbar ist. Dieses Kriterium bringt die normierende Absicht zum Ausdruck: Eine Aussage der natürlichen Sprache soll als Aussage in einer künstlichen Sprache, die in ihrer logischen Syntax und logischen Semantik vollständig bestimmt ist, definiert werden. Der Zweck der Übersetzung in die künstliche Sprache besteht darin, die Aussagen in eine Sprache zu transformieren, deren Aussagen und Aussageformen die Eigenschaft »logisch wahr« oder »logisch falsch« zugeschrieben werden kann. Das intendierte Ziel sind solche Aussagen, die bei jeder beliebigen Interpretation zu wahren oder falschen Aussagen von S_n werden. Repräsentative Vertreter dieser Position sind ↗ Russell, ↗ Wittgenstein, Schlick, ↗ Carnap und Goodman.

Lit.: E. v. Savigny: Analytische Philosophie. Freiburg/München 1970. – J. Sinnreich (Hg.): Zur Philosophie der idealen Sprache. München 1972.   PP

Philosophie der normalen Sprache, auch ordinary language philosophy, wird repräsentiert durch L. ↗ Wittgensteins *Philosophische Untersuchungen*, durch G. ↗ Ryle, J.L. ↗ Austin u.a. Die Ph. n. S. stellt eine Abkehr von der ↗ Philosophie der idealen Sprache und den damit verbundenen Forderungen nach expliziter Definiertheit der Wörter und exakter Festlegungen durch Regeln dar. Die Idee einer exakten Sprache erweist sich für Wittgensteins *Philosophische Untersuchungen* als eine Schimäre: Die Forderung einer idealen Sprache gründet in einer verfehlten Vorstellung davon, was es heißt, einer Sprachregel zu folgen. Grundlegend für die Entwicklung der Ph. n. S. ist Wittgensteins Argumentation gegen die Festlegung einer Wortbedeutung durch eine explizite, dem Gebrauch vorgängige Sprachregel. Um nicht in den mit einer solchen Bedeutungsfestlegung verbundenen unendlichen Regreß zu verfallen, wenn wir die Bedeutung durch eine Regel festlegen wollen und für diese Festlegung ihrerseits wieder eine Regel der richtigen Festlegung benötigen, müssen wir letztlich auf ein Sprachverständnis ohne explizite Regelkenntnis rekurrieren. Die Regelkenntnis als Quelle des Sprachverständnisses wird von Wittgenstein ersetzt durch die Festlegung der Wortbedeutung durch den geregelten Gebrauch. Die grundlegende Annahme für diese Argumentation ist, daß es keine Wirklichkeit an sich gibt, die durch die Sprache abgebildet wird (↗ Abbildung), sondern erst in der sprachlichen Bedeutung erschließt sich uns die Welt. D.h. die Welt ist uns immer nur in sprachlichen Interpretationen gegeben.

   Ryle hat zur Begründung des Verfahrens der Normalsprachanalyse nochmals das Argument des unendlichen Regresses in Gestalt einer Kritik an der »intellektualistischen Legende« vorgebracht, d.h. an der Vorstellung, daß der Handelnde die für die betreffende Situation einschlägige Regel auszuwählen hat. Die Kenntnis der Regel ist ihrerseits noch keine Gewähr für die richtige Wahl und für die richtige Anwendung auf eine gegebene Situation, so daß für beide Fälle nochmals Regeln für die verständige Wahl und die verständige Anwendung erforderlich wären, und für die Anwendung dieser Regel bedürfte es wiederum eigener Regeln usw. Mit dieser Kritik zielt er gleichzeitig auf die Theorie des menschlichen Geistes und deren Annahme, daß eine verständige Handlung durch eine innere geistige Haltung verursacht ist. Ähnlich argumentiert Ryle in bezug auf die Frage nach der Willentlichkeit von Handlungen. Diese ist seiner Meinung nach nicht durch die Annahme einer vorgängigen Instanz »Wille«, die als Ursache für Handlungen fungiere, erklärbar. In letzter Konsequenz betrifft die Kritik der »Legende« auch die Theorie des Selbstbewußtsein bzw. die Annahme des Wissens des Geistes von sich selbst, die in der traditionellen Philosophie als Grundlage der Erkenntnis (allerdings in anderer als der von Ryle kritisierten Form) angeführt wird. Nach Ryle besteht die philosophische Aufgabe der Sprachanalyse darin, die logische Struktur von Sachverhalten über die syntaktische Struktur von Sachverhaltsbeschreibungen aufzudecken. Mit Hilfe der Alltagssprache erscheint es ihm entscheidbar, ob ein vorliegender Satz sinnvoll oder absurd ist. Bspw. zeigt der Vergleich der Sätze »gestern habe ich Stephan getroffen« und »gestern habe ich den durchschnittlichen Steuerzahler getroffen« die Sinnlosigkeit des zweiten Satzes. Wenn ein sprachlich sinnloser Satz auf die geschilderte Weise entstanden ist, handelt es sich um einen »Kategorienfehler«. Dieses Analyseverfahren konnte Ryle fruchtbar machen im Hinblick auf die Unterscheidung zwischen Wörtern für Ereignisse und Wörtern für Dispositionen (bspw. »Hans ist gerade damit beschäftigt, sein Fahrrad zu flicken« – »Hans ist gerade damit beschäftigt, sein Fahrrad zu besitzen«). Diese Differenzierung soll verhindern, Dispositionen wie »sich beeilen«, »mit Überlegung handeln«, »etwas absichtlich tun« nach dem Muster von Vorgängen (wie laufen, schreien, singen) zu behandeln und entsprechend falsche Problemstellungen daraus zu entwickeln.

Austin versucht eine systematische Antwort darauf zu finden, was man mit den Wörtern tun kann (*How to do Things with Words*). Er beläßt es nicht bei der Unterscheidung von Gebrauchsweisen, sondern versucht, über deren systematische Ordnung die Funktionen der Sprache zu bestimmen. Seine Analysen führten zur Entwicklung der ↗ Sprechakttheorie. – Das kennzeichnende Merkmal der Ph. n. S. ist es, bei der Arbeit an philosophischen Problemen die Untersuchung der Alltagssprache zur Basis der Argumentation zu machen. Das dafür spezifische Philosophieverständnis läßt sich anhand der vierfachen Funktion solcher Untersuchungen bestimmen: (a) die *klärende* Funktion liegt in der Aufgabe, durch den Bezug auf die Umgangssprache die sinnlosen von den sinnvollen Fragen zu unterscheiden. Die Klärung vollzieht sich durch den Rückgriff auf die normalen Verwendungsregeln der Sprache, um die verwendeten Wörter in ihrer Eindeutigkeit festzulegen. (b) Die *therapeutische* Funktion besteht darin, daß man die Bedeutung eines Ausdrucks durch Bezug auf die Verwendungsregeln klärt, um entscheiden zu können, ob das Problem (nur) in der falschen Formulierung aufgrund eines falschen Sprachverständnisses entstanden ist und damit durch korrekten Sprachgebrauch beseitigt werden kann. (c) Um die *beweisende* Funktion zu erfüllen, bezieht sich die Ph. n. S. zum einen auf die Ausdrücke, mit deren Hilfe wir in der alltäglichen Sprache über die Sachverhalte sprechen, zu denen ein bestimmtes philosophisches Problem formuliert wurde, und zum anderen auf Ausdrücke der Alltagssprache, mittels derer wir uns auf die typischen Sachverhalte eines scheinbar verwandten Sachverhalts beziehen. Z.B. können wir die Ausdrücke für Willenshandlungen mit den typischen Ausdrücken zur Beschreibung der Ursache-Wirkungs-Beziehung eines äußeren Ereignisses vergleichen. Das in Frage stehende Problem entspricht nur dann dem Sachverhalt, wenn die Regeln für den Gebrauch der einen Ausdrücke den Regeln der anderen gleichen. (d) Die *heuristische* Funktion zeigt sich darin, daß man durch die Untersuchung der Verwendungsweise der Wörter auf Sachverhalte geführt wird, deren Unterscheidung für philosophische Probleme bedeutsam ist. Die grundlegende Annahme dafür ist, daß unterschiedliche Ausdrücke immer auch unterschiedliche Sachverhalte repräsentieren.

Lit.: J.L. Austin: Zur Theorie der Sprechakte. Stuttgart 1972. – Ders.: Sinn und Sinneserfahrung. Stuttgart 1975. – G. Ryle: Der Begriff des Geistes. Stuttgart 1969. – E. v. Savigny: Analytische Philosophie. Freiburg/München 1970. – Ders.: Philosophie der normalen Sprache. Freiburg/München Frankfurt a.M. ²1974. – L. Wittgenstein: Tractatus logico-philosophicus. In: Ders.: Werke. Bd. 1. Frankfurt a.M. 1984. PP

Philosophie des Geistes ↗ Philosophy of Mind

Philosophy of Mind, in der englischsprachigen Philosophie die Bezeichnung der philosophischen Teildisziplin, die sich mit Fragen hinsichtlich des menschlichen Geistes und der verschiedenen Arten geistiger (»mentaler«) Vorgänge befaßt. Dabei steht die Frage im Mittelpunkt, was genau geistige Eigenschaften und ihre Träger sind und wie sie mit körperlichen Vorgängen zusammenhängen (↗ »Leib-Seele-Problem«). Häufig wird dies als Frage nach der Bedeutung der sprachlichen Ausdrücke formuliert, die uns über geistige Vorgänge und Eigenschaften zu sprechen erlauben. – Darüber hinaus zählen zur Ph. o. M. u.a. die Theorie der ↗ Intentionalität, der mentalen Repräsentation, der Wahrnehmung, des ↗ Bewußtseins, des Gedächtnisses und der personalen Identität. Im weiteren Sinn wird auch die philosophische Analyse von Methode und Gegenstand der Psychologie (philosophy of psychology) und Sprachwissenschaft (philosophy of linguistics) zur Ph. o. M. gezählt.

Lit.: ↗ Leib-Seele-Problem. MW

Physikalismus (engl.: physicalism), von ↗ Neurath eingeführte Bezeichnung für die Auffassung, daß die logisch-mathematisch strukturierte, mit raum-zeitlichen Parametern operierende Sprache der Physik diejenige Sprache sei,

auf die sich alle anderen in den Einzelwissenschaften verwendeten Sprachen
zurückführen ließen. ↗ Carnap, der auch von »methodischem Materialismus«
spricht, spitzt diese Auffassung zu der »These von der Universalität der
physikalischen Sprache« zu (1931, S. 449, 462), d.h., daß jeder sinnvolle
Satz in die sowohl »intersensuale« wie »intersubjektive« Sprache der Physik
übersetzt werden bzw. daß jeder Sachverhalt in ihr ausgedrückt werden könne.
Zusammen mit der daraus ableitbaren »These von der Einheitswissenschaft«:
»... alle Sätze sind in *einer* Sprache ausdrückbar, alle Sachverhalte sind von
einer Art, nach *einer* Methode erkennbar« (Carnap 1931, S. 432), bildet sie
den Kern der »wissenschaftlichen Weltauffassung« des Wiener Kreises. Unabhängig von den besonderen semantischen und methodologischen Prämissen
der Philosophie des Wiener Kreises, ist die Anwendung des physikalistischen
Grundgedankens auf das Gebiet der Psychologie von außerordentlichem
Einfluß auf die Entwicklung der analytischen Philosophie des Geistes gewesen. Im Rahmen der dort geführten Diskussionen um das sog. ↗ Leib-Seele
Problem, kommt der Ausdruck »Ph.« in zwei verschiedenen Bedeutungen
vor. Einerseits bezeichnet er das Programm einer materialistischen Theorie
des Geistes überhaupt. In diesem Fall wird er bedeutungsgleich verwendet
mit dem Ausdruck ↗ »Materialismus«. Andererseits funktioniert er auch
als Name für eine spezielle Form des Materialismus: die Identitätstheorie.
Im einen wie im anderen Fall steht »Ph.« für eine bestimmte (Hypo-)These
über die Natur mentaler Phänomene. In der Regel unterscheidet man: (a)
den *partikularen* Ph. (token physicalism: Behauptet wird eine numerische
Identität zwischen einzelnen Vorkommnissen von mentalen und physikalischen Phänomenen) vom generellen Ph. (type physicalism: Behauptet
wird eine Identität zwischen mentalen und physikalischen Phänomenen
überhaupt) und (b) den *reduktiven* Ph. (oder Materialismus): d.h. Varianten
der These, daß mentale Phänomene nichts anderes seien als physikalische
Phänomene, vom nicht-reduktiven Ph. (oder ↗ Materialismus): z.B. die
Thesen des Funktionalismus oder des Anomalen ↗ Monismus.

Lit.: P. Bieri (Hg.): Analytische Philosophie des Geistes. Königstein, Ts. 1981.
– R. Carnap: Die physikalische Sprache als Universalsprache der Wissenschaft. In:
Erkenntnis Bd. 2 (1931), S. 432-465. – O. Neurath: Soziologie im Physikalismus.
In: Erkenntnis Bd. 2 (1931), S. 393-431.   BBR

Physikalismus, nichtreduktiver, tritt in drei unterschiedlichen Argu-
mentationsweisen auf: als funktionaler ↗ Materialismus (↗ Putnam), als
Token-Identitätstheorie (↗ Davidson) und in Gestalt der ↗ Realisierungsthese, wonach alle mentalen Eigenschaften durch physische Eigenschaften
realisiert sind, auf. ↗ Materialismus, ↗ Identitätstheorie.   PP

Physikalismus, semantischer, beinhaltet die These, daß mentale Begriffe
in physikalischen Begriffen definierbar sind, bzw. die These, daß es zu jedem
psychologischen Satz S einen bedeutungsgleichen Satz S' der physikalischen
Sprache gibt. ↗ Physikalismus, ↗ Leib-Seele-Problem   PP

Positivismus, Bezeichnung für eine philosophische Position, die vor allem durch Auguste Comte mit Anspruch auf wissenschaftliche Methodik vorgetragen wurde. Der Term »positif« dient ihm als programmatische Forderung an die Philosophie, sich auf einen erkenntnistheoretischen Grundsatz des Faktischen und Nützlichen zu besinnen. Nützlich ist nach Comte nur die Wissenschaft, die sich an die Tatsachen hält. Faktisches gibt den Bestimmungsgrund für Nützliches ab. Damit zusammenhängend ergeben sich als weitere Erkenntnisgrundsätze die Gewißheit und die Genauigkeit des Wissens. Sie hängen davon ab, in welchem Maße die Menschen fähig sind, ihre Einbildungskraft den Tatsachen unterzuordnen. Comte formuliert in seinem *Discours sur l'esprit positif* die Leitlinien für eine positive Philosophie: (1) Der Objektbereich wissenschaftlicher Analysen ist durch die Tatsachen bestimmt und deren gesetzesmäßigen Zusammenhänge. Die Fragen der Metaphysik nach der Ursache und dem Wesen der Phänomene sind nur Scheinprobleme. (2) Die Gewißheit einer Erkenntnis wird nur als sinnliche Gewißheit erreicht, da sie die Möglichkeit intersubjektiver systematischer Beobachtung sicherstellt. (3) Die Wissenschaft hat sich auf die Beschreibung der Tatsachen zu beschränken und die Ergebnisse kontrollierter Beobachtung müssen auf Theorien rückbezogen werden. (4) Die Kenntnisse von gesetzesmäßigen Zusammenhängen ermöglichen die technische Verfügungsgewalt des Menschen über Natur und Gesellschaft – bei Comte mit dem Zusatz: im Sinne der Humanität und historischen Notwendigkeit. (5) Es gibt keine Identität von Realität und Bewußtsein, vielmehr ist unser Wissen prinzipiell unabgeschlossen. Die programmatische erkenntnistheoretische These des P. von Comte lautet: eine nützliche, sichere, genaue und konstruktiv-wertvolle Erkenntnis kann sich nur auf der Basis des faktisch Realen, der Welt der Tatsachen begründen.

Als eine erkenntnistheoretische Position enthält der P. die Forderung, die Erkenntnis auf der Basis von unbezweifelbaren Daten, d.h. in bezug auf sinnliche Wahrnehmung und Erfahrung zu begründen. Das Sinnesdatum fungiert als unbezweifelbares Element für jede Erkenntnis. Eine prägnante Ausformung dieses Ansatzes findet sich in Machs Überzeugung, daß das unteilbar Einfache i.S. von sensuellen Erlebnissen die Basis möglicher Rekonstruktionen gültiger Erkenntnisse ausmache. Der P. radikalisiert die empiristische Grundthese, alles auf Erfahrung zu begründen, dahingehend, daß allein Erfahrung über die Wahrheit oder Falschheit eines Satzes entscheidet und daß alle wissenschaftlich zulässigen Sätze, d.h. jede empirisch-wissenschaftliche Erkenntnis, sich restlos auf Erfahrung i.S. von Wahrnehmungserlebnissen zurückführen lassen muß. Die positiven Tatsachen unserer unmittelbaren Erlebnisse sind nach dieser Ansicht das einzige, was wir im empirischen Gebiet als vollkommen sicher bezeichnen können. Als positivistische Grundthese gilt: Alle wissenschaftlichen Aussagen müssen sich grundsätzlich in Aussagen über Erlebnisse umformen lassen. Das hat die Auffassung zur Konsequenz, daß Naturgesetze nur als zusammenfassende Berichte anzusehen sind. ↗ Logischer Empirismus

Lit.: A. Comte: Discours sur l'esprit positif (dt. Rede über den Geist des Positivismus. Hamburg ²1966). – E. Mach: Die Analyse der Empfindungen. Leipzig ⁴1911. – Ders.: Erkenntnis und Irrtum. Darmstadt ⁶1968. – K. Popper: Die beiden Grundprobleme der Erkenntnistheorie. Tübingen 1979, S. 42ff. – H. Przybylski: Positivismus. In: Hist. Wörterbuch der Philosophie. Hg. von J. Ritter und K. Gründer. Basel 1971ff. – M. Schlick: Die Kausalität in der gegenwärtigen Physik. In: Gesetz, Kausalität und Wahrscheinlichkeit. Wien 1948. – H. Schnädelbach: Erfahrung, Begründung und Reflexion. Versuch über den Positivismus. Frankfurt a.M. 1971. PP

Prädikat. Dasjenige, was von einem Subjekt in einem Urteil ausgesagt wird, bezeichnet man als P. (1) In der klassischen Logik werden die Elemente innerhalb einer Aussage analysiert, wobei nur Aussagen der Form Subjekt-Kopula-Prädikat zugrundegelegt werden. Das Subjekt einer Prädikataussage gibt an, auf welchen Gegenstand (Suppositum) sich die Aussage bezieht, das Prädikat drückt eine bestimmte Eigenschaft des Subjekts, nicht aber den ganzen Gegenstand der Wirklichkeit aus. In einem Urteil wird einem Subjekt ein P. zugesprochen (affirmativ) oder abgesprochen. (2) In der logischen Semantik ist es eine Bezeichnung für Attribute eines logischen Subjekts oder die Beziehungen zwischen Subjekten, d.h. das P. ist der Name für eine Beschaffenheit. Bezüglich des P.s gilt, daß seine Bedeutung mit dem Begriff identifiziert wird, d.h. es gibt kein bedeutungsvolles P., das nicht für einen Begriff steht, so daß P.e immer Begriffe ausdrücken. Ein P. bezeichnet die Klasse derjenigen Dinge, die unter den Begriff fallen, den das P. ausdrückt. Die Prädikate werden unterteilt in einstellige, die Eigenschaften benennen, und mehrstellige, die Beziehungen oder Relationen ausdrücken. Als P.e der ersten Stufe gelten jene, die Eigenschaften von Gegenständen oder Beziehungen angeben, als P.e zweiter Stufe oder als Prädikatenprädikate solche, die Eigenschaften von Eigenschaften oder Beziehungen zwischen Eigenschaften angeben. PP

Prädikatenlogik, Teil der formalen Logik. In der P. werden einfache Aussagen entsprechend dem sprachlichen Subjekt-Prädikat-Schema zerlegt und mit einem ↗ Quantor, dem Allquantor oder dem Existenzquantor, versehen. Die P. erster Stufe bezieht die Quantoren auf die Individuensymbole, in zweiter und höherer Stufe auf die Typen von Eigenschaften als mögliche Werte. Die P. entwickelt die Gesamtheit der wahrheitserhaltenden Schlüsse von Prämissen auf Behauptungen, soweit die dabei erwähnten Urteile junktoren- oder prädikatenlogisch analysierbar sind. PP

Prädikation. Der Sprechakt des Prädizierens läßt sich auf vier Ebenen charakterisieren. (1) Auf der syntaktischen Ebene besteht er darin, einen Prädikatausdruck mit einem Subjektausdruck zu einem (bejahenden oder verneinenden) Satz zu verbinden. (2) Unter dem semantischen Gesichtspunkt wird dabei dem vom Satzsubjekt bezeichneten Gegenstand das Prädikat zu- oder abgesprochen. (3) Ontologisch gesehen wird bei der P. diesem Gegenstand die durch das Prädikat bezeichnete Eigenschaft zu- oder abgesprochen.

(4) In erkenntnistheoretischer Hinsicht wird hierbei ein Subjektbegriff mit einem Prädikatbegriff zu einem durch den Satz insgesamt ausgedrückten Gedanken verbunden. MQ

Prädikator, das von einem Begriffswort Bezeichnete. Allgemein heißt derjenige Ausdruck P., der dazu verwendet wird, einen Gegenstand zu bezeichnen. D.h. einem Gegenstand wird ein P. zugesprochen (oder auch abgesprochen), wobei die P.en die sprachliche Form eines Substantivs, eines Adjektivs (und bedingt auch eines Verbs) haben können: Z.B. »dies (dieser Gegenstand) ist ein Buch«, »dies ist schwer«, »die Person x (z.B. der gegenwärtige König von Frankreich) ist lebend«. Spezifisch bezogen auf die Begriffslehre wird derjenige sprachliche Ausdruck als P. bezeichnet, (a) der sich nicht wie ein Eigenname auf jeweils genau einen Gegenstand (oder Person) bezieht, sondern im allgemeinen auf mehrere Gegenstände, und (b) der dazu dient, diesen Gegenständen bestimmte Eigenschaften zuzusprechen. Der für eine solche Prädikation verwendete Ausdruck heißt P. In der formalen Logik heißt der Ausdruck P., der einem Argument a ein Prädikat f zuordnet (Abk.: F(a)), wobei a für eine Individuenkonstante steht und F für ein Prädikat, d.h. einem Namen für eine Beschaffenheit PP

Pragmatik. Der P.-Aspekt der Sprache wurde in verschiedener Hinsicht für Analysen der ↗ Sprechakttheorie, der Kontextabhängigkeit, der Sprecherbedeutung und der Struktur des diskursiven Redens relevant: (a) Die von ↗ Austin entwickelte Theorie der Sprechakte trifft im Hinblick auf die sprachliche Äußerung die Unterscheidung zwischen der Bedeutung und der Rolle (force) einer Aussage. Jeder Äußerung kommen ein Aussageinhalt (↗ Proposition) und eine spezifische Aussage-Intention (illokutionärer Akt) zu. Jeder Aussageinhalt kann in einem Sprechakt mit verschiedenen Intentionen, die durch die illokutionäre Rolle angezeigt werden, geäußert werden. Z.B. kann der Aussageinhalt »der Hund ist bissig« im Sinne einer Feststellung, einer Warnung, einer Empfehlung (als Wachhund) geäußert werden. Der intentionale Charakter der illokutionären Rolle stellt den Aspekt der P. dar. (b) die semantischen Analysen von Bar-Hillel befassen sich mit solchen Ausdrücken der Sprache, deren Interpretation durch den Kontext ihres Gebrauchs bestimmt ist. Dazu sind Indexausdrücke wie Personalpronomina und Zeitadverbien zu rechnen. Montague setzt diesen Gedanken um in bezug auf die Analyse von Sprachen, die kontextabhängige Ausdrücke enthalten. Z.B. kann damit der semantische Wert von Sätzen als Abbildung der Sprecher-Adressat-Paare auf Wahrheitswerte expliziert werden. (c) Die handlungstheoretische Semantik von Grice untersucht das interaktionale Funktionieren von Verständigung in Gesprächen. Er benennt dazu eine Reihe von Grundsätzen, die aus den allgemeinen Annahmen über die Natur rationaler Kommunikation abgeleitet werden können (↗ Konversationsimplikatur). (d) Die Annahmen einer Sprachpragmatik werden von Apel und Habermas für eine Transzendentalpragmatik bzw. eine Universalpragmatik fruchtbar gemacht.

Lit.: J.L. Austin: Zur Theorie der Sprechakte. Stuttgart 1972. – Bar-Hillel: Indexical Expressions. In: Mind 63 (1954), S. 359ff. – H.P. Grice: Logik und Konversation. In: G. Meggle (Hg.): Handlung, Kommunikation, Bedeutung. Frankfurt a.M. 1979, S. 243ff. – R. Montague: Pragmatics. In: R.H. Thomason (Hg.): Formal Philosophy. New Haven 1974.   PP

Prima facie, (1) innerhalb der Wissenschaftstheorie: »p.f.-Ursache«: Damit soll der Gedanke, daß ein Ereignis A möglicherweise eine Ursache eines Ereignisses B ist, ausgedrückt werden. Damit wird zwar eine positive kausale Relevanz für ein anderes Ereignis behauptet, aber mit der Vorsichtsklausel »p.f.«, mit der zum Ausdruck gebracht wird, daß sich bei einer genaueren Analyse A nur als scheinbare Ursache herausstellen könnte.

Lit.: W. Stegmüller: Probleme und Resultate der Wissenschaftstheorie und Analytischen Philosophie. Bd. I. Berlin/Heidelberg ²1983, S. 602ff.   PP

Privatsprache, Privatsprachenargument (engl. private utterance). Unter einem privatsprachlichen Ausdruck ist zu verstehen (a) ein Ausdruck, den eine Person für ihren eigenen Gebrauch einführt, der aber nicht der intersubjektiven, von einer Sprachgemeinschaft gesprochenen Sprache angehört, (b) ein Ausdruck, der für ein inneres Erlebnis eines Subjekts (z.B. Gefühl oder Schmerz) steht. – Zentral für die Argumentation ↗ Wittgensteins gegen die Möglichkeit einer P. sind folgende Argumente: (a) Ein Ausdruck hat nur dann eine Bedeutung, wenn es Regeln für deren korrekten Gebrauch gibt. Der richtige Gebrauch zeigt sich im Einklang mit der Wortverwendung der Sprachgemeinschaft. Ein korrekter Gebrauch privater Ausdrücke ist nicht definiert und nicht definierbar, da eine private Regelbefolgung nicht von einer willkürlichen Einstellung unterscheidbar ist. Mit den Regeln werden auch die Anwendungsbedingungen festgelegt. Im Gegensatz zu den Anwendungskriterien durch den allgemeinen Sprachgebrauch gibt es für den privaten Bereich keine allgemeinen Anwendungskriterien, da im privaten Bereich das als richtig gilt, was immer mir als richtig erscheint, so daß kein verbindliches Kriterium von »richtig« zur Anwendung kommt. (b) Ein Prädikat für Privates wie z.B. »Schmerzen haben« können wir nur introspektiv , d.h. in Anwendung auf eigene Schmerzen erlernen, nicht aber durch Beobachtung der Schmerzgefühle anderer, da diese einer Wahrnehmung nicht zugänglich sind. Die Möglichkeit, diese in die gemeinsame Sprache einzuführen, sieht Wittgenstein darin, daß es ein natürliches Schmerzverhalten gibt, das alle Menschen zeigen und in Aussagen über ihr Schmerzverhalten artikulieren. ↗ Kripke

Lit.: L. Wittgenstein: Philosophische Untersuchungen. § 241ff. – St. Candlish: Wittgensteins Privatsprachenargumentation. In: Ludwig Wittgenstein. Philosophische Untersuchungen. Hg. E. v. Savigny. Reihe: Klassiker auslegen. Berlin 1998, S. 143-165. – S. Kripke.: Wittgenstein über Regeln und Privatsprache. Frankfurt 1987. – W. Stegmüller: Kripkes Deutung der Spätphilosophie Wittgensteins. In: Ders.: Hauptströmungen der Gegenwartsphilosophie, Bd. 4. Stuttgart 1989, S. 1-160.   PP

Projektierbarkeit. Goodman hat zu bestimmen versucht, welche Aussagen dem Kriterium der Gesetzesartigkeit entsprechen, nachdem sich gezeigt hat, daß nicht jede wahre ↗ Allaussage als ein Gesetz betrachtet werden kann. Zu diesem Zweck führt er die Termini »projektierbares Prädikat« und »projektierbare Hypothese« ein. Diejenigen Prädikate, die sich dazu eignen, um mit Hilfe einer Hypothese von gegebenen auf nicht-gegebene Fälle übertragen zu werden, nennt er projektierbare Prädikate. Eine Hypothese wird als eine faktisch projektierte Hypothese bezeichnet, wenn die Hypothese zu einem Zeitpunkt tatsächlich angenommen worden ist, wenn nur solche die Hypothese stützenden Erfahrungstatsachen bekannt sind. Um aus der Klasse der faktisch projektierten Hypothesen die unprojektierbaren zu eliminieren, müssen die in den Hypothesen verwendeten Prädikate genau untersucht werden. Dazu müssen auch die mit diesen Prädikaten in der Vergangenheit gemachten faktischen Projektionen berücksichtigt werden (das Prädikat »grün« ist in der Sprache besser verankert als das Prädikat »grot«). Der Begriff der sprachlichen Verankerung eines Prädikats wird so zu einem Grundbegriff.

Lit.: N. Goodman: Tatsache, Fiktion, Voraussage. Frankfurt a.M. 1988, S. 81ff.   PP

Proposition (lat. propositio: ›Vorstellung‹, ›Thema‹, engl. proposition). Der Ausdruck wird in unterschiedlichen Kontexten verwendet: (1) In der Logik wird damit das Urteil oder die Aussage bezeichnet, in der Syllogistik die beiden Prämissen: propositio maior enthält das Prädikat der ↗ Konklusion, propositio minor den Subjektterminus der Konklusion. (2) In der Rhetorik enthält die P. die Angabe des Themas, den Hauptgedanken, den Ausgangspunkt. (3) In der logischen Semantik ist P. die Bezeichnung für (a) die Bedeutung eines Aussagesatzes bzw. den Aussageinhalt, (b) das Objekt für mentale Einstellungen (wissen, daß p; glauben, daß p; behaupten, daß p – die P. wird meist abgekürzt durch »p« repräsentiert), (c) den Träger von logischen Beziehungen: möglich, wahr, falsch.

Für die Sprachphilosophie läßt sich die P. ganz allgemein charakterisieren: P. ist ein Ausdruck, der einen Sachverhalt bezeichnen kann und zu dem unterschiedliche Stellungnahmen möglich sind. P. wird als deskriptiver Gehalt, den mehrere Sätze gemeinsam haben können, bestimmt. In der ↗ Sprechakttheorie von ↗ Austin und ↗ Searle wird im Hinblick auf eine Äußerung zwischen den beiden Bestandteilen ↗ »illokutionäre Rolle« und »propositionaler Akt« unterschieden, wobei im propositionalen Akt durch einen hinweisenden Ausdruck auf einen Gegenstand verwiesen und durch einen prädizierenden Ausdruck etwas über diesen Gegenstand ausgesagt wird. Die illokutionäre Rolle zeigt an, ob der Sprecher diesen Aussageinhalt behauptet oder bezweifelt, als Warnung oder als Versprechen ausspricht.

Zum Stellenwert der P. gibt es unterschiedliche Auffassungen: Der extreme ↗ Propositionalismus behauptet die P. als eine von Denken und Sprechen unabhängige Entität. Der gemäßigten Auffassung zufolge stellt die P. nur eine sprachliche Entität dar, deren Einführung notwendig ist, um erklären zu können, daß verschiedene Personen zu verschiedenen Zeiten unter dem in der P. Ausgedrückten dasselbe meinen und verstehen können, bzw. daß wechselnde Einstellungen des Führwahrhaltens zu demselben Objekt möglich sind.   PP

Propositionale Einstellung, ist eine auf ↗ Frege und ↗ Russell zurückgehende Bezeichnung für psychologische Zustände intentionaler Art. Sätze, die eine p. E. zuschreiben, haben dabei die Form eines psychologischen Verbs, dem ein abhängiger, mit »daß« eingeleiteter, Satz folgt; z.B.: »Er glaubt, daß Borussia Dortmund 1995 deutscher Fußballmeister wird«. Die p.n E.en machen einen Großteil der Entitäten der Alltagspsychologie (↗ folk psychology) aus und stehen u.a. aufgrund ihrer sprachlichen Standardform und dem damit verbundenen engen Zusammenhang mit Fragen der Semantik natürlicher Sprachen im Zentrum der Diskussion über die Zukunft derselben.

Lit.: M. Anduschus: Zuschreibung propositionaler Einstellungen. Paderborn 1998.
MBI

Propositionaler Gehalt. Aufgrund der Unterscheidung der ↗ Sprechakttheorie zwischen dem ↗ illokutionären Akt und dem propositionalen Akt hat der Ausdruck p. G. neben dem Ausdruck ↗ »Proposition« einen eigenen Stellenwert entwickelt. Er bezeichnet den Aussageinhalt, den ein Sprecher mit einer (durch die illokutionäre Rolle angezeigten) bestimmten Intention äußert. Bspw. stellt die Aussage »der Hund ist bissig« unter verschiedenen illokutionären Rollen den gleichbleibenden Aussageinhalt dar: »ich verspreche dir, daß der Hund bissig ist«, »ich behaupte, daß der Hund bissig ist«, »ich erwarte, daß ...« usw. Der p.e G. wird meist durch die Abkürzung »p« repräsentiert (»ich behaupte, daß p«).   PP

Propositionalismus, allgemeine Bezeichnung für eine Reihe von sprachphilosophischen und erkenntnistheoretischen Theorien der Bedeutung, denen zum einen die Fragestellung gemeinsam ist: »Was wird in einem Satz gewußt, und wie konstituiert sich seine Bedeutung?« – und zum anderen die Annahme, der Satz stelle den eigentlichen Bedeutungsträger dar. In der spätmittelalterlichen Philosophie stellt der P. eine Weiterführung der Untersuchungen der »proprietates terminorum« dar, d.h. die Terminusanalyse (d.i. die Frage: was bedeutet oder bezeichnet der unverknüpfte Terminus »a«?) wird zugunsten der Satzanalyse zurückgedrängt (d.i.: was bezeichnet oder bedeutet der Satz p bzw. der propositionale Ausdruck »daß p«?). Dabei werden zwei Definitionen von »propositio« zugrundegelegt: (a) der Satz als eine Zusammenstellung von Subjekt, Prädikat und Kopula – diese Definition führt zur Untersuchung der syntaktischen und semantischen Funktion der einzelnen Glieder, (b) der Satz als eine Rede, die Wahres oder Falsches bezeichnet – das führt zu einer Untersuchung der Bezeichnungsfunktion und des Bezeichneten. Der Schritt über die Analyse der Satzbedeutung hinaus zu einer Analyse des Inhalts von Wissensakten führt den P. zu erkenntnistheoretischen Fragen bzw. Fragen der epistemischen Logik, nämlich der

Unterscheidung von Wissens- und Glaubensakten (d.i. den Fragen: »ich weiß, daß p« – »ich glaube, daß p«).

Lit.: D. Perler: Satztheorien. Texte zur Sprachphilosophie und Wissenschaftstheorie im 14. Jahrhundert. Darmstadt 1990, S. 30ff.   PP

Prosentential. Innerhalb der Diskussion um den philosophischen Wahrheitsbegriff behauptet die p.e Theorie der Wahrheit, daß sich alle Verwendungsweisen von »wahr« zurückführen lassen, in denen »wahr« als unselbständiger Teil in Ausdrücken wie »das (gerade Gesagte) ist wahr« (sog. Prosentenzen) vorkomme und damit zur indirekten Behauptung einer durch den Äußerungskontext festgelegten Aussage beiträgt. ↗ Wahrheit.   PP

Protokollsatz. Im ↗ Logischen Empirismus hat man die atomaren Sätze bzw. ↗ Elementarsätze als P.e bezeichnet. Sie sollen die einfachsten erkennbaren Sachverhalte beschreiben und die unmittelbaren Erlebnisinhalte bezeichnen. In erster Linie waren damit Wahrnehmungsprotokolle mit objektiven Orts- und Zeitangaben gemeint. Solche Sätze sollten als Grundlage für alle übrigen Sätze der Wissenschaft gelten, da sie – nach Auffassung des logischen Empirismus – selbst nicht der Bewährung bedürfen. ↗ Neurath hat diesbezüglich Zweifel angemeldet, da auch die P.e nicht frei sind von subjektiver Verarbeitung, subjektiven Elementen des Erfahrenden. Daraus wurde die Konsequenz gezogen: Es gibt keine absoluten Anfangssätze für den Aufbau der Wissenschaft. Es unterliegt einer Festlegung, welche Sätze als P.e zugrundegelegt werden.

Lit.: O. Neurath: Protokollsätze. In: R. Haller/H. Rutte (Hg.): Gesammelte philosophische und methodologische Schriften. Bd. 2. Wien 1981, S. 577-586.   PP

Prüfbarkeit, von Popper wird der Grad der empirischen P. als Grad der ↗ Falsifizierbarkeit bestimmt: Wenn man die Gesamtheit der logisch möglichen Basissätze, die eine Aussage falsifizieren können, als die Klasse der Falsifikationsmöglichkeiten bezeichnet, so kann die Regel der P. lauten, daß ein Satz A besser prüfbar ist als ein Satz B, wenn die Klasse der Falsifikationsmöglichkeiten von B in denen von A enthalten ist.   PP

Putnam, Hilary (geb. 1926). Als Schüler von ↗ Carnap und ↗ Quine setzt er sich intensiv mit deren Theorien auseinander. Gegen die mentalistische bzw. intensionale Semantik, wie sie von ↗ Frege (»Über Sinn und Bedeutung«, 1892), aber auch von Carnap (*Meaning and Necessity,* 1947) vertreten wird, trägt P. (*Meaning of ›Meaning‹,* 1975) eine Kritik vor, die unter dem Namen ↗ Doppelgänger-Argument in die Diskussion Eingang gefunden hat. Der kritisierten mentalistischen Semantik liegt die Auffassung zugrunde, daß die notwendige und hinreichende Bedingung für das Verstehen eines Ausdrucks ist, daß man sich in einem bestimmten psychischen Zustand befindet, der die Extension eines Ausdrucks festlegt. Ziel seiner Gegenargumentation ist es zu zeigen, daß Bedeutungen nicht im Kopf existieren. P. führt dagegen ins Feld, daß die Extension von Termen für natürliche Arten indexikalisch und damit von der Realität außerhalb des Mentalen bestimmt ist. Seiner Auffassung nach erhalten die Begriffe für natürliche Arten, wie z.B. das Wort »Wasser«, ihre Bedeutung durch hinweisende Definition: Wasser ist alles (bspw. See, Fluß, Regen), worauf sich ein Mitglied einer Sprachgemeinschaft unter Beachtung des allgemeinen Sprachgebrauchs bezieht. Die mögliche Unkenntnis des Einzelnen bezüglich der chemischen Struktur des benannten Gegenstandes gleicht P. durch das Prinzip der sprachlichen ↗ Arbeitsteilung aus, in bezug auf die hinweisende Definition schließt er sich ↗ Kripkes Vorschlag von ↗ starren Designatoren an.

In bezug auf die ↗ Leib-Seele-Diskussion vertritt P. in zeitlicher Abfolge verschiedene Auffassungen. Zunächst argumentiert er auf der Basis des ↗ Funktionalismus, wonach der Computer als Modell für das Leib-Seele-Verhältnis grundlegend ist. Der menschliche Geist kann nach diesem Modell durch Begriffe der ↗ künstlichen Intelligenz beschrieben werden. In *Representation and Reality* (1989) revidiert er seine Ansichten grundlegend. Darin artikuliert er die Einsicht, daß sich die menschliche Vernunft nicht formalisieren läßt. Entsprechend seiner früher ausgeführten Bedeutungstheorie, wonach Begriffe auf die extramentale Umwelt Bezug nehmen, trägt er als Gegenthese vor, daß sich ↗ propositionale Einstellungen nicht als Gehirnzustände beschreiben lassen (↗ Gehirn im Tank). – In bezug auf die Theorie der ↗ Referenz und gegen Russells Theorie der ↗ Kennzeichnung formuliert P. die Prinzipien der vernünftigen ↗ Unwissenheit, des ↗ Vertrauensvorschusses und der sprachlichen ↗ Arbeitsteilung. Dadurch trägt er dem Umstand Rechnung, daß ein Sprecher ein Wort verwenden kann, ohne dessen Referenz explizit machen zu können.

Seine weitere philosophische Entwicklung führt ihn zu einer ontologischen Position, die er als »internen ↗ Realismus« bezeichnet. Unser Verständnis von Wirklichkeit basiert, so P., auf einer subjektiven Perspektive, weshalb die Annahme einer objektiven Erkenntnis von Welt, wie sie der metaphysische Realismus suggeriert, grundsätzlich nicht einlösbar ist. Daraus folgt auch seine Ablehnung der ↗ Korrespondenztheorie von Wahrheit. Für den internen Realismus, wie P. ihn erläutert, ist Wahrheit eine idealisierte und keine definite Rechtfertigung. Das heißt, daß sich die Bedingungen, unter denen die Behauptung eines Satzes der natürlichen Sprache gerechtfertigt ist, grundsätzlich nicht in Gänze angeben lassen.

Lit.: H. Putnam: Die Bedeutung von »Bedeutung«. Frankfurt a.M. 1979. – Ders.: Vernunft, Wahrheit und Geschichte. Frankfurt a.M. 1982. – Ders.: Repräsentation und Realität. Frankfurt a.M. 1991. – Ders.: Von einem realistischen Standpunkt. Reinbek 1993. – Th. Blume/Ch. Demmerling: Grundprobleme der analytischen Sprachphilosophie. Paderborn u.a. 1998. – G. Brüntrup: Mentale Verursachung. Stuttgart/Berlin/Köln 1994. – A. Burri: Hilary Putnam. Frankfurt a.M./New York 1994. – M.-L. Raters/M. Willaschek (Hg.): Hilary Putnam und die Tradition des Pragmatismus. Frankfurt a.M. 2002. – M. Willaschek: Der mentale Zugang zur Welt. Frankfurt a.M. 2003. – C. Wright: Wahrheit und Objektivität. Frankfurt a.M. 2001.   PP

Q

Qualia, sing. Quale (von lat. ›qualis, e‹: wie beschaffen?, was für ein?) – Ein philosophisches Kunstwort, das vermutlich zuerst von C.I. Lewis verwendet wird. Lewis bezeichnet in seiner sowohl an Kant wie am amerikanischen Pragmatismus orientierten Erkenntnistheorie mit ›quale‹ den wiederholbaren und wiedererkennbaren qualitativen Charakter eines unmittelbar gegebenen Erfahrungsinhaltes (z.B. die Unmittelbarkeit von Röte) in Abstraktion von seiner begrifflichen Interpretation.

Systematisch, und bezogen auf die Philosophie dieses Jahrhunderts, sind drei Begriffe zu unterscheiden (im folgenden durch die Indices ›s‹, ›o‹ und ›e‹ kenntlich gemacht): Qualia$_s$: In dem von Carnap (*Der logische Aufbau der Welt*) und Lewis beeinflußten System Goodmans bezeichnet ›Q.‹ die Bausteine einer Konstitutionstheorie der Welterkenntnis. Die Q. oder »phenomenal individuals« dienen hier als Reduktionsbasis, »in order to explain everything ... that can be known at all ...« (Goodman 1951, S. 99f.). – Qualia$_o$: Im Streit um den metaphysisch-ontologischen Status von Qualitäten (↗ Universalien) taucht der Name »Q.« als Bezeichnung für individualisierte Eigenschaften auf (e.g. das Rot von a, das qualitativ gleiche, numerisch aber verschiedene Rot von b) und steht gleichberechtigt neben Ausdrücken wie »individuelle Momente«, »abstract particulars« oder »particularized qualities«. – Qualia$_e$: In der analytischen Philosophie des Geistes wird der Begriff »Q.« in engem Zusammenhang mit dem Thema Bewußtsein diskutiert. ›Q.‹ steht hier für individuelle Erlebnisqualitäten, deren Existenz aus der logisch-semantischen Analyse von Erlebnisberichten zu folgen scheint. Als eine Standardformel für diese bereits bei Feigl auftauchende Bedeutung von ›Q.‹ hat sich seit Nagel die Wendung »Wie es für jemanden ist, [das-und-das wahrzunehmen, in der-und-der Lage zu sein, das-und-das zu tun, etc.]« etabliert (»What it is like for someone ...«). Statt von »Q.« spricht man hier auch von »phenomenal qualities/properties«, »raw feels«, »the subjective/qualitative character of experience«, »the qualitative content of experience« oder, in Anknüpfung an Locke, von »secondary qualities«. Die meisten Autoren betrachten Q. als ein wesentliches Merkmal einiger mentaler Phänomene, nämlich der Empfindungs- und Gefühlszustände. Nagel betrachtet sie als das Wesensmerkmal aller mentalen Phänomene bzw. des Geistes überhaupt. In der seit den frühen 1970er Jahren geführten Qualia-Debatte, die einerseits die explanatorischen Grenzen funktionalistischer Theorien des Geistes (Fodor, Shoemaker u.a.), andererseits die Unzulänglichkeiten des ↗ Physikalismus überhaupt (Nagel, Jackson u.a.) zum Thema hat, spielen Q. die Rolle einer möglichen Irreduzibilitätsbasis. Diese Rolle können Q. erfüllen, sofern ihnen bestimmte Eigenschaften zweiter Ordnung wahrerweise zugesprochen werden können. Die wichtigsten sind: »immediacy«, »ineffability«, »privacy«, »subjectivity« und »intrinsicness«: Q. sind jedem Individuum S, das sich in einem bestimmten mentalen Zustand M befindet, unmittelbar bewußt, sie sind prinzipiell nicht vollständig mitteilbar, sie sind niemandem sonst epistemisch zugänglich als S, sie sind allein aus der subjektiven Perspektive von S begrifflich vollständig erfaßbar, und Q. sind das, was sie sind, nicht relativ zu externen Faktoren, sondern allein vermöge dessen, was sie sind.

Die bislang überzeugendsten Argumente gegen die Annahme der Existenz von Q. und damit gegen die vermeintliche Irreduzibilität von Erlebnisqualitäten auf objektiv beschreibbare Sachverhalte und Ereignisse finden sich bei Dennett.

Lit.: N. Block/J.F. Fodor: What Psychological States are not. In: Philosophical Review 81 (1972), S. 159-181 (bes. III.3). – D. Dennett: Quining Qualia. In: Marcel/Bisiach (Hg.): Consciousness in Contemporary Science. Oxford 1988, S. 42-77. – H. Feigl: The ›Mental‹ und the ›Physical‹. Minnesota Studies in the Philosophy of Science. Bd. II. Minneapolis 1958, S. 370-497. – N. Goodman: The Structure of Appearance. Harvard, Cambridge, Mass. 1951. – H.-D. Heckmann/S.Walter (Hg.): Qualia. Paderborn u.a. 2001. – Fr. Jackson: Epiphenomenal Qualia. In: The Philosophical Quarterly 32 (1982), S. 127-136. – W. Künne: Abstrakte Gegenstände. Semantik und Ontologie. Frankfurt a.M. 1983, bes. S. 76-84. – C.I. Lewis: Mind and the World-Order. New York 1929, bes. Kap. II & V. – Th. Nagel: What is it like to be a Bat? In: Philosophical Review 83 (1974), S. 435-450. – S. Shoemaker: Functionalismus and Qualia. In: Philosophical Studies 27 (1975), S. 291-315.   BBR

Quantifizierung, in der formalen Logik die Anwendung von ↗ Quantoren (All- oder Existenzquantor) zur Darstellung der logischen Formen universaler und partikularer Urteile.   PP

Quantor, die logischen Konstanten der Prädikatenlogik (auch Quantorenlogik) werden als Q.en bezeichnet: Der Allquantor ∀ dient der Darstellung universeller Urteile (›alle Dinge sind ...‹),, der Existenzquantor ∃ der der partikularen Urteile (›einige Dinge sind ...‹).   PP
Quantorenlogik ↗ Prädikatenlogik

Quasi-Indikator, heißt bei H.-N. Castañeda ein Ausdruck genau dann, wenn ein Sprecher ihn verwendet, um jemandem eine indexikalische Bezugnahme (↗ Indexikalität, Indikator) zuzuschreiben. In dem Satz »Karen versprach Martin zur Jahreswende 1998/99 im Garten, daß sie* ihn* nun* dort* küssen werde« sind die nach Castañedas Notationsweise mit einem Stern markierten Ausdrücke Q.en, die Karen die Bezugnahmen mittels der Indikatoren »ich«, »dich«, »jetzt«, »hier« zuschreiben. Wichtige Eigenschaften eines Q.s sind: (a) Er kommt stets in indirekter Rede vor; (b) er ist syntaktisch und referentiell von einem Antezedens abhängig, das nicht innerhalb der indirekten Rede vorkommt, die ihn enthält; (c) er ist nicht ohne Änderung des Wahrheitswertes durch einen koreferentiellen Ausdruck ersetzbar.

Lit.: H.-N. Castañeda: Indicators and Quasi-Indicators. In: American Philosophical Quaterly 4 (1967), S. 85-100. Deutsch in: H-N. Castañeda: Sprache und Erfahrung. Frankfurt a.M. 1982, S. 160-200.   CJ

Quasianalyse, von ↗ Carnap im *Logischen Aufbau der Welt* entwickelte
Methode, relationale Beschreibungen, bei denen Objekte durch ihre Beziehungen zu anderen Objekten charakterisiert werden, durch Merkmalsbeschrei-
bungen zu ersetzen, wo jedes Objekt »für sich« durch Quasieigenschaften
charakterisiert werden kann. Diese Quasieigenschaften heißen durch Q.
konstituierte Objekte. Carnap expliziert die allgemeine Theorie der Q. am
Beispiel einer Beziehungsbeschreibung durch eine Ähnlichkeitsrelation. Die
in diesem Fall konstituierten Objekte sind Qualitäten der quasianalysierten
Gegenstände. Hat man eine Äquivalenzrelation, entsprechen die Qualitäten
Äquivalenzklassen. In diesem Sinne kann die Q. als eine Verallgemeinerung
der Abstraktionstheorie von ↗ Russell und Whitehead verstanden werden.
– Eine einflußreiche Kritik der Q. ist von Goodman vorgebracht worden.
Danach ist dieser Ansatz grundsätzlich verfehlt, da die quasianalytische
Merkmalsbeschreibung im allgemeinen nichteindeutig ist. Gegenargumente
finden sich bei Proust.

Lit.: R. Carnap: Der Logische Aufbau der Welt. Hamburg ²1961. – N. Goodman:
The Structure of Appearance. Indianapolis 1954. – J. Proust: Questions of Form.
Paris 1986.   TM

Quine, Willard Van Orman (1908 – 2000). Qu. bezieht in seinem
Aufsatz »Zwei Dogmen des Empirismus« (1951) kritisch Stellung gegen
die Annahme des Empirismus, wir könnten bei jeder einzelnen Aussage
zwischen der empirischen Tatsache und der sprachlichen Komponente
unterscheiden. Das erste der kritisierten Dogmen besagt, daß es eine klare
Trennungslinie zwischen analytischen und synthetischen Wahrheiten gibt.
Die synthetischen Wahrheiten beruhen nach der traditionellen Auffassung
auf Tatsachen, die analytischen einzig auf der Bedeutung von Ausdrücken.
Seinen Einwand begründet Qu. durch den Nachweis, daß der Begriff der
↗ Analytizität nur zirkulär bestimmt werden kann, da dieser den Begriff
der Synonymität voraussetze und die Erklärung von Synonymität wiederum
den der Analytizität. Mit dieser Kritik richtet sich Qu. vor allem gegen
↗ Carnap. Die Kritik am zweiten Dogma richtet sich gegen den Versuch
des Reduktionismus. Dieser beruht auf der Annahme, daß jede sinnvolle
Aussage äquivalent sei mit einer logischen Konstruktion aus Ausdrücken,
die sich unmittelbar auf die Erfahrung beziehen. Sein Einwand richtet sich
gegen die Auffassung des Empirismus, jede einzelne Aussage könne empirisch
bestätigt bzw. falsifiziert werden. Seine als ↗ Holismus bezeichnete Position
beinhaltet dazu die Gegenthese, wonach unsere Aussagen über die Welt ein
Netzwerk darstellen. Qu. erweitert damit das ↗ Kontextprinzip ↗ Freges.
Bei ihm hatte das einzelne Wort nur im Kontext des Aussagesatzes Bedeutung, bei Qu. fungiert eine Theorie als Bedeutungsträger (semantischer
↗ Holismus). Die Sätze einer Theorie bilden ein System. Eine Erfahrung
kann somit niemals gegen einen einzelnen Satz, sondern nur gegen die
gesamte Theorie in Stellung gebracht werden. Dann müßte die gesamte
Theorie so geändert werden, daß sie konsistent bleibt.

In bezug auf die Frage, welche Ontologie der Sprache zugrunde zu legen sei, optiert Qu. zunächst für das pragmatische Kriterium der Zweckmäßigkeit. Zunächst gilt nur, daß jede Sprache eine ontologische Festlegung impliziert. Allerdings sind wir in der Lage, mittels Sprache über die Sprache zu reflektieren. Qu. schlägt deshalb vor, auf dem Weg eines »semantischen Aufstiegs« (*semantic ascent*) in einer Sprache über die Ausdrücke einer Ontologie zu sprechen. Im weiteren Verlauf seiner Argumentation votiert Qu. für eine rein extensionale Ontologie. Er gibt der physikalischen den Vorzug gegenüber der phänomenalen Sprache. Nach Qu.s Auffassung ist es möglich, mit Hilfe der physikalischen Objekte und Klassen alle anderen Entitäten wie ↗ Intensionen, Eigenschaften, ↗ Relationen, ↗ Propositionen eliminieren zu können. Qu. greift in seinen Analysen einen Punkt wieder auf, der von ↗ Russell eingeführt und von ↗ Strawson einer eingehenden Kritik unterzogen wurde. Russell hatte vorgeschlagen, die Subjekt-Prädikat-Struktur von Aussagen durch Existenzaussagen zu ersetzen. Qu. wendet dagegen ein, daß die »etwas benennenden« Subjekt-Prädikat-Aussagen nicht, wie Russell unterstellt hatte, als Existenzaussagen zu analysieren sind. Dennoch aber seien sie theoretisch immer eliminierbar und durch passend formulierte Existenzaussagen ersetzbar. Damit würde die Angleichung der Sprache an logische Kalküle wenigstens theoretisch möglich sein und damit die Kontextbindung durch die »benennenden« Ausdrücke im Prinzip überflüssig sein.

Mit seiner These von der ontologischen Relativität kritisiert Qu. die Annahme einiger Formen der Sprachanalyse, syntaktische Systeme dadurch interpretieren zu können, daß man den Bereich der Werte der Variablen und die Extension der Prädikate festlegt. In bezug auf die Frage der ↗ Referenz von Ausdrücken hat Qu. die viel diskutierte These der ↗ Übersetzungsunbestimmtheit ins Spiel gebracht. Sie stellt in Abrede, daß es ein Kriterium gibt, mit dessen Hilfe die Bedeutung von Ausdrücken eindeutig bestimmbar sei. Die Konsequenz ist die Unerforschlichkeit der Referenz.

Lit.: W.V.O. Quine: Von einem logischen Standpunkt. Frankfurt a.M./Berlin/Wien 1979. – Ders.: Wort und Gegenstand. Stuttgart 1980. – Ders.: Ontologische Relativität und andere Schriften. Stuttgart 1975. – Ders.: Theorien und Dinge. Frankfurt a.M. 1981. – Th. Blume/Ch. Demmerling: Grundprobleme der analytischen Sprachphilosophie. Paderborn u.a. 1998. – G. Brüntrup: Mentale Verursachung. Stuttgart/Berlin/Köln 1994. – P. Gochet: Quine zur Diskussion. Frankfurt a.M./Berlin/Wien 1984. – V. Mayer: Semantischer Holismus. Berlin 1997. – P. Prechtl: Sprachphilosophie. Stuttgart/Weimar 1999, S. 146-158. – E. Runggaldier/Ch. Kanzian: Grundprobleme der analytischen Ontologie. Paderborn u.a. 1998.   PP

R

Ramsey-Satz. Nach ↗ Carnaps Vorschlag, die Wissenschaftssprache zu unterteilen in die Beobachtungssprache und die theoretische Sprache, kommt den theoretischen Begriffen nur eine partielle Deutung zu. Dabei beruht die Charakterisierung »theoretisch« auf einer linguistischen Festsetzung. Ein

auf eine Theorie relativiertes, nicht mehr nur linguistisches Kriterium für
»theoretisch« beinhaltet die Annahme, daß es erfolgreiche Anwendungen
dieser Theorie gibt. Ramsey brachte zu diesem Problem der theoretischen
Begriffe den Vorschlag ein, daß man in allen empirischen Aussagen einer
Theorie die ↗ T-theoretischen Begriffe durch Variable ersetzen und der so
entstehenden ↗ Aussageform ein »es gibt« voranstellen muß. Der gesamte
empirische Gehalt einer Theorie (zu einer bestimmten Zeit) muß dabei durch
eine einzige, logisch nicht weiter zerlegbare Aussage wiedergegeben werden.
Den R.-S. erhält man dadurch, daß man die Konjunktion aller Gesetze dieser
Theorie bildet, alle theoretischen Ausdrücke in dieser Konjunktion durch
Variablen ersetzt und diese Variablen durch Existenzquantoren bindet.

Lit.: A. Beckermann: Analytische Einführung in die Philosophie des Geistes. Ber-
lin/New York 1999, S. 433. – W. Stegmüller: Theorie und Erfahrung. Probleme
und Resultate der Wissenschaftstheorie und Analytischen Philosophie. Bd II.
Berlin/New York/Heidelberg 1970, S. 400-437.   PP

Realisierungsthese, Realisierungstheorie. In bezug auf die im Rahmen
der Philosophie des Geistes (↗ Philosophy of Mind) diskutierte Frage, was
es heißen kann, daß mentale Eigenschaften auf physische Eigenschaften
zurückgeführt werden können, wird durch die R. die Auffassung vertreten,
daß alle mentalen Eigenschaften durch physische Eigenschaften realisiert
sind. Diese Variante eines nichtreduktiven Physikalismus beinhaltet die
These, daß es über den Bereich der physischen Eigenschaften hinaus keine
eigenständigen mentalen Eigenschaften gibt. Damit wird nicht die These
vertreten, daß mentale Prädikate überflüssig sind, sondern nur, daß wir mit
diesen Prädikaten keine eigenständigen Eigenschaften bezeichnen. Bei der
Beschreibung der Welt können wir nach der R. nicht auf mentales Vokabular
verzichten. Wir müssen mentale Prädikate verwenden, in denen dieselben
mentalen Eigenschaften realisiert sind und die sich aus diesem Grunde auf
dieselbe Weise verhalten. Mit der R. sind die Annahmen verbunden, (a) daß
es Gesetze gibt, die sich nicht in physikalischer Sprache formulieren lassen,
und (b) daß sich Dinge auf die gleiche Weise verhalten, die im Hinblick auf
ihre physische Struktur keinerlei Gemeinsamkeiten aufweisen.

Lit.: A. Beckermann: Analytische Einführung in die Philosophie des Geistes.
Berlin/New York 1999, S. 224-227.   PP

Realismus. Der Ausdruck »R.« dient in der Philosophie zur Bezeichnung
einer Vielzahl unterschiedlicher Positionen. Es lassen sich drei grundlegende
Bedeutungen unterscheiden: (1) Die Auffassung, daß Universalien (z.B.
Eigenschaften, Relationen), abstrakte Gegenstände (Zahlen, Propositionen)
oder kollektive Einzeldinge (Mengen, Klassen) als irreduzible Bestandteile der
Wirklichkeit existieren (Gegensatz: ↗ Nominalismus). (2) Die Auffassung,
daß die Wirklichkeit von subjektiven, geistigen Leistungen und Fähigkeiten
wie Denken, Erkenntnis oder Sprache unabhängig ist (Gegensatz: Idealismus). (3) Laut ↗ Dummett die sowohl (1) als auch (2) zugrunde liegende

semantische These, daß die Wahrheit einer Aussage und damit auch deren Bedeutung von der Möglichkeit ihrer Verifikation oder Rechtfertigung unabhängig ist (Gegensatz: Anti-Realismus).

(1) Bereits innerhalb der ersten Bedeutung wird »R.« als Bezeichnung verschiedener Theorien verwendet. Ihr Zusammenhang ergibt sich vor allem aus ihrer Opposition zu einem umfassenden Nominalismus, dem zufolge alles, was existiert, konkret, individuell und partikulär ist, d.h.: raum-zeitlich lokalisierbar und nicht rein begrifflich charakterisierbar (konkret, nicht abstrakt); entweder ohne Teile oder eindeutig in Teile zerlegbar, die selbst keine Teile haben (individuell, nicht kollektiv); ein einmaliges Einzelding, keine Eigenschaft oder Relation (partikulär, nicht universal). Dagegen gehören den verschiedenen Arten des R. zufolge zu den irreduziblen Bestandteilen der Welt: (a) abstrakte individuelle Einzeldinge (z.B. Zahlen, Propositionen, Tatsachen) und/oder (b) abstrakte kollektive Einzeldinge (z.B. Klassen, Mengen) und/oder (c) Universalien (Eigenschaften und Relationen, die verschiedenen Dingen gemeinsam sein können).

Für den R. scheint zunächst vor allem die Überlegung zu sprechen, daß einem sinnvollen sprachlichen Ausdruck etwas »in der Welt« entsprechen muß: ein abstrakter mathematischer Gegenstand dem Zahlwort »sieben«, eine sowohl in A als auch in B vorkommende (»instantiierte«) universale Farbeigenschaft dem Prädikat in »A ist rot« und »B ist rot«. Dies ist jedoch zu Recht als ↗ »Fido«-Fido-Theorie der Bedeutung« (↗ Ryle) kritisiert worden: Nicht jedes Wort einer Sprache ist ein Name (wie »Fido«), der seine Bedeutung durch die Zuordnung zu einem Gegenstand (dem Hund Fido) erhält. – Dennoch ist nicht zu bestreiten, daß wir in vielen wahren Sätzen tatsächlich auf abstrakte, kollektive oder universale Gegenstände Bezug nehmen (»17 ist eine Primzahl«). Daher sprechen für den R. weiterhin gewichtige Gründe, die sich vor allem aus den Schwierigkeiten nominalistischer Versuche ergeben, die Bezugnahme auf die fraglichen Gegenstände zu vermeiden.

Die erste überlieferte und zugleich wohl auch radikalste realistische Position ist diejenige Platons. Danach erhalten die veränderlichen, raum-zeitlichen Gegenstände ihre bestimmten Eigenschaften erst durch ihre Beziehung zu unveränderlichen Ideen, worunter Platon vor allem mathematische Objekte sowie die Gegenstände abstrakter Individualbegriffe (»die Menschheit«) und substantivierter Eigenschaftsworte (»das Gute«) verstand. Die Ideen existieren Platon zufolge unabhängig von den konkreten Einzeldingen (»universalia ante res«). – In kritischer Abgrenzung von Platon gelangte Aristoteles zu einer anderen, gemäßigteren Form des Universalien-Realismus. Danach gibt es zwar Dinge, die »ihrer Natur nach in mehrerem zu sein« vermögen, doch ist deren Existenz nicht von den konkreten Einzeldingen unabhängig: unverwirklichte (nicht »instantiierte«) Universalien gibt es nicht (»universalia in rebus«). Auch Aristoteles zufolge ist die Existenz von Universalien und Abstrakta jedoch nicht auf die von konkreten Individuen zurückführbar. – Mit dem Aufkommen der sprachanalytischen Philosophie seit ↗ Frege und der mengentheoretischen Reformulierung der Arithmetik hat sich der Schwerpunkt der Diskussion in neuerer Zeit immer mehr zur

Frage nach der Existenz abstrakter Individuen (z.b. ↗ Propositionen) als Bedeutung sprachlicher Ausdrücke einerseits und der Existenz von Mengen und Klassen andererseits verlagert. Gegen den R. sprechen vor allem die nicht weiter analysierbare Beziehung zwischen den konkreten Einzeldingen und den universalen oder abstrakten Gegenständen (Objekt-Eigenschaft, Äußerung-Proposition) sowie die Frage, wie Menschen mit ihren endlichen Fähigkeiten die fraglichen Gegenstände erkennen oder verstehen können. Andererseits sehen sich jedoch auch die unterschiedlichen nominalistischen oder nur auf dem Mengenbegriff basierende Versuche, jede Bezugnahme auf abstrakte und/oder universale Gegenstände zu vermeiden, noch immer schwerwiegenden Einwänden ausgesetzt.

(2) »R.« in der zweiten Bedeutung bezeichnet die These, daß es Dinge gibt, deren Existenz davon unabhängig ist, ob in geistigen Vorgängen wie Denken, Vorstellen oder Sprechen auf sie Bezug genommen wird (bzw. werden kann). Während ein solcher Realismus in der Antike und im Mittelalter (mit Ausnahme des Neuplatonismus) offenbar als selbstverständlich galt, tritt er erst nach seiner Infragestellung durch den methodischen Zweifel Descartes und besonders durch den Idealismus Berkeleys als ausdrückliche These auf. Dabei ging es zunächst v.a. um die von Geistigem unabhängige Existenz materieller Gegenstände, die Berkeley mit seiner These »Esse est percipi« (Sein ist Wahrgenommenwerden) bestritten hatte.

Die klassischen Argumente gegen den R. gehen von der Annahme aus, daß unser gesamtes Wissen von »äußeren« Gegenständen (und jede geistige oder sprachliche Bezugnahme auf sie) durch ein »inneres«, geistiges Medium vermittelt ist (z.B. durch »Sinnesdaten« oder sprachliche »Bedeutungen«). Dann aber gibt es für uns keine Gewißheit, daß die »äußeren« Gegenstände auch unabhängig von ihrer geistigen (oder sprachlichen) Repräsentation existieren. Da es außerdem für den Zusammenhang zwischen materiellen Gegenständen und geistigem Medium keine überzeugende Erklärung gibt (ein kausaler Einfluß gilt vielen Philosophen als ausgeschlossen), erscheint es konsequent, die Existenz materieller Gegenstände zu bestreiten (Idealismus) bzw. auf ihre geistige Repräsentation zurückzuführen (↗ Phänomenalismus).

Dem Realisten stehen vier grundsätzliche Auswege offen: Er kann die Prämisse bestreiten, daß unser gesamtes Wissen von der Vermittlung durch ein geistiges Medium abhängt, indem er entweder (a) den nicht-materiellen Charakter sogenannter »geistiger« Vorgänge leugnet (↗ Materialismus) oder (b) die Möglichkeit einer unmittelbaren geistigen Bezugnahme auf materielle Gegenstände annimmt (z.B. direkter Realismus der Wahrnehmung). Akzeptiert der Realist die Prämisse, so kann er die Folgerung bestreiten, indem er entweder (c) eine überzeugende Erklärung für den Zusammenhang zwischen materiellen Gegenständen und geistigem Medium gibt oder (d) auch unabhängig von einem solchen Zusammenhang auf der Existenz »äußerer« Gegenstände besteht, was allerdings skeptische Konsequenzen nahelegt. Alle vier Optionen sind in verschiedenen Formen immer wieder vertreten worden.

Darüber hinaus gibt es Versuche, Realismus und Idealismus miteinander zu verbinden. Sie gehen auf Kant zurück, der einen »empirischen Realismus« in Hinblick auf die raum-zeitliche Wirklichkeit in einen umfassenderen »transzendentalen Idealismus« einzubetten versuchte. – In neuerer Zeit hat ↗ Putnam die Auffassung kritisiert, es gebe eine sprach- und denkunabhängige Gesamtheit von Gegenständen, die sich in genau einer vollständigen Theorie beschreiben lasse, wobei die Wahrheit der Theorie in einer Korrespondenz zu den beschriebenen Gegenständen bestehe. Von diesem »metaphysischen« unterscheidet Putnam seinen eigenen »internen R.«, dem zufolge es mehrere zulässige Beschreibungen der Wirklichkeit geben kann, deren Wahrheit in ihrer (idealen) rationalen Akzeptierbarkeit besteht.

(3) Die heute weit verbreitete These, daß der R. mit einer bestimmten Bedeutungstheorie und Wahrheitsdefinition verknüpft ist, geht v.a. auf ↗ Dummett zurück. Der R. hinsichtlich eines bestimmten Gegenstandsbereichs besteht danach in der semantischen These, daß Aussagen über diesen Bereich eindeutig wahr oder falsch sind, und zwar unabhängig von unseren Möglichkeiten, dies festzustellen. Anti-Realismus ist dagegen die Auffassung, daß die Wahrheit von Aussagen des fraglichen Bereichs in ihrer berechtigten Behauptbarkeit besteht, so daß eine Aussage, die berechtigterweise weder behauptet noch bestritten werden kann, weder wahr noch falsch ist. Dummett vermutet, daß sich sowohl die oben unter (1) als auch die unter (2) genannten Formen des Realismus und ihre Gegenpositionen im wesentlichen auf den Gegensatz zwischen R. und Anti-Realismus zurückführen lassen und führt semantische Argumente für einen allgemeinen Anti-Realismus an.

Speziellere realistische Positionen werden häufig nach ihrem besonderen Gegenstandsbereich benannt: So besagt der sog. Wissenschaftsrealismus (scientific realism), gegen die Auffassungen des wissenschaftstheoretischen Instrumentalismus, des logischen Positivismus und des wissenschaftshistorischen Relativismus, daß wissenschaftliche Theorien auf eine wahre und vollständige Beschreibung der Wirklichkeit hin »konvergieren« und ihre singulären Termini sich auf theorieunabhängige Gegenstände beziehen. Der moralische R. behauptet die Objektivität moralischer Urteile und/oder die Existenz moralischer Werte unabhängig von menschlichen Interessen und Wünschen. Der modale R. besagt, daß modale und konditionale Aussagen eindeutig wahr oder falsch sind und/oder daß es andere mögliche Welten als die für uns »wirkliche« gibt.

Lit.: Zu (1) D.M. Armstrong: Universals. Boulder 1989. – W. Stegmüller (Hg.): Das Universalien-Problem. Darmstadt 1978. – Zu (2) und (3): H. Putnam: Realism with a Human Face. Cambridge 1990. – M. Dummett: Truth and Other Enigmas. Cambridge 1978. – Forum für Philosophie Bad Homburg (Hg.): Realismus und Antirealismus. Frankfurt a.M. 1991. – W. Alston (Hg.): Realism and Antirealism. Cornell Univ. Press 2002. – A. Beckermann: Analytische Einführung in die Philosophie des Geistes. Berlin/New York ²2001. – E. Runggaldier/Ch. Kanzian: Grundprobleme der analytischen Ontologie. Paderborn u.a. 1998. – M. Willaschek: Der mentale Zugang zur Welt. Frankfurt a.M. 2003.   MW

Realismus, intentionaler. Der i.e R. vertritt die Auffassung, daß es mentale Zustände gibt, die semantisch bewertbar sind (d.h. Wahrheits- und Erfüllungsbedingungen haben) und die insofern kausal wirksam sind, als die Kausalbeziehungen zwischen den intentionalen Zuständen und dem durch sie verursachten Verhalten den Gesetzen der Alltagspsychologie entsprechen. In der Version von Fodor tritt die Auffassung hinzu, daß intentionale Zustände nur real sein können, wenn folgende Bedingungen erfüllt sind: (1) Jedem intentionalen Zustand entspricht eindeutig ein neuronaler Zustand, durch den er realisiert wird; (2) wenn ein intentionaler Zustand Z_1 einen anderen intentionalen Zustand Z_2 verursacht, dann folgt aus den Gesetzen der Neurobiologie, daß die Realisierung von Z_1 die Realisierung von Z_2 verursacht. – Einen schwachen i.n R. vertritt Dennett, indem er behauptet, daß es keine neuronalen Strukturen des Gehirns gibt, die den intentionalen Zuständen entsprechen, und daß intentionale Zustände real sind, vergleichbar der Realitätsannahme von Gravitationszentren oder des Erd-Äquators. ↗ intentionaler Zustand

Lit.: A. Beckermann: Analytische Einführung in die Philosophie des Geistes. Berlin/New York 1999, S. 293-321. – D. Dennett: Philosophie des menschlichen Bewußtseins. Hamburg 1994. – J.A. Fodor: Psychosemantics. Cambridge, Mass. 1987. PP

Realismus, wissenschaftlicher, beinhaltet die Auffassung, daß den nicht unmittelbar wahrnehmbaren aber von einer wissenschaftliche Theorie postulierten Phänomenen (wie bspw. Photonen) eine vom Bestehen der Theorie unabhängige Existenz zuzuschreiben ist. Aussagen über solche Phänomene sind genauso wahr oder falsch wie Aussagen über beobachtbare Dinge.
PP

Realismus-Antirealismus ↗ Realismus

Rechtfertigung, semantische. Ein deduktiv aufgebautes wissenschaftliches System wird dadurch erstellt, daß eine Gesamtheit von wahren Sätzen (über einen Gegenstandsbereich) systematisiert wird. Dies geschieht mit Hilfe eines axiomatisch-deduktiven Systems, d.i. einem Kalkül. Für diesen Kalkül muß eine s.e R. gegeben werden, die den Nachweis der Adäquatheit des Kalküls zu erbringen hat. Die s.e R. erfordert den Nachweis, daß (a) der Kalkül semantisch vollständig ist, d.h. daß im Kalkül sämtliche wahren Sätze über das betreffende Gebiet aus den Axiomen ableitbar sind, und (b) der Kalkül semantisch korrekt ist, d.h. daß im Kalkül nur wahre Sätze über den Gegenstandsbereich ableitbar sind. PP

Reduktion. R. besteht in der Rückführung eines Gegenstandsbereichs (einer Theorie) auf einen anderen Gegenstandsbereich (eine andere Theorie). Diese R. kann einmal als Elimination des ursprünglichen Gegenstandsbereichs (einer Theorie) angesehen werden (»Gegenstände der Art X gibt es nicht«); zweitens als Konsolidierung des zu reduzierenden Gegenstandsbereichs

aufgefaßt werden (»Gegenstände der Art X sind eigentlich Gegenstände der
Art Y«); oder aber drittens als eine Transformation (»die Gesetzesaussagen
der Theorie A sind Spezialfälle der Gesetzesaussagen der Basistheorie B«).
Zu unterscheiden ist zwischen einer *methodologischen* und einer *ontologischen*
Reduktion. Die methodologische R. stellt die stärkere Form dar und fordert
neben der ontologischen Rückführung die Ableitbarkeit der zu reduzierenden Theorie A aus der Basistheorie B. Dazu ist entweder die Möglichkeit
der Ableitung der Gesetze von A aus den Gesetzen von B erforderlich,
oder sogar die Möglichkeit der Definition des Vokabulars der Theorie A
mittels des Vokabulars der Theorie B. Während die methodologische R.
die ontologische R. umfaßt, kann man eine ontologische Reduktionsthese
aufstellen (Theorie A hat keinen von Theorie B unterschiedenen Gegenstandsbereich), ohne eine weitergehende methodologische R. für möglich
zu halten (die Gesetze und das Vokabular von Theorie A sind gegenüber der
Theorie B selbständig). Die Unterscheidung zwischen ontologischen und
methodologischen Reduktionsthesen ist z.B. zentral für Fragestellungen und
mögliche Positionen innerhalb der Philosophie des Geistes (↗ Monismus,
anomaler). ↗ Reduktionismus

Lit.: E. Nagel: The structure of science. New York 1961. Kap. 11.   MQ

Reduktionismus. Es gibt drei Arten reduktionistischer Thesen. In ihrer
ontologischen Form besagt die R.these, daß man Entitäten eines Bereichs
auf Entitäten eines anderen Bereichs zurückführen kann (z.B. mentale
Ereignisse auf physikalische Ereignisse oder materielle Gegenstände auf
Sinnesdaten). Hinter dem ontologischen R. steht häufig ein ontologischer
Monismus, der in der zeitgenössischen Philosophie zumeist in Form des ↗
Physikalismus vertreten wird. – Als *methodologische* These beinhaltet R. die
Vorstellung, daß alle Wissenschaften von der Ontologie und den Metho-
den der Basiswissenschaft, die zumeist mit der Physik gleichgesetzt wird,
auszugehen haben. Hinter dieser Auffassung steht das Programm einer ↗
Einheitswissenschaft mit einer Basis und darauf aufbauenden abgeleiteten
Spezialwissenschaften. Als *epistemische* These zielt der R. auf die Zurückführung von Aussagen einer Theorie in Aussagen der Basistheorie. – Kritiker
an diversen Versuchen der Rückführung verschiedener Wissenschaften auf
eine Basiswissenschaft und Anhänger dualistischer Ontologien verwenden
den Terminus häufig in einem pejorativen Sinne: »R.« bezeichnet dann
z.B. die ungerechtfertigte Übertragung naturwissenschaftlicher Methoden
auf die Geisteswissenschaften (Erklären-Verstehen-Kontroverse) oder aber
die fälschliche Rückführung eines selbständigen Bereichs von Entitäten auf
einen anderen Bereich (↗ Philosophy of Mind).   MQ

Redundanztheorie, Bezeichnung für eine Auffassung, nach der die Anwendung der Prädizierung von »wahr« überflüssig ist. So besagt der Satz
»Es ist wahr, daß 2 eine Primzahl ist« im Grunde nicht mehr als der Satz »2
ist eine Primzahl«. Das Wort »wahr« ist in gewissem Sinne überflüssig und
ohne Sinnverlust eliminierbar. In beiden Aussagen wird der Satz »2 ist eine

Primzahl« (symbolisiert: p) als wahr hingestellt. Allgemein formuliert gilt die Äquivalenz: Es ist wahr, daß p äquivalent p. Nach der von Ramsey und ↗ Ayer vertretenen Auffassung erschöpft sich die Bedeutung von »wahr« in dieser Äquivalenz. ↗ Wahrheit

Lit.: A.J. Ayer: Sprache, Wahrheit und Logik. Stuttgart 1970, S. 114ff. – F.P. Ramsey: Tatsachen und Propositionen. In: G. Skirbekk (Hg.): Wahrheitstheorien. Frankfurt a.M. 1977, S. 224f.   PP

Referenz (auch: Bezug, Bezugnahme, Denotation), i.e.S. ist die Beziehung zwischen einem singulären Terminus (einem ↗ Eigennamen, einer ↗ Kennzeichnung oder einem indexikalischen Ausdruck) und dem damit bezeichneten Gegenstand (Referenzobjekt, Denotat). Häufig wird auch die Beziehung eines Prädikats zu der ihm zugeordneten Menge von Gegenständen als »R.« bezeichnet. Man kann R. dann allgemein als die Beziehung eines sprachlichen Ausdrucks zu seiner ↗ Extension definieren und von seiner Bedeutung (↗ Intension; Frege: »Sinn«; engl. meaning) unterscheiden. Umstritten ist, ob die Beziehung eines ganzen Aussagesatzes zu einer entsprechenden Tatsache oder Situation bzw. zu einem Wahrheitswert (Frege) ebenfalls als R. betrachtet werden kann. Die Frage, auf welchen sprachlichen Mechanismen die R. von Ausdrücken beruht und um welche Art von Beziehung zu den bezeichneten Gegenständen es sich dabei handelt, ist eines der zentralen Themen der sprachanalytischen Philosophie des 20. Jh.s, bei dem es letztlich um den Zusammenhang zwischen Denken, Sprache und außersprachlicher Wirklichkeit geht. – Die verschiedenen Beiträge zu einer Theorie der R. lassen sich idealisierend auf drei Grundpositionen zurückführen:

(1) Den Kennzeichnungs- oder Merkmalstheorien der R. (z.B. ↗ Frege, ↗ Russell) zufolge ist die R. eines Ausdrucks abhängig von seiner Bedeutung: Ein singulärer Terminus (S) referiert auf einen Gegenstand (O), wenn zur Bedeutung von S die Angabe von Merkmalen gehört, die auf O und nur auf O zutreffen (Analoges gilt für die ↗ Extension von Prädikaten). Klassisch ist Russells Analyse von Kennzeichnungen: »Der deutsche Kanzler« bezieht sich auf einen bestimmten Politiker, wenn es genau einen Gegenstand gibt, auf den das Prädikat »ist deutscher Kanzler« zutrifft. Die R. der wichtigsten indexikalischen Ausdrücke sowie von nicht weiter analysierbaren Prädikaten läßt sich auf diese Weise allerdings nicht erklären. Außerdem ergeben sich paradoxe Konsequenzen: Gehört es zur referenzfestlegenden Bedeutung des Namens »Aristoteles«, daß es sich um den Lehrer Alexanders handelt, so ist »Aristoteles war der Lehrer Alexanders« ein analytisch wahrer Satz. Dieses Problem vermeidet die ↗ Bündeltheorie der R. (z.B. ↗ Searle): Danach besteht die Bedeutung referierender Ausdrücke in einem Bündel (cluster) von Merkmalen, von denen jedoch nicht unbedingt alle auf einen bestimmten Gegenstand zutreffen müssen, um die Referenz festzulegen. – Ebenfalls zu den Kennzeichnungstheorien rechnen ist die sprachpragmatisch orientierte Auffassung, daß der R. eines singulären Terminus die Handlung des Referierens (durch den Gebrauch dieses Terms als Teil einer prädikativen Aussage) zugrunde liegt. Ein Sprecher referiert auf einen

bestimmten Gegenstand, indem er ihn für sein Publikum identifiziert, d.h. indem er zu verstehen gibt, von welchem Gegenstand die Rede ist. Dafür ist die raum-zeitliche Lokalisierung des Referenzobjekts grundlegend (z.B. ↗ Strawson, Tugendhat).

(2) Der kausalen oder historischen Theorie der R. zufolge wird die R. eines Ausdrucks nicht durch dessen Bedeutung, sondern unmittelbar durch einen ursprünglichen Taufakt festgelegt, bei dem ein Name mit einem bestimmten Gegenstand oder ein Prädikat mit einem paradigmatischen Exemplar der relevanten Menge verknüpft wird (z.B. ↗ Kripke, ↗ Putnam). Diese Verbindung wird mit den späteren Verwendungen des Ausdrucks tradiert. So referiert z.B. ein Name auf denjenigen Gegenstand, mit dem er durch eine ununterbrochene Kette von Verwendungen, bis zurück zu einem Taufakt, kausal verbunden ist. Anders als bei Kennzeichnungstheorien kann der kausalen Theorie zufolge die R. eines Ausdrucks auch dann gleich bleiben, wenn seine Bedeutung und die mit ihm verbundenen Merkmale sich ändern. Umstritten ist allerdings, ob sich die für die Referenz konstitutive Kausalkette in einem rein physikalistischen Vokabular beschreiben läßt.

(3) ↗ Quines These der Unerforschlichkeit der R. zufolge ist die R. eines Ausdrucks abhängig von der Wahl eines Übersetzungsmanuals (z.B. Wörterbuch): Ob das Wort »gavagai« einer Dschungelsprache auf Hasen, unabgeschnittene Hasenteile oder auf etwas ganz anderes referiert, liegt unabhängig von der Entscheidung für eine bestimmte Übersetzung nicht fest. Da es Quines berühmtem Argument für die Unbestimmtheit der Übersetzung zufolge zu jeder Übersetzung zulässige Alternativen gibt, verfügt kein einzelner Ausdruck über eine eindeutige R.; nur bestimmte beobachtungsnahe Sätze stehen als ganze in einer eindeutigen Beziehung zur außersprachlichen Wirklichkeit. Wie auch der Bedeutungsbegriff spielt der Begriff der R. Quine zufolge daher in einer wissenschaftlichen Beschreibung der Welt keine Rolle.

Lit.: G. Evans: The Varieties of Reference. Oxford 1982. – W. Kellerwessel: Referenztheorien in der analytischen Philosophie. Stuttgart-Bad Cannstatt 1995. – Ders. (Hg.): A Bibliography on Referenz and Some Realted Topics in Analytical Philosophy. Frankfurt a.M. 1996. – A. Newen: Kontext, Referenz und Bedeutung. Paderborn u.a. 1996. – M. Textor: Neue Theorien der Referenz. Paderborn 2002. – U. Wolf (Hg.): Eigennamen. Frankfurt a.M. 1985.   MW

Regularitätsthese, Bezeichnung für Humes Umformulierung des Kausalzusammenhanges. Aus seiner Kritik an der Vorstellung, daß zwischen Ursache und Wirkung ein notwendiger Zusammenhang bestehe, gelangt Hume zu der These, der Zusammenhang zwischen zwei Ereignissen resultiere aus einem psychischen Mechanismus der menschlichen Wahrnehmung: Aufgrund wiederholter Erfahrungen entwickelt sich beim Menschen eine Gewohnheit, d.h. eine subjektive Erwartung, daß sich die beobachteten Ereignisse auch weiterhin so verhalten werden. Die R. gründet in der Gewohnheit des Menschen.

Lit.: D. Hume: Untersuchungen über den menschlichen Verstand.   PP

Relationsausdruck. In der formallogischen Schreibweise (bzw. einer ↗ Modellsprache) steht bei der ↗ Interpretation einer Sprache der R. für die Beziehung zwischen zwei Dingen bzw. für die Gesamtheit von geordneten Paaren von Dingen. Dabei wird unterschieden zwischen zweistelligen R.en wie »verliebt in«, »Bruder von«, dreistelligen wie »Sohn des ... und der ...« usw. Bei geordneten Paaren von zwei Dingen spricht man von geordneten Tupeln, bei drei Dingen von geordneten Tripeln. Die R.e zählen zum Grundbestand einer Modellsprache.   PP

Relationspotenz, Bezeichnung für eine Relation, die aus zwei gleichen Relationen besteht wie z.B. »der Nachbar des Nachbars von ...«, »der Freund des Freundes von ...«.   PP

Relationsprodukt, Produkt der Verkettung zweier Relationen. Unter dem R. (Schreibweise: R/S) zweier Relationen R und S versteht man diejenige Relation, die dann und nur dann zwischen x und y besteht, wenn es ein z gibt und x zu z die Relation R und z zu y die Relation S bildet. Z.B. beinhalten manche Verwandtschaftsbezeichnungen ein solches R.: der Begriff »Schwiegertochter« stellt das R. »Ehefrau eines Sohnes von ...« dar.   PP

Reliabilität (von engl. reliability: Verläßlichkeit), bezeichnet eine Eigenschaft zweiter Ordnung von repräsentierenden Zuständen wie Anzeigen, Meinungen usw. Ein solcher Zustand gehört zu einem reliablen Typ, wenn unter Normalbedingungen zwischen allen Zuständen seines Gehalts und den sie wahr machenden Tatsachen ein gesetzmäßiger Zusammenhang besteht. So ist nach einem Beispiel von Armstrong, auf den der Begriff der R. im wesentlichen zurückgeht, die Temperaturanzeige eines Thermometers reliabel, weil die von ihm angezeigten Werte mit den tatsächlichen Temperaturen generell übereinstimmen, sofern das Thermometer unbeschädigt ist und die physikalischen Rahmenbedingungen konstant bleiben. Daneben spricht man seit Goldman auch von der R. von Prozessen, wenn sie gesetzmäßig oder probabilistisch wahre Meinungen erzeugen. – Der Begriff der R. hat große Bedeutung für den ↗ Naturalismus in der Erkenntnistheorie. Danach gilt eine Meinung als gerechtfertigt, wenn sie zu einem reliablen Typ gehört oder durch einen reliablen Prozeß verursacht wird. Mit Hilfe der R. kann Wissen ohne Rücksicht auf die Perspektive des Subjekts direkt durch eine objektive Relation zwischen Meinungen und Außenwelt definiert werden.

Lit.: D. Armstrong: Belief, Truth and Knowledge. Cambridge 1973. – F. Dretske: Knowledge and the Flow of Information. Cambridge, Mass 1981. – A.I. Goldman: What is justified Belief? In: G.S. Pappas (Hg.): Justification and Knowledge. Dordrecht 1979, S. 1-23.   TG

Repräsentation. Das Verhältnis von R. und Realität umfaßt in gleicher Weise eine erkenntnistheoretische und eine sprachphilosophische Problemstellung. In Frage steht in beiden Fällen, ob eine vorgegebene Wirklichkeit durch das Denken bzw. durch die Sprache richtig abgebildet wird. Das Kriterium der Richtigkeit mag dabei unterschiedlich bestimmt werden, gemeinsam ist solchen Konzeptionen, die dieser Problemstellung nachgehen, daß sie auf irgendeine Art einen objektivistischen Wahrheitsbegriff unterstellen, der mehr oder weniger durch das menschliche Erkenntnisvermögen eingelöst werden kann. Die dafür vorgebrachte Bezeichnung einer R.sphilosophie oder –theorie kennzeichnet dabei den zugrunde liegenden Dualismus von erkennendem Subjekt und der dem Erkennen gegenüberstehenden Objektivität. Dem Denken sind die Ideen zugeordnet, d.h. Ideen sind einerseits unmittelbarer Gegenstand des Denkens und repräsentieren andererseits Gegenstände. Dieser Dualismus von erkennendem Subjekt und zu erkennendem Objekt bzw. zwischen Geist und Welt artikuliert sich in Standardversionen einer üblichen Zweiteilung zwischen Wörtern und Dingen, Ideen (oder Vorstellungen) und Realität (oder Wirklichkeit), Begriffen und Gegenstände, darstellende Aussage und dargestellter Sachverhalt.

Die Annahme einer R. spielt vor allem bei J. Locke und bei Leibniz eine herausragende Rolle. In seinen Überlegungen zur Lehre von der Natur der Zeichen nimmt Locke folgende Zweiteilung vor: Das Mittel der Erkenntnis sind die Ideen, die als Stellvertreter (representations) der Dinge fungieren, die Wörter wiederum sind die Zeichen der Ideen. Wörter sind die von Menschen eingesetzten willkürlichen Zeichen für Ideen. Das schließt ein, daß Wörter nicht unmittelbar für Dinge stehen, sondern für die Vorstellung von Dingen. Wir haben damit zwei Arten von Zeichen: Die Ideen stellen die geistigen Zeichen dar, ihnen zugeordnet sind die (verbalen) Zeichen. Die R.sfunktion reduziert sich auf den Zeichencharakter. Denn die im Verstand gebildeten abstrakten bzw. allgemeinen Ideen und ihre sprachlichen Bezeichnungen sind nicht die Realität selbst, sondern zeigen diese nur an. Den Ideen kommt somit die Funktion zu, die Wirklichkeit vertretende Instrumente der Erkenntnis zu sein. Locke stellt explizit klar, daß die meisten der durch Sensationen gewonnenen Ideen keinerlei Ähnlichkeit mit dem außerhalb des Bewußtseins Existierenden haben. Die pauschale Annahme, die Ideen seien grundsätzlich Abbilder von etwas, was den Gegenständen inhärent ist, hält Locke für unakzeptabel. Nur den einfachen Ideen kommt ein besonderer Stellenwert hinsichtlich der R.funktion zu: Unsere einfachen Ideen sind alle real und stimmen ausnahmslos mit der Wirklichkeit überein. Ihre Realität besteht nach Locke darin, daß sie der verschiedenen Beschaffenheit der realen Dinge regelmäßig entsprechen. Da unsere einfachen Ideen nichts anderes als die Wirkungen gewisser Kräfte sind, so müssen sie notwendig diesen Kräften entsprechen und ihnen adäquat sein. Der zweite R.scharakter, den Locke ins Spiel bringt, beschränkt sich auf die Gestaltungsfunktion von Wörtern, insofern als diese komplexen Ideen durch die Namensgebung Dauer verleihen. Das ist so zu verstehen, daß erst durch die Benennung bestimmte Ideenkombinationen als Einheiten gedacht und stabilisiert werden. Eine erkenntnisbegründende Funktion ist daraus nicht abzuleiten.

Leibniz trifft die Feststellung, daß die natürliche Sprache die Dinge nicht unvermittelt abbildet, sondern nur insofern, als sich die Wirklichkeit im

Bewußtsein des Menschen spiegelt. Er weist darauf hin, daß man nicht von einer Ähnlichkeitsbeziehung zwischen Ausdruck und Ausgedrücktem, noch weniger von einer notwendigen Beziehung zwischen sprachlichem Zeichen und Gedanken ausgehen könne. Der Frage, wie man das Verhältnis Sprache – Wirklichkeit repräsentationstheoretisch erklären könne, klärt Leibniz in seiner Lehre von der Natur der Zeichen. Als Ausgangsbasis fungiert ein erkenntnistheoretischer Realismus, wonach die Wirklichkeit dem Menschen vorgegeben sei. Für Leibniz ist jede Erkenntnis durch Begriffe vermittelt. Daraus folgt, daß es keine von den Begriffen unabhängige Möglichkeit gibt, das Denken auf seine Übereinstimmung mit dem Sein hin zu überprüfen. Vielmehr muß man davon ausgehen, daß der menschliche Verstand auf die Zeichen als Instrumente, um Gegenstände zu repräsentieren, angewiesen ist. Die konstitutive Funktion der Zeichen kann aber nun nicht in einem einfachen Abbildungsverhältnis gesehen werden, vielmehr beziehen sich die Zeichen zunächst auf Ideen (oder Begriffe), die wiederum als Ideen von Dingen zu sehen sind. In seinen weiteren Ausführungen zur Begriffslehre kommt Leibniz zu dem Resultat, daß einer wahren Idee ein möglicher Begriff entspricht, während einer falschen Idee entweder ein unmöglicher oder ein komplexer Begriff korrespondiert, dessen Teilbegriffe miteinander unverträglich und damit widersprüchlich sind. Die Möglichkeit für den Ideen entsprechenden Begriffe kann nach Leibniz auf zwei Wegen erkannt werden: Entweder erbringt man den Nachweis der Existenz des Dinges, das unter den Begriff fällt. Damit hat man die Möglichkeit des Begriffs durch die Wirklichkeit ausgewiesen: Was wirklich ist, ist auch möglich. Oder man zerlegt den Begriff in seine Grundbegriffe oder in andere Begriffe, deren Möglichkeit bereits bekannt ist. Dann muß nur noch darüber befunden werden, ob in diesen Begriffen keine miteinander unverträglichen Teilbegriffe enthalten sind. Die Idee ist das unmittelbare innere Objekt unseres Denkens, der Begriff ist eine dem Bewußtsein verfügbare Idee und als solcher immer Ergebnis des jeweiligen Denkaktes. Seine Auffassung, daß sich die Ideen sowohl im Verstand wie in der Wirklichkeit finden, gewinnt ihre Plausibilität einzig darin, daß Leibniz Gott als Urheber der Ideen und der Welt gleichermaßen namhaft macht.

Im Rahmen der Forschungen zur Analogie zwischen menschlichem Bewußtsein und Computer vertritt Fodor die Theorie der mentalen R. Die mentalen R.en sind als neuronale Konstellationen zu begreifen. Eine konkrete mentale R. ist die Eigenschaft eines Hirnzustands, aus der sich ergibt, daß dieser Hirnzustand unter bestimmten Umständen zustandekommt und zusammen mit anderen Hirnzuständen bestimmte Wirkungen hat. ↗ Konnektionismus, ↗ Computationalismusthese

Lit.: J. Fodor: Representations. Cambridge 1981. – G.W. Leibniz: Die Philosophischen Schriften. Hg. C.I. Gerhardt, 7 Bde. Berlin 1875-1890. Nachdruck Hildesheim 1965. Hier: Bd. IV, S. 422ff., VII, S. 31, S. 204f. – J. Locke: Versuch über den menschlichen Verstand Buch. I-IV. Hamburg 1981/1988. Hier: Buch IV, 5. Kap. 8. Abschn.; Buch II, 1. Kap. 2. Abschn. – H. Clapin (Hg.): Philosophy of Mental Representation. Oxford Univ. Press 2002. – F. Esken/H.-D. Heckmann (Hg.):

Bewußtsein und Repräsentation. Paderborn ²1999. – P. Prechtl: Repräsentation
und Realität. In: Perspektiven der Philosophie 24 (1998), S. 303-323.   PP

Russell, Bertrand Arthur William (1872–1970). R. zählt neben George
Edward Moore zu den Wegbereitern der analytischen Philosophie. Angeregt
durch die gemeinsame Skepsis gegenüber der traditionellen Metaphysik der
Philosophie sucht R. die Klärung der ontologischen Fragen auf dem Weg der
logischen Analyse. Deren Ziel sollte es sein, die oberflächliche Komplexheit
der Gebilde dieser Welt aufzulösen und zu letzten, irreduziblen Elementen
zu gelangen. Auf diesem Weg gelange man, so R., zu einfachen Prädikaten
und zu Eigennamen, mit denen wir Einzeldinge benennen, denen wir
gewisse Prädikate zuschreiben. R. bezeichnet diese als atomare Aussagen
und die ihnen entsprechenden Tatsachen als atomare Tatsachen. Komplexe,
d.i. molekulare Aussagen, ergeben sich dann aus der Zusammensetzung
mehrerer atomarer.

Der Logische ↗ Atomismus von R. wirkte insofern als Vorgabe für die
weitere Entwicklung der analytischen Philosophie, als damit der Nachweis
erbracht schien, daß die Wirklichkeit ausschließlich aus atomaren Tatsachen
und die Sprache aus atomaren und molekularen Aussagen besteht. Bei allen
Aussagen, die nicht ganz einfache Tatsachenaussagen sind, müsse es sich um
↗ Wahrheitsfunktionen solcher einfachen Aussagen handeln. Damit waren
die wesentlichen Charakteristika der Sprache und der Welt aufgedeckt. Auf
diesem Wege suchte R. auch sein Bemühen einzulösen, eine logisch vollkom-
mene Sprache als Grundlage einzuführen (↗ Ideale Sprache, ↗ Philosophie
der idealen Sprache). Die Fragen der Metaphysik werden ersetzt durch die
ontologischen Feststellungen, die auf dem Wege der Analyse der letzten
Elemente gewonnen werden. Grundlage der Ontologie ist die Logik. R.s
Lösung der metaphysischen Fragestellungen besteht aus einem Schluß aus
einer nichtempirischen Analyse der Sprache auf die Natur der Wirklichkeit,
die von der Sprache beschrieben wird.

Die Richtigkeit der Analyse einer Aussage muß sich daran erweisen,
daß die Bedeutung eines jeden Wortes des Satzes bestimmt, in dem eine
Aussage vorgebracht wird. Denn ein Wort in einem Satz muß eine feste
Bedeutung haben. Für R. stehen Namen für einen bestimmten Gegenstand,
indem sie ihn bezeichnen. R. ergänzt diese Feststellung durch seine Theorie
der definiten ↗ Beschreibung bzw. der Kennzeichnung (»On Denoting«,
1905). In dem Beispielsatz »die Person, die als letzte den Raum betreten
hat« wird deutlich, daß durch diese Kennzeichnung unbestimmt bleibt,
auf wen sich dieser Ausdruck bezieht. Während der singuläre Ausdruck
nur unter der Voraussetzung, daß die Existenz des Bezeichneten gegeben
ist, eine Bedeutung hat, können Kennzeichnungen durchaus in einem
sinnvollen Satz vorkommen, obwohl sie nichts bezeichnen. Die Bedeutung
einer Kennzeichnung ist durch ihre signifikanten Teilausdrücke bestimmt.
Kennzeichnungen beschreiben einen Gegenstand, aber bezeichnen ihn nicht.
Man braucht nicht zu wissen, wer die im Beispiel angeführte betreffende
Person ist, um zu verstehen, wie der Ausdruck sinnvoll zu verwenden ist. Die
logische Form der Sätze mit einem Eigennamen ist eine gänzlich andere als

die von Sätzen, die eine Kennzeichnung enthalten. Die Theorie der definiten Beschreibung bietet einen Ausweg aus dem ontologischen Problem, das sich bei negierten Aussagen mit einem sinnlosen Eigennamen (bspw. »das runde Quadrat«) einstellt. Für R. bietet sich so ein Weg, negative Existenzaussagen einer logischen Analyse zuzuführen. Aussagen, die definite Beschreibungen enthalten, sind nach R. als Aussagen über Aussagefunktionen zu analysieren. Eine ↗ Aussagenfunktion ist ein Ausdruck, der einen oder mehrere indeterminierte Bestandteile enthält und der zu einer Aussage wird, indem man der Variablen »x« eine bestimmte Bedeutung gibt, um einen wahren oder auch falschen Satz zu erhalten. – R.s Theorie der Kennzeichnungen wurden von ↗ Strawson entschieden kritisiert.

In bezug auf unser Wissen von physikalischen Objekten und dem Wissen von Wahrheit schlägt R. die Unterscheidung von »Wissen durch Bekanntschaft« und »Wissen durch Beschreibung« (»Knowledge by Acquaintance and Knowledge by Description«, 1910) vor. Vorgängig ist die Bekanntschaft mit Dingen, die wir unmittelbar wahrnehmen. Auf dieser Grundlage kommen wir zu einem Urteil über ein bestimmtes Sinnesdatum. Wir konstruieren dabei einen Gegenstand (bspw. den Tisch) aus den unmittelbar erkannten Gegenständen, d.i. den Sinnesdaten, und den Universalien. Wenigstens einige Allgemeinbegriffe müssen unmittelbar bekannt sein, wenn ein Wissen durch Beschreibung möglich sein soll. Denn unser Wissen von einem Gegenstand setzt die Erkenntnis voraus, daß die Aussage »diese Sinnesdaten sind von einem physikalischen Gegenstand verursacht« wahr ist. Das Wissen enthält den Allgemeinbegriff »... ist verursacht von ...«. – Durch seine ↗ Typentheorie hat R. zu einer Lösung für das Antinomieproblem der Mengenlehre gefunden.

Lit.: B. Russell: Die Philosophie des Logischen Atomismus. Hg. J. Sinnreich. München 1976. – Ders.: Philosophische und politische Aufsätze. Hg. U. Steinvorth. Stuttgart 1971. – E. Coreth u.a.: Philosophie des 20. Jahrhunderts. Stuttgart/Berlin/Köln ²1993, S. 131-140. – P. Prechtl: Sprachphilosophie. Stuttgart/Weimar 1999, S. 87-101. – G.J. Warnock: Englische Philosophie im 20. Jahrhundert. Stuttgart 1971, S. 44-56.   PP

Ryle, Gilbert (1900-1976). Mit ↗ Wittgenstein (*Philosophischen Untersuchungen)* teilt R. die Skepsis, die Idee einer formal korrekten Sprache könne durch Rekurs auf die Wissenschaftssprache der Physik eingelöst werden. Dem Idealsprachprogramm setzt er die These entgegen, daß die Wirklichkeit nur mit einer Vielzahl nicht aufeinander reduzierbarer Kategorien erfaßt werden kann. Ebensowenig kann auch die formale Logik das einzige Instrument zur Analyse der logischen Struktur der Alltagssprache darstellen.

In den unter dem Titel *Dilemmas* (1954) veröffentlichten Vorlesungen propagiert er im Gegensatz dazu als Aufgabe einer informellen Logik, die logische Form inhaltlicher Begriffe der Wissenschaft wie der Alltagssprache festzustellen. Unter einer logischen Form (oder Kategorie) versteht er dabei die Gesamtheit der Beziehungen, in denen eine Aussage steht. Dazu rechnet er sowohl die logischen Beziehungen aber ebenso die Folgerungen aus anderen Aussagen oder die Implikationsbeziehungen zwischen den Aussagen. Die logische Form einer Aussage gilt dann als hinreichend erforscht, wenn jede Möglichkeit von widersprüchlichen Folgerungen ausgeschlossen ist. Auf diesem Weg kann R. aufzeigen, in welche Paradoxien es führt, wenn man nicht hinreichend berücksichtigt, daß Ausdrücke derselben grammatischen Form verschiedenen logischen Typen angehören können. Die Untersuchung zur logischen Form bestimmt darüber, welche Ausdrücke miteinander verbunden werden können. Die Aufgabe der Philosophie ist es nach R., die Kategorien der verschiedenen inhaltlichen Bereiche der Lebenswelt und der Wissenschaft zu untersuchen. In *Dilemmas* demonstriert R. sein kritisches Verfahren an Aussagen der Neurophysiologie zur Wahrnehmung in bezug auf unsere Alltagsaussagen. Die Gleichsetzung beider Bereiche beruhe auf der falschen Annahme, Wahrnehmen könne auf einen rein körperlichen Prozeß reduziert werden. Dabei wurde übersehen, daß sich die logische Form der Wahrnehmungsbegriffe von denen der Neurophysiologie unterscheidet.

In die Diskussion über das ↗ Leib-Seele-Problem greift R. in *Concept of Mind* (1949) unter dem Schlagwort »Dogma vom Gespenst in der Maschine« ein. Der Dualismus von Leib und Seele führt dann in Paradoxien, wenn die Kategorienverschiedenheit von Fragen der Willensfreiheit und Fragen der physischen Einwirkung auf den Geist nicht beachtet werden. Ein Kategorienfehler liegt dann vor, wenn die Begriffe des Mentalen und des Physischen demselben logischen Typ zugeordnet werden. Die richtige Kategorie des Mentalen ist nach R. die Disposition, d.h. Aussagen über Mentales sind als Aussagen über Dispositionen zu beobachtbaren Verhaltensweisen zu treffen. Mit Hilfe der Alltagssprache erscheint es ihm entscheidbar, ob ein vorliegender Satz sinnvoll oder absurd ist. Bspw. zeigt der Vergleich der Sätze »gestern habe ich Stephan getroffen« und »gestern habe ich den durchschnittlichen Steuerzahler getroffen« die Sinnlosigkeit des zweiten Satzes. Wenn ein sprachlich sinnloser Satz auf die geschilderte Weise entstanden ist, handelt es sich um einen Kategorienfehler. Das Analyseverfahren kann R. fruchtbar machen im Hinblick auf die Unterscheidung zwischen Wörtern für Ereignisse und Wörtern für Dispositionen (bspw. Hans ist gerade damit beschäftigt, sein Fahrrad zu flicken – Hans ist gerade damit beschäftigt, sein Fahrrad zu besitzen). Solche Differenzierungen sollen verhindern, Dispositionen wie »sich beeilen«, »mit Überlegung handeln«, »etwas absichtlich tun« nach dem Muster von Vorgängen (wie laufen, schreien, singen) zu behandeln und entsprechend falsche Problemstellungen daraus zu entwickeln.

R. hat zur Begründung des Verfahrens der Normalsprachanalyse (↗ Philosophie der normalen Sprache) das Argument des unendlichen Regresses in Gestalt einer Kritik an der »intellektualistischen Legende« vorgebracht, d.h. an der Vorstellung, daß der Handelnde die für die betreffende Situation einschlägige Regel auszuwählen hat. Die Kenntnis der Regel ist ihrerseits noch keine Gewähr für die richtige Wahl und für die richtige Anwendung auf eine gegebene Situation, so daß für beide Fälle nochmals Regeln für die verständige Wahl und die verständige Anwendung erforderlich wären und für die Anwendung dieser Regel bedürfte es wiederum eigener Regeln usw. Mit dieser Kritik zielt er gleichzeitig auf die Theorie des menschlichen

Geistes und deren Annahme, daß eine verständige Handlung durch eine innere geistige Haltung verursacht ist. Ähnlich argumentiert R. in bezug auf die Frage nach der Willentlichkeit von Handlungen. Diese ist seiner Meinung nach nicht durch die Annahme einer vorgängigen Instanz »Wille«, die als Ursache für Handlungen fungiere, erklärbar.

Lit.: G. Ryle: Der Begriff des Geistes. Stuttgart 1969. – Ders.: Begriffskonflikte. Göttingen 1970. – P. Bieri (Hg.): Analytische Philosophie des Geistes. Bodenheim ²1993, S. 11ff. – P. Prechtl: Sprachphilosophie. Stuttgart/Weimar 1999, S. 177-184.   PP

S

Sachverhalt. Ein S. ist im Unterschied zu einem ↗ Ding ein abstrakter und in dem Sinn komplexer Gegenstand, daß er sprachlich nur mit einem Daß-Satz bzw. einem substantivierten Infinitiv bezeichnet werden kann. Genau dies meint der mittelalterliche Begriff des nur mit einem Satz Bezeichenbaren (tantum complexe significabile, bei Adam v. Wodeham, Gregor v. Rimini u.a. im 14. Jh.), welches nicht nur als Satzbedeutung, sondern auch als Gegenstand von Akten des Glaubens, Wissens und dgl. fungiert. Schon im 12. Jh. heißt es bei Abälard, daß Sätze keine Dinge bezeichnen, sondern »eine gewisse Weise des Sichverhaltens der Dinge (quidam rerum modus habendi se) ausdrücken« (Dialectica. Hg. de Rijk. Assen 1956, S. 160). Seit dem 19. Jh. ist der Begriff des S.s als des Gegenstands bzw. Inhalts von Urteilen im Unterschied zu Vorstellungen (Stumpf u.a.) sehr gebräuchlich. Nach ↗ Wittgenstein sind nicht Dinge, sondern Tatsachen, d.h. bestehende S.e als »Verbindung von Gegenständen (Sachen, Dingen)« die Grundbestandteile der Wirklichkeit (*Tract.*, 1-2.011). Im Anschluß an Husserl wird heute manchmal der S. als Wahrmacher von der ↗ Proposition als Bedeutung des Urteils und als Wahrheitsträger unterschieden.

Lit.: E. Runggaldier/Ch. Kanzian: Grundprobleme der analytischen Ontologie. Paderborn u.a. 1998. – B. Smith: Sachverhalt. In: Historisches Wörterbuch der Philosophie Hg. von J. Ritter und K. Gründer. Basel 1971ff. Bd. 8. Sp. 1102-1113. – E. Tegtmeier: Grundzüge einer kategorialen Ontologie. Freiburg/München 1992.   HB

Satz, (1) eine korrekt gebildete und in gewissem Sinne vollständige Zeichenkette einer Sprache. Für formale Sprachen läßt sich allein aufgrund syntaktischer Merkmale definieren, worin die Vollständigkeit eines S.es besteht. Für nicht-formale Sprachen gibt es neben syntaktischen Kriterien eine Reihe von semantischen und pragmatischen. So kann ein S. pragmatisch bestimmt werden als eine Zeichenkette, die in einem Sprechakt, einer Behauptung, Frage, Befehl, usw., geäußert werden kann. Semantisch wird der S. vom einzelnen Wort dadurch unterschieden, daß er nicht der Bezeichnung oder Prädikation dient. – Oft wird »S.« nur im engeren Sinne von »Aussage-S.« verstanden. Semantisch läßt sich ein Aussage-S. fixieren als eine Zeichenkette, die etwas Wahres oder Falsches sagt, einen Sachverhalt beschreibt oder – wie bei Platon, Aristoteles und auch im Mittelalter – durch die Verknüpfung von Nomina und Verben Gegenständen Eigenschaften zuweist. Pragmatisch gesehen können Aussage-S.e zur Kundgabe von Urteilen oder Überzeugungen verwendet werden. MSI

(2) Quine nimmt innerhalb seiner Theorie eine Differenzierung in Gelegenheitssätze, stehende Sätze, zeitlose Sätze, Beobachtungssätze und theoretische Sätze vor. Im Argumentationsmodell von Quine ist ein Frage-Zustimmungs-Dialog zwischen einem Ethnologen und einem eingeborenen Sprecher unterstellt. Dabei soll als Kriterium die Zustimmung des Eingeborenen auf den Fragesatz des Forschers gelten. Gelegenheitssätze sind dadurch charakterisiert, daß sie in dem zeitlichen Zusammenhang der verursachenden Stimulierung (Stimulusbedeutung) stehen, z.B. »das tut weh«, »das ist rot« oder »da ist ein Kaninchen«, d.h. die Zustimmung erfolgt nur, wenn die Frage in einem zeitlichen Zusammenhang mit der verursachenden Stimulierung steht. Den stehenden S.en kann der eingeborene Sprecher wiederholt zustimmen bzw. sie ablehnen, ohne daß dafür eine gleichzeitige Stimulierung vorhanden sein müßte. Die zeitlosen S.e bilden eine Teilmenge der stehenden S.e, sie sind unabhängig von den Umständen ihrer schriftlichen oder mündlichen Äußerung wahr oder falsch, bspw. die Sätze der Mathematik und Physik oder Aussagen wie »am 9. Februar 1995 schneit es in Berlin«. Eine Teilmenge der Gelegenheitssätze bilden die Beobachtungssätze, die sich auf die Beschreibung von Sinnesdaten oder auf Dinge beziehen können (bspw. »da ist ein Kaninchen«). Die Darstellung Quines führt zu der grundlegenden Differenz zwischen Beobachtungs-Gelegenheitssätzen, die für sich unabhängig ihre Bedeutung haben, und den stehenden S.en, die abhängig sind. Deshalb gesteht er nur den Beobachtungs-Gelegenheitssätzen eine autonome empirische Bedeutung zu. PP

Lit.: zu (1) B.L. Müller: Der Satz. Definition und sprachtheoretischer Status. Tübingen 1985. – J. Ries: Was ist ein Satz? Prag 1931. – E. Seidel: Geschichte und Kritik der wichtigsten Satz-Definitionen. Jena 1935. – zu (2) P. Gochet: Quine zur Diskussion. Frankfurt a.M./Berlin/Wien 1984, S. 63. – D. Koppelberg: Die Aufhebung der analytischen Philosophie. Frankfurt a.M. 1987, S. 202ff. – W.V.O. Quine: Die Philosophie der Logik. Stuttgart u.a. 1973, S. 22f. – Ders.: Wort und Gegenstand. Stuttgart 1980, S. 74ff.   MSI/PP

Satz, geschlossener / offener. In der formalen Logik wird ein S. dann als geschlossener S. bezeichnet, wenn er keine freien Variablen enthält, d.h. wenn er entweder nur Konstanten oder nur (durch Quantoren) gebundene Variablen enthält. Als offener S. wird er dann bezeichnet, wenn er (ungebundene) Variablen enthält. Statt von einem offenen S. kann dann auch von »Satzform« gesprochen werden.   PP

Satzoperator, diejenigen Wörter oder Wortgruppen der Umgangssprache und Zeichen der logischen Symbolik, mit denen aus Sätzen neue (komplexere) Sätze gebildet werden. Für die Aussagenlogik gilt die Einschränkung, daß nur solche Ausdrücke als S.en akzeptiert werden, die zwei Teilsätze zu einem komplexen Satz derart verknüpfen, daß der Wahrheitswert des komplexen Satzes von den Wahrheitswerten der Teilsätze abhängt. Dadurch scheiden solche umgangssprachlichen Ausdrücke wie »möglicherweise«, »vermutlich«, »weil«, »daher« aus, statt dessen beschränkt sich die Aussagenlogik auf folgende Satzoperatoren: »nicht«, »und«, »oder« (in einem nicht-ausschließenden Sinne, d.h »und-oder«), »wenn-dann« (Implikation), »genau dann-wenn« (Äquivalenz). Die Aussagenlogik ist die Theorie der S.en. Die von ihr verwendeten S.en führt sie durch Definition mit Hilfe der Wahrheitswerttabelle ein. ↗ Aussagenlogik   PP

Satzradikal, Bezeichnung ↗ Wittgensteins (*Philosophische Untersuchungen*) für den gemeinsamen deskriptiven Gehalt mehrerer Sätze. Z.B. haben die drei Sätze (a) »du stehst auf«, (b) »stehst du auf?« und (c) »stehe auf« einen gemeinsamen deskriptiven Gehalt, d.h. das S. bildet einen bestimmten Sachverhalt ab, also stimmen sie hinsichtlich ihrer abbildenden Funktion überein. Dennoch haben diese Sätze einen verschiedenen Sinn, da bei (a) zum deskriptiven Gehalt ein indikativer Modus hinzutritt, der den Satz als Behauptungssatz auszeichnet, bei (b) der Modus interrogativ und bei (c) der Modus imperativ ist. – Diese Festlegung Wittgensteins kann als grundlegend für die Entwicklung der Sprechakttheorie durch ↗ Austin und ↗ Searle angesehen werden.   PP

Satzzusammenhang, Prinzip des. Das von ↗ Wittgenstein im *Tractatus* (3.314) formulierte P. d. S. besagt, daß ein Ausdruck nur im S. Bedeutung hat. Das bedeutet, daß der Satz die kleinste selbständige Sinneinheit darstellt und daß kleine Einheiten wie bspw. Wörter nicht für sich eine Bedeutung haben können.   PP

Scheinbegriff, Scheinsatz, eine Bezeichnung des ↗ Logischen Empirismus für jene Begriffe, für die die Bedingungen der Bedeutungsangabe nicht erfüllbar sind, d.h. wenn keine empirischen Kennzeichen für den Begriffsgegenstand angegeben werden können (↗ Sinnkriterium), und für jene Sätze, die entweder solche Scheinbegriffe enthalten oder in denen Wörter mit Bedeutung in einer Weise zusammengestellt werden, die den Regeln der logischen Grammatik widerspricht, auch wenn sie nach den Regeln der philologischen Grammatik korrekt gebildet sind. Z.B.: Cäsar ist eine Primzahl – eine unzulässige Kombination von syntaktischen Kategorien: eine Wortart, die Zahl-Eigenschaften bezeichnet, wird verwendet wie eine Wortart, die Ding-Eigenschaften bezeichnet.   PP

Schiffs-Metapher. ↗ Neurath argumentiert innerhalb des Wiener Kreises gegen die Möglichkeit, ein gesichertes Fundament der Wissenschaft in Sätzen und Aussagen über das unmittelbar Gegebene finden zu können. Seine Einsicht, daß man nicht hinter die Sprache (auf einen unmittelbaren Weltbezug) zurück kann, illustriert er mit der S.-M.: Wir sind wie Schiffer, die ihr Schiff auf offener See umbauen müssen, ohne es jemals in einem Dock zerlegen und aus neuen Bestandteilen neu errichten zu können. Entsprechend gibt es auch kein Mittel, um endgültig gesicherte saubere Protokollsätze zum Ausgangspunkt der Wissenschaften zu machen.

Lit.: O. Neurath: Protokollsätze. In: Gesammelte philosophische und methodologische Schriften. Bd. 2. Wien 1981, S. 579.   PP

Schließen, Kalkül des natürlichen S.s. Um entscheiden zu können, ob eine vorgelegte Behauptung logisch wahr ist bzw. ob sie aus einer Gesamtheit von Aussagen logisch folgt, bedarf es eines Verfahrens, welches das Erkennen von logischen Wahrheiten und logischen Folgerungsbeziehungen ermöglicht. Ein solches Verfahren stellt der Kalkül des natürlichen S.s dar, mit dessen Hilfe intuitive Argumentationen in formale Argumentationen überführt werden können. Er kann auf folgende Weise charakterisiert werden: Die logische Argumentation ist eine Folge von Sätzen, von denen einige Annahmen sind und andere aus diesen mittels bestimmter Regeln gewonnen werden können. Dabei ist anzugeben, (a) welche Sätze als Annahmen (Setzungen, Prämissen) eingeführt sind, deren Wahrheit Bedingung für die Wahrheit eines weiteren Satzes ist, (b) welche Regeln zur Gewinnung dieses weiteren Satzes angewandt werden.

Lit.: W.K. Essler: Analytische Philosophie I. Stuttgart 1972, S. 71f.   PP

Schlüssig. Als s. wird ein Argument dann bezeichnet, wenn es ↗ gültig ist und seine Prämissen tatsächlich alle wahr sind.   PP

Searle, John Rogers (geb. 1932). Aufgrund seiner im Anschluß an ↗ Austin entwickelten Studien *Speech Acts. An Essay in the Philosophy of Language* (1969) zählt S. mit zu den Wegbereitern der ↗ Sprechakttheorie. Mit Austin geht er davon aus, daß eine Äußerung als Sprachhandlung zu begreifen ist, in der sich ein propositionaler Gehalt (bspw. »..., daß der Hund bissig ist«) von der ihn begleitenden illokutionären Rolle (bspw. einer Warnung, einer Drohung, einer Feststellung) unterscheiden läßt. S.s Beitrag für die Weiterentwicklung der Sprechakttheorie zeigt sich in der Explikation jener Regeln, die für jeden Sprechakt konstitutiv sind, da sie erst die Möglichkeit eines Sprechaktes begründen: Er benennt im Einzelnen die Regel propositionalen Gehalts (*rules of propositional content*), die Einleitungsregeln (*preparatory rule*), die Aufrichtigkeitsregeln (*sincerity rule*)und die sog. wesentliche Regel (*essential rule*), in der die mit jedem Akttyp verbundenen Charaktere der pragmatischen Verbindlichkeit dargelegt werden (↗ Sprechakttheorie). In *Expression and Meaning. Studies in the Theory of Speech Acts* (1979) fügt S. ergänzend die Einteilung der illokutionären Akte hinsichtlich der Sprecherintention in Assertive (Aussagen, was der Fall ist), Direktive (einen anderen dazu bewegen, etwas zu tun), Kommissive (Festlegung auf eine bestimmte Handlung), Expressive (Mitteilung von Gefühlen) und Deklarationen (Äußerungen, die Veränderungen in der Welt herbeiführen) ein. Die Intentionalität des Sprechakts setzt allerdings gewisse basale Fertigkeiten voraus, die S. als ›Hintergrund‹ bezeichnet. Durch diese Annahme, daß jeder Satz eines ›Hintergrunds‹ bedarf, um verständlich zu sein, widerspricht er der Annahme völlig kontextfreier Sätze. In bezug auf die Theorie der Referenz argumentiert er im Sinne ↗ Freges gegen die Theorie der ↗ starren Designatoren von ↗ Kripke und ↗ Putnam. Für S. läßt sich die Referenz als intentionaler Bezug charakterisieren: Der Ausdruck bezieht sich insofern auf einen Gegenstand, als der Gegenstand den zum Ausdruck gehörenden Sinn erfüllt. In bezug auf die Theorie der ↗ Referenz bringt S. den Vorschlag der ↗ Bündeltheorie: Danach besteht die Bedeutung referierender Ausdrücke in einem Bündel (cluster) von Merkmalen, von denen jedoch nicht unbedingt alle auf einen bestimmten Gegenstand zutreffen müssen, um die Referenz festzulegen.

Die In die von der Neurowissenschaft inspirierte Diskussion um die künstliche Intelligenz greift S. in *Minds, Brains and Programs* (1980) mit dem sog. ↗ Chinese-room-Argument ein. Mit Hilfe dieses Gedankenexperiments versucht er zu zeigen, inwiefern semantische Gehalte nicht auf syntaktische Strukturen zurückführbar sind. Ihre Fortsetzung findet S.s Argumentation gegen materialistische und dualistische Theorien des Geistes in *The Rediscovery of Mind* (1992). Für S. ist das ↗ Leib-Seele-Problem das Resultat einer falschen Ontologie in der Nachfolge von Descartes. Gegen den ↗ Materialismus, für den das Bewußtsein keine irreduzible Größe darstellt, wendet er ein, daß eine solche Betrachtungsweise (d.i. die Perspektive der dritten Person) der Perspektive der ersten Person, wie sie konstitutiv für das Bewußtsein ist, nicht hinreichend gerecht wird. Auch wenn geistige Zustände durch die Aktivitäten des Gehirns verursacht werden und sich in der Struktur des Gehirns realisieren, kann ↗ Intentionalität nicht durch neurophysiologische Prozesse erklärt werden kann.

Eine ausführliche Erörterung der Intentionalität bietet S. in *Intentionality. An Essay in the Philosophy of Mind* (1983). Mit diesem Entwurf einer Strukturtheorie mentaler Zustände bietet S. eine umfassende Theorie der Sprache und des Geistes, in der mentalen Zuständen eine intrinsische Intentionalität zugeschrieben wird. Charakteristisch für einen intentionalen ↗ Zustand ist, daß ein propositionaler Gehalt in Abhängigkeit zu einem psychologischen Modus steht. Dabei unterstellt S., daß der einzelne intentionale Akt in eine Gesamtheit von Intentionen, ein ›Netzwerk‹, eingebettet ist. Am Beispiel der Handlung und der Wahrnehmung, den für S. grundlegenden Formen der Intentionalität, zeigt S. die besondere Struktur der Selbstbezüglichkeit auf: Eine Handlung bspw. wird deshalb ausgeführt, weil die entsprechende Handlungsintention vorhanden ist. S. erläutert in diesem Zusammenhang die dazu grundlegenden Begriffe einer vorausgehenden Absicht (*prior intention* – die Absicht, bevor eine Handlung ausgeführt wird), einer Handlungsabsicht (*intention in action* – die Absicht, die Teil einer Handlung ist) und der intentionalen Verursachung (d.i. eine durch Intentionen angestoßene Kausalität). In der Frage nach der Handlungsursache bezieht S. eine von den vorliegenden Erklärungen deutlich abweichende Position (*Rationality in Action*, 2001): Zum einen behauptet er, daß weder Absicht noch Wün-

sche und Begehren hinreichende Gründe darstellen, um das Handeln zu
determinieren. Vielmehr sei immer eine bewußte Entscheidung nötig. Zum
anderen behauptet er in bezug auf die Praktische Rationalität, daß diese ein
Subjekt voraussetze, das aber nicht auf ein Bündel von Wahrnehmungen,
Kognitionen und Wünschen (wie bei Hume) zu reduzieren sei. Vielmehr
basieren rationale Entscheidungen nach S. auf einem Komplex von Gründen,
das aber nicht als ein konsistentes System von Gründen zu verstehen und
auch nicht in Gestalt rationalen Regelfolgens zu beschreiben sei.

In seinen Ausführungen zu Sprechakten, zu Intentionalität und zum
Leib-Seele-Problem ist eine realistische Auffassung von Welt in Geltung, zu
der S. in *The Construction of Social Reality* (1995) und in *Mind, Language and
Society. Philosophy in the Real World* (1998) ausführlich Stellung nimmt. Er
vertritt dabei gegen die Einwände der Antirealisten eine an Kant angenäherte
Form eines transzendentalen Arguments für den ↗ Realismus: Die Annahme
einer von unseren Repräsentationen unabhängigen Welt bestimmt einen
Raum von Möglichkeiten, d.h. einen Rahmen, der angenommen werden
muß, wenn wir Meinungen und Theorien über die Welt entwickeln. Gegen
Moore vertritt S. die Auffassung, daß der Realismus nicht als eine empirische
Theorie, sondern als eine Bedingung der Verstehbarkeit aufzufassen ist. Mit
dieser Festlegung auf den Realismus geht bei S. allerdings keine Reduktion
auf einen ↗ Physikalismus einher. In Abgrenzung zu den Postulaten des
↗ Logischen Empirismus vertritt er eine Ontologie sozialer Tatsachen, die er
durch die Annahme von konstitutiven Regeln untermauert. So beruhen die
für die soziale Realität grundlegenden institutionellen Tatsachen auf kollektiv
akzeptierten konstitutiven Regeln. S. führt dazu den Begriff einer kollektiven
Intentionalität ein, um kollektive Formen des Verhaltens und kulturell festgelegte Verwendungsfunktionen von materiellen Dingen (wie bspw. einen Stuhl
oder eine Bank als Sitzgelegenheit oder eine Reihe von Steinen als Mauer
aufzufassen) zu erklären. Wenn auch unausgesprochen nähert er sich S. damit
Cassirers *Philosophie der symbolischen Formen* (1923f.) und Goodmans *Ways
of Worldmaking* (1978) an, wie auch sein Begriff der Intentionalität schon
Gemeinsamkeiten mit Husserls phänomenologischer Erklärung aufweist.

Lit.: J.R. Searle: Sprechakte. Ein sprachphilosophischer Essay. Frankfurt a.M.
1983. – Ders.: Ausdruck und Bedeutung. Studien zur Sprechakttheorie. Frank-
furt a.M. 1982. – Ders.: Intentionalität. Eine Abhandlung zur Philosophie des
Geistes. Frankfurt a.M. 1987. – Ders.: Geist, Hirn und Wissenschaft. Frankfurt
a.M. 1997 – Ders.: Die Wiederentdeckung des Geistes. München 1993. – Ders.:
Die Konstruktion der sozialen Wirklichkeit. Frankfurt a.M. 1997 – Ders.: Geist,
Sprache und Gesellschaft. Frankfurt a.M. 2001. – R.B. Nolte: Einführung in die
Sprechakttheorie John R. Searles. Freiburg/München 1978. – E. Lepore/R.V. Gulick
(Hg.): John Searle and his Critics. Oxford 1991. – P. Prechtl: Sprachphilosophie.
Stuttgart/Weimar 1999, S. 193-197. – E. Schäfer: Grenzen der künstlichen Intel-
ligenz. John R. Searles Philosophie des Geistes. Stuttgart/Berlin/Köln 1994.   PP

Semantik, eine der drei Disziplinen der allgemeinen Zeichentheorie (Semiotik, Semiologie): Im Gegensatz zur Syntaktik, die die interne Struktur

sprachlicher und anderer Zeichensysteme untersucht, und der Pragmatik
als Theorie der Zeichenverwendung behandelt die S. die verschiedenen
Beziehungen zwischen Zeichen und Bezeichnetem. Dabei stehen sprachliche Zeichen im Mittelpunkt. – Allerdings ist die Möglichkeit einer klaren
Abgrenzung zwischen Syntaktik und S. einerseits, S. und Pragmatik andererseits, aus verschiedenen Gründen umstritten. – Zwei Ebenen semantischer
Untersuchungen lassen sich unterscheiden: (1) die Zuordnung von außersprachlichen Gegenständen, Mengen, Sachverhalten etc. zu den Ausdrük-
ken einer bestimmten (entweder natürlichen oder formalen) Sprache und
(2) die Behandlung von damit verbundenen generellen Fragen nach dem
Verhältnis zwischen Sprache, Denken und außersprachlicher Wirklichkeit.
Geht es bei Untersuchungen der ersten Ebene um natürliche Sprachen (wie
Deutsch oder Chinesisch), so ist die S. eine empirische Teildisziplin der
Sprachwissenschaft. Handelt es sich dagegen um formale Sprachen (v.a. in
der Mathematik), so besteht die S. in der (↗ »Interpretation« genannten)
Zuordnung einer Struktur (eines »Modells«) zu rein syntaktisch definierten
Ausdrücken. – In den Aufgabenbereich der Philosophie fallen dagegen v.a.
die Fragestellungen der zweiten Ebene, auf der es um die Beziehungen zwischen Sprache, Denken und außersprachlicher Wirklichkeit im allgemeinen
geht. Grundlegend sind dabei v.a. die Fragen nach dem Verhältnis zwischen
den folgenden Begriffen: (a) zwischen ↗ Bedeutung (Sinn, ↗ Intension)
und ↗ Referenz (Bezug, ↗ Extension), (b) zwischen Bedeutung, Wahrheit
und Verifikation und (c) zwischen ↗ Bedeutung und ↗ Gebrauch. Weitere
wichtige semantische Begriffe und Unterscheidungen sind die zwischen
analytischen und synthetischen Sätzen, zwischen Sprache und Metasprache
(↗ Wahrheit) sowie der Übersetzungs-, der Interpretations- und der Synony-
miebegriff. Wegen der grundlegenden Wichtigkeit des Bedeutungsbegriffs
für die Fragestellung der philosophischen S. wird deren Gebiet häufig auch
mit dem einer Bedeutungstheorie gleichgesetzt. Gelegentlich wird jedoch
auch zwischen der Theorie der Referenz und der Theorie der Bedeutung
als zwei Teilbereichen der S. unterschieden.

Die unterschiedlichen Semantiktheorien lassen sich (idealisierend) auf
zwei Grundtypen zurückführen, die man als realistische und als pragmatische
S. bezeichnet. – Den realistischen Semantiktheorien zufolge muß einem
sprachlichen Zeichen zunächst eine Bedeutung (Intension) und/oder eine
↗ Referenz (Extension) zugeordnet werden, bevor es in sinnvollen Aussagen
verwendet werden kann. Einer ersten Variante zufolge stehen sprachliche
Zeichen in einer konventionell festgelegten Beziehung zu einem begrifflichen
oder anschaulichen Gehalt (Bedeutung, Intension), den sie ausdrücken und
der seinerseits die Extension (d.h. die bezeichneten Gegenstände) bestimmt.
(So handelt es sich ↗ Frege zufolge bei den Bedeutungen sprachlicher Zeichen um zeitlose, abstrakte Entitäten). Einer anderen Auffassung nach ist
der Rekurs auf Bedeutungen überflüssig. Dem Zeichen wird unmittelbar
ein Gegenstand (Ding, Eigenschaft, Menge oder Sachverhalt) zugeordnet,
den es bezeichnet. – (2) Dagegen muß den pragmatischen Semantiktheorien zufolge die Bedeutung dem Zeichen nicht in einem ersten Schritt
zugeordnet werden, um in sinnvollen Aussagen verwendet werden zu

können. Die Bedeutung eines Zeichens ergibt sich vielmehr erst aus den Weisen seiner Verwendung, durch die auch die Referenz festgelegt wird (Dies führt zu einer weitgehenden Zurücknahme der Unterscheidung zwischen Semantik und ↗ Pragmatik). So ist einer berühmten Formulierung des späten ↗ Wittgenstein zufolge in vielen Fällen die Bedeutung eines Wortes sein regelgeleiteter »Gebrauch in der Sprache«. – ↗ Quine, der die Frage nach der Semantik einer natürlichen Sprache als Frage nach der Übersetzung von einer fremden in die eigene Sprache formuliert, betrachtet das faktische Sprachverhalten als einzige zulässige Basis der S., die jedoch die Bedeutung sprachlicher Äußerungen unbestimmt lasse und auch die Referenz nicht eindeutig festlege. Quine verwirft den Begriff der Bedeutung daher ganz; selbst die Referenz liegt danach nur relativ zu einer Metasprache fest. – Andere Formen pragmatischer Semantiktheorien, die z.B. an die ↗ Sprechakttheorie oder das Kommunikationsmodell von H.P. Grice (↗ Konvention, ↗ Semantik, handlungstheoretische) anknüpfen, kommen zu weniger skeptischen Ergebnissen.

Lit.: S. Blackburn: Spreading the Word. Oxford 1984. – F. v. Kutschera: Sprachphilosophie. München ²1975. Kap. 2.   MW

Semantik, handlungstheoretische, von ↗ Grice initiierter Ansatz, der eine handlungstheoretische Begründung für die zentralen Termini der Kommunikationsregeln untersucht. In einem ersten Schritt wird mit Hilfe handlungstheoretischer Termini ein allgemeiner Kommunikationsbegriff expliziert, ohne daß dabei für die Explikation sprachliche Bedeutungsbegriffe benützt werden. Grice unterscheidet zu diesem Zweck das natürliche von dem nicht-natürlichen Bedeuten. Das natürliche Bedeuten ist bei einer Anzeigefunktion eines Zeichens gegeben, bspw. wenn ein Klingelzeichen das Schließen der Omnibus-Türe anzeigt. Etwas mit einer Äußerung meinen (bzw. zum Ausdruck bringen wollen), ist ein Fall von nicht-natürlicher Bedeutung. Dessen handlungstheoretischer Aspekt wird durch folgende Umformulierung ersichtlich: Der Satz »S (ein Sprecher) meinte mit x (einer Tätigkeit oder Äußerung) etwas« ist äquivalent dem Satz »S beabsichtigt, daß die Äußerung von x bei einem Hörer eine Wirkung mittels des Erkennens dieser Absicht (des Sprechers) hervorruft«. Dadurch erweist sich nach Grice die intendierte Wirkung als grundlegend für die Bestimmung der nicht-natürlichen Bedeutung. Ein von dem Sprecher gezeigtes Verhalten läßt sich dann als erfolgreicher Kommunikationsversuch bestimmen, wenn das Ziel in der vom Sprecher intendierten Weise erreicht wird. Für die adäquate Bestimmung des Kommunikationsversuchs ist es erforderlich, daß sie folgender Reflexivitätsbedingung genügt (Meggle): Ein von einem Sprecher gezeigtes Verhalten x ist nur dann ein an einen Hörer gerichteter Kommunikationsversuch, wenn der Sprecher will, daß von seiten des Hörers sein Verhalten x als ein Kommunikationsversuch verstanden wird. In einem zweiten Schritt ist zu zeigen, wie sich die sprachlichen Bedeutungsbegriffe mit Hilfe des eingeführten Kommunikationsbegriffs (d.h. handlungstheoretisch) bestimmen lassen. Diese Aufgabe löst Lewis durch die Angabe von Sprachkonventionen (↗ Konvention), die sich aus dem gemeinsamen Interesse, mit Hilfe von Zeichen oder Lauten die Handlungen anderer beeinflussen zu können und daraus Nutzen zu ziehen, ableitet. Dabei handelt es sich um die Konvention der Wahrhaftigkeit (des Sprechers) und des Vertrauens (in diese Wahrhaftigkeit seitens des Hörers). Wahrhaftigkeit bedeutet, daß irgendwelche Sätze nur dann geäußert werden, wenn man von ihrer Wahrheit überzeugt ist. Die Mitglieder einer Population glauben, daß diese Regularität der Wahrhaftigkeit und des Vertrauens unter ihnen tatsächlich vorliegt. Die Erwartung der Konformität gibt gewöhnlich jedem einen Grund für eigenes konformes Verhalten. Von den kommunikativen Konventionen (des ersten Schritts) her lassen sich jetzt Sprachkonventionen bestimmen, durch die sprachlichen Ausdrücken als den Produkten von Handlungsweisen Bedeutungen zugeordnet werden. In einem dritten Schritt sind diejenigen Annahmen zu benennen, die Sprecher und Hörer gleichermaßen bei einer Aussage unterstellen. Grice bezeichnet diese Annahmen als ↗ Konversationsimplikaturen: (1) Die Annahme, daß der Sprecher das Kooperationsprinzip (seinen Gesprächsbeitrag gemäß den Erfordernissen des gemeinsam akzeptierten Zwecks des Gesprächs zu gestalten) und die Konversationsmaximen beachtet, (2) die Annahme, daß der Sprecher der bewußten Überzeugung hinsichtlich seines Aussageinhalts (oder Bedeutung seiner Tätigkeit) ist, (3) der Annahme, daß der Sprecher glaubt, daß der Hörer in der Lage ist zu erfassen, daß die Annahme der bewußten Überzeugung nötig ist.

Lit.: H.P. Grice: Intendieren, Meinen, Bedeuten. In: G. Meggle (Hg.): Handlung, Kommunikation, Bedeutung. Frankfurt a.M. 1979, S. 2ff. – Ders.: Sprecher-Bedeutung, Satz-Bedeutung, Wort-Bedeutung. In: ebd., S. 85ff. – Ders.: Logik und Konversation. In: ebd., S. 243ff. – D. Lewis: Die Sprache und die Sprachen. In: ebd., S. 197ff. – G. Meggle: Einleitung zu: Handlung, Kommunikation, Bedeutung. In: ebd., S. VIIff.   PP

Semantik, intensionale ↗ intensionale Semantik

Semantik, kompositionale, besagt, daß sich die Bedeutung komplexer Repräsentationen in regelhafter Weise aus der Bedeutung ihrer Teile ergibt. Wer einen Satz der Form Rab für wahr halten kann, kann auch einen Satz der Form Rba für wahr halten. Im Rahmen der repräsentationalen Theorie des Geistes von Fodor wird den mentalen Repräsentationen eine k. S. zugeschrieben. ↗ Computationalismusthese   PP

Semantik, mentalistische. Die von ↗ Frege, aber auch von ↗ Carnap vertretene m. S. beruht auf der Auffassung, daß die notwendige und hinreichende Bedingung für das Verstehen eines Ausdrucks ist, daß man sich in einem bestimmten psychischen Zustand befindet, der die Extension eines Ausdrucks festlegt. Dafür müssen folgende Annahmen gelten: (1) Der Sinn eines sprachlichen Ausdrucks bestimmt seinen Bezug. Ausdrücke mit demselben Sinn können demnach keinen verschiedenen Bezug haben. (2) Der kompetente Sprecher einer Sprache kennt den Sinn aller Ausdrücke dieser

Sprache. – Kritisch setzt sich damit ↗ Putnam in seinem ↗ Doppelgänger-
Argument auseinander.   PP

Semantisch bewertbar, sind intentionale Zustände insofern, als sie Wahrheits-
bzw. Erfüllungsbedingungen besitzen. Ihre Bewertbarkeit richtet sich auf den
propositionalen Inhalt der ↗ intentionalen ↗ Zustände. Sie sind genau dann
wahr bzw. erfüllt, wenn die Proposition, die ihren Inhalt ausmacht, wahr ist. PP

Semantisch geschlossen. Nach Tarski heißen Sprachen, die eine Formulierung ihrer eigenen semantischen Verhältnisse erlauben, s. g. Insbesondere
gilt eine Sprache S als s. g., wenn die Wahrheit von Aussagen von S in S
prädizierbar ist. Sofern nicht besondere Vorkehrungen getroffen werden,
wie z.B. eine Einschränkung der Negation oder eine semantische Interpretation im Rahmen einer nicht-klassischen Logik, ist in s. g.en Sprachen die
Lügner-Antinomie formulierbar.

Lit.: A.Tarski: The Semantic Conception of Truth and the Foundations of Semantics. In: Philosophy and Phenomenological Research 4 (1944), S. 341-376. UM

Semantischer Physikalismus ↗ Physikalismus, semantischer

Signifikanz. Der ↗ Logische Empirismus hat durch seine beiden Theoreme,
das ↗ Sinntheorem und das ↗ Basistheorem, festgelegt, alle Sätze ohne
empirische S. als wissenschaftlich sinnlos zu bezeichnen. Die empirische S.
ist allgemein dadurch bestimmt, daß sich jede synthetische Aussage (bzw.
Aussagen mit dem Anspruch auf Realerkenntnis) entweder als wahr oder als
falsch ausweisen lassen muß. Die Diskussion über das Signifikanzkriterium,
die eine Präzisierung bieten sollte, führte zu einer Abfolge von Festlegungen
des Kriteriums in folgenden Thesen: (1) die Beobachtungssätze bilden die
Klasse empirisch sinnvoller Aussagen; (2) eine synthetische Aussage ist genau
dann empirisch signifikant, wenn es Beobachtungssätze gibt, zu denen diese
Aussage in der deduktiven Relation steht, d.h. sich daraus ableiten läßt (d.i.
relationale Kriterien der S.); (3) eine synthetische Aussage ist genau dann
empirisch signifikant, wenn sie in eine empiristische Sprache übersetzbar ist
(d.i. Übersetzungskriterium der empirischen S.); (4) da die wissenschaftlichen
Theorien zu einem Teil aus der Beobachtungssprache bestehen, zu einem
größeren Teil aus der theoretischen Sprache (in der alle Grundgleichungen
der naturwissenschaftlichen Theorie gebildet werden), ist es erforderlich,
beide Teilsprachen durch spezielle Regeln miteinander zu verknüpfen, nämlich durch Zuordnungs- oder Korrespondenzregeln. Diese Regeln enthalten
Ausdrücke aus beiden Sprachen, d.h. Beobachtungsterme und theoretische
Terme. Auf die Verknüpfung stützt sich die empirische Interpretation der
Theorie (↗ Carnaps Zweistufenkriterium der empirischen S.).

Lit.: W. Stegmüller: Theorie und Erfahrung. Probleme und Resultate der Wissenschaftstheorie und Analytischen Philosophie. Bd. II. Berlin/Heidelberg/New York
1970, S. 181ff.   PP

Singulärer Term, ein nicht wahrheitsfähiger, wohlgeformter Bestandteil einer singulären prädikativen Aussage; er bezeichnet den »Gegenstand«, von dem etwas prädiziert wird. In »Der Ball ist rot« ist »der Ball« ein s. T., während in »Rot ist eine Farbe« der Ausdruck »Rot« als s.t. fungiert, von dem »eine Farbe zu sein« prädiziert wird.   MQ

Sinn ↗ Bedeutung, ↗ Intension/Extension, ↗ Sinnkriterium, ↗ Frege

Sinnkriterium, Sinntheorem. Für den ↗ Logischen Empirismus stellt das S. neben dem ↗ Basistheorem eine grundlegende Annahme dar und besagt, (1) daß alle sprachlichen Zeichenfolgen entweder sinnvoll oder sinnlos sind, und (2) daß nur deskriptive, tautologische und ↗ kontradiktorische Sätze als sinnvoll anzusehen sind (↗ Carnap). Schlick beschränkt das Kriterium auf die deskriptiven und tautologischen Sätze, ↗ Wittgenstein nur auf die deskriptiven Sätze. Damit ist gemeint, daß alle wissenschaftlichen Aussagen entweder rein logisch (Tautologie oder Kontradiktion) begründbar oder zumindest im Prinzip empirisch nachprüfbare Aussagen sein müssen. Das S. soll der Sicherstellung einer strengen Allgemeinverbindlichkeit der Begriffe dienen. Nach Ansicht des Logischen Empirismus sollten damit jene Sätze aus der Philosophie ausgesondert werden, die nicht nach wahr und falsch beurteilbar sind, und jene Begriffe – abgesehen von den formalen der Mathematik und Logik –, über deren Anwendbarkeit man nicht in jedem konkreten Fall allein mit Hilfe von Beobachtungen entscheiden kann. So muß die Bedeutung eines Prädikats so verständlich zu machen sein, daß ein empirisches Kennzeichen für die Gegenstände angegeben werden kann, welche unter den durch das Wort bezeichneten Begriff fallen sollen. Die Bedeutung eines Satzes besteht in der Methode seiner ↗ Verifikation. Die Verifizierbarkeit einer Aussage bildet eine notwendige und hinreichende Bedingung dafür, daß sie als empirisch sinnvoll gelten kann. Die Verifikationsmöglichkeit ist allerdings in einem logischen und nicht in einem empirischen Sinne zu verstehen: Auch wenn die empirische Verifikation (noch nicht) durchführbar ist, sie aber logisch denkbar wäre, so ist die Aussage als sinnvoll anzusehen. – Die Bestimmung des Sinnes durch Verifizierbarkeit hat zahlreiche kritische Einwände durch Petzäll, Ingarden, Weinberg, Lewis, Nagel, Reichenbach, ↗ Neurath und Popper erfahren: Zum einen wurde auf die unhaltbaren Konsequenzen dieses Sinnbegriffs hingewiesen, der sowohl die theoretischen Gesetze der Physik wie die metalogischen Sätze als sinnlos erscheinen läßt. Zum anderen hat Popper darauf hingewiesen, daß mit einer solchen willkürlichen Festsetzung der Sinnhaftigkeit die Diskussion über den Sinnbegriff selbst sinnlos würde, daß damit aber auch unbequeme Fragen vorschnell als sinnlos abqualifiziert werden könnten.

Lit.: R. Carnap: Überwindung der Metaphysik durch logische Analyse der Sprache. In: Erkenntnis 2 (1931), S. 219-241. – C.I. Lewis: Experience and Meaning. In: Philosophical Review 43 (1934), S. 125-146. – E. Nagel: Verifiability, Truth and Verification. In: Journal of Philosophy 31 (1934), S. 141-148. – A. Petzäll: Logischer Positivismus. Göteborg 1931. – K. Popper: Logik der Forschung. Tübingen [7]1982.

– H. Reichenbach: Wahrscheinlichkeitslehre. Leiden 1935. – M. Schlick: Gibt es ein materiales apriori. In: Gesammelte Aufsätze. Hildesheim 1969, S. 19-30. – P. Stekeler-Weithofer: Sinnkriterien. Paderborn u.a. 1995. – J.R. Weinberg: An Examination of Logical Positivism. London 1936. – L. Wittgenstein: Tractatus logico-philosophicus. In: Schriften 1. Frankfurt a.M. 1967, S. 9-83 (hier: 4.024, 4.461).   PP

Solipsismus, philosophische Position, die in zwei Varianten auftreten kann: In der ersten Variante besagt der S., daß einzig das dem Bewußtsein unmittelbar gegebene real ist. Die schwächere Lesart dieser Variante deutet die These *epistemologisch*: Alles Wissen über die Welt außerhalb des Selbst beruht auf dem Bewußtsein unmittelbar gegebenen Wahrnehmungsdaten. Die radikale Lesart deutet den S. *metaphysisch*: Einzig das Selbst wird als real anerkannt. In der radikalen Version ist der S. außer von Max Stirner wohl nie ernsthaft vertreten worden, wird aber von Descartes als methodischer Ausgangspunkt seiner *Meditationes* verwendet, um dann zum Abschluß der Untersuchung allerdings als absurde These hingestellt zu werden. In der zweiten Variante ist S. die Bezeichnung für eine negative Position bezüglich des Problems des Fremdpsychischen. So wird einigen Theorien des Geistes vorgeworfen, sie hätten zur Folge, daß ein Subjekt lediglich sich selbst, aber keinem anderen Wesen geistige Zustände zuschreiben könne.

Von diesen beiden Varianten des S. ist der sogenannte *methodologische* S. zu unterscheiden. Dieser Begriff findet in der analytischen Theorie des Geistes (↗ Philosophy of Mind) Verwendung. Er wurde von ↗ Putnam *in The Meaning of ›Meaning‹* geprägt und spielt eine bedeutsame Rolle in der Diskussion um ↗ Externalismus vs. Internalismus. In Putnams ursprünglicher Formulierung wird ein Standpunkt als »methodologischer S.« bezeichnet, der davon ausgeht, daß ein psychologischer Zustand die Existenz keines anderen Individuums voraussetzt als die Existenz des Individuums, das sich in ihm befindet. Dies trifft also auf jede Theorie zu, die davon ausgeht, daß die Supervenienzbasis (↗ Supervenienz) mentaler Zustände der Körper (meistens das Gehirn) des Individuums ist, dem sie zugeschrieben werden.   MBI

↗ Carnap (*Der logische Aufbau der Welt*) hat in seiner Entwicklung eines Konstitutionssystems als Basis nur solche Sätze zugelassen, die bewußt einem Subjekt zugehören (i.e. das Eigenpsychische). Diese Art der Grundlegung nennt er »methodischen S.«, der nicht als Beschränkung auf ein Subjekt verstanden werden darf, sondern als methodische Beschränkung auf das tatsächlich Erlebte.   PP

Lit.: Zum methodologischen Solipsismus: J.A. Fodor: Methodological Solipsism Considered as a Research Strategy in Cognitive Psychology. In: Behavioral & Brain Sciences 3 (1980), S. 63-73. – H. Putnam: The Meaning of ›Meaning‹. In: Ders.: Mind, Language and Reality. Philosophical Papers. Bd. 2. Cambridge 1975, S. 215-271.   MBI/PP

Sortaler Ausdruck. Die sprachanalytische Auffassung, daß ein sprachlicher Ausdruck insofern Bedeutung hat, als er sich auf einen Gegenstand bezieht,

wird von ↗ Strawson und Tugendhat problematisiert: Die ↗ Referenz ist
nicht als eine vorgegebene Relation zwischen sprachlichen Ausdrücken
und Gegenständen der Welt aufzufassen, sondern als ein Sich-beziehen
eines Sprechers, als Tätigkeit des deskriptiven Sprechens. Zur Erklärung
dieser Tätigkeit führt Strawson den s.n A. ein: Mit ihm sind die Kriterien
des Identifizierens und Unterscheidens gegeben, die gleichermaßen für die
Konstituierung von Gegenständen ausschlaggebend sind. Die s.n A.e, die
für die individualisierende (und damit identifizierende) Funktion verwendet
werden, lassen sich dadurch charakterisieren, daß sie (a) in der Subjektposition (d.i. substantivische Verwendung) vorkommen, (b) eine Art und Sorte
von Dingen kennzeichnen (z.B. wird durch den s.n A. »Kuh« vorgezeichnet,
was alles zu einem so bezeichneten Gegenstand gehört), (c) die Möglichkeit
der Pluralbildung haben (verweist auf die Zählbarkeit als notwendige und
hinreichende Bedingung dafür, daß man sinnvoll von einzelnen Dingen
einer Sorte sprechen kann). Hat jemand den Sinn eines s.n A.s verstanden,
so hat er das Prinzip erfaßt, das es ihm erlaubt, die Dinge, auf die er sich
bezieht, zu identifizieren, d.h. voneinander zu unterscheiden und zu zählen. Die s.n A.e geben – nach Strawson und Tugendhat – die Kriterien der
↗ Identifizierung an.

Lit.: W. Carl: Existenz und Prädikation. München 1974. – E. Runggaldier: Zeichen und Bezeichnetes. Berlin/New York 1985, S. 95ff. – P. Strawson: Einzelding
und logisches Subjekt. Stuttgart 1972, S. 17ff. – E. Tugendhat: Vorlesungen zur
Einführung in die sprachanalytische Philosophie. Frankfurt a.M. 1976, S. 391ff.
                                                                          PP

Spezifizierung. Innerhalb der sprachanalytischen Philosophie wird dem
↗ singulären Term die Funktion zugesprochen, in einer prädikativen Behauptung einen von vielen Gegenständen als den gemeinten herauszustellen,
auf den das Prädikat zutreffen soll. Diese Funktion wird von Tugendhat
terminologisch als S. bezeichnet.

Lit.: E. Tugendhat: Vorlesungen zur Einführung in die sprachanalytische Philosophie. Frankfurt a.M. 1976, S. 369.   PP

Sprachausdruck. Nach ↗ Frege sind S.e einerseits ↗ Namen von konkreten
oder abstrakten Gegenständen (Nominatum), andererseits drückt der S. einen
Sinn aus, womit die Art und Weise gemeint ist, wie er sein Nominatum
wiedergibt. Z.B.: die beiden Ausdrücke »Abendstern« und »Morgenstern«
haben einerseits dasselbe Nominatum, d.h. sind Namen für ein und denselben
Gegenstand (nämlich den Planeten Venus), andererseits einen unterschied-
lichen Sinn, weil sie das gemeinsame Nominatum in jeweils verschiedener
Weise darstellen. Frege wendet dies vor allem auf Sätze an. Danach ist der
Sinn eines Satzes die durch ihn ausgedrückte ↗ Proposition (bei Frege: der
Gedanke), das Nominatum entspricht dem Wahrheitswert des Satzes. Der
Sinn (Intension) eines S.s liegt deshalb im Bereich der logischen Wahrheit,
sein Nominatum (Extension) im Bereich der faktischen Wahrheit.

Lit.: G. Frege: Über Sinn und Bedeutung. In: I. Angelelli (Hg.): Kleine Schriften.
Darmstadt 1967. – F. v. Kutschera: Gottlob Frege. Eine Einführung in sein Werk.
Berlin/New York 1989.   PP

Sprache, formale ↗ Modellsprache

Sprachspiel, von ↗ Wittgenstein in den *Philosophischen Untersuchungen*
geprägter Terminus zur Kennzeichnung der Sprache als einer Handlung
in Lebenskontexten. Wie jede Handlung ist auch die Sprache in verschiedene Handlungs- und Situationskontexte eingefügt und somit immer ein
Teil solcher von Wittgenstein als Lebensformen bezeichneten Kontexte.
Entsprechend der (nicht beschränkten) Anzahl von Lebensformen gibt es
verschiedene von Wittgenstein als S.e bezeichnete Verwendungsformen von
Sprache, z.B. befehlen, bitten, fragen, beschreiben, erklären, grüßen u.a.m.
Der Terminus S. soll zum Ausdruck bringen, daß der Sprachgebrauch in den
verschiedenen Lebensformen jeweils spezifischen Regeln folgt, entsprechend
den verschiedenen Regelsystemen, die für die einzelnen S.e konstitutiv sind.
Die Regelhaftigkeit ist ihrerseits Voraussetzung für die Verständigung mittels
Sprache. Ohne feste, im Sprachgebrauch erlernte Regeln für die Verwendung
eines Wortes in den sozialen Kontexten gibt es keine feste Bedeutung.
                                                                                   PP

Sprachstufentheorie. Die Grundlage für die S. ist die notwendige Unterscheidung (in einer Sprache) zwischen der Verwendung und der Erwähnung
eines Ausdrucks. Z.B. kann in der Aussage »Lars ist einsilbig« mit »Lars« eine
Person bezeichnet werden, der eine bestimmte Eigenschaft zugeschrieben
wird, oder das Namenwort »Lars« gemeint sein, das nur aus einer Silbe
besteht. Im ersten Fall wird »Lars« verwendet, im zweiten erwähnt, d.h.
es wird sprachlich auf den sprachlichen Ausdruck Bezug genommen. Bei
der Verwendungsweise der Sprache bezieht man sich auf außersprachliche
Gegenstände (Objekte), beim Erwähnen sind sprachliche Entitäten der
Bezugsgegenstand. Diejenige Sprache, mit der man sich auf außersprachliche
Entitäten bezieht, wird als Objektsprache bezeichnet, während die Sprache,
in der über die vorgegebene Sprache gesprochen wird, als Metasprache
bezeichnet wird. Die Sätze der Metasprache werden dazu verwendet, um
über Ausdrücke und Sätze der Objektsprache zu sprechen, die Sätze der
Meta-Metasprache dienen dazu, um über Ausdrücke und Sätze der Meta-
sprache zu sprechen (usw.: Meta-Meta-Metasprache). Die Hierarchie der
Metasprachen kann beliebig fortgesetzt werden. ↗ Typentheorie   PP

Sprechakttheorie, von ↗ Austin und ↗ Searle entwickelte Position der
Sprachphilosophie. Sie geht von der grundlegenden Annahme aus, daß das
Sprechen einer Sprache eine regelgeleitete Form des Verhaltens ist. Damit
verbindet sich als zweite Annahme, daß die Grundeinheit der sprachlichen
Kommunikation nicht das Wort oder der Satz ist, sondern der Vollzug
eines Sprechaktes, in dem ein sprachliches Symbol geäußert wird. Um den
Handlungscharakter der Sprache näher zu bestimmen, wird von Searle im

Anschluß an Austin folgende Unterscheidung vorgenommen: Bei jeder Äußerung vollzieht ein Sprecher gleichzeitig drei Akte: den Äußerungsakt, den propositionalen Akt und den illokutionären Akt. Äußerungsakte bestehen einfach in der Äußerung von Wortreihen, propositionale und illokutionäre Akte dagegen lassen erkennen, daß Wörter im Satzzusammenhang mit einer bestimmten Intention des Sprechers in bestimmten Kontexten und unter bestimmten Bedingungen geäußert werden. Die Notwendigkeit der Unterscheidung zwischen der illokutionären und der propositionalen Rolle zeigt sich in dem Umstand, daß derselbe Aussageinhalt (d.i. der propositionale Gehalt) wie bspw. »der Hund ist bissig« von einem Sprecher mit verschiedener Intention geäußert werden kann; bspw. als Warnung an andere, als (vorsichtige) Frage, als Empfehlung (eines Hundeverkäufers), als Feststellung (einer spezifischen Eigenart eines ganz bestimmten Hundes oder einer Hunderasse). Die Intentionen werden durch die illokutionäre Rolle des Sprechakts zum Ausdruck gebracht, der propositionale Gehalt verweist auf ein Objekt (den Hund) und prädiziert das Objekt (»ist bissig«). Auf der Grundlage dieser Unterscheidung erscheint es plausibel, daß jeder propositionale Akt in Abhängigkeit von einem illokutionären steht, d.h. man kann nicht auf ein Objekt verweisen und es prädizieren, ohne irgendeinen illokutionären Akt zu vollziehen (wie bspw. eine Behauptung aufstellen oder eine Frage stellen). Für jeden möglichen Sprechakt muß es deshalb ein sprachliches Element geben, dessen Bedeutung gewährleistet, daß seine aufrichtige Äußerung den Vollzug des betreffenden Sprechaktes darstellt. Damit Regeln für die Äußerung bestimmter sprachlicher Elemente mit Regeln für den Vollzug von Sprechakten gleichgesetzt werden können, muß die Voraussetzung erfüllt sein, daß man alles, was man meinen kann, auch sagen kann. Diese Voraussetzung formuliert Searle als Prinzip der Ausdrückbarkeit. Es besagt, daß auch für den Fall von sprachlichen Beschränkungen eines Sprechers (zu einem gegebenen Zeitpunkt) diese keine notwendige, sondern nur eine kontingente Grenze darstellen, die zumindest potentiell zu überwinden ist, so daß dem Sprecher ein sprachliches Element für die Äußerung einer Intention zur Verfügung steht. In der weiteren sprachphilosophischen Erörterung zeigt Searle auf, wie Sprechakte dadurch vollzogen werden, daß in Übereinstimmung mit einer Reihe konstitutiver Regeln Ausdrücke geäußert werden. Die Grundlegung durch konstitutive Regeln besagt, daß diese Regeln (oder Regelsysteme) die Form und die Möglichkeit des Sprachverhaltens erst schaffen – vergleichbar den Regeln des Schachspiels. Searle bringt diesen Sachverhalt in die These, daß die semantische Struktur einer Sprache als eine auf Konventionen beruhende Realisierung bestimmter zugrunde liegender Regeln zu begreifen ist. Folgende Regeln gibt Searle dazu an: (1) Die Regel des propositionalen Gehalts (*rules of propositional content*) legt fest, daß der propositionale Akt dem illokutionären entsprechen muß, bspw. darf bei einem Versprechen der propositionale Akt nicht in der Vergangenheit liegen (»ich verspreche, etwas getan zu haben«). (2) Die Einleitungsregeln (*preparatory rules*) bestimmen die sprechhandlungstypischen Einschränkungen des Kontextes, bspw. macht ein Versprechen nur dann Sinn, wenn die versprochene Handlung seitens des anderen auch erwünscht ist, oder eine Aufforderung zu einer Tätigkeit, wenn diese nicht ohnehin schon vollzogen wird. (3) Die wesentliche Regel (*essential rule*) legt den mit einem illokutionären Akttyp verbundenen Charakter der pragmatischen Verbindlichkeit oder Ernsthaftigkeit fest, bspw. bei einem Versprechen die Verpflichtung zu dessen Einlösung, bei einer Frage das Interesse an einer Information, bei einem Befehl die Erwartung der Befolgung. (4) Die Aufrichtigkeitsregel (*sincerity rule*) legt für einen gegebenen Typus von Sprechakten bestimmte Einschränkungen im Hinblick auf die Einstellung des Sprechers fest, bspw. bei einem Versprechen die Bereitschaft des Einlösens, bei einer Bitte den wirklichen Wunsch nach Erfüllung. Der konstitutive Charakter dieser Regeln zeigt sich darin, daß sie die unabdingbaren Voraussetzungen für die Sprache als regelgeleitete Form intentionalen Handelns darstellen und deren Erfüllung die Voraussetzungen für das Gelingen von Sprechhandlungen sind.

Lit.: J.L. Austin: Zur Theorie der Sprechakte. Stuttgart 1972. – R.B. Nolte: Einführung in die Sprechakttheorie John R. Searles. Freiburg/München 1978. – E. v. Savigny: Die Philosophie der normalen Sprache. Frankfurt a.M. 1974. – J.R. Searle: Sprechakte. Frankfurt a.M. 1973. – A. Brenner-Voss: Zur Kritik der Sprechakttheorie. Austin und Searle. Weinheim 1981. – D. Wunderlich: Pragmatik und sprachliches Handeln. Frankfurt a.M. 1972. – Ders.: Zur Kontextualität von Sprechhandlungen. In: Ders. (Hg.): Linguistische Pragmatik. Frankfurt a.M. 1972.   PP

Starrer Designator (engl. rigid designator), auch starrer Bezeichnungsausdruck, ein von ↗ Kripke im Zuge der sprachanalytischen Diskussion über Eigennamen und Kennzeichnungen eingeführter Terminus. Er vertritt die These, daß wir die Eigennamen wie starre Bezeichnungsausdrücke verwenden, d.h. sie denselben Gegenstand in allen ↗ möglichen Welten oder kontrafaktischen Situationen bezeichnen. Während der Kennzeichnungstheorie zufolge der Träger eines Eigennamens derjenige Gegenstand ist, der als einziger die ↗ Kennzeichnung oder die Mehrzahl aus einem Bündel von Kennzeichnungen (↗ Bündeltheorie) erfüllt, die wir mit dem Namen verbinden, vertritt Kripke die These, daß ein Gegenstand auch dann Träger eines Namens bleibt, wenn die Kennzeichnungen, die wir mit dem Namen verbinden, sich als falsch erweisen (z.B. wenn Kolumbus, mit dessen Namen sich die Kennzeichnung »der Entdecker Amerikas« verbindet, nur irrtümlich als Entdecker vermeint worden wäre). Kripke vertritt die Theorie, daß wir jeden Namen mit der Intention verwenden, wie er in einer Kommunikationskette einer Sprachgemeinschaft verwendet und uns übermittelt wird. ↗ Namentheorie, ↗ Kennzeichnungstheorie, ↗ Beschreibung, definite

Lit.: S.A. Kripke: Sprecher-Referenz und semantische Referenz. In: U. Wolf (Hg.): Eigennamen. Dokumentation einer Kontroverse. Frankfurt a.M. 1985, S. 208ff. – Ders.: Name und Notwendigkeit. Frankfurt a.M. 1981.   PP

Stimulusbedeutung, auch Reizbedeutung (engl. stimulus meaning). Den Terminus affirmative S. führt ↗ Quine im Rahmen seiner Auseinandersetzung mit den Bedeutungstheorien von ↗ Frege und ↗ Russell ein. Seiner Kritik an der »platonistischen Semantik« Freges und der »mentalistischen Semantik« Russells läßt Quine die von Deweys Naturalismus inspirierte Semantik als Lösungsvorschlag folgen: »Bedeutung ist keine psychische Entität, sondern eine Eigenschaft des Verhaltens«. Das von Quine favorisierte naturalistische und behavioristische Herangehen an das linguistische Phänomen wird durch die Figur des ethnologischen Forschers repräsentiert. Die einzigen Daten, die ihm verfügbar sind, sind einerseits die sensorischen Stimulationen, die er auf die Sinnesorgane der beobachteten Personen wirken sieht und andererseits deren verbale Äußerungen, die von den Stimulationen ausgelöst werden. Wenn die Korrelationen zwischen sensorischer Stimulation und verbaler Reaktion die einzigen Daten objektiver Beobachtung sind, dann muß eine sich empirisch verstehende Bedeutungstheorie auf einem Bedeutungsbegriff aufbauen, der unter Bezug auf sensorische Stimulation und verbale Reaktion definiert ist. Dazu dient ihm der Begriff der S.: Die affirmative S. des Satzes S für den Sprecher a zum Zeitpunkt t ist die Menge σ der Stimuli, die Zustimmung von der Person a zu S zum Zeitpunkt t verursachen würden. Diese Definition der Bedeutung wird vom Bezeichneten her formuliert. Vom Subjekt her, das den Satz hört und ihn interpretieren soll, ist die S. des Satzes für den Sprecher a der Dispositionsvorrat des Sprechers a, der S unter Einwirkung der Stimuli σ zustimmt. Z.B. unterscheiden sich die Stimulationen, die dazu führen, daß jemand dem Satz »da ist ein Einhorn« zustimmt, von den Stimulationen, die zur Zustimmung des Satzes »da ist ein Heinzelmännchen« führten. Die affirmative Reizbedeutung erinnert an die ↗ Protokollsätze des ↗ Logischen Empirismus. Sie besitzen einen von unserem theoretischen Wissen über die Welt unabhängigen empirischen Gehalt.

Lit.: W.V.O. Quine: Wort und Gegenstand. Stuttgart 1980, S. 69ff. – P. Gochet: Quine zur Diskussion. Frankfurt a.M./Berlin/Wien 1984, S. 60ff.

PP

Strawson, Peter Frederick (geb. 1919). In seiner Theorie der Kennzeichnungen (»On Denoting«, 1905) hat ↗ Russell die für die Entwicklung der analytischen Philosophie folgenreiche Kritik an der Subjekt-Prädikat-Struktur von Sätzen formuliert. Seine These war, daß diese vielmehr als Existenzaussagen aufgefaßt werden müßten. St. meldet in *On Referring* (1950) ganz entschieden Kritik an: Russells These würde überflüssig werden, wenn man gewisse Mißverständnisse über die Verwendungsweisen von Ausdrücken aufklärte, mit denen man Dinge bezeichnet oder benennt. Russell habe uns ein falsches Bild von unserem Sprachgebrauch vermittelt. Er verwechsle das Referieren auf eine Entität mit der Behauptung, daß diese Entität existiert. Sein Bestreben, die Sprache so weit wie möglich einem logischen Kalkül entsprechend zu formen, habe einen wesentlichen Aspekt der Benennung oder Bezeichnung vernachlässigt. St. macht dagegen geltend, daß die Sprache gerade in diesem Punkt von Kontextfaktoren abhängig ist, für die es in den abstrakten logischen Kalkülen keine Entsprechung gibt.

Die Antwort formuliert St. in seinem Entwurf einer deskriptiven Metaphysik. In *Individuals* (1959) versucht er nachzuweisen, daß materielle Dinge und Personen eine fundamentale Position in unserem Denken innehaben. Damit behauptet er gegen Russell, daß Einzeldinge bzw. Individuen, auf die sich Subjektausdrücke beziehen können, notwendigerweise gewisse Eigenschaften haben müssen, die man als notwendige Bestandteile unseres Begriffsapparats zu betrachten hat. In unserem Begriffsapparat gibt es also Primärobjekte des Benennens, d.i. fundamentale Individuen.

Grundlage seiner Argumentation ist die Annahme einer sprachlichen Verständigung. Diese setzt voraus, daß ein Hörer weiß, über welchen Gegenstand ein Sprecher redet. Das heißt, er muß in der Lage sein, den vom Sprecher gemeinten Gegenstand zu identifizieren. Die sprachliche Verständigung basiert demnach auf einer gelingenden Referenz. St. fragt von daher nach den außersprachlichen Bedingungen eines solchen Gelingens. Der Sprecher gebraucht dazu ↗ Eigennamen, die aber letztlich ihre Bedeutung erst durch Beschreibungen, die den gemeinten Gegenstand (durch Allgemeinbegriffe) charakterisieren, erhalten. Eine Beschreibung ist nach St. nur dann eindeutig, wenn sie den zu identifizierenden Gegenstand in eine eindeutige Beziehung zu einem anderen Gegenstand bringt. Die eindeutige Identifizierung ist uns auf der Grundlage des Systems von raum-zeitlichen Beziehungen möglich. Neben dem raum-zeitlichen Ding kommt auch dem Begriff der Person der Status einer Grundkategorie zu. Eine Person ist nach St. eine Entität, der sowohl mentale wie physische Prädikate zuschreibbar sind. Ergänzend fügt St. hinzu, daß man mentale Zustände anderen zuschreiben kann, ist eine notwendige Bedingung dafür, daß man sie sich selbst zuschreiben kann. Die grundlegende Voraussetzung, mentale Zustände anderen zuzuschreiben, ist wiederum, daß man in der Lage sein muß, diese identifizieren zu können. Von daher wird seine Kritik an Descartes' Idee, der Mensch sei eine Verbindung eines Geistes mit einem Körper, plausibel.

Lit.: P.F. Strawson: Logik und Linguistik. München 1974. – Ders.: Einzelding und logisches Subjekt. Stuttgart 1972. – Ders.: Analyse und Metaphysik. München 1994. – P. Prechtl: Sprachphilosophie. Stuttgart/Weimar 1999, S. 184ff. – E. Runggaldier: Zeichen und Bezeichnetes. Sprachphilosophische Untersuchungen zum Problem der Referenz. Berlin 1985, S. 9-29. – B. Russell: Mr. Strawsons Ansichten über das Benennen. In: Ders.: Die Entwicklung meines Denkens. Frankfurt a.M. 1988, S. 246ff.   PP

Substitutionsprinzip. (1) Im Rahmen seines Prinzips der Identität legt Leibniz fest, daß zwei Individuen der tatsächlich existierenden Welt dann und nur dann identisch sind, wenn ihre vollständigen Begriffe identisch sind. Das Prinzip der Identität besagt, daß Dinge dieselben sind, wenn es möglich ist, überall das eine durch das andere zu ersetzen (d.i. zu substituieren), ohne daß sich der Wahrheitswert verändert (d.i. salva veritate). Daß A dasselbe ist wie B, bedeutet, daß das eine für das andere in jeder beliebigen Aussage salva veritate substituiert werden kann. Als Prinzip der Substitution legt es ↗ Frege als Kriterium für die Entscheidung, ob der durch einen Satz ausgedrückte Gedanke als dessen Sinn oder als dessen Bedeutung aufzufassen ist, zugrunde. Dabei ist in Rechnung zu stellen, daß bei Frege

ein Satz einen Wahrheitswert bezeichnet und einen Gedanken ausdrückt.
Die Bedeutung des Satzes ist dabei abhängig von den Bedeutungen (d.i.
den Bezügen) der in ihm vorkommenden Namen, ebenso ist der Sinn
des Satzes abhängig von dem Sinn der Namen. Daraus ergeben sich die
beiden S.ien: (a) Die Bedeutung des Satzes ist invariant gegenüber der S.
bezugsgleicher Ausdrücke; (b) der Sinn eines Satzes ist invariant gegenüber
der S. sinngleicher Ausdrücke.

(2) In der formalen Logik besagt das S.: Gilt a = b, so kann man die
Individuenkonstanten a und b überall durcheinander ersetzen, ohne daß sich
der Wahrheitswert der Sätze ändert. Dasselbe gilt in bezug auf die Äquivalenz von Aussagen: Sind zwei Aussagen A und B miteinander äquivalent, so
entsteht aus einer Behauptung, in der A als Teilsatz vorkommt, eine damit
äquivalente Behauptung, in der A durch B ersetzt wird.

Lit.: W.K. Essler/R.F.M. Cruzado: Grundzüge der Logik I. Das logische Schließen.
Frankfurt a.M. 1991, S. 149. – G. Frege: Kleine Schriften. Hg. I. Angelelli. Darm-
stadt 1967, S. 148. – F.v. Kutschera: Gottlob Frege. Eine Einführung. Berlin/New
York 1989, S. 67.   PP

Subsumtionstheorie, Bezeichnung für das Gesetzesschema der Erklärung,
in der individuelle Sachverhalte unter hypothetisch angenommene allgemeine
Naturgesetze subsumiert werden. ↗ Erklärung, ↗ Hempel-Oppenheim-
Schema   PP

Syntax. In einem weiten Sinne bezeichnet der Begriff S. die Gesamtheit
der Regeln eines (natürlichen oder formalen) Zeichensystems, nach denen
elementare Einheiten miteinander kombiniert werden können. Ch. W.
Morris unterscheidet Pragmatik, ↗ Semantik und S. als die drei Bereiche
der Semiotik. Im engeren, sprachwissenschaftlichen Sinne versteht man
unter S. das System derjenigen Regeln einer Einzelsprache, nach denen
Wörter (oder Lexeme) auf korrekte Weise miteinander zur höheren Einheit
des Satzes verknüpft werden können. – Wittgenstein prägt im *Tractatus
logico-philosophicus* den Begriff der logischen S., worunter er eine auf dem
Wege der logischen Analyse der natürlichen Sprache gebildete logische
Grammatik versteht, die frei ist von den Fehlerquellen und Unschärfen der
umgangssprachlichen Rede und somit irreführende Auffassungen über die
Welt vermeiden hilft, die mit dem alltäglichen Sprachgebrauch einhergehen.
Diese Idee wird allerdings in seinen späteren *Philosophischen Untersuchungen*
vom Begriff der Tiefengrammatik abgelöst.   JH

Syntax, logische, handelt von Begriffen und Beziehungen, die sich allein
mittels der Art und Anordnung der in den ↗ Formeln vorkommenden
Zeichen einführen lassen, z.B. die formalen Regeln des Schließens und der
mit ihrer Hilfe definierbare Begriff der Ableitung.   PP

T

T-theoretisch, eine Größe wird dann als t-t. bezeichnet, wenn die Ermittlung der Werte dieser Größe auf der Voraussetzung beruht, daß es erfolgreiche Anwendungen dieser Theorie gibt.   PP

Tatsache. Der Ausdruck »T.« wird umgangssprachlich häufig mit dem Ausdruck »reale Existenz« gleichbedeutend gebraucht. Das erklärt sich aus dem Verständnis, daß eine Tatsache das sei, was wirklich existiert. Semantisch korrekt wäre dagegen die unterscheidende Formulierung: Ein Ding existiert, eine T. ist der Fall, nicht aber: sie existiert. Die Notwendigkeit der Unterscheidung zwischen Ding und Tatsache ergibt sich daraus, daß zu jedem wahren Urteil eine bestimmte Tatsache gehört. Da aber auch falsche Urteile Objekte haben, ist eine Differenzierung zwischen zwei Arten von Urteilsobjekten notwendig.

Entsprechend der ↗ Korrespondenztheorie der Wahrheit ist der Terminus T. eine Bezeichnung für das, was einer Aussage (wenn sie wahr ist) in einer nicht-sprachlichen Wirklichkeit entspricht (wobei diese Annahme einer nicht-sprachlichen Wirklichkeit noch näher zu bestimmen wäre). Für ↗ Frege ist eine T. ein wahrer Gedanke. Der Gedanke, den ein Satz ausdrückt, ergibt sich aus dem Sinn der Ausdrücke, die in ihm vorkommen. Zwei Sätze ›Fa‹ und ›Gb‹ drücken verschiedene Tatsachen aus, wenn ›a‹ und ›b‹ oder ›F‹ und ›G‹ sinnverschieden sind. Nach ↗ Russells Erklärung sind mit T.n Dinge gemeint, die eine Aussage wahr (oder falsch) machen. Bspw. Für die Aussage »es regnet« ist der Zustand des Wetters, der diese Aussage wahr macht, dasjenige was man T. nennt. In ↗ Wittgensteins Erklärung stellt die T. einen bestehenden Sachverhalt dar: Die Welt ist die Gesamtheit der T.n, d.h. die Gesamtheit aller und nur der bestehenden T.n. Während die T. stets etwas betrifft, was der Fall ist, stellt ein ↗ Sachverhalt etwas dar, was bloß möglicherweise der Fall ist. Was ein beliebiger, nicht rein logisch gültiger Satz behauptet, ist somit stets ein Sachverhalt. Ist der Satz wahr, dann besteht dieser Sachverhalt, der dann T. genannt wird.

Die Erkenntnistheorie und Wissenschaftstheorie thematisieren den Begriff der T. hinsichtlich des spezifischen Phänomenbereichs der unterschiedlichen Wissenschaften. Nach dem naturwissenschaftlich-empiristischen Verständnis beruhen Tatsachenaussagen auf der empirisch-deskriptiven Methode, die sich auf das Feststellen von empirisch wahrnehmbaren Daten beschränken. Ein erweiterter Begriff von T. bezieht sich auf soziale Institutionen (wie bspw. eine Taufe, ein Vertrag, eine Eheschließung). Aussagen über solche T.n lassen sich nicht auf deskriptive Aussagen über physische oder psychische Eigenschaften bestimmter Sachverhalte zurückführen. ↗ Searle schlägt die Unterscheidung zwischen natürlichen und institutionellen T.n vor. Institutionelle T.n setzen ein System konstitutiver Regeln voraus, die eine bestimmte Tätigkeit (bspw. das Ja-Wort und das Ringe-Tauschen) in einem bestimmten Kontext (Standesamt) als eine bestimmte Handlung (Eheschließung) erklären.

Lit.: R.M. Chisholm: Person and Object. London 1976. – G. Patzig: Satz und
Tatsache. In: Sprache und Logik. Göttingen ²1981, S. 39ff. – B. Russell: An In-
quiry into Meaning and Truth. London ⁴1951, S. 298ff. – J.R. Searle: Sprechakte.
Frankfurt a.m. 1971, S. 78ff. – E. Stenius: Wittgensteins Traktat. Frankfurt 1969,
Kap. VI u. VII. – P. Winch: Die Idee der Sozialwissenschaften und ihr Verhältnis
zur Philosophie. Frankfurt 1974. – L. Wittgenstein: Tractatus logico-philosophicus.
In: Ders.: Werke. Bd. 1. Frankfurt a.m. 1984. Abschnitt 2.1141, 3.14.   PP

Tautologie, eine Aussage, die immer wahr bleibt, welcher konkrete Sachverhalt auch immer vorliegen mag (Bsp.: entweder es regnet oder es regnet nicht). In der formalen Logik wird die T. durch die urteilslogischen
↗ Wahrheitsfunktionen bestimmt, die bei allen Auslegungen ihrer Variablen,
(d.h. bei allen Wahrheitswerten) wahr ist: $p \vee \neg p$.   PP

Token-Identitätstheorie. Die von ↗ Davidson vertretene T.-I. beinhaltet
die These, daß jedes einzelne mentale Ereignis mit einem physischen Ereignis
identisch ist. ↗ Leib-Seele-Problem, ↗ Identitätstheorie, ↗ Materialismus
                                                                            PP

Toleranzprinzip, ein von ↗ Carnap in *Logische Syntax der Sprache* (1934)
formulierter Grundsatz, daß jeder seine Logik, d.h. seine Sprachform nach
eigenem Gutdünken aufbauen kann, wenn er deutlich die syntaktischen
Bestimmungen anzugeben vermag. ↗ Neutralismus, methodischer, ↗ Modellsprache   PP

Transformationsregel ↗ Formationsregel

Transitiv / intransitiv / non-transitiv. Eine Relation heißt dann t., wenn
je zwei Gegenstände, die mit einem dritten in der Relation R stehen, auch
unter sich in dieser Relation R stehen. Z.B. x ist größer als y, y ist größer
als z, dann ist x auch größer als z. *Intransitiv* ist eine Relation dann, wenn
eine solche Transitivität nie gilt wie z.B. in »x ist Vater von y«. *Non-transitiv* ist eine Relation dann, wenn es der Fall ist, daß transitive Relationen
mindestens in einem Fall intransitiv sind.   PP

Triangulation. Mit der Überwindung des erkenntnistheoretischen Schema-
Inhalt-Dualismus innerhalb analytischer Bedeutungs- und Verstehenstheorien
im Anschluß an den »linguistic turn« und der damit verbundenen Einsicht,
daß sich die Fragen der Objektivität der Erkenntnis nicht von der in der
Sprache inkorporierten Rationalität trennen läßt, breitete sich die Einsicht
aus, daß die objektive Welt eine in der Sprache intersubjektiv zugängliche
und intersubjektiv geteilte Welt ist. Da Verstehen voraussetzt, daß Sprecher
und Hörer bzw. Interpret in einer gemeinsamen geteilten und intersubjektiv
zugänglichen Welt leben, kann die grundlegende Relation zwischen Interpret
und Welt einerseits und zwischen Interpret und Sprecher andererseits nicht
mehr die erkenntnistheoretische Subjekt-Objekt-Beziehung sein, sondern,
ähnlich wie in der Organontheorie K. Bühlers, ein »Dreieck«. Dieses Dreieck,

bei D. ↗ Davidson wird es auch als »the ultimate source of both objectivity and communication« bezeichnet, verbindet in einem Triangulationsszenario »speaker, interpreter, and the world«. »Es ist eine Bedingung der für das Denken unerläßlichen Triangulation, daß diejenigen, die miteinander kommunizieren, einsehen, daß sie ihre Standpunkte in einer gemeinsamen Welt einnehmen. Daher sind die Erkenntnis des Fremdpsychischen und die Erkenntnis der Welt wechselseitig abhängig; keine von ihnen ist möglich ohne die andere« (Davidson 1991, S. 1007). Also allein unter der Voraussetzung, daß das Triangulationsszenario Sprecher, Interpret und Welt verbindet, kann es als die grundlegende Quelle sowohl von Kommunikation als auch von Objektivität aufgefaßt werden. Anders läge der Fall, wenn der Interpret auf der Erde fest verankert wäre. Die Rückbindung an einen fixen Kontext ließe zwar noch immer die Möglichkeit zu, erfolgreich mit Objekten zu interagieren. Der Frage aber, wo diese Objekte sind bzw. welche Entfernung sie von mir haben, ließe sich kein Sinn geben.

Lit.: D. Davidson: The Structure and Content of Truth. The Deway Lectures 1989. In: The Journal of Philosophy 87 (1989). – Ders.: Rational Animals. In: Dialectica 36 (1982). – Ders.: Subjektiv, Intersubjektiv, Objektiv. In: Merkur 512 (1991).   UT

Tripel. Um zu kennzeichnen, daß Beziehungsausdrücke für geordnete »Paare« von Dingen bzw. von Klassen stehen, spricht man im Fall von dreistelligen Beziehungsausdrücken (z.B. der alltagssprachliche Begriff: »... liebt ... mehr als...«) davon, daß diese für Beziehungen zwischen drei Dingen bzw. Klassen von geordneten T.n stehen.   PP

Tropen, Bezeichnung für konkrete, partikuläre Eigenschaften. Unter der Annahme von T. entwickelt Campbell eine T.-Ontologie, in der Eigenschaften in die Ontologie einbezogen werden, ohne sich damit auf die Annahme der Existenz universaler Entitäten festzulegen. In diesem Ansatz sind T. als grundlegende Bestandteile der Wirklichkeit aufzufassen. Dinge wie Eigenschaften sind demnach als Kompositum von T. aufzufassen.

Lit.: D. Armstrong: Universals. An Opinionated Introduction. Boulder/San Francisco/London 1989. – K. Campbell: Abstract Particulars. Oxford 1990.
                                                                                   PP

Typ-Identitätstheorie, besagt, daß mentale Eigenschaften mit physischen Eigenschaften typenidentisch sind. ↗ Leib-Seele-Problem, ↗ Identitätstheorie, ↗ Materialismus   PP

Type/Token, vor allem in der Logik und Sprachwissenschaft verbreitetes Begriffspaar, das mit »Typ/Einzelding« oder »Typ/Vorkommnis« zu übersetzen ist. Ein Einzelding ist dabei das Vorkommnis eines Typs, ein Typ die entsprechende abstrakte Entität, die alle aktualen und möglichen Vorkommnisse des Typs umfaßt. D.h.: Wenn z.B. in einer Aussage oder

Formel Vorkommnisse eines bestimmten Typs häufiger auftauchen, taucht der Typ lediglich einmal auf. In der Buchstabenfolge »abddde« sind somit 3 Vorkommnisse des Typs »d« vorhanden; insgesamt enthält sie 4 Typen und 6 Vorkommnisse. Eine Mißachtung der Unterscheidung von Typ und Einzelding kann zu Verwirrungen führen, da beide kategorial andere Eigenschaften haben und somit Erkenntnisse, die über einen Typ gewonnen werden, nicht ohne weiteres auf ein Vorkommnis des Typs übertragbar sind und vice versa.   MBI

Typentheorie (auch Typenlogik). ↗ Russell und Whitehead haben das Postulat formuliert und begründet, daß die Sprach- und Beschreibungsebenen hierarchisch gegliedert sein müssen, so daß die erste Ebene die Individuen umfaßt, die zweite die Klasse oder Menge aller Individuen, die dritte die Klasse aller Klassen oder Menge aller Mengen usw. Jeder Terminus hat seinen eigenen Bedeutungsbereich, nämlich die Menge der Gegenstände, von denen er sinnvoll ausgesagt werden kann. Die Menge oder Klasse hat immer einen höheren Typ als ihre Elemente, so daß es zu der Aussage »die Menge aller Mengen« oder »Klasse aller Klassen« nicht in einem selbstbezüglichen Sinn kommen kann. Mit Hilfe der T. soll die Antinomie beseitigt bzw. verhindert werden, die sich durch die Selbstreferenz von Klassen oder Mengen ergibt.

Lit.: R. Rheinwald: Semantische Paradoxien. Typentheorie und ideale Sprache. Berlin/New York 1988, S. 57ff. – B. Russell/A.N. Whitehead: Principia mathematica. Bd. I. Cambridge 1910.   PP

U

Überführungssatz, Überführungstheorem. In der Prädikatenlogik wird mit Hilfe des Begriffs der ↗ Interpretation der Begriff der prädikatenlogischen Wahrheit definiert: Ein Satz ist prädikatenlogisch genau dann wahr, wenn alle Interpretationen A erfüllen. Für den Umgang mit dem Interpretationsbegriff sind das ↗ Koinzidenztheorem und das Ü.theorem wichtig. Der Ü. lautet: Wenn aus einer freien Aussage A(a), die die Individuenkonstante a enthält, durch freie durchgehende Umbenennung der Individuenkonstante a zu einer Individuenkonstante b der Satz A(b) entsteht, und wenn sich die Interpretation I von der Interpretation J höchstens bezüglich a unterscheidet, und wenn die Interpretation J der Individuenkonstante a das gleiche Objekt zuordnet wie die Interpretation I der Individuenkonstante b, dann gilt: die Aussage A(a) ist bei der Interpretation J über den Objektbereich U genau dann wahr, wenn die Aussage A(b) bei der Interpretation I über den Objektbereich U wahr ist.

Lit.: W.K. Essler/R.F.M. Cruzado: Grundzüge der Logik I. Das logische Schließen. Frankfurt a.M. ⁴1991, S. 328f. – F. v. Kutschera/A. Breitkopf: Einführung in die moderne Logik. Freiburg/München 1971, S. 92f.   PP

Übersetzungsregel, allgemeine Regel, die angibt, auf welche Weise alle
Aussagen, in denen ein bestimmter Begriff bzw. der Name eines Gegenstandes
in allen Kontexten zu ersetzen ist durch einen (grundlegenderen) anderen
Begriff. In einem ⌐ Konstitutionssystem der Begriffe wird ein Stammbaum
der Begriffe derart konstruiert, daß aus gewissen Grundbegriffen alle übrigen
Begriffe abgeleitet werden können. Die Ü. zeigt an, wie die höherstufigen
Begriffe auf die niederstufigen zurückgeführt werden können.   PP

Übersetzungsunbestimmtheit (engl. indeterminacy of translation).
Zentrale These von ⌐ Quines Philosophie, die zum einen eine Kritik an
⌐ Carnaps Versuch einer empirischen Bestimmung von Bedeutung, Syn-
onymie und Analyzität (⌐ Analyzitätspostulat) darstellt, und zum anderen die Begründung der ⌐ Stimulusbedeutung als objektiven empirischen
Bedeutungsbegriff beinhaltet. Quine bedient sich bei seiner Argumentation
eines Modells, bei dem ein Ethnologe die Sprache eines (Urwald-)Einge-
borenen untersucht (Dieses Modell wäre für ihn vergleichbar der Situation,
wie ein Kind seine Muttersprache lernt, indem es nämlich die Bedeutung
von »stehenden Sätzen« nur dadurch lernt, daß es lernt, Sätze in Wörter zu
zerlegen und mit den alten Wörtern neue Sätze zu bilden). Quine läßt den
Forscher die »Gelegenheitssätze« von den »stehenden Sätzen« unterscheiden:
Für die »Gelegenheitssätze« erhält er nur dann die Zustimmung des eingeborenen Sprechers, wenn er die Frage zeitlich direkt nach der verursachenden Stimulierung stellt, während die »stehenden Sätze« unabhängig von
einer gleichzeitigen Stimulierung die Zustimmung (oder Ablehnung) des
Eingeborenen erhalten können. Wenn der Urwald-Linguist von der Übersetzung von »Gelegenheitssätzen« zur Übersetzung von »stehenden Sätzen«
fortschreiten will, beginnt er zunächst damit, Sätze zu segmentieren: Er
zerlegt die gehörten Äußerungen in ausreichend kurze, wiederkehrende
Teile und erstellt so eine Liste der »Wörter« der Eingeborenen. Dann stellt
er Hypothesen hinsichtlich der Korrelation von diesen Wörtern mit Wörtern oder Ausdrücken der eigenen Sprache auf. Diese Hypothesen bezeichnet Quine als die »analytischen Hypothesen« des Linguisten, die dieser
benötigt, wenn er herausfinden will, ob der Eingeborene unter dem Wort
»Gavagai« z.B. ein Kaninchen versteht oder nur einen Teil des Kaninchens
oder einen Kaninchenzustand oder so etwas wie Kaninchentum (das Wesen
des Kaninchens) benennt, d.h. wenn er herausfinden will, welche Äußerungen der Eingeborenensprache als Termini aufzufassen sind. Zudem muß
der Linguist noch Ausdrücke der Eingeborenen erlernt haben, die den
deutschen Ausdrücken »ist dasselbe wie« und »ist verschieden von« entsprechen. Der Linguist befindet sich nun in der Situation, daß er auf der
Grundlage rivalisierender analytischer Hypothesen und der Beobachtung
des entsprechenden Verhaltens denselben Satz des Eingeborenen mit verschiedenen deutschen Sätzen in Korrelation bringen kann. Diese Situation
kennzeichnet für Quine den Fall einer indeterminierten Übersetzung bzw.
Ü. Quine glaubt mit diesem Fallbeispiel gegen ⌐ Carnap gezeigt zu haben,
daß der Gebrauch eines Wortes als Gelegenheitssatz die Extension dieses
Wortes als Terminus nicht festlegt. Die verschiedenen Übersetzungsvarian-

ten von »Gavagai« lassen erkennen, daß die Unbestimmtheit nicht nur die
Bedeutung, sondern auch den Gegenstandsbezug, die ↗ Referenz, betrifft.
Carnap würde also unzulässigerweise bei seinem empirischen Verfahren die
Bestimmtheit von Termen und Prädikaten voraussetzen. Einer verhaltens-
beobachtenden (d.i. behavioralen) Vorgehensweise stehen als erstes nur
»Gelegenheitssätze«, nicht aber Terme zur Verfügung. Die These der Ü.
bildet die Grundlage für die These der Unerforschlichkeit der Referenz und
für die These der Relativität der Ontologie. ↗ Referenz, ↗ ontologisches
Kriterium, ↗ Wahrheit

Lit.: W.V.O. Quine: Wort und Gegenstand. Stuttgart 1980, S. 129ff. – P. Gochet:
Quine zur Diskussion. Frankfurt a.m./Berlin/Wien 1984, S. 79ff. – D. Koppelberg:
Die Aufhebung der analytischen Philosophie. Frankfurt a.M. 1987, S. 237ff.
                                                                        PP

Unableitbarkeitsprinzip, oder das Gesetz des ex falso quodlibet sequitur,
zählt in der formalen Logik zu den Paradoxien der ↗ Implikation und besagt,
daß man mit einer falschen Voraussetzung jede beliebige Aussage beweisen
kann, bzw. in einer anderen Formulierung: Wenn aus einer Gesamtheit von
Annahmen ein Widerspruch ableitbar ist, so kann daraus gemäß dem U.
jeder Satz und damit auch ein Widerspruch deduziert werden.   PP

Uniformitätsprinzip. In bezug auf die empirische Erfahrung besagt das
U., daß die in der Vergangenheit beobachteten Regelmäßigkeiten von
Ereignissen auch in Zukunft gelten werden. Das U. kann nicht logisch
bewiesen werden.   PP

Universalien, in der traditionellen Philosophie Name für etwas, »das seiner
Natur nach in mehrerem zu sein vermag« (Aristoteles) und den Einzeldingen gegenübergestellt wird. Vorzuziehen ist die neutralere Kennzeichnung
»abstrakter Gegenstand«, da obige Definition U. auf Allgemeinbegriffe
einschränkt, die von mehreren Elementen einer Klasse erfüllt werden können. So verstanden decken U. nicht einmal alle Eigenschaften ab (Bsp. »die
einzige durch 2 teilbare Primzahl«). Die wichtigsten, aber allesamt nicht
unumstrittenen Kriterien zur Definition von U. sind: (1) Atemporalität, (2)
Nicht-Wahrnehmbarkeit, (3) Nicht-kausal-wirksam und (4) rein begriffliche
Identifizierbarkeit. So ist fraglich, ob (1) oder (4) nur hinreichende oder
auch notwendige Bedingungen sind, während (2) und (3) zwar notwendige,
vielleicht aber nicht hinreichende Bestimmungen von U. sind. Neben dem
Problem der Definierbarkeit von U. besteht in der philosophischen Tradition
ein immerwährender Disput (z.B. der Universalienstreit im Mittelalter) um
den ontologischen Status der U. Haben U. eine eigenständige Existenz
(↗ Realismus), oder sind sie auf geistige Leistungen (Abstraktion aus Klassen
von Gegenständen) zurückführbar, die in Erfahrung und Sprache vorgenommen werden (Konzeptualismus)? Oder können U. gar als bloße Zeichen
oder Worte zur Zusammenfassung des Einzelnen verstanden werden, denen
ontologisch nichts entspricht (↗ Nominalismus)? Der Konzeptualismus

verfolgt in erster Linie eine epistemologische Fragestellung und läßt sich
ontologisch sowohl realistisch wie nominalistisch interpretieren.

Lit.: D.M. Armstrong: Nominalism & Realism. 2 Bde. Cambridge 1978. – W.
Künne: Abstrakte Gegenstände. Frankfurt a.m. 1983. – W. Stegmüller: Das
Universalien-Problem einst und jetzt. Darmstadt 1965.   MQ

Ununterscheidbarkeit des Identischen. Das Leibnizsche Gesetz besagt:
wenn a und b identisch sind, haben sie alle Eigenschaften gemein – symbolisch: a = b → ∀ F (Fa ↔ Fb). ↗ Identität des Ununterscheidbaren.
                                                                         PP

Unvollständigkeitssatz (von K. Gödel). Jedes (einigermaßen ausdrucksstar-
ke) widerspruchsfreie formale deduktive System ist unvollständig, d.h. es gibt
einen darin formulierbaren Satz, der in diesem System ↗ unentscheidbar ist,
d.h. nicht bewiesen und nicht widerlegt werden kann. Damit ist sowohl der
↗ Formalismus als auch der Logizismus zum Scheitern verurteilt, da keine
mathematische Disziplin in einem solchen formalen System völlig adäquat
erfaßt werden kann. Ein wichtiges Korollar zu diesem Satz besagt, daß die
Widerspruchsfreiheit eines formalen deduktiven Systems nur mit Mitteln
bewiesen werden kann, die stärker sind als die Mittel dieses Systems.

Lit.: K. Gödel: Über formal unentscheidbare Sätze der Principia Mathematica
und verwandter Systeme. In: Monatshefte für Mathematik und Physik (1931),
S. 173-198.   VP

Unwissenheit, Prinzip der vernünftigen. In der sprachanalytischen
Diskussion über die Theorie der Bedeutung bzw. Theorie der Referenz
formuliert ↗ Putnam neben dem Prinzip des ↗ Vertrauensvorschusses als
zweites das Prinzip der vernünftigen U. Es besagt, daß ein Sprecher ein Wort
»besitzen« kann im Sinn der gewöhnlichen Fähigkeit, es im Gespräch zu
gebrauchen, ohne den Mechanismus der Referenz dieses Terminus explizit
oder auch nur implizit zu kennen. Dieses Prinzip stellt gleichzeitig eine
Kritik an ↗ Russells Modifikation der Referenztheorie durch die Theorie
der ↗ Kennzeichnung dar, da nach Putnams Meinung der Gebrauch eines
Wortes wie z.B. »Gold« zwar ein implizites Wissen voraussetzt, aber nicht
ein Wissen der Art, daß man Kriterien dafür angeben könnte, daß etwas
Gold ist, und ohne überhaupt eine klare Vorstellung davon zu haben, wie
das Wort »Gold« mit etwas verbunden ist, was immer das sein mag.

Lit.: H. Putnam: Sprache und Wirklichkeit. In: Von einem realistischen Standpunkt.
Reinbek 1993, S. 59.   PP

Urteil, auch Aussage, engl. »proposition«, eine Bezeichnung für das, was
durch einen oder mehrere Sätze ausgedrückt wird, d.h. das, was jemand
mit einem Satz meint oder was den Sinn dieses Satzes bildet.   PP

V

Variable. Eine V., mit einem älteren Ausdruck auch Veränderliche genannt, ist ein Symbol, das stellvertretend für Werte aus einem vorgegebenen Wertebereich steht, über dem die V. interpretiert wird. Eine V. markiert damit eine Stelle, an der Einsetzungen vorgenommen werden können. So kann z.B. in dem sprachlichen Ausdruck ›x+5‹ für die durch ›x‹ angegebene V. eine Ziffer ersetzt werden, die ihrerseits eine Zahl bezeichnet, welche als Argument der arithmetischen Funktion den Funktionswert ergibt. Die Zuordnung eines Wertes zu einer V.n geschieht dabei durch eine V.nbelegung. V.n lassen sich einteilen anhand der Werte, die sie bei einer Belegung annehmen. So vertreten Individuen-V. die Objekte eines Gegenstandsbereichs, wie z.B. in der Arithmetik und Analysis Zahlen. – In der Aussagenlogik treten daneben sog. Aussagen-V. auf. Bei diesen handelt es sich eigentlich um Schemabuchstaben, für die (logisch einfache) Aussagen oder Sätze eingesetzt werden können, ohne daß sie so verstanden werden müssen, daß sie diese Aussagen in unbestimmter Weise bezeichnen. Sie sind zu unterscheiden von metasprachlichen V.n, die tatsächlich über einem Bereich logischer Formeln interpretiert werden. In der Prädikatenlogik höherer Stufe werden auch Prädikaten-V. benützt, die über einem Bereich von Eigenschaften bzw. bei extensionaler Interpretation von Mengen oder Relationen gedeutet werden. – Von grundlegender Bedeutung ist die Unterscheidung in freie und gebundene V. Eine V. heißt gebunden, wenn sie sich, grob formuliert, im Bereich eines variablenbindenden Operators befindet. Dazu zählen quantifizierende Ausdrücke für alle x gilt:_, für die meisten x gilt:_, der Kennzeichnungsoperator dasjenige x, so daß _, der Abstraktionsoperator die Menge der x derart, daß _, aber auch mathematische Ausdrücke wie der Ableitungs- oder Integrationsoperator, z.B. »dx²/dx«. Während freie V.n grundsätzlich durch Ausdrücke der gleichen syntaktischen Kategorie ersetzt werden können, sofern in dem ersetzenden Ausdruck keine V. vorkommt, die in dem Kontext der Ersetzung zu einer gebundenen würde, kann für gebundene V. nur eine sog. gebundene Umbenennung vorgenommen werden, wiederum unter Beachtung der ursprünglichen Bindungsverhältnisse. So darf etwa der Ausdruck für alle x: _ umbenannt werden zu für alle y: _, sofern nicht bereits ein anderer quantifizierender Ausdruck, der sich über den Bereich erstreckt, in dem die Umbenennung vorgenommen wird, die V. ›y‹ benützt. Anschaulich lassen sich freie V. wie indexikalische Pronomen, gebundene V. dagegen wie Relativpronomen verstehen. Letztere bleiben von V.nbelegungen unberührt.

Lit.: W.V.O. Quine: The Variable. In: Ders.: The Ways of Paradox and other Essays. Cambridge, Mass. ²1976, S. 272-282.   UM

Variable, freie und gebundene. In atomaren Sätzen und ihren aussagenlogischen Verknüpfungen (molekularen Sätzen) kommt eine Gegenstandsvariable frei vor. Sie wird gebunden, indem man von derartigen Sätzen zu Aussagen übergeht, denen man (nach vorangehendem In-Klammern-

Setzen der Aussage) einen Allquantor ($\forall$)oder Existenzquantor ($\exists$) voranstellt.   PP

Verifikation, Verifizierbarkeit. Die Bedeutung eines Satzes wird bestimmt durch die Methode seiner V. ($\nearrow$ Wittgenstein: *Tractatus*). Dabei kommt es nur auf die mögliche, grundsätzliche Verifizierbarkeit einer Aussage an, nicht auf ihre tatsächliche Verifiziertheit. Nur wenn eine Aussage tatsächlich verifiziert ist, ist sie wahr. Die V. einer empirischen Aussage ist das Resultat einer Überprüfung dieser Aussage mit Hilfe von Beobachtungen bzw. Experimenten. In bezug auf den Forschungsprozeß der Wissenschaften kommt der Verifizierbarkeit eine besondere Rolle zu, da dadurch (hypothetische) Aussagen auch über den jeweiligen Stand der Wissenschaft hinaus möglich werden: eine V. ist (a) empirisch möglich, wenn ihre Bedingungen nicht den Naturgesetzen widersprechen, (b) logisch möglich, wenn die Struktur des Satzes nicht den logischen Regeln bzw. den Verwendungsweisen seiner Wörter widerspricht. Nach Ansicht des $\nearrow$ Logischen Empirismus kommt es für den Sinn eines Satzes nur auf seine logische Verifzierbarkeit an.

Lit.: E. Nagel: Verifizierbarkeit, Wahrheit und Verifikation. In: L. Krüger (Hg.): Erkenntnisprobleme der Naturwissenschaften. Köln/Berlin 1970, S. 294ff.   PP

Verisimilitude. Der Anspruch wissenschaftlicher Theorien, umfassende Erklärungen der Wirklichkeit zu liefern, führt im Zusammenhang der $\nearrow$ Korrespondenztheorie der Wahrheit zu der Frage, was es heißt, eine Theorie sei der Wahrheit näher gekommen als eine andere und liefere eine bessere Erklärung der Wirklichkeit. Poppers Überlegungen dazu führten zum Begriff einer komparativen V. zweier Theorien: »Vorausgesetzt daß der Wahrheitsgehalt und Falschheitsgehalt zweier Theorien A und B vergleichbar sind, können wir sagen, daß B der Wahrheit näher ist oder besser mit den Tatsachen übereinstimmt als A, genau dann wenn entweder (a) der Wahrheitsgehalt, nicht aber der Falschheitsgehalt von B den von A übersteigt oder (b) der Falschheitsgehalt von A, nicht aber sein Wahrheitsgehalt den von B übersteigt« (*Conjectures and Refutations*, S. 233). Da keine sicheren Kriterien für die V. einer Theorie zur Verfügung stehen, ist der Bewährungsgrad einer Theorie ein denkbarer Indikator für die Wahrheit einer Theorie. Der Erkenntnisfortschritt wird dabei als (im Prozeß der Wissenschaften stattfindende) Annäherung an die Wirklichkeit gedacht. Im Hinblick auf das Ziel einer umfassenden Erklärung der Wirklichkeit räumt Popper ein, daß eine sehr allgemeine, gehaltvolle, wenn auch im nachhinein sich als falsch herausstellende Theorie (z.B. Newtons) der ganzen Wahrheit näher kommen kann als eine Theorie, die zwar wahr, aber gehaltarm ist.

Lit.: K. Pähler: Qualitätsmerkmale wissenschaftlicher Theorien. Tübingen 1986. – K. Popper: Conjectures and Refutations. London (Repr.) 1985 (dt. Vermutungen und Widerlegungen. Tübingen 1994). – G. Radnitzky/G. Andersson (Hg.): Fortschritt und Rationalität. Tübingen 1980.   PP

Verstärkung, Gesetz der formalen, besagt in der formalen Logik, daß in einer komlexeren Aussage ein und dieselbe Bedingung nicht wiederholt vorangestellt werden muß, sondern daß es ausreicht, diese Bedingung einem Satz nur *einmal* voranzustellen, z.b. aus A folgt (wenn A, dann B), daraus ist ableitbar wenn A, dann B (A → (A →B) ⊦ A → B).   PP

Vertrauensvorschuß, Prinzip des. In bezug auf die in der sprachanalytischen Diskussion entwickelte Theorie der ↗ Referenz bzw. Theorie der ↗ Kennzeichnung formuliert ↗ Putnam neben dem Prinzip der vernünftigen ↗ Unwissenheit das Prinzip des V.es Es geht davon aus, daß die Bedeutung eines Wortes bzw. dessen Gebrauch kausal mit der Situation verbunden ist, in der das Wort eingeführt wurde. Eine solche Einführungssituation stiftet eine Verbindung zwischen dem Wort und der Entität, worauf es referiert. Das Prinzip besagt, man solle annehmen, daß ein Sprecher, der ein solches Wort eingeführt hat, selbst dann auf diesen Gegenstand referiert, wenn seine Beschreibung (d.i. die Liste der Kennzeichnungen) dieses Gegenstandes nicht ganz zutreffend ist. Der V. beinhaltet die Unterstellung, der Sprecher würde eine vernünftige Modifikation seiner Liste der Kennzeichnungen akzeptieren. Putnam bezeichnet es als methodologisches Prinzip mit einem deskriptiven und einem normativen Gehalt. Der deskriptive Gehalt zeigt sich in der Annahme, daß wir alle den V. für uns reklamieren, wenn wir diejenigen wären, die einen bezeichnenden Ausdruck einführen (d.i. die sachkundig »Taufenden«) – also beschreibt das Prinzip Intentionen, die wirklich existieren und die von der sprachlichen Gemeinschaft meist berücksichtigt werden. Der normative Gehalt verweist auf die Konsequenzen: Wir sollten das Prinzip berücksichtigen, denn andernfalls wäre eine stabile Referenz auf theoretische Entitäten unmöglich. Das Prinzip des V. wird untermauert durch das Prinzip der sprachlichen ↗ Arbeitsteilung. Es besagt, daß die Referenz eines Ausdrucks nicht allein durch das Wissen eines einzelnen Sprechers bestimmt wird. Man gesteht bestimmten Experten aus der Sprachgemeinschaft eine Autorität zu und läßt sie entscheiden, was als Elektron oder was als Gold zählen soll. Der »Experte«, dessen Gebrauch des Wortes bestimmt, worauf andere Personen referieren, wenn sie einen Terminus verwenden, könnte (muß aber nicht) die Person sein, die den Terminus ursprünglich eingeführt hat.

Lit.: H. Putnam: Sprache und Wirklichkeit. In: Ders.: Von einem realistischen Standpunkt. Reinbek 1993, S. 54ff.   PP

Verursachung, mentale. Bei der Untersuchung der Möglichkeit m.r V. geht es um die Frage, ob mentale Ereignisse Ursachen sein können. Dabei sind zwei Fälle zu unterscheiden: (1) Verursachung innerhalb des Mentalen und (2) mentale Ereignisse als Ursachen von physikalischen Ereignissen. Alltäglichen Annahmen zufolge können Absichten als mentale Ereignisse Handlungen als Körperbewegungen verursachen. In der kausalen Handlungstheorie und der Philosophie des Geistes (↗ Philosophy of Mind) geht es primär um eine Deutung dieser Kausalrelation. Unterstellt man, daß mentale Ereignisse nicht mit physikalischen Ereignissen identisch sind, handelt es sich um genuine m. V. Unter der Voraussetzung der These, daß mentale Ereignisse immer auch physikalische Ereignisse sind, kann man dagegen behaupten, daß es keine genuin m. V. gibt: Absichten oder Wünsche als Ursachen sind in jedem Fall physikalische Ereignisse, die zudem auch noch mentale Eigenschaften aufweisen. Im Rahmen einer solchen identitätstheoretischen Philosophie des Geistes haben mentale Eigenschaften von Ereignissen zwar explanatorische Kraft in Kausalerklärungen, sind selbst aber nicht kausal wirksam.

Lit.: G. Brüntrup: Mentale Verursachung. Stuttgart/Berlin/Köln 1994. – J. Heil/A. Mele (Hg.): Mental Causation. Oxford 1993.   MQ

Vollständigkeit. Der Begriff der V. kann in syntaktischer und semantischer Weise verwendet werden. Syntaktisch vollständig ist ein Satz in einem formalen System bzw. Axiomensystem, wenn jeder Satz, der neben den logischen Zeichen und den logisch gebrauchten Ausdrücken nur die spezifischen Begriffe des Systems enthält, im System beweisbar oder widerlegbar ist, so daß er oder seine Negation aus den Axiomen logisch folgt. Semantisch vollständig ist ein formales System, wenn alle wahren Sätze der genannten Art Sätze dieses Systems sind, d.h. Axiome oder Folgerungen aus diesen Axiomen sind. Ein Logikkalkül ist für eine vorgegebene Objektsprache genau dann vollständig, wenn er jede logische Folgerung abzuleiten und damit auch jede logische Wahrheit zu beweisen erlaubt. Neben der Korrektheit oder semantischen Widerspruchsfreiheit zählt die V. zu den Adäquatheitsbedingungen eines logischen Kalküls.   PP

Voraussagerelevanz, auch prognostische Relevanz. Die Festlegung des ↗ Logischen Empirismus, daß nur Beobachtungssätze zur Klasse sinnvoller Aussagen zu zählen sind, erwies sich als revisionsbedürftig angesichts der Geltung theoretischer Gesetze in den Wissenschaften. Die Wissenschaft enthält neben der Beobachtungssprache (d.i. den Beobachtungssätzen) auch eine theoretische Sprache, die nur mit Hilfe von ↗ Zuordnungsregeln bzw. ↗ Korrespondenzregeln mit den Termen der Beobachtungssprache verknüpfbar ist. Um ein solches System von theoretischen Begriffen, die nur zum Teil bzw. nur partiell auf Beobachtbares zurückführbar ist, von beliebigen Spekulationen unterscheiden zu können, formuliert Carnap für die theoretische Sprache ein Signifikanzkriterium: Ein theoretischer Begriff, der weder durch Definitionen noch durch Korrespondenzregeln ganz oder teilweise auf Beobachtbares zurückführbar ist, muß eine V. oder prognostische Relevanz besitzen, um als empirisch zulässig bezeichnet werden zu können. D.h. es muß wenigstens eine Aussage der theoretischen Sprache, die diesen theoretischen Begriff enthält, geben, mit deren Hilfe Voraussagen beobachtbarer künftiger Ereignisse abgeleitet werden können, die sich ohne diese Aussage nicht gewinnen lassen.

Lit.: R. Carnap: Beobachtungssprache und theoretische Sprache. In: Dialectica 12 (1958), S. 236-248. – W. Stegmüller: Theorie und Erfahrung. Probleme

und Resultate der Wissenschaftstheorie und Analytischen Philosophie. Bd. II.
Berlin/Heidelberg/New York 1970, S. 319ff. – Ders.: Hauptströmungen der
Gegenwartsphilosophie. Stuttgart ⁴1969, S. 461ff.   PP

W

Wahrheit. Der philosophische Wahrheitsbegriff kommt sprachlich vor allem
in der prädikativen Verwendung von »wahr« und »falsch« zum Ausdruck. Er
bezieht sich auf propositionale Gebilde wie z.B. Aussagen, Sätze oder Urteile,
wenn diese als Behauptungen verwendet werden (sog. Aussagen-Wahrheit).
Ob es sich dabei primär um eine Eigenschaft einzelner sprachlicher Äußerungen, Typen solcher Äußerungen oder aber der zum Ausdruck gebrachten
Bedeutung (↗ »Proposition«) handelt, ist umstritten (Im folgenden wird
»Aussage« als in dieser Hinsicht neutral gebraucht). – Von der prädikativen
Verwendung abgeleitet ist ein attributiver Gebrauch (»ein wahrer Freund«)
sowie das Substantiv »W.«. – Seit ↗ Frege bezeichnet man »W.« und »Falsch-
heit« auch als die möglichen Wahrheitswerte einer behauptenden Aussage.
– Von W. zu unterscheiden ist die Wahrhaftigkeit (im Gegensatz zur Lüge),
die als das subjektive Für-Wahr-Halten der eigenen Aussage den Begriff der
Aussagewahrheit jedoch ebenfalls voraussetzt.

Die verschiedenen sogenannten Wahrheitstheorien verfolgen eines oder
mehrere der folgenden drei Ziele: (1) Angabe der Funktion oder Verwendungsweise des sprachlichen Ausdrucks »wahr«, (2) Definition oder Analyse des Wahrheitsbegriffs und (3) Angabe eines oder mehrerer Wahrheitskriterien. Allerdings ist strittig, wie weit diese drei Punkte voneinander
unabhängig sind. – Unstrittiger Ausgangspunkt der verschiedenen Wahrheitstheorien ist das sogenannte Äquivalenzschema: »Es ist wahr, daß p
genau dann, wenn p«. Das bedeutet: Wenn man von einer beliebigen Aussage behauptet, sie sei wahr, dann ist die auf diese Weise gebildete Aussage
unter denselben Umständen wahr oder falsch wie die Ausgangsaussage selbst.
Diese schon von Platon hervorgehobene Äquivalenz kommt deutlich auch
in der berühmten Wahrheitsdefinition des Aristoteles zum Ausdruck: »Denn
zu behaupten, das Seiende sei nicht oder das Nichtseiende sei, ist falsch.
Aber zu behaupten, daß das Seiende sei und das Nichtseiende nicht sei, ist
wahr« (*Met.* 1011 b26ff.). Die verschiedenen Wahrheitstheorien unterscheiden sich unter anderem darin, welchen Stellenwert sie dem Äquivalenzschema einräumen.

Redundanz-Theorien: Die zuerst von Ramsey und ↗ Ayer vertretene
Redundanztheorie der W. besagt, daß das Äquivalenzschema die Bedeutung
des sprachlichen Ausdrucks »wahr« vollständig erfaßt: Zu sagen, ein bestimmter Satz sei wahr, bedeutet nicht mehr, als diesen Satz selbst zu behaupten.
Die Ausdrücke »wahr« und »falsch« sind also für die Bedeutung des Satzes
überflüssig (redundant) und dienen lediglich als Zeichen der Bejahung bzw.
Verneinung. »Wahr« ist in logischer Hinsicht kein Prädikat und drückt
keine Eigenschaft aus. Eine Fortführung dieses Ansatzes ist die sogenannte
performative Theorie der W. (↗ Strawson). Sie besagt, daß man mit einem

Satz des Typs »Es ist wahr, daß p« keine andere Aussage macht als mit »p« selbst, wohl aber eine andere Handlung vollzieht, nämlich üblicherweise die des Bestätigens oder Bekräftigens einer vorangegangenen Aussage; »wahr« ist ein performatives (vollziehendes) Wort. Daran anknüpfend behauptet die prosententiale Theorie der W. (Grover/Camp/Belnap), daß sich alle Verwendungsweisen von »wahr« auf solche Fälle zurückführen lassen, in denen »wahr« als unselbständiger Teil in Ausdrücken wie »Das [gerade Gesagte] ist wahr« (sog. Prosentenzen) vorkommt und damit zur indirekten Behauptung einer durch den Äußerungskontext festgelegten Aussage beiträgt. Der Gebrauch von »ist wahr« ist danach ein Ersatz für die in natürlichen Sprachen nicht übliche Quantifikation über Aussagenvariable. – Wenn aber der sprachliche Ausdruck »wahr« lediglich Ausdruck einer besonderen Form des Behauptens ist, stellt sich die Frage, warum wir einige Aussagen behaupten und andere nicht. Die naheliegende Antwort, daß wir einige Aussagen für wahr halten und andere nicht, steht der Redundanztheorie nicht offen. Wenn sich nicht ein Begriff gerechtfertigten Behauptens angeben läßt, der von dem der W. unabhängig ist, läuft diese Theorie deshalb Gefahr, unser Sprachverhalten auf kognitiv gehaltlose Reaktionen auf Umweltreize zu reduzieren.

Tarskis semantische Theorie der W.: Von besonderer Bedeutung für die wahrheitstheoretische Diskussion in der analytischen Philosophie ist die Wahrheitsdefinition Tarskis. Das Wahrheitsprädikat in den natürlichen Sprachen erlaubt Paradoxien der Form: »P: Der mit ›P.‹ bezeichnete Satz ist falsch« (z.B. die »Antinomie des Lügners«). Solche Paradoxien beruhen nach Tarski auf der »semantischen Geschlossenheit« natürlicher Sprachen: Semantische Prädikate wie z.B. »wahr« oder »bedeutet« betreffen das Verhältnis der Ausdrücke einer Sprache L zu den mit L-Ausdrücken bezeichneten Gegenständen. Natürliche Sprachen enthalten aber ihre »eigenen« semantischen Prädikate. Will man dies vermeiden, so muß man semantische Prädikate wie Ausdrücke einer anderen, der sogenannten »Metasprache« (ML) behandeln. Durch diese Unterscheidung der Sprachebenen können die Wahrheitsantinomien tatsächlich vermieden werden. – Die Definition eines Wahrheitsprädikats (für eine Sprache L in einer Metasprache ML) ist Tarskis »Konvention W« zufolge sachlich adäquat, wenn aus ihr alle Sätze der Form »X ist wahr gdw. p« folgen, wobei »X« durch den Namen eines Satzes von L und »p« durch die Übersetzung dieses Satzes in ML zu ersetzen ist. Gebrauchen wir zur Veranschaulichung Englisch als Objekt- und Deutsch als Metasprache, so ergibt sich z.B.: »›Snow is white‹ ist wahr-in-Englisch gdw. Schnee weiß ist«. Einen solchen sog. »W-Satz« betrachtet Tarski als »partielle Definition« des Wahrheitsprädikats der betreffenden Sprache (hier Englisch). – Tarskis Leistung liegt in dem Nachweis, daß sich für bestimmte formale Sprachen (endlicher Ordnung), die neben einfachen Prädikaten auch Quantoren und wahrheitsfunktionale Verknüpfungen (wie Negation und Konjunktion) enthalten können, ein Wahrheitsprädikat definieren läßt, daß der »Konvention W« genügt. Dabei erhält jede Sprache Lk ihr eigenes metasprachliches Wahrheitsprädikat »wahr-in-Lk«. Extrem vereinfacht beruht Tarskis Definition auf folgender Grundidee: Ein Satz wie z.B. »Die Erde ist rund« ist wahr, wenn der darin vorkommende singuläre Terminus (»die

Erde«) einen Gegenstand bezeichnet, der unter das in dem Satz vorkommende Prädikat (»ist rund«) fällt. Tarski gibt nun in der (rekursiven) Definition eines semantischen Grundprädikats (»Erfüllung«) für jedes einfache Prädikat P der Sprache L in Form einer Liste an, wann ein Gegenstand x darunter fällt (»X fällt unter P, wenn P = ist weiß und x weiß ist ... oder wenn P = ist rund und x rund ist ...«). Diese Liste erlaubt eine explizite Definition von »ist-wahr-in-L«, aus der sich tatsächlich alle W-Sätze ableiten lassen. – Für natürliche Sprachen ist ein solches Vorgehen allerdings nicht durchführbar. Außerdem setzen die rekursive Definition des Erfüllungsbegriffs und die Übersetzung von Objekt- in Metasprache die Kenntnis semantischer Relationen bereits voraus. Während der Wert der Tarskischen Definition für Logik und Mathematik außer Zweifel steht, ist ihre philosophische Relevanz daher umstritten. – Eine Übertragung der Grundidee Tarskis auf natürliche Sprachen stellt die Disquotations- oder Zitat-Tilgungstheorie der W. dar (nach Quines berühmtem Diktum »Truth is disquotation«): Mit »Es schneit ist wahr« behauptet man nicht mehr, als daß es schneit; »wahr« ist lediglich ein sprachliches Mittel zum »semantischen Aufstieg« von der Objekt- in die Metasprache, um mit Hilfe des Namens eines Satzes (»Es schneit«) dasselbe zu sagen wie mit dem benannten Satz selbst. Im Fall natürlicher Sprachen verfügen wir jedoch nicht über eine vollständige Definition des Wahrheitsprädikats, sondern nur über die einzelnen W-Sätze. Wie die ihr verwandte Redundanztheorie bestreitet die Disquotationstheorie die philosophische Relevanz des Wahrheitsbegriffs.

Korrespondenztheorie: Diese im Alltag wie auch in der Geschichte der Philosophie wohl verbreitetste Wahrheitsauffassung besagt, daß W. in einer Übereinstimmung (Korrespondenz) zwischen einem geistigen oder sprachlichen Gegenstand (z.B. Vorstellung, Urteil, Satz) und (einem Teil) der Wirklichkeit besteht. Klassischer Ausdruck dafür ist die scholastische Formel »Veritas est adaequatio rei et intellectus«. Gegen diese Auffassung sind jedoch v.a. seit dem 19. Jh. immer wieder Einwände erhoben worden: Welcher Art soll die angenommene Übereinstimmung sein? Offenbar kann ein Urteil oder eine Aussage über einen Tisch mit diesem nicht so übereinstimmen wie ein Bild mit seinem Gegenstand. Eine mögliche Antwort besteht darin, daß nicht einzelne Gegenstände, sondern Tatsachen oder Sachverhalte mit den Aussagen übereinstimmen sollen. Die Korrespondenz ließe sich dann z.B. als strukturelle Isomorphie zwischen Aussagen und Tatsachen verstehen (↗ Russell, ↗ Wittgenstein). Eine solche Theorie, der zufolge W. in einer echten Relation zwischen Aussagen einerseits und denk- und sprachunabhängig individuierten Tatsachen, Situationen oder Gegenständen andererseits besteht, kann man als starke Korrespondenztheorie bezeichnen. Sie steht jedoch vor dem Problem, welche Tatsachen allgemeinen, negierten oder disjunktiven Aussagen entsprechen sollen. Nimmt man zu jeder wahren Aussage eine entsprechende Tatsache an, so trivialisiert man die unterstellte Korrespondenz und verschiebt das Problem auf die Beziehung zwischen den Tatsachen und den in ihnen »vorkommenden« Gegenständen. – Läßt man dagegen den Rekurs auf Tatsachen ganz fallen und nimmt an, daß die fragliche Korrespondenz vollständig in den trivialen W-Sätzen Tarskis zum

Ausdruck kommt, so gelangt man zu einer schwachen Korrespondenztheorie. Sowohl die Disquotationstheorie als auch die Aristotelische Definition (s.o.) lassen sich in diesem Sinne verstehen.

Wahrheitskriterien und epistemische Theorien der W.: Natürlich ist es nicht ausreichend, die Definition der W. zu kennen, denn schließlich möchte man auch von einzelnen Aussagen feststellen können, ob sie wahr oder falsch sind. Daraus ergibt sich die Frage nach einem Kriterium, das es erlaubt, wahre von falschen Aussagen zu unterscheiden. Kandidaten für ein solches Kriterium sind vor allem: (1) eine intuitive Evidenz, insbesondere bei einfachen oder grundlegenden Aussagen wie unmittelbaren Beobachtungsprotokollen oder mathematischen Axiomen; (2) die Kohärenz (ein innerer Zusammenhang) eines Aussagesystems, deren Teil die fragliche Aussage ist; (3) die Nützlichkeit einer der Aussage entsprechenden Überzeugung; (4) der Konsens (Übereinstimmung) einer faktischen oder idealen Gemeinschaft von Forschern oder Laien. – Allerdings sprechen schwerwiegende Gründe dagegen, in einem der möglichen Kriterien eine notwendige oder hinreichende Bedingung der W. zu sehen: (1) Evidenzen können bloß scheinbar sein und somit täuschen. (2) Zu jedem kohärenten Aussagesystem A gibt es unverträgliche alternative Aussagesysteme, die ebenfalls kohärent sind; nur eines von ihnen kann wahr sein. (3) Es gibt auch Fälle nützlicher Täuschungen. (4) Ein faktischer Konsens in einer Gemeinschaft kann auf einem gemeinsamen Irrtum beruhen, während ein idealer Konsens offenbar kein handhabbares Kriterium ist. – Es scheint, als ergebe sich für jedes mögliche Kriterium die Alternative, entweder die Möglichkeit eines Irrtums offen zu lassen oder ebenso schwer feststellbar zu sein wie die W. selbst. Darüber hinaus droht ein infiniter Regreß, da die Aussage über das Vorliegen des fraglichen Kriteriums natürlich selbst wahr oder falsch sein kann. Daher ist die Auffassung verbreitet, daß es ein allgemeines Wahrheitskriterium nicht gibt und man die genannten Kriterien allenfalls als heuristische Anzeichen betrachten sollte. – Eine Radikalisierung dieser Haltung, die aus analogen Gründen auch eine Korrespondenzrelation als Definiens der W. ablehnt, aber gegenüber der Redundanz- und Disquotationstheorie darauf besteht, daß W. eine echte (gehaltvolle) Eigenschaft bestimmter Aussagen ist, führt zur »sui-generis«-Auffassung, wie sie zeitweise etwa von Moore oder Frege vertreten worden ist: W. ist ein undefinierbares Grundprädikat, das eine nicht weiter analysierbare Beziehung zwischen Aussagen oder »Gedanken« (↗ Frege) und der Wirklichkeit bezeichnet. Eine »Theorie« der W. kann es dann nur in einem sehr eingeschränkten Sinn geben. – Dennoch sind immer wieder Wahrheitskriterien formuliert und häufig auch in Wahrheitsdefinitionen verwendet worden. Während das Evidenzkriterium meist mit einem Wahrheitsbegriff im Sinne der starken Korrespondenztheorie zusammengeht (Descartes, Brentano, Husserl), beruhen die Kohärenztheorie, die Konsenstheorie und die sogenannte pragmatische Theorie (Nützlichkeit als Wahrheitskriterium) zumeist auf der verifikationistischen Voraussetzung, daß die W. einer Aussage nicht unabhängig von der Möglichkeit sein kann, diese W. festzustellen. Man bezeichnet sie daher auch als epistemische Wahrheitstheorien. So vertritt insbesondere ↗ Dummett die Auffassung, daß W.

mit gerechtfertigter Behauptbarkeit zusammenfällt. Die damit verbundenen Veränderungen in unserem Verständnis von Logik und Metaphysik (Aufgabe der zweiwertigen Logik, keine Tatsachen über die entfernte Vergangenheit etc.) sprechen jedoch gegen diesen Vorschlag. Andererseits steht aber eine Wahrheitstheorie, die unserem alltäglichen Vorverständnis wie auch allen philosophischen Anforderungen gerecht wird, noch aus.

Lit.: W. Franzen: Die Bedeutung von »wahr« und »Wahrheit«. Freiburg/München 1982. – P. Horwich: Truth. Oxford 1990. – R.L. Kirkham: Theories of Truth. Cambridge 1992. – B.L. Puntel (Hg.): Der Wahrheitsbegriff. Darmstadt 1986. – G. Skirbekk (Hg.): Wahrheitstheorien. Frankfurt a.M. 1977. – B. Williams: Wahrheit und Wahrhaftigkeit. Frankfurt a.M. 2003. – C. Wright: Wahrheit und Objektivität. Frankfurt a.M. 2001.   MW

Wahrheitsbedingung. Für Aussagen einfachster Form wird als W. festgelegt: Sie sind wahr, wenn dem durch den Namen bezeichneten Gegenstand die durch das Prädikat bezeichnete Eigenschaft oder Beziehung tatsächlich zukommt. In der Aussagenlogik wird für die durch Junktoren (Negation, Konjunktion, Disjunktion, Implikation) zusammengesetzten Aussagen die W. durch die ↗ Wahrheitswerttafel geregelt. Die Wahrheit einer allgemeinen Aussage ist eine Funktion der Wahrheit aller einzelnen Aussagen, die unter diese allgemeine Aussage fallen und die durch eine direkte W. bestimmt werden. Eine allgemeine Aussage muß deshalb als Konjunktion von einfachen Aussagen formuliert werden können (Diese Festlegung einer allgemeinen Aussage wird von der als Finitismus bezeichneten Position, hauptsächlich von ↗ Wittgenstein, Ramsey, Schlick und Kaufmann vertreten und gegen die Akzeptanz unbeschränkter All-Aussagen im Bereich wissenschaftlicher Erkenntnis geltend gemacht).   PP

Wahrheitsdefinitheit, als Postulat der W. gilt die Forderung, daß jede Aussage, die keine Indikatoren enthält (wie »ich«, »du«, »hier«, »jetzt«) entweder wahr oder falsch ist.   PP

Wahrheitsfunktion, wenn die Wahrheit eines durch logische Operatoren (Konjunktion, Disjunktion, Implikation) zusammengesetzten Satzes von der Wahrheit der einfachen Teilsätze abhängt, ist sie eine W. dieser Teilsätze.
                                                                          PP

Wahrheitskonservierend, jene logischen Folgebeziehungen werden als w. bezeichnet, bei denen sich die Wahrheit der Prämissen, sofern diese wahr sind, auf die Wahrheit der Konklusion überträgt.   PP

Wahrheitswert. In der klassischen, zweiwertigen Logik unterscheidet man zwischen zwei möglichen W.en einer Aussage: Wahrheit und Falschheit (auch »wahr/falsch« oder »das Wahre/das Falsche«). Die Bezeichnung geht auf ↗ Frege zurück, der bemerkte, daß die Bestandteile einer elementaren Aussage (»Paris ist eine Hauptstadt«) sich zueinander wie ↗ Funktion (»Ist

eine Hauptstadt [x]«) und ↗ Argument (»Paris«) verhalten. Die Wahrheit oder
Falschheit der Aussage läßt sich daher als Wert einer Funktion betrachten,
der mit dem eingesetzten Argument variiert. – In nicht-klassischen Logiken,
in denen das Prinzip der Zweiwertigkeit (der Bivalenz) bzw. das Prinzip des
Ausgeschlossenen Dritten nicht gilt, kann eine Aussage einen von drei oder
mehr Wahrheitswerten annehmen.   MW

Wahrheitswerttafel, dient der Aussagenlogik zur Definition der (Satz-)
Operatoren: »nicht«, »und«, »oder«, »impliziert«, »genau dann – wenn«.
Dabei werden die Wahrheitswerte mit Hilfe der W. nach Maßgabe des
Zweiwertigkeitsprinzips (entweder »wahr« oder »falsch«) und des Postulats
der Wahrheitsdefinitheit wiedergegeben. Der Wahrheitswert einer komplexen
Aussage ist bestimmt durch die Wahrheitswerte ihrer Teilaussagen. In komplexeren Verknüpfungen von Teilsätzen ist bei der symbolischen Darstellung
zu beachten, daß den Operatoren eine unterschiedliche Bindungsstärke
zugewiesen ist. In der Reihenfolge der abnehmenden Stärkegrade dargestellt:
Negation, Konjunktion, Adjunktion (Disjunktion), Implikation, Äquivalenz
(vgl. in der Mathematik: Multiplikation geht vor Addition – hier: Negation
geht vor Konjunktion usw.).   PP

Wechselwirkung, psychophysische. Die Annahme der psychophysischen
Wechselwirkung besteht aus zwei Teilen: (1) mentale Ereignisse verursachen
physische Ereignisse (z.B. eine Überzeugung und ein Wunsch verursachen
eine Handlung) und (2) physische Ereignisse verursachen mentale Ereignisse
(z.B. ein Vorgang im Gehirn verursacht eine bestimmte Überzeugung).
Der erste Bestandteil behauptet die Möglichkeit mentaler ↗ Verursachung,
während der zweite Bestandteil die umgekehrte Verursachungsrichtung
postuliert. Positionen, denen zufolge es keine mentale Verursachung, wohl
aber die Verursachung mentaler Ereignisse durch physikalische Ereignisse
gibt, bezeichnet man als Epiphänomenalismus. Unter Voraussetzung der
Identität von mentalen mit physikalischen Ereignissen lassen sich die Abhän-
gigkeitsbeziehungen zwischen Mentalem und Physikalischem mit anderen
als der Kausalrelation deuten. ↗ Emergenz, ↗ Supervenienz   MQ

Welt, mögliche. Seit Leibniz ein für die Untersuchung von Modalitäten
verwendeter Begriff metaphysischer Herkunft. So wird Notwendigkeit, bei
Leibniz allerdings nur gelegentlich, als Wahrheit in allen möglichen Welten
verstanden. Dieser Gedanke wird von der v.a. von S. ↗ Kripke ausgearbeiteten
Semantik der m.n W.en übernommen und formal umgesetzt (↗ intensionale
Semantik). Die semantische Darstellung einiger Modalsysteme erfordert
die Einführung m.r W.en, in denen alles möglich und nichts notwendig
ist. Diese werden als nicht-normale m. W.en bezeichnet. Eine realistische
Auffassung von m.n W.en, die diesen tatsächliche Existenz zubilligt wie
analog die Mengentheorie Mengen, wird von D. Lewis vertreten.

Lit.: G. Huhges/M. Cresswell: An Introduction to Modal Logic. London ²1972.
– D. Lewis: The Plurality of Worlds. Oxford 1986.   UM

Widerlegungsregel, auch inverser hypothetischer Syllogismus oder ↗ modus tollens, eine Regel der formalen Logik bzw. des Schließen, die als gültige Folgerung bestimmt: Wenn eine Wenn-dann-Aussage (Implikation) gegeben ist und gleichzeitig die Negation des dann-Teils der Implikation, dann kann die Negation des wenn-Teils gefolgert werden. D.h. würde in einem ersten Satz ›wenn A, dann B‹ das Urteil A gelten, dann würde gemäß der Voraussetzung auch das Urteil B gelten. Die Geltung von B widerspricht aber der zweiten Aussage, daher gilt A als widerlegt bzw. es gilt non-A; z.B.: 1. wenn A, dann B, 2. non-B ist gegeben, daraus folgt non-A; oder: (1) wenn ¬A, dann B, 2. ¬B ist gegeben, daraus folgt A; oder: 1. wenn A, dann ¬B, 2. B ist gegeben, daraus folgt ¬A; oder 1. wenn ¬A, dann ¬B, 2. B ist gegeben, daraus folgt A. PP

Widerspruch, Satz vom zu vermeidenden, auch Satz vom ausgeschlossenen W., zählt neben dem Satz von der Identität, dem Satz vom ausgeschlossenen Dritten und dem Satz der Kontravalenz zu den elementaren Gesetzen der Logik. Er gilt bei Aristoteles als das oberste und sicherste Prinzip allen Beweisens. Er wird durch das Argument begründet: Jedem Gesprächspartner, sofern er nur in der Diskussion standhält, kann man zeigen, daß er weder etwas behaupten noch etwas bestreiten kann, wenn er diesem Prinzip zuwiderhandeln sollte. D.h. für die Möglichkeit einer sinnvollen Rede ist es Voraussetzung, daß nicht gleichzeitig bezüglich desselben Sachverhalts zwei sich (nach wahr/falsch) widersprechende Aussagen gemacht werden. Der Satz vom zu vermeidenden W. gilt bei Leibniz als oberstes Prinzip der Formalwissenschaft (d.i. Logik und Mathematik).

Lit.: Aristoteles: Metaphysik, 1006 a 11ff., 1006 a 23ff., 1008 a, 1062 b 6ff., 1063 b 7ff. PP

Widerspruchsfreiheit. Der Begriff der W. kann in syntaktischer und in semantischer Weise verwendet werden. Syntaktisch widerspruchsfrei ist ein formales System, wenn es keinen logischen Widerspruch zu deduzieren gestattet, wenn es also nicht sowohl einen Satz A als auch seine Negation logisch impliziert. Semantisch widerspruchsfrei ist ein formales System bei einer vorgegebenen Interpretation, wenn alle Sätze dieses Systems bei ihr wahr sind. Ein Logikkalkül ist für eine vorgegebene Objektsprache genau dann semantisch widerspruchsfrei oder korrekt, wenn er nur logische Folgerungen ableitet und damit nur logische Wahrheiten beweist, wenn seine Regeln also nicht von Wahrem zu Falschem führen können. PP

Wittgenstein, Ludwig (1889-1951). In seinem ersten Werk, dem *Tractatus logico-philosophicus* (1921), erarbeitet W. eine Idealsprache (↗ Ideale Sprache, ↗ Philosophie der idealen Sprache), indem er die Leistung sinnvoller Sprache als Weltbeschreibung durch detaillierte Analysen der Sprache aufzeigt. Dazu geht er von dem Aussagesatz (↗ Elementarsatz) als elementarer sprachlicher Einheit aus. Über die Analyse des Elementarsatzes gelangt er zur Annahme der Existenz ontologisch einfacher Gegenstände. Zugrunde gelegt wird dabei, daß die Welt aus einfachen Gegenständen unterschiedlicher Beschaffenheit besteht, die in unterschiedlichen Beziehungen zueinander stehen. Die einfachen Beziehungen und Beschaffenheiten der einfachen Gegenstände sind die Sachverhalte, die ihrerseits durch Elementarsätze wiedergegeben werden. – Den Gedanken der Zerlegung in elementare Sachverhalte übernimmt ↗ Carnap bei seinen Überlegungen, wie eine formale Wissenschaftssprache auf die Wirklichkeit bezogen ist. – Die Idee der Idealsprache beruht auf der ontologischen Konzeption, wonach die Sprache als Spiegelbild der atomistischen Struktur der Welt als Tatsache aufzufassen sei. Die zugrunde liegende Vorstellung der ↗ Abbildung besteht bei W. darin, daß der Gedanke (bzw. der Elementarsatz, in dem der Gedanke ausgedrückt wird) die gleiche logische Form hat wie der Sachverhalt, den er verkörpert. Die Formulierung, der Satz sei ein logisches Bild der Wirklichkeit, ist dabei so zu verstehen, daß jeder sinnvolle Satz ein Bild dessen ist, was er beschreibt. Gedanken sind als logische Bilder aufzufassen, da ihre Form der Abbildung überhaupt nur aus ihrer logischen Struktur besteht. Was wir als logische Form von Sätzen erkennen, können wir als logische Form der Wirklichkeit deuten. In diesem Sinne zeigt die Wirklichkeit ihren logischen Charakter. Der logische Satz widerspiegelt die logische Form der Wirklichkeit insofern, als alle möglichen Verbindungen seiner Einzelzeichen mögliche Komplexe der entsprechenden Entitäten der Wirklichkeit vertreten. Jeder möglichen Konfiguration dieser Entitäten muß eine mögliche, richtig gebildete Verbindung von Symbolen entsprechen. W. zeigt in seinen Analysen auf, daß der ↗ Wahrheitswert eines Satzes bedingt ist durch die Wahrheitswerte der in ihm verbundenen Elementarsätze, d.h. alle empirischen Sätze sind Wahrheitsfunktionen von Elementarsätzen. In diesem Zusammenhang erörtert W. die Unterscheidung von ↗ Tatsache und ↗ Sachverhalt, den Bezug (↗ Referenz) von ↗ Name und Gegenstand.

W. verbindet mit seinen Analysen zur Sprache den Anspruch, mit den Grenzen der Sprache auch die Grenzen des Denkens und damit der Welt aufgezeigt zu haben. Gleichzeitig artikuliert sich darin sein Verständnis von Philosophie: Seine Auffassung im *Tractatus* ist es, daß die Probleme der Philosophie dadurch gelöst werden könnten, daß man durch eine Analyse der Sprache die Grenzen festlegt und auf diese Weise die metaphysischen Aussagen der Philosophie aus dem Bereich des Sagbaren verabschiedet.

In den *Philosophischen Untersuchungen* (1953) kritisiert W. die Methode des *Tractatus* als dogmatisch. Denn die Behauptung, daß der Sinn eines jeden Satzes eindeutig bestimmt sei und es deshalb nur eine vollständige Analyse des Satzes gebe, ist nur ein Ideal, dem nichts in der Wirklichkeit entspricht. Das beinhaltet eine radikale Abkehr von den Vorstellungen einer idealen Sprache. Damit unterzieht W. auch andere Annahmen einer grundsätzlichen Revision. Die Namentheorie der Bedeutung wird aufgegeben, an ihre Stelle tritt die These, daß die Bedeutung eines Wortes durch den Sprachgebrauch festgelegt sei (↗ Sprachausdruck, ↗ Philosophie der normalen Sprache). W. begründet dies damit, daß die Namentheorie von einer verfehlten Vorstellung davon, was es heißt, einer Sprachregel zu folgen, ausgeht. Er argumentiert nunmehr gegen die Festlegung einer Wortbedeutung durch eine explizite, dem Gebrauch vorgängige Sprachregel: Um nicht in den mit einer solchen Bedeutungsfestlegung verbundenen unendlichen Regreß zu verfallen, wenn wir die Bedeutung durch eine Regel festlegen wollen und für diese Festlegung ihrerseits wieder eine Regel der richtigen Festlegung benötigen, müssen wir letztlich auf ein Sprachverständnis ohne explizite Regelkenntnis rekurrieren. Die Regelkenntnis als Quelle des Sprachverständnisses wird von W. ersetzt durch die Festlegung der Wortbedeutung durch den geregelten Gebrauch. Die ausführliche Darlegung seines neuen Sprachverständnisses führt über die Erklärung der ↗ Familienähnlichkeit von Begriffen und der Grundlagenfunktion der ↗ Sprachspiele. Die Sprache basiert auf vorsprachlichen Verhaltensweisen, auf Lebensformen oder Einstellungen. Bei der Frage nach der Bedeutung eines Ausdrucks spielt W.s Argumentation gegen die Möglichkeit einer ↗ Privatsprache eine besondere Rolle: Ein Ausdruck hat nur dann eine Bedeutung, wenn es Regeln für deren korrekten Gebrauch gibt. Der richtige Gebrauch zeigt sich im Einklang mit der Wortverwendung der Sprachgemeinschaft. Ein korrekter Gebrauch privater Ausdrücke ist nicht definiert und nicht definierbar, da eine private Regelbefolgung nicht von einer willkürlichen Einstellung unterscheidbar ist. Mit den Regeln werden auch die Anwendungsbedingungen festgelegt. Im Gegensatz zu den Anwendungskriterien durch den allgemeinen Sprachgebrauch gibt es für den privaten Bereich keine allgemeinen Anwendungskriterien, da im privaten Bereich das als richtig gilt, was immer mir als richtig erscheint, so daß kein verbindliches Kriterium von »richtig« zur Anwendung kommt. W.s Spätphilosophie will die Phänomene in den Blick bekommen, indem sie den Sprachgebrauch analysiert und auf diesem Weg die Verflechtungen unserer Begriffe aufzeigt. In dieser Hinsicht ist W. der Wegbereiter der ↗ Philosophie der normalen Sprache. Auf unterschiedliche Weise können sich Autoren wie ↗ Ryle, ↗ Strawson, aber auch ↗ Austin und ↗ Searle auf ihn beziehen.

Lit.: L. Wittgenstein: Schriften. Werkausgabe. 8 Bde. Frankfurt a.M. 1984 – D. Birnbacher/A. Burkhardt (Hg.): Sprachspiel und Methode. Berlin 1985. – P.M.S. Hacker: Einsicht und Täuschung. Wittgenstein über Philosophie und die Metaphysik der Erfahrung. Frankfurt a.M. 1978. – Ders.: Wittgenstein im Kontext der analytischen Philosophie. Frankfurt a.M. 1997. – M.B. Hintikka/J. Hintikka: Untersuchungen zu Wittgenstein. Frankfurt a.M. 1990. – A. Kenny: Wittgenstein. Frankfurt a.M. 1974. – W. Kienzler: Wittgensteins Wende zu seiner Spätphilosophie 1930-1932. Frankfurt a.M. 1997. – P. Prechtl: Sprachphilosophie. Stuttgart/Weimar 1999, S. 101-123. – E.v. Savigny: Wittgensteins *Philosophische Untersuchungen*. Ein Kommentar für den Leser. 2 Bde. Frankfurt a.M. [2]1994/1995. – Ders. (Hg.): Ludwig Wittgenstein. Philosophische Untersuchungen. Berlin 1998. – Ders.: Der Mensch als Mitmensch. Wittgensteins *Philosophische Untersuchungen*. München 1996. – J. Schulte: Texte zum Tractatus. Frankfurt a.M. 1989. – Ders.: Wittgenstein. Stuttgart 1989. – E. Stenius: Wittgensteins Traktat. Frankfurt a.M. 1969. – W. Vossenkuhl: Ludwig Wittgenstein. München 1995. – G.H. v. Wright: Wittgenstein. Frankfurt a.M. 1986.   PP

Z

Zeichen. In der formalen Logik wird unterschieden zwischen Grundzeichen, die in einem System S nicht definiert sind, und abgeleiteten Z., die in dem System S mittels anderer Zeichen des Systems S definiert sind. – In den sprachphilosophischen Positionen wird der Begriff des Z.s unterschiedlich bestimmt. Traditionell wird von einer zweistelligen Relation zwischen dem Wort als dem Bezeichnendem und einem Gegenstand als dem Bezeichneten ausgegangen. Eine solche Deutung der Funktion des sprachlichen Zeichens gilt überwiegend für jene Positionen, die sich an Locke anlehnen, u.a. auch für Vertreter der sprachanalytischen Philosophie wie ↗ Russell. Locke führt den Ursprung der Begriffe und Bedeutungen auf Ideen zurück, die entweder aus sinnlichen Eindrücken von Gegenständen außerhalb unseres Bewußtseins oder aus der inneren Tätigkeit des Bewußtseins entspringen. Im Wort kommt immer nur die subjektive Art, in der der menschliche Geist bei der Zusammenfassung der einfachen sinnlichen Ideen verfährt, zum Ausdruck. Nach Lockes Auffassung sind Wörter Zeichen für Vorstellungen im Bewußtsein, die Vorstellungen wiederum Zeichen für Gegenstände außerhalb unseres Bewußtseins, die mit diesen Wörtern bezeichnet werden.   PP

Zirkuläre Definition. Eine Definition gilt dann als z., wenn sie einen Begriff mit Hilfe dieses Begriffs zu definieren versucht, z.B. in dem Satz: »der Mensch ist ein spielender Mensch«. Bei z.n Definitionsketten entsteht die Zirkularität durch die Verknüpfung zweier zirkelfreier Definitionen, z.B. ist die Definition von »F« mittels »G« ebenso zirkelfrei wie die von »G« mittels »F«, erst die Verknüpfung wirkt zirkulär, wie in dem Beispiel ersichtlich wird: »Mensch« wird definiert als »Menschen sind denkende Primaten«, und »Primat« wird definiert durch »Primaten sind Menschen oder Menschenaffen oder Affen«. Die Verknüpfung ergibt: »Menschen sind denkende Menschen oder denkende Menschenaffen oder denkende Affen«.

Lit.: W.K. Essler: Analytische Philosophie I. Stuttgart 1972, S. 140ff.   PP

Zulässigkeit. In der formalen Logik versucht man im Hinblick auf die Regeln des Schließens zu differenzieren zwischen zulässigen und unzulässigen Regeln. Im junktorenlogischen Kalkül des natürlichen Schließens kann die Z. einer Regel so bestimmt werden: Die Regel R ist genau dann zulässig, (a) wenn R aus einer endlichen (und eventuell auch leeren) Gesamtheit von unmittelbaren Prämissen und aus einer Konklusion besteht – dabei beschreibt die Regel, welche der Voraussetzungen der unmittelbaren Prämissen auch als Voraussetzungen der Konklusion erscheinen, (b) wenn es eine endliche und nichtleere Folge von Sätzen gibt, die mit den unmittelbaren Prämissen beginnt und mit der Konklusion endet – dabei ist jeder auf die Prämissen folgende Satz entweder durch Annahmeeinführung oder durch eine der anderen Grundregeln aus den vorangehenden Sätzen gewonnen. So gelten z.B. alle Lehrsätze, die eine Ableitbarkeitsbeziehung formulieren, als zulässige Regeln.

Lit.: W.K. Essler/R.F.M. Cruzado: Grundzüge der Logik I. Das logische Schließen.
Frankfurt a.M. 1991, S. 102f.   PP

Zuordnungsregel. Wenn entsprechend der ↗ Zweistufentheorie der Sprache
von einer Beobachtungssprache und einer theoretischen Wissenschaftssprache
ausgegangen wird, dann kann den deskriptiven Konstanten der theoretischen
Sprache mit Hilfe von Z.en eine partielle oder indirekte empirische Deutung
gegeben werden. Dies geschieht dadurch, daß Terme der theoretischen
Sprache durch gemischte Sätze, die sowohl deskriptive Konstanten aus der
Beobachtungs- wie der theoretischen Sprache enthalten, mit Termen der
Beobachtungssprache verknüpft werden. Diese gemischten Sätze sind die
Z.n, auch als »Z-Regeln« bezeichnet. Erst durch die Z.n wird aus einem
Kalkül ohne Realitätsbezug eine realwissenschaftliche Theorie.
                                                                     PP

Zustand. Wenn in der Philosophie des Geistes von mentalen oder intentionalen Z.en die Rede ist, dann wird der Ausdruck ›Z.‹ abweichend vom
alltäglichen Sprachgebrauch meist synonym mit dem Ausdruck ›Eigenschaft‹
verwendet. Damit soll kein neuer ontologischer Bereich behauptet werden,
denn mentale Z.e gehören zum Bereich der Eigenschaften. Mit dem Ausdruck
›Z.‹ werden in der Regel Zustandstypen gemeint.   PP

Zustand, intentionaler ↗ intentionaler Zustand

Zustandsbeschreibung ↗ L-Semantik

Zweistufentheorie der Sprache, geht von zwei unterschiedlichen Formen
der Sprache aus: (a) von einer grundlegenden, für sich verständlichen Sprache,
die für die Mitteilung von Beobachtungsergebnissen und für die Kommunikation (auch zwischen Wissenschaftlern) unentbehrlich ist, bezeichnet
als Beobachtungssprache; (b) diese Beobachtungssprache wird zumindest
innerhalb der Wissenschaft überlagert durch eine theoretische Sprache.
Durch sogenannte ↗ Zuordnungsregeln werden sie mit den Begriffen der
Beobachtungssprache verbunden und erhalten eine gewisse, wenn auch nicht
vollständige Deutung. Die Z. der Sprache spielt eine bedeutende Rolle in
der Diskussion über die empirische ↗ Signifikanz von Sätzen und Termen,
wie sie von seiten des ↗ Logischen Empirismus geführt wurde.

Lit.: W. Stegmüller: Theorie und Erfahrung. Probleme und Resultate der Wissenschaftstheorie und Analytischen Philosophie. Bd. II. Berlin/Heidelberg/New York
1970, S. 181ff., S. 213ff.   PP

Zweiwertigkeitsprinzip, bedeutet in der formalen Logik, daß jede Aussage entweder den Wert »wahr« oder den Wert »falsch« haben kann, d.h.
entweder als »wahr« oder als »falsch« beurteilbar ist.   PP

Zwillingserde ↗ Doppelgänger-Argument

Verzeichnis der Mitarbeiterinnen und Mitarbeiter

AB	Andreas Bartels, Gießen
AW	Astrid Wagner, Berlin
BBR	Birger Brinkmeier, Münster
BG	Bernward Gesang, Düsseldorf
BR	Boris Rähme, Berlin
CHA	Christoph Asmuth, Berlin
CJ	Christoph Jäger, Leipzig
EJ	Eva Jelden, Leipzig
GMO	Georg Mohr, Bremen
GSO	Gianfranco Soldati, Tübingen
HGR	Horst Gronke, Berlin
JH	Jörg Hardy, Berlin
JK	Jörg Klawitter, Würzburg
JQ	Josef Quitterer, Innsbruck
JSC	Jörg Schmidt, Holzkrichen
MBI	Marcus Birke, Münster
ME	Michael Esfeld, Lausanne
MFM	Martin F. Meyer, Münster
MQ	Michael Quante, Münster
MS	Manfred Stöckler, Bremen
MSI	Mark Siebel, Hamburg
MW	Markus Willaschek, Frankfurt
PP	Peter Prechtl, München
RK	Reinhard Kottmann, Münster
RS	Regina Srowig, Würzburg
TG	Thomas Grundmann, Tübingen
TM	Thomas Mormann, Unterhaching
UT	Udo Tietz, Berlin
UM	Ulrich Metschl, Leonberg
VP	Veit Pittioni, Innsbruck
WH	Wolfram Hinzen, Bern
WK	Wulf Kellerwessel, Aachen

Sammlung Metzler

Printed in the United States
By Bookmasters